U0016825

牛尾巴寨的冬景
牛尾巴寨在茂縣太平附近山上，目前全村已遷至山下的岷江河階地(本書作
者所攝；以下彩色照片皆同)。

茂縣北路的高山縱谷
岷江上游位於青藏高原的東緣，山高谷深，羌、藏、漢、回共同生活其間。

山間的溝
岷江有許多大小支流，都稱為「溝」，羌族村寨便分布在各個溝中；此為由
甘木若寨俯瞰永和溝。

走入一條溝
此為走入理縣蒲溪溝的山路。

休溪寨及其山田
休溪寨為最深入蒲溪溝內的一個村寨；房屋緊密相連成堡寨城壘狀，所以稱
「寨子」。

北哈寨及其山田

松潘埃期溝的北哈寨；房屋間距較寬，右後方的高山為「格日囊措」山神。

山上放養的牦牛群

松潘埃期溝的的牦牛一年四季均放養在高山上，自己覓食、生養及抵抗熊與狼。圖右有一頭公牛在驅趕狗。

青年與受傷的貝母雞
羌族青年、小孩經常要進入大山中,採藥、打獵或探顧牛馬。

埃期溝的草場
接近山頂的緩坡因常積雪而無森林覆蓋,在夏季遍地鋪滿野花野草;這是旄
牛喜愛活動的地方。

北川羌族的農村
較漢化的北川小壩鄉內外溝，農村形式與川西漢人村落無異。

牛尾巴寨
房屋沿山坡階梯分布，是常見的羌族村寨形式；圖中為茂縣太平附近山上的牛尾巴寨。

黑虎溝的村寨

此村寨沿山脊分布，位置絕險，並有許多防衛性石碉樓建築；這些都顯示過去本地資源競爭之劇。

石碉樓

此為黑虎溝的石碉樓；清代之「黑虎羌番」以強悍著稱，但石碉樓群顯示他們也受害於戰爭暴力。

理縣蒲溪溝村寨

蒲溪溝傳說,從前有三個弟兄來到這兒,分別建立三個寨子;圖中所見是其中的兩個寨子。

松潘埃期溝的住屋

茂縣北路的松潘羌族的房子多木泥與石混合建造。

汶川羌鋒村的房子
此為典型之羌族石砌房屋。

北川內外溝農舍
本地羌族住屋為一般漢式農舍。

鄉上
鄉政府所在的「鄉上」，可以採購
一點簡單的日用品；圖為北川青片
鄉上。

街市
沿大河分布的街市，是鄰近各溝民眾交際與作買賣的地方。

城鎮

主要城鎮皆為縣城；圖為過年之前的茂縣縣城。

山上的塔子

塔子是山神的象徵，也是資源界線的標誌；往來的人都要在上面插上一根樹枝來敬神。

北川羌族家庭
在北川內外溝無論男女老幼，穿著都與漢人無異。

茂縣永和的羌族家庭
在茂縣永和溝，只有女人穿著「羌族服飾」。

牛尾巴羌族家庭

茂縣牛尾巴平日只有女人穿著「羌族服飾」，但在年節儀式中男人也穿類似藏族大衣的「傳統服飾」。

小黑水人

這便是過去本地人心目中的「猼猓子」，當今「說羌語的藏族」。

紡織中的黑虎溝婦女

羌族各溝婦女服飾皆有些差異。黑虎溝婦女的頭帕包紮法最為特殊，與他處大不同。原為純白帕頭巾，據稱是為黑虎將軍帶孝；近年來則流行在其上再紮一花布巾。

過年儀式

牛尾巴寨的初七過年儀式；此一部分象徵青壯男人抵禦外敵。

當代端公

當代結合學術、觀光與本民族認同的羌族「祭山會」；圖中左側為端公助手，端公則被埋在攝影記者之下。

1940年代端公

端公及其擊羊皮鼓的助手們正在作法（本圖由中央研究院歷史語言研究所提供；特此致謝）。

1940年代羌民婦女兒童

圖中前排兒童喝著咂酒；當時這些大人小孩的穿著，被外來者認為是沒有特色或與漢人穿著沒有差別（本圖由中央研究院歷史語言研究所提供；特此致謝）。

當代羌族小女孩

由此照可看出，一個女孩在成長過程中逐漸受社會規範而穿著「本村寨服飾」。

羌在漢藏之間

一個華夏邊緣的歷史人類學研究

王明珂◎著

序《羌在漢藏之間》

　　我與本書作者王明珂先生應是相隔一世代的人，我的學術研究歷程是成長於1970年代以前，所以我對「民族」、「族群」等概念應是屬於「客觀文化特徵」派的；王先生的學術研究歷程是成長於1970年代以後的，所以他的「民族」、「族群」概念明顯是較偏於「主觀認同」派的。因此，朋友們與同行們，無論是與我同世代或比我年輕一兩世代的人假如看到我爲王先生這本明顯是解構文化特徵論的《羌在漢藏之間》的著作寫序，想必會爲我捏一把冷汗。不過我自己倒是心平氣和，而且十分高興願意爲這一本難得兼具民族史、歷史人類學及族群研究的當代「典範」大著作推介。

　　其實，我早已讀過王明珂先生先前的一本著作《華夏邊緣》，很能理解他的論點，而且很欣賞他能挑選「羌族」這個例子來發揮他的理論分析，所以也曾設法支持他在「羌族」中進行更長久的田野工作。如今他又把他更豐富的實地研究資料組織起來寫成本書，把他的族群邊緣理論藉羌族的「歷史」演變鋪陳得淋漓盡致，使人讀來不但興趣盎然不忍釋手，而且每讀完一章都會引起不斷的反思與聯想，這也就是本書最大的特點，能讓背景不一樣的人也樂於閱讀。

　　王先生在本書一開始就說明這是一本以「族群邊緣理論」來探討分

析所謂「羌族」的歷史民族誌，他從古代中原的漢族與西方各民族長久
互動的歷程入手，透過人類族群之間資源分享與競爭關係所產生的認同
與區分現象的辯解，以及「文化展演」過程的促進，再加上對當代國族
主義形成的剖析，從而對今日所謂「羌族」的出現有極精采的論述，同
時也對中國民族或中華民族的起源與形成提出一種全新而將引起更多
反思與爭論的歷史人類學詮釋。

首先王先生認爲所謂「羌人」或「羌族」在歷史上實際是一個模糊
而不斷變動、飄移的群體，他們之所以成爲當代的「羌族」，其實是經
過三個步驟而成：最早在商代至秦漢的所謂「羌人」，其實是中原華夏
族群對西方異族的統稱，他們的範圍隨華夏領域擴大而西移；較後代又
因爲有藏族的崛起，羌人即成爲漢藏兩族之間的族群緩衝地帶，也就是
所謂族群的邊緣，隨兩族勢力的消長而改變其範圍。第二步驟是在西方
國族主義影響下，中國民族誌的書寫，形成核心與邊疆少數民族的體
系，傳統的「羌族文化」或「氐羌文化」遂被建構成爲邊疆某一少數民
族的文化。最後，則是在1960年代的民族分類劃分下，「羌族」成爲55
個少數民族之一以後，他們自己也在文化交競展演的過程中，創造本土
的文化形象而定下形來。這種族群的形成雖然複雜而曲折，但作者卻能
利用他從1994年至2002年連續九年間長久而詳細的田野實地調查與文
獻資料探索，很巧妙而動人地把「羌族」人飄移、模糊而至於「定型」
的故事刻劃得絲絲入扣，其間他利用了很多有趣而深刻的例子來襯托出
複雜的現象，例如他的「毒藥貓理論」，「羊腦殼」與「牛腦殼」故事，
「弟兄故事」與「祖先英雄」傳說，以至於所謂「一截罵一截」的現象
等等，都能引起讀者會心一笑的體認。作者這些詳盡的田野資料不但能
引起一般讀者的共鳴，也使我們自認爲是田野老手的人類學家至爲折
服，雖說作者卻一再自謙說他並非是一個人類學家。

　　作者在本書中除努力為「羌族」的「民族史」或「民族誌」做剖釋外，另一重要的目標則是藉「羌族」的形成過程之分析進而為「中國民族」或「中華民族」等概念作「族群理論」的探討與解構。很明顯的作者是一位較近於所謂「近代建構論」的學者，所以在他的觀念中「中華民族」實是西方「國族主義」影響下的自我想像建構的產物，因此他說：

> 19世紀下半葉，西方「國族主義」，相關的民族(nation)概念與社會達爾文主義(social Darwinism)隨著歐美列強的勢力傳入中國。憂心西方列強在中國的擴張，並深恐「我族」在「物競天擇」之下蹈黑種與紅種人受人統治之後塵，中國知識分子結合「國族主義」概念、民主改革思想，極力呼籲「我族」應團結以自立自強。這個「我族」，首先在革命人士心目中，指的是傳統「中國」概念中受四方蠻夷包圍的「漢族」。……後來，在歐美列強積極營謀他們在西藏、蒙古、東北與西南邊區利益的情況下，結合「中國人」(核心)與「四裔蠻夷」(邊緣)而成「中華民族」的我群想像，逐漸成為晚清與民國初年許多中國知識分子心目中的國族藍圖(頁155-156)。

又說：

> 「歷史實體論」所主張的「民族」定義是值得懷疑的。近三十年來的人類學族群研究，說明無論「族群」或「民族」皆非客觀的體質、語言與文化所能界定，基於此民族定義所建立的「民族史」，一個民族實體在時間中延續的歷史，也因此常受到質疑。一個人群的血緣、文化、語言與「認同」有內部的差異，

而且，在歷史時間中，有血緣、文化、語言與「認同」的移出，
也有新的血緣、文化、語言與「認同」的移入；究竟，是什麼
「民族實體」在歷史中延續？「歷史實體論」在學術上的缺失，
主要在於將「文本」(text)與「表徵」(representation)當作「歷
史事實」(historical facts)與「民族誌事實」(ethnographical
truth)，忽略了「歷史文本」的社會記憶本質，以及「文化表徵」
的展演本質——也就是忽略了兩者之產生與存在的歷史情境
與社會情境(頁386-387)。

對於這樣的論點，國族主義的支持者，以及民族實體論者必然不大
願意接受。不過，我個人倒是覺得無論你接受或是不接受，審慎閱讀作
者在全書中精細、不厭其煩地反覆辯析與論述，應該會使你對「民族」、
「族群」等概念有較寬廣且較具彈性的認識。我們也許可以這樣說，「民
族」、「族群」這樣的概念本來就像人類早期對宇宙萬物的認知分類一
樣，是把一個連續譜來作一種主觀的切割，所以經常因認定者的基本立
場的不同而異，因此民族的歸類就有「他人分類」與「自我分類」之別。
「他人分類」又可分為行政分類或政治分類、學者分類與他族分類等
等，而「自我分類」則可因本身身份之不同，譬如知識分子、權力掌握
者或是一般民眾而異，更可因空間與時間的不同而有很大的差別。以蘭
嶼或澳洲的塔斯瑪尼亞的那種孤立的小島而言，人群的分類與認同不論
是「自我」或「他人」的，都不致於有太大的差別，而其文化特徵，無
論是有形的文化，或者無形的深層價值判斷、宇宙觀等等，也是會較有
長久的連續性存在。不過在像中國或亞洲大陸東半這樣大的一個區域
中，又經過幾千年的歷史演變的過程，其間族群的認同與分辨自然是極
為複雜，確實很難用單一分類的觀念就可以說明清楚。所以王明珂先生

這本書正可提供讀者一個回顧反思長久存在的「我族」或「他族」觀念的有利架構範式,譬如說在傳說中與「羌人」同樣被認為是夏后氏或禹王之後的「越人」,卻沒有像「羌人」那樣成為華夏邊緣領域飄移不定的族群,而在歷史上卻成為許多群體的所謂「百越」,這是因為南方沒有一個較強大的藏族存在之故?或是由於華南地理環境所致,即是可以根據本書作者的方法再加探討發展的另一個華夏少數民族互動的範例。

然而本書作者也不是一位「近代建構論」的絕對支持者。他認清楚建構論者至少有兩大缺失,其一是他們忽略了歷史的延續性與真實性面向,其二他們也忽略了對人類族群生活的現實關懷;甚至在意識型態的敵對中,解構他者的歷史整合成為一種有文化偏見的表述,甚而成為思想與政治上的對抗工具。因此,作者撰寫本書的最終企圖實際上是要更進一步超越建構者的立場,而以人類資源分配、競爭以至於共享的觀點來思考問題,並求在平心探討中達到現實的關懷與族群關係倫理價值受到尊重與強調的境界。所以他說:

> 在現實的關懷上,對於一個族群或民族研究者來說,我們所研究的對象是一群有共同之過去、現在與未來信念的人群。我們不能不關心他們目前在整體社會族群關係中的處境,以及,此種族群關係的歷史演變。……因此在這本書中,無論是說明一條溝中各個村寨人群之認同與區分,或是以「羌」為邊緣的華夏認同及其族群邊界變遷,我都將強調其在人類資源分配、分享與競爭關係上的意義。相信這樣的歷史民族誌知識可以幫助人們思考:我們所宣稱的「統一」(或多元一體)中是否存在各種文化偏見、本位主義,導致「一體」之內的人群階序化,並造成各種形式的不平等?我們所主張的「分離」,是否為一種

壟斷資源的自利抉擇,並可能導致內外族群體系之長期分裂與對抗?如此,我們才可能共商如何建立一個資源共享、和諧平等的社會體系(前言xxii-xxiii)。

又說:

在近代中國國族之建構中,華夏與傳統華夏邊緣合一而成為「中華民族」,可說是此地區長程人類資源競爭歷史中的一種新嘗試——將廣大東亞大陸生態體系中相依存的區域人群,結合在一資源共享之國家與國族內。以此而言,晚清部分革命黨精英欲建立一純漢國族國家之藍圖,以及當代鼓吹中國少數民族獨立的言論,並不一定是最好的選擇。同樣的,歐亞大陸之東、西兩半部有如下差別——西方為沿大西洋岸少數富強而講求人權、自由的國家,內陸則為常捲入宗教、種族與經濟資源戰爭,及內部性別、階級與族群迫害頻傳的各國、各族;東岸則為一「多元一體」的中國,以經濟補助來減緩內陸地區之貧困與匱乏,並以國家力量來維持族群間的秩序。我們也很難說,歐亞大陸西半部的體制,優於東半部中國國族下的體制(頁389)。

由此可以看出作者不僅批判、解構歷史實體論,同時也不為近代建構論所囿限,而實際上是超越了兩者的境界,進而從未來世界族群和諧平等共處的觀點來「籌謀改進或規劃更理想的人類資源共享環境」,這是何等開闊的胸懷!所以作者認為在國族建構過程中「中華民族」假如有意義,其意義應在於嘗試將廣大大陸生態體系中相依存的區域人群,結合在一資源共享互助的國家與國族內。同時他更指出歐亞大陸東西兩

半的體制未必是西歐優於東亞，西方沿大西洋岸雖有講究人權、自由的富國，但其內陸則常捲入宗教與資源競爭的迫害與爭鬥之中；然而東亞卻能以「多元一體」的國族主義理想，以經濟支援及行政力量來減輕內陸的貧困與匱乏，並維持族群的秩序。假如以不具文化偏見的立場論，東亞的體制實有其長遠發展的意義。很顯然這樣的思考方式對於西歐習慣於一國一族體制的學者來說，甚而對於謀求更公平境界的「全球化」人士而言，應該都是可以促進他們反思與籌謀的典範思考。

觸及東西文化體系的差異，不免使我想起已故著名考古學者張光直教授的東西文明「延續性」與「斷裂性」的創見。張先生以這對觀念來說明新石器時代進入金屬器時代人類文明發展過程之東西文化的差別。所謂「延續性」與「斷裂性」是指很多方面的文化現象，但是最重要的則是指金屬器發明之後生產工具的變化而言。西方文化從野蠻進入文明的代表是兩河流域的「蘇美」（Sumerian）文化，蘇美的金屬器發明應用在農業的生產工具上，而與較早期用石器於生產是有明顯的不同，所以在工具性質的利用上是一種斷裂；但在中國，金屬青銅器在黃河流域出現的夏末商初起用之時，是用在政治與宗教儀式上，而生產工具則仍沿用原有的石、木、骨、蚌等，所以說是一種延續，而這種延續的關係也同時表現在人際關係、文字的應用、城鄉關係、財富累積與集中、權力的獲得以至於意識型態的表現上（參看其〈延續與斷裂：一個文明起源新說〉一文，1986）。要立刻以張先生的這種「延續性」與「斷裂性」文化傳統差別的說法與上述本書所強調的東西族群關係模式的差異勾連起來也許較不易理解，但是假如把我自己對中國文化的「致中和宇宙觀」模式的論證，或稱「三層面和諧均衡宇宙觀」的尋求對自然、對人群、對自我三層面的和諧均衡的理想境界來對比說明，也許就較易於理解在東亞大陸境內自古以來一直有一種融合自然、人群，甚至超自然於一體，

而企圖共同分享資源與文化經驗的傳統在不斷「延續」之中（參見〈傳統宇宙觀與現代企業行為〉一文，1994），這也許就是本書作者所說的當前「多元一體」國族主義的歷史根源吧。總之，作者在本書中的種種論述確能引起許多學術的反思與共鳴，這應是本書最值得推薦的特點，希望讀者能從本書的閱讀中不僅欣賞作者的細膩論述與寬廣的理論架構，同時也能藉此對族群關係脈絡有更多的反思與體認。

李亦園

2003.1.20草於台北南港中研院

謝詞

　　本書的完成，首先要感謝各地、各溝的羌族。若非他們在社會、文化與歷史記憶上保存與展現其駁雜特性，我不可能認識這一段歷史與相關族群現象。我也要感謝他們讓我了解自己——當我們的歷史心性不斷創造一些「歷史」來區分征服者與被征服者、老居民與新移民時，羌族與許多西南民族以「弟兄祖先故事」提醒我們一個平等競爭的我群與他群關係。我更要感謝我的羌族朋友們。近八年來，他們陪著我在岷江上游與北川，到處翻山越樑上寨子。靠著他們的熱誠幫忙，以及他們的社會人際關係，我才得以完成這些探訪研究。

　　本書中有些章節內容與議題，其原始構想曾在各種學術會議或期刊上發表，在此過程中得到許多批評指教。在此我要感謝相關的學界朋友，特別是與我同在中國少數民族研究領域的潘英海、何翠萍、謝世忠等教授，以及歷史、社會與人類學界的黃應貴、張茂桂、王汎森、王道還、沈松僑等教授。多年來在中國少數民族、國族主義、歷史記憶與族群認同等議題上，在論學間他們都給了我很多啟發。近十年來，我以歷史學者涉足與人類學或歷史人類學相關的研究中，我要感謝許多台灣人類學界朋友的指正；特別是，感謝李亦園教授對我有關「華夏邊緣」研

究的鼓勵與支持。

　　與本書相關的田野調查工作，除了得到我所服務的中央研究院支持外，也受蔣經國國際學術交流基金會、行政院國家科學委員會等的支持；在此，我對上述機構表示十二萬分的感激。本書之初稿大部分是在我1998-1999訪問加州大學(UCLA)之期間完成；我要感謝加州大學羅泰(Lothar von Falkenhausen)教授，在此期間給我生活上的協助，以及多年來在學術上對我的指教與鼓勵。

　　我也要感謝我的老師，前中研院史語所所長管東貴先生，他首先帶領我到羌族研究此領域。1987-1992年我在美國哈佛大學求學期間，Robin Yates, Thomas J. Barfield, James Watson, Stanley J. Tambiah, Dru C. Gradney等教授，都對我日後的學術發展有相當啓發，我萬分感激他們的教導。我懷念並感謝先師張光直先生，他的學問與學者風範是我永遠仰慕與追隨的對象。

　　最後，我要感謝我的母親與妻子。爲了從事田野調查，我有五年未回老家過年；我要感謝母親對此的寬容。我的妻子清沼，近年來也因此常在寒暑期獨自照料我們三個頑皮的兒子，我感謝她的辛勞。同時，我也感謝她給我的精神支持；她相信我在從事一些重要而有意義的研究工作——這是我在研究上的重要支柱。

前言

　　本書是一本羌族民族史，也是一本羌族民族誌；更正確的說，這是一本描述與詮釋「華夏邊緣」的歷史民族誌。本書不只是描述羌族，一個中國大陸上少數民族中的少數民族，更主要的是，我希望透過羌族及其歷史來說明漢族、藏族以及部分西南民族族群邊緣的形成、變遷及其性質。本書更大的野心是，由人類資源分享與競爭關係，及其在社會、文化與歷史記憶上的表徵（representations），來說明人類一般性的族群認同與區分。最後，基於這些對「族群」（或民族、社會）、「文化」與「歷史」的新理解，我對於當代漢、羌、藏之間的族群關係，或更大範圍的中國民族的起源與形成問題，提出一種新的歷史人類學詮釋。

　　作為中國55個少數民族之一的羌族，目前約有20萬人，主要聚居於四川省阿壩藏族羌族自治州的東南隅與北川地區。他的南方是分布於川、滇、黔三省，人口約658萬的彝族。他的西方是人口459萬，分布於中國四分之一土地的廣大藏族。他的東方則是更廣大的12億漢族──可能是全世界宣稱有共同祖先的最大族群。目前許多漢族及少數民族學者皆認為，羌族與漢族、藏族、彝族，乃至於納西、哈尼、景頗、普米、獨龍、怒、門巴、珞巴、傈僳、拉祜、白族、基諾、阿昌等十餘種西南民族，都有密切的族源關係。而羌族民眾也常自豪，稱「我們羌族是漢

族、藏族、彝族的祖先」。爲何，一個當前人口不過20萬人的民族，可以使十多個民族共十數億人聯結在一起？在本文中，我將說明造成此現象的歷史與「歷史」。

我以加括號的「歷史」來與歷史作區分；歷史是指過去真正發生的一些自然與人類活動過程，而「歷史」則指人們經由口述、文字與圖象來表達的對過去之選擇與建構。在本書中，我將一再探索歷史過程，與「歷史」建構過程，以及兩者間的關係。以此而言，本書之作近於歷史人類學(historical anthropology)的研究。在歷史人類學中，如舍佛曼與古立佛(Marilyn Silverman & P. H. Gulliver)所言，研究的焦點可分爲兩大主題：一、「過去如何造成現在」(how the past led to and created the present)；二、「過去之建構如何被用以詮釋現在」(how constructions of the past are used to explain the present)[1]。在本書中，我探討的主要問題便是：什麼樣的歷史造成當今的羌族？什麼「歷史」被不同的群體建構，來詮釋、理解當今羌族？以及，對羌的「歷史」建構與再建構，如何造成並改變歷史上的「羌人」與「華夏」。

在本書中，不只是對「歷史」，我也將對「民族」與「文化」提出一些新見解。如果對「民族」、「歷史」與「文化」抱持著傳統的定義，那麼我可能寫出一部可與「中國民族史」接軌的「羌族史」；我的田野資料也能寫出一本可作爲「中國少數民族叢書」之一的「羌族民族誌」。然而，讀者將發現，在本書中我不斷的檢討、解構與再建構我們對「民族」(以及族群、社會)、「歷史」與「文化」的一些既有概念。近年來，在解構「民族」與國族主義(nationalism)研究之風下，學者常指出許多

---

1 Marilyn Silverman & P.H. Gulliver, *Approaching the Past: Historical Anthropology through Irish Case Studies*(New York: Columbia University Press, 1992).

所謂的「傳統」事實上是近代的創造,而「民族」則是近代國族主義風潮下知識菁英們的想像群體[2]。基本上我同意這些看法。然而這些「創造」與「想像」的近代之前歷史事實與相關歷史記憶基礎,以及「創造」與「想像」過程與此過程中各種社會權力關係,以及更重要的,相關的資源分享與競爭背景,都值得我們再深入探索。這樣的探索必然超出「近代」與「歷史」的範圍,而須兼及更早的歷史與歷史記憶,以及人類學的田野研究。

對傳統「民族」、「歷史」以及「文化」概念的質疑,曾使我,一個歷史學者,在歷史文獻中窮究羌族歷史十五年之後,又走向近似人類學的田野調查。近八年來,在中央研究院與蔣經國國際學術交流基金會的支持下,我幾度前往羌族地區作田野調查研究。或翻山越嶺探訪各深溝村寨中的住民,或在汶川、茂縣、理縣等山間城鎮中與當地知識分子交談,目的都在探索「羌族」對本民族及其歷史與文化的看法。田野經驗讓我鮮活的觀察、體驗到「文化」與「歷史」的建構過程,及其背後多層次的族群認同與社會區分體系,以及此中涉及的許多個人與群體之利益與權力關係。此知識解構了我自身原有的各種文化與學術偏見。然後,藉此反省,我重新閱讀歷史文獻——由一種「在文獻中作田野」(do ethnography in archives)的角度,考察這些作為「社會記憶」的文化與歷史書寫遺存,探索其背後個人或群體間的利益與權力關係,社會認同與區分體系,並嘗試了解相關的「文化」與「歷史」建構過程。

本書分為三部分。第一部分「社會篇」,主要在介紹本書的主體——

---

2 Benedict Anderson, *Imagined Communities*, rev. edition(London: Verso, 1991); Eric Hobsbawm & Terence Ranger ed., *The Invention of Tradition*(Cambridge: Cambridge University Press, 1983).

羌族；描述他們的地理分布，環境與聚落型態，資源競爭與分享體系，以及因此產生的社會認同與區分等等。這一部分，可以說是本書有關羌族歷史與文化探討的「民族誌」基礎。然而，基本上我不是一位人類學者或民族學者，我也難以寫出一部當代人類學或古典民族學的民族誌（ethnography）。作爲一位研究族群現象的歷史學者，在田野調查中我關心的主要是歷史與族群的問題；所有關於羌族體質、語言、文化、宗教與經濟生活的觀察與探討，都被納入歷史與族群的關懷與思考脈絡之中。

這種關懷與思考，源於一些族群或民族研究的理論爭議。一個較傳統的「民族」概念，經常將民族視爲一群有共同體質、語言、經濟生活與文化等客觀特徵的人群。斯大林所提出的民族四大要素──共同語言、共同地域、共同經濟生活，及表現於共同文化上的共同心理素質便是一個例子。這樣的民族概念，在許多學術研究中仍被奉爲圭臬；更不用說，在一般民眾中這樣的觀點更是普遍。西方社會人類學界對於族群現象的探討，由於費德瑞克‧巴斯（Fredrik Barth）等人的貢獻[3]，基本上在1970年代以後就遠離了以客觀特徵界定民族的研究傳統，而著重於族群主觀認同的形成與變遷。1970年代至1980年代中期，學者們曾爭辯於究竟族群認同是人類資源競爭與分享關係中的功利性工具，或是人類社會生活中無可選擇的根基性情感；這便是「工具論者」（instrumentalists）與「根基論者」（primordialists）之爭。事實上，這些爭論已指出了族群認同的兩大特質──它是工具性的，可因資源環境變化而改變；它也是根基性的，族群感情所造成的認同有時不易改變，且常

---

3 Fredrik Barth ed., *Ethnic Groups and Boundaries*(London: George Allen & Unwin, 1969). 有關族群理論的發展請參閱拙著《華夏邊緣：歷史記憶與族群認同》（台北：允晨文化公司，1997），第一章「當代人類學族群理論」及第二章「記憶、歷史與族群本質」。

掩蔽人群間其它社會認同與區分(如性別、階級與地域)。

　　1980年代中期以來,許多研究者都注意到「歷史」與族群認同之間的關係,因此也化解了「根基論者」與「工具論者」的爭論。人們以共同的起源「歷史」,來模擬人類最基本的「手足之情」;這是族群根基性情感的由來。另一方面,「歷史」作爲一種社會集體記憶,它可以被選擇、失憶與重新建構,因此族群認同可能發生變遷[4]。無論如何,族群認同背後的政治權謀(politics)與歷史(history)因素成爲關注的焦點;這也順應當代人類學的一般發展傾向[5]。

　　認同(identity)與區分(distinction)是本書「社會篇」的主題。認同,是指一個人在特定情境下,認爲自己屬於一個社會群體;區分則是,相反的,在特定情境下人們將我群與他群體之成員區別開來。可以說,認同與區分是人類社會結群現象的一體兩面。空間、資源環境,與人群在其間的資源分配、分享與競爭體系,是人類社會分群的主要背景。在岷江上游群山之間,各個家庭、家族與村寨等群體,都在資源共享與劃分體系中凝聚、區分與延續。家族神、山神、廟子與菩薩等信仰,強化這些族群區分並維持族群界線。因而在本書中,我所關注的與探討的不只是狹義的族群(ethnic group)與「族群本質」(ethnicity),而更是在一層層「邊界」(boundaries)包圍中人們的各種社會認同與區分。

4　Elizabeth Tonkin, Maryon McDonald and Malcolm Chapman ed., *History and Ethnicity*(London: Routledge, 1989); Anthony D. Smith, *The Ethnic Origins of Nations*(New York: Basil Blackwell, 1987); Eugene E. Roosens, *Creating Ethnicity: The Process of Ethnogenesis*(London: Sage Publications, 1989); 王明珂,〈過去的結構:關於族群本質與認同變遷的探討〉,《新史學》5.3(1994):119-140.

5　George E. Marcus & Michael M.J. Fischer, *Anthropology as Cultural Critique: An Experimental Moment In the Human Sciences*(Chicago: The University of Chicago Press, 1986), 34-39.

　　關於人類社會「區分」的問題,在人類學與社會學界有一個研究傳統,其中包括諾勃特・伊里亞斯(Norbert Elias)、瑪麗・道格拉斯(Mary Douglas)、皮耶・博爾都(Pierre Bourdieu)與日內・吉哈德(René Girard)等著名學者的研究[6]。這些關於人類社會區分,以及相關的品味、生活習俗、歧視、仇恨與暴力的研究,被大多數「族群本質」研究者忽略了。這主要是由於,上述學者們研究的是一社會中不同階級、性別或新舊住民等親近群體間的區分,而非「族群」或種族區分。在本書中我由羌族「毒藥貓」傳說與信仰來說明,「區分」不只是存在於各家族、村寨間;每一個人都是與外界有區分的孤立個體,生活在險惡的環境與可能有敵意的鄰人與親屬之中。人們並不經常能夠,或願意,理性分辨外在威脅與敵意是來自那一層「邊界」之外。因此與鄰人、親人的矛盾與仇恨,可能轉嫁到遠方的「異族」身上;相反的,對遠方「異族」的仇恨與恐懼,也可能投射在對身邊鄰人與親人的猜疑與歧視上。所有敵意與仇恨的轉嫁、遷怒,強化層層邊界以凝聚各層次的人群。我由此建立一「毒藥貓理論」,以詮釋人類之族群認同,以及相關敵對、歧視與集體暴力現象的社會根源,並以此補充吉哈德等人「代罪羔羊理論」之不足。

　　本書第二部分是「歷史篇」。「社會篇」所描述的羌族,事實上是歷史與「歷史」的產物。我認為,唯有了解什麼樣的歷史過程與歷史記憶造成當今羌族,我們才能全面的了解羌族。不但是今之羌族,也包括

---

　　6 Pierre Bourdieu, *Distinction: A Social Critique of the Judgement of Taste*, trans. by Richard Nice(1979; London: Routledge & Kegan Paul, 1984); Norbert Elias, *The Established and the Outsiders: A Sociological Enquiry into Community Problems* (1965; London: SAGE Publications, 1994); Mary Douglas, *Purity and Danger: An Analysis of Concepts of Pollution and Taboo*(New York, 1966); René Girard, *Violence and the Sacred*, trans. by Patrick Gregory(Baltimore: The Johns Hopkins University Press, 1977).

古代羌人；不但是羌人與羌族，我們也能因此了解華夏與中華民族。這是一個歷史人類學的羌族研究，也是我所謂的「華夏邊緣」研究。

在許多中國學者的歷史知識中，羌族是一個居於華夏西方的異族；這民族幾經遷徙、繁衍，並與周遭民族融合而形成許多新民族。這樣的羌族史，說明部分漢族、藏族、彝族，與其他許多西南少數民族的祖先源流。在這民族史中，民族被認為是一有共同體質與文化特徵的人群，並在歷史中延續、成長、消亡。然而，類似的「民族史」在有後現代主義傾向之學者眼中，卻只是近現代中國知識分子在國族主義下的集體想像與建構。後現代的中國民族與民族史研究，便在於解構這樣的「歷史」。究竟，羌族是歷史的產物，或是「歷史」的產品？

對此，我的看法是：當前之羌族為歷史之產品，也是「歷史」之創造物。不僅如此，他們也是歷史與「歷史」的創造者。國族主義下的「歷史」想像創造當代羌族，並凝聚羌族。然而，這並不意味著晚清以前中國文獻中對「羌」的記載都毫無意義。「羌」這樣的西方異族稱號，存在於商人、華夏或中國人之歷史記憶中至少有三千年之久。由這些人群對「羌」的描述與記憶中，我們可以探索華夏或中國人西方族群邊緣的本質及其變遷。也就是說，由「族群邊緣」觀點，近代國族主義下漢族對羌族之歷史與文化建構，反映漢族對其族群邊緣的重新塑造。相同的，歷史上中國人對「羌」的描述，也反映當時中國人對其西方邊緣人群的刻畫。被華夏想像、刻劃的「羌人」，也以行動締造歷史，以及想像、創造他們自己的「歷史」。

在本書中，我所強調的羌族史不僅是漢族西方族群邊緣的歷史，也是藏族的東方族群邊緣歷史，以及彝族或「西南氐羌系民族」之北方族群邊緣的歷史。在這歷史中，「民族」是一群人的主觀想像與建構；想像與建構我群的共同祖源與歷史，以凝聚「同質化」的族群，以及想像、

建構他群的祖源與歷史，以刻劃「異質化」的族群邊緣。如此，一個個由「歷史記憶」所造就的個人與群體，在資源競爭與分配體系中彼此合作、妥協、對抗，並運用策略與權力影響彼此的歷史記憶，因此產生新的歷史事實、歷史記憶與族群認同。

在我所發掘與重建的歷史中，傳統「民族史」中的歷史主體「羌族」似乎並不存在。的確，沒有一個那樣的「民族」在歷史中延續。當代羌族與羌族認同，為上述華夏西部族群邊緣歷史之最新階段產物。然而這並不是說，歷史上的「羌人」並不存在。歷史上被華夏稱作「羌」的人群，世代生息於華夏西部「漂移的族群邊緣」上，他們的後裔因此散在今日之羌、漢、藏、彝及其他民族之中。我們也不能說，當今羌族只是背動接受主體民族所給予的「歷史」才成為羌族；或是說，在成為羌族之前他們是沒有「歷史」的人群。當代羌族的本土「歷史」可以分為兩大類：一類是「英雄祖先歷史」，另一類是「弟兄祖先故事」。在英雄祖先歷史中，他們或藉由「過去」來呈現自身的邊緣弱勢形象（如愚笨的蠻子），或藉由「過去」來塑造足以為傲的我族形象（如漢族的拯救者與守護者）。無論如何，這些「歷史」多起源於一個「羌族」英雄祖先——如周倉、樊梨花或大禹。

在羌族中，另有一種「歷史」——弟兄祖先故事。它們以「從前有幾個兄弟到這兒來，分別建立自己的寨子……」諸如此類的「歷史」，來說明幾個寨子的村民起源與彼此之祖源關係。我稱之為一種「根基歷史」（primordial history）；它們以「共同起源」強化族群成員間如兄弟手足般之根基性情感（primordial attachments）。在中國西南各民族傳說中，或世界各地民族傳說中，這一類「弟兄祖先故事」都非常普遍。只是在我們的知識分類系統裡，它們被歸類為傳說或神話；「英雄祖先歷史」，才被認為是真正發生過的歷史。這種偏見，忽略了「英雄祖先歷

史」也被用來凝聚「同胞手足」之情(同時也被用來將人群階序等差化),它們也是一種根基歷史。事實上,「弟兄祖先故事」與「英雄祖先歷史」可以說是兩種不同「歷史心性」之產物。藉此,在本書中我也將探討歷史心性的問題。

本書第三部分為「文化篇」。過去許多學者皆將「傳統文化」視為一民族在歷史傳承中所得之祖先遺產。然而當代學者卻傾向於相信,所謂「傳統文化」經常是近代國族主義下知識分子的主觀想像與創造。前者的看法,固然是受誤於國族主義下以客觀體質、語言、文化特徵來界定的民族概念。後者,則忽略了近代「歷史」、「文化」創造的古代基礎,以及「創造」背後的社會權力關係與過程。

在本書中,我由三個角度來解讀文獻中有關「羌人文化」的描述。在事實(fact)層面,一段華夏對羌文化的描述,可能反映當時被稱為「羌」的人群之真實習俗。在敘事(narrative)層面,這些有偏見的選擇性異文化描述,可能反映華夏自身的文化與認同特質。在習行與展演(practice & performance)層面,華夏對異文化之污化描述(無論是否真實),在歧視、誇耀與模仿等文化展演作用下,促成「羌人」學習、模仿華夏文化與歷史記憶而成為華夏。「羌人文化」便如此,永遠在一個不斷建構與變遷的過程中。這樣的建構與變遷過程,也造成今日之羌族與羌族文化。在此「文化史」中延續與變遷的並非一個民族的文化,而是一個在核心與邊緣族群關係下的文化展演、誇耀與模仿過程。或者說,在此歷史中延續與變遷的,是各種核心與邊緣群體間的社會本相(social reality)之文化表徵。

將「文化」視為透過各種媒介的展演,我們才能見著「文化」動態的一面,並超越「客觀文化現象」與「主觀文化建構」之對立。客觀文化在展演中被人們主觀認知、批評與模仿,由此塑造或改變人們的認同;

個人的主觀認同，也透過文化展演而社會化、客體化。

在田野研究中，我曾得到許多羌族朋友的幫忙。而我，一位解構「典範歷史與文化」的學者，在構思本書時最感到不安的便是：如果他們的民族自尊與驕傲建立在這些典範羌族史與羌族文化知識之上，那麼，是否我的著作會傷害到他們的民族認同與感情？然而，我希望讀者與我的羌族朋友們在讀完這本書之後，可以發現我並非只是解構「羌族史」或「中國民族史」，而是在更廣闊、更具詮釋力的認知體系上，重新建構一個關於「羌」的歷史或歷史民族誌知識。這個新的歷史與歷史民族誌，可以讓我們對於「羌族」、「漢族」、「藏族」或「中國民族」有更深入的了解。

因而，本書之論述必須置於「華夏邊緣」歷史中，才能完整呈現我對於羌族與中國民族的見解。事實上，這本書可說是我在1997年出版之《華夏邊緣：歷史記憶與族群認同》一書之延續與補充。在前書中，我首先提出一個華夏「邊緣研究」的理論與方法構想，然後，以此說明華夏邊緣的出現及其漂移、擴張與變遷過程；以及解釋在資源競爭與各層次權力爭衡背景下，華夏邊緣之擴張與變遷如何藉邊緣人群的歷史記憶與失憶來進行。本書便是以漢、藏之間的古今羌人與羌族為例，說明一個華夏西方族群邊緣的形成與變遷。因此這不只是一個「羌族」的歷史，也是「藏族邊緣」與「漢族邊緣」的歷史；這不只是「外夷」或「少數民族」的歷史，它也是華夏與中國民族歷史的一部分。

近20年來，在「中國民族」或「中國少數民族」之歷史與民族學研究中，流行著兩種彼此對立的解釋模式。第一種，我且稱之為「歷史實體論」，另一則是「近代建構論」。「歷史實體論」者主張，中國民族是在歷史上延續之實體；其中包括一歷史悠長的核心漢族，及許多在歷

史中起落興衰，並與漢族互動、融合的邊疆少數民族。此解釋模式幾乎被所有中國歷史與民族學者所採納；相關的「歷史」，便是典範中國史與中國少數民族史。近年來，有些受「創造傳統」（invented tradition）與「想像社群」（imagined community）等研究影響的西方學者則認為，中國民族或中國少數民族是近代國族主義下的建構物。他們強調，近代中國政治威權下的民族分類與相關歷史建構，將許多原外於中國的大小非漢族群歸納、劃分成一個個「少數民族」[7]。在族群政治立場上，上述兩類學者也常針鋒相對；前者常指責西方學者試圖破壞中國之民族團結，後者則指責中國政府（及大漢族主義學者）藉著「歷史」控制甚至欺壓少數民族。

這兩種論述，基於不同的民族與文化研究理論。在本書中，我對民族與文化的理解，與近代建構論者有較多相似之處——基本上，我無法同意歷史實體論者的典範「中國民族史」。然而，我認為近代建構論也有許多值得修正與補充之處。其主要缺失有二。其一，研究者忽略了歷史的延續性與真實性面向。其二，研究者也因此忽略對人類族群生活的現實關懷；甚至在意識型態的敵對中，「解構他者歷史」常成為一種有文化偏見的表述，或思想與政治上的對抗工具。近代建構論者的這兩個缺失，原為歷史實體論者所長。但遺憾的是，歷史實體論者所主張的延續性歷史，是在某種中心主義下（如男性、士大夫或華夏中心主義）之選

---

7 Stevan Harrell, "The Hsitory of the History of the Yi," in Stevan Harrell ed., *Cultural Encounters on China's Ethnic Frontiers*（Seattle: University of Washington Press, 1995）; Ralph A. Litzinger, "Contending Conceptions of the Yao Past," in *Cultural Encounters on China's Ethnic Frontiers*; N. Diamond, "Defining the Miao," in *Cultural Encounters on China's Ethnic Frontiers*; Dru Gladney, *Muslim Chinese: Ethnic Nationalism in the People's Republic*（Cambridge: Council of East Asian Studies, Harvard University, 1991）.

擇性歷史記憶建構。因此它的「現實關懷」——如安邊、治邊與化夷等等——也常流於政治干涉、掌控與文化歧視。

在本書中我所建立的民族史知識，是一個核心與邊緣關係下的「華夏邊緣歷史」，或「漢藏邊緣歷史」。藉由這個歷史，以及它殘留在岷江上游村寨人群中的社會、文化與歷史記憶，我說明歷史上漂移的、模糊的華夏邊緣「羌人」，如何轉化為具有漢、藏、彝及許多西南民族間之橋樑性質的「羌族」。「羌人」與「羌族」是一個不斷變遷的「邊緣」——他們與青藏高原東緣的一些部落、村寨人群是華夏之族群邊緣，也是吐蕃與藏族的族群邊緣。在此，歷史是延續的；但在歷史中延續的並非一個「民族」，而是一個多層次的核心與邊緣群體互動關係。在此，「羌族」的歷史或被解體為華夏與藏族邊緣變遷史，「羌族」本土文化或也被描述為易變的、多元的、模糊的。然而就是這些歷史主體的變遷與不確定性，以及文化之模糊性，說明在中國西方與西南邊疆的漢、藏之間，或漢與非漢之間，原有一個漂移、模糊的族群邊緣。在近代國族主義之下，它才轉化成漢、羌、藏、彝各民族間的族群界線。這樣的知識，不同於「歷史實體論」與「近代建構論」之主張；其目的並不在於爭辯或解答「中國少數民族」或「中國民族」的歷史真實性，而是說明「中國少數民族」與「中國民族」的形成過程。在此過程中，無論是「羌族」或「中國民族」都是「歷史」的創造者，也是歷史的創造物。

在現實的關懷上，對於一個族群或民族研究者來說，我們所研究的對象是一群有共同之過去、現在與未來信念的人群。我們不能不關心他們目前在整體社會族群關係中的處境，以及，此種族群關係的歷史演變。譬如，在當代羌族認同形成之前，本地各溝各寨人群常在相互歧視、仇殺之中，對此老一輩羌族人民記憶尤新。如今他們常說：「這都是由於過去的人沒知識，不知道大家原來是一個民族。」這些話可以讓我們深

思：若非是有更好的族群關係理想，我們何須解構這些「知識」、這個「民族」？的確，由傳統華夏邊緣的「蠻夷」蛻變為「少數民族」，人群間的歧視與暴力已消除不少。然而作為「少數民族」之羌族，在整體中國仍居於邊緣地位；他們在現代化的邊緣、政治邊緣，也在核心族群的邊緣。因此在這本書中，無論是說明一條溝中各個村寨人群之認同與區分，或是以「羌」為邊緣的華夏認同及其族群邊界變遷，我都將強調其在人類資源分配、分享與競爭關係上的意義。相信這樣的歷史民族誌知識可以幫助人們思考：在我們所宣稱的「統一」（或多元一體）中是否存在各種文化偏見、本位主義，導致「一體」之內的人群階序化，並造成各種形式的不平等？我們所主張的「分離」，是否為一種壟斷資源的自利抉擇，並可能導致內外族群體系之長期分裂與對抗？如此，我們才可能共商如何建立一個資源共享、和諧平等的社會體系。

如此兼及歷史、民族誌與現實關懷的他者描述書寫傳統，在中國可以追溯到《史記》之四裔列傳中。在近代國族主義下，此傳統結合外來之社會科學，曾化為歷史學、民族學（或人類學）與邊政研究等中國少數民族研究傳統。這些「邊緣書寫」，曾造成華夏邊緣與此邊緣的歷史變化。在本書中，我以結合歷史記憶、歷史事實與歷史心性之長程歷史研究為經，以人類資源生態與社會認同區分體系為緯，共同構成一種歷史民族誌研究。從某一角度來說，它仍是結合歷史、民族誌與現實關懷的書寫。但「社會」（或民族）、「歷史」與「文化」在此研究中都有新的理解與詮釋；漢族中心主義的「安邊治邊」現實理想，被「如何達成族群和諧與資源共享」所取代；描述分析他者並非為了創造、刻劃我群邊緣，而是為了檢討與認識自我。無論如何，這是我近十年來在羌族研究中所得，也是我在中國民族研究中由「解構」到「重新建構」的自我反省與嘗試。

文本與田野説明

在研究取向上，無論是文獻、口述資料或文化現象，在本書中都被視爲一種「文本」(text)或「表徵、再現」(representation)。「文本」之意義在於其與「情境」(context)之互映，而「表徵、再現」則是強調它們是在某種社會本相(social reality)下產生的表象。文本存在於情境之中(texts in context)；情境也賴文本來呈現與活化(context in texts)。或者說，文本是某種社會本相的表徵/再現(representations of reality)；這樣的社會本相，也賴各種形式的表徵，包含狹義的文本，來呈現(reality of representations)。譬如，在一篇歷史文獻中，作者稱羌爲三苗的後代，一位羌族說羌族是周倉的後代，一位羌族婦女穿著「傳統服飾」；對我而言，它們都是一種「文本」或「再現/表徵」。從中，我探索的並非羌人是否真爲三苗或周倉的後代，或何者爲羌族傳統服飾，而是它們背後的社會情境或社會現實。什麼樣的社會情境，使得古代華夏認爲羌爲三苗之後，使得當代羌族認爲周倉是他們的祖先，以及，使得羌族婦女須穿著「傳統服飾」。

由更寬廣的歷史角度來說，所有當代所見關於羌族的文化、民族與歷史現象，對我而言也都是一種「文本」或「再現/表徵」。它們是由歷史上一連串的歷史事實所造成的歷史事實(historical facts)。將這些古

今歷史事實視為「文本」或「再現/表徵」，我期望了解的是其背後的歷史民族誌情境，一種在人群間延續與變遷的歷史本相（historical reality）。

文本分析（textural analysis）在當前許多社會科學與人文研究領域中，都受到相當的重視。然而又因性質及研究旨趣不同，各學科在此一方面也各自發展。相較於語言學與比較文學來說，人類學與歷史學對於文本分析有較寬鬆的理解，同一學科中學者的作法也有相當差異。這或許是由於，當代許多人類學與歷史學者皆不相信有一套「研究方法」可以讓我們掌握社會真實或歷史事實。無論如何，強調文本分析的史學或人類學研究，的確有一些共識。首先，文本分析不同於結合各種史料（或各種學科）以歸納、發掘「事實」的「類比法」（analogy）。雖然「類比法」是人類知識產生的重要法則，然而在尋找「相似性」（similarity）的知性活動中，我們經常無法擺脫自身的文化、認同與經驗背景的影響。也就是說，我們的知識理性深植於社會文化與現實利益之中；在此知識理性中我們定義、尋找何者是「相似的」、「相關的」與「合理的」，以建構一個熟悉的、利己的知識體系。相對的，一些不尋常的、特異的、斷裂的現象被忽略；此忽略也使得部分社會人群或「他者」落入社會邊緣。因而，基於後現代的學術醒覺，學者們嘗試由近代建構的「文本」中找尋一些多元、邊緣、異常的現象，並分析其意義。

其次，由於以上的認知，學者們之文本分析切入點經常不是「熟悉與相似」。而是，相反的，文本中或文本間所呈現的荒謬、斷裂、矛盾、失憶、模糊、挫折；不只是文本生產者在文本中所流露的，也是閱讀者（研究者）所感受的[1]。學者所從事的「異例分析」（anomaly analysis）[2] 或

---

1 這也就是羅勃特・丹頓（Robert Darnton）所言：「當我們無法理解一個諺語、一

「邊界理論」(border theory)[3]，多少都與此研究取向相關。由多元資料間產生的「異例」，或者，我們的理性與一段時間、空間距離外的「古代」、「土著」世界間的差異，我們可以嘗試了解一異時代或異社會「情境」的複雜結構，以及一個「當代情境」與另一個「當代情境」間的延續與變遷。第三，透過文本或表徵的分析，我們希望了解其所反映的(reflective)「情境」或「社會本相」及其變遷，及其所映照的(reflexive)我們所熟悉、信賴的「文化」與「歷史」之本質。我認為，從文本所呈現的斷裂、模糊與異例之探索中，文本所反映的與其所映照的知識可相互增長；如此我們才可能在己身的文化、社會與歷史情境中，了解另一個社會或另一個時代的文化、社會與歷史。最後，將文獻史料、口述資料、與文化展演都當作一種「文本」，學者的研究興趣在於背後的社會脈絡情境與個人情感，以及文本與情境間的關係。此社會情境與個人情感，在我的研究中特別是指當代人群的資源分享與競爭關係，與相關的族群、階級、性別與地域之認同與區分，以及在此認同與區分下個人的情感流露與行為。

　　與文本相關的是「文類」(genre)的問題。中國之正史、地方志、

(續)————————

　　個笑話、一個禮儀，或一首詩時，我們知道自己觸及到某些東西。由一個文獻最晦澀的一面著手，我們或可以揭露一個相異的意義體系。這樣的思考途徑，甚至可能進入一個陌生而美妙的世界觀。」見Robert Darnton, *The Great Cat Massacre And Other Episodes in French Cultural History*(New York: Basic Books, 1984), 5.

2　R. A. Gould, *Living archaeology*(Cambridge: Cambridge University Press, 1980), chapter 6-9.

3　Renato Rosaldo, *Culture and Truth: The Remaking of Social Analysis*(Boston: Beacon Press, 1993); Scott Michaelsen & David E. Johnson ed., *Border Theory: The Limits of Cultural Politics*(Minneapolis: University of Minnesota Press, 1997); Elazar Barkan & Marie-Denise Shelton ed., *Borders, Exiles, Diasporas*(Stanford: Stanford University Press, 1998).

文人筆記，宋代以來的族譜，明清時期漢人士大夫的異域遊記，近代民族志書寫等等，都是一種「文類」。一種文類不僅承載著許多文本，文類本身也可視爲一種文本。它的產生有其特定的社會與時代情境背景。一種文類持續被書寫、流傳，顯示此種情境的延續存在。其內涵形式的改變或消失，也顯示此種情境的改變與消亡。透過對文本或表徵的分析，我希望了解的是一種「文類」所潛藏的「情境」或「社會本相」及其變遷。

　　基本上，我思考、分析文本的方式是藉著一種考古學的器物遺存隱喻。考古學者將器物遺存視爲在一選材、製造、使用、廢棄過程下之產物。我認爲文本也可以被視爲一種社會記憶遺存；同樣的，它們經歷了選材、製造、使用、廢棄/保存的過程而形成。面對一個文本，我們可以思考：爲何作者如此取材（特定人、物、時間、空間等的指涉與象徵意義）；爲何如此組織、製造（特定的邏輯語句與文本結構），究竟作者期望藉此說明什麼或達成什麼目的；作者或他人如何操弄、使用此社會記憶（文本），並與其它社會記憶相抗衡；最後，在各種權力關係的爭論與制衡中，這個記憶如何得以被保存、推廣，或被修正、廢棄。對我而言，這並非是一種文本分析的公式。然而在本書中讀者將發現，我對文本的理解與分析常循此脈絡進行。

　　本書所依據的文本資料來自兩種「田野」。首先是，我由1994年開始進行至今的羌族田野考查。1994年夏，我由西安經隴西一路進入青海河湟地區，然後再由陝南進入川西北的岷江上游。此行的主要目的是循著歷史上的羌人之跡，觀察他們生活的山川環境，並接洽、安排以後的田野學術活動。此後，我在1995、1996、1998、2000、2001、2002年之寒暑期，八次進入岷江上游與北川地區作田野調查。在這段累計約有十

一個月的田野調查活動中，我在三處曾作多次的停留訪問；這三地是松潘小姓溝、茂縣永和溝，與北川小壩鄉內外溝。它們分別代表西北方最藏化的，中間的，以及東方最漢化的羌族地區。此外，我也短暫訪問其它各溝村寨；每次在一村寨只停留約5-7日，或在一兩年後，再度訪問這些村寨。如此作法是由於，我所進行的研究需要傾聽羌族民眾對於本民族文化、歷史與社會之「多元聲音」。因此我的田野調查需要多元，並能涵括各種「邊緣」。在此研究需求下，我的田野考察地區包括：茂縣的永和溝、水磨溝、黑虎溝、三龍溝、赤不蘇、牛尾巴，汶川縣的羌鋒，理縣的蒲溪溝、薛城，黑水縣的麻窩、黑水與知木林，松潘縣的小姓溝，北川縣的小壩、片口、青片等地；以及，以上各縣的縣城。受訪的對象，包括不同世代、性別、教育背景，以及與外界接觸程度不同之羌族民眾。

在田野中，除了觀察、記錄當地的一般民族誌資料外，我最重要的活動是問村民一些簡單的問題，並作口述錄音。這些問題或主題的產生，一方面是來自於我對當地之歷史與民族誌了解，另一方面，它們來自於相關的族群與記憶理論。我對羌族的認識，主要便是透過這些經過設計的主題與問題，以及，羌族民眾與我在這些主題與問題下之對話所產生的文本。譬如，其中一組重要問題是：「這兒的人是從哪來的？」問題中的「人群」由家庭、家族、一寨的人、一溝中的人群到羌族等等。事實上，我所問的便是本地人記憶中的各種「起源歷史」。在獲得這些「起源歷史」後，我分析其中某些語言符號的隱喻，及一些關鍵主題如何被構述。

這些錄音口述資料中的對話，都是以當地四川西北方言，當地人所稱的「漢話」，來進行採訪與應答。「漢話」是羌族與鄰近藏族地區最普遍通行的語言，這一方面是「漢化」的結果，另一方面是由於「鄉談

話」（所謂羌語）在各地羌族間難以溝通。幾乎所有的羌族與鄰近藏族都會說「漢話」，但相當高比例的羌族人不會說當地的「鄉談話」。可以說，羌族以語言符號組構的文化與知識體系，原來就是以「漢話」來理解、表述的，或以「鄉談話」與「漢話」相互傳譯、混合的文化與知識體系。這也是羌族與許多中國西南少數民族的重要族群特質之一。因此以「漢話」採訪所得資料，可以適當的代表當地的本土觀點。相反的，堅持以「土著語言」來了解本土社會與文化的人類學傳統，在「羌族」這樣的人群社會中不但無法進行，而且也容易導致將一「民族」範準化、刻版化。

所有的田野錄音，都轉錄爲漢文。基於我對口述資料之社會記憶本質的認識，我認爲研究者在回憶、刪削一段報告人的「口述」時，很難避免本身各種主觀偏見所造成的誤差。這便是爲何，我以錄音來記錄口述記憶，並將它們逐字、逐句轉爲文字。因此，本書所引的口述資料或有語法混亂、文句不銜接現象，或引文中會出現些罕見的語詞；我都盡量附註說明。大量引用這些口述錄音資料，也是本書的特色之一。我認爲這樣的民族誌表述、書寫，可以引領讀者進入一個本地人與作者，或本地人與讀者之間的中介文化認知場域。在此場域中，作者與讀者因認識本土社會文化，而認識我們己身所處的社會文化。相反的，認識我們的社會文化，我們因而得以認識本土之社會與文化。

本書所涉及的另一種「田野」，是在文獻中所作的「田野」。我將各種文獻，當作是報告人以文字展現的社會記憶，或如前所述，一種文本與表徵。無論是漢晉時期華夏對西羌的歷史與文化描述，或是近代歷史與民族學者對羌族歷史與文化的論著，或是當代羌族知識分子對本族歷史、文化的書寫，都被視爲在某種社會情境下人們對「他者」或「我群」的選擇與建構性描述。古今華夏或中國人，以及羌族，這些書寫主

體自身之認同及認同變遷，反映在他們對「我群」與「我群邊緣」的描述與論辯之中。因此透過這些文獻，我們得以分析、探討，首先，文字記載中的人、事、時、地、物所交織而成的歷史與社會「事實」；其次，產生這些文字社會歷史記憶與敘事的「情境」——各層次的社會認同體系，與相關社會權力關係——以及此「情境」在歷史中的延續與變遷。最後，結合對文本在現實社會中作爲一種「論域」(discourse)的人類學田野觀察，我們可以探討這些古今文本如何成爲一個動態的社會記憶，被人們誇耀、爭論、否定、修飾、複製，因而影響社會認同與區分體系及其變遷。

目次

圖次

社會篇

導言

　　本書的第一部分，我將介紹當前的羌族——他們的生活環境、生計活動、社會認同與區分，以及相關的恐懼、愛恨與情感世界。這樣的描述，有如人類學的民族誌書寫。的確，以下四章是一個以各種「認同與區分」為主題的羌族民族誌。我所稱的「認同與區分」（identity and distinction），有如人類學民族誌中所稱的「社會組織」（social organizations）；我所討論的內涵，如家庭、家族、村落等，也部分與之重疊。對於社會組織，人類學者著重於研究各種「組織」的功能、結構，以及其在神話、物與儀式中的象徵表達。然而，由認同與區分的角度，我特別強調個人在社會中的各種身分認同，他（她）們與各層次外在人群的邊界區分，以及造成此認同與區分的資源環境與權力關係背景。

　　作為生物界的一部分，「生存動機」是人類一切社會與文化活動的根基。人們結為各種群體，來爭奪、分配並壟斷特定的生存資源；此為人類社會各種「認同與區分」的主要背景之一。在生存資源匱乏的羌族地區，自然更是如此。首先，我在第一章中介紹羌族地區的地理環境，以及簡單介紹居住在此的羌族——他們的語言、體質與文化特徵。羌族所居的地理環境，一個個深藏在高山深谷中的「溝」，是造成各個孤立村寨的主要背景。也因此造成各溝、各村寨居民在語言、體質與文化上的分歧現象。在我的描述中讀者將發現，並沒有統一的或典型的羌族語言與羌族文化。在第二章中，我更深入介紹各地羌族的生存環境。許多學者常以最偏遠、原始的

村落為田野對象，來描述一個所謂「原始社會」（primitive society）的構成。相反的，在這一章中我將說明，羌族不只是居住在村寨中，部分也住在小街市與城鎮裡。即使是住在深山村寨中的羌族，他們也與一層層外在世界有相當接觸。在生計活動中，資源競爭與分享造成各種人群社會之空間區分。在這些空間中，人們經驗到各層次的認同、區分與相關權力關係，因此塑造了他們心目中遠/近、熟悉/陌生、親切/敵對的社會空間結構。

第三章，進入本書的重要主題——認同與區分。族群認同是本章也是本書的研究重點；其它人類社會認同與區分，如階級、性別、城鄉人群等，將置於族群認同現象中探討。「族群」在本書中除了作為英文ethnic group的中文譯詞外，還有一更廣泛的指涉意義——指所有以共同血緣或擬血緣記憶來凝聚之人類社會群體。因而由家庭、家族、宗族，共祖之部落、村落人群，到民族、國族等等，都是廣義的「族群」。在這一章中，我將介紹本地資源競爭與分配背景下的各層次族群認同體系。「區分」，也就是為限定可分享特定資源的人群，而踐行的社會邊界維持。由於內部激烈的資源競爭，各地羌族特別在意彼此間的邊界區分；這也解釋了他們間語言、文化的差異性。在岷江上游群山之間，各個家庭、家族與村寨等群體，都在資源共享與劃分體系中凝聚與延續。家族神、山神、廟子與菩薩等信仰，強化這些族群區分，並維持族群界線。在「本村寨人」認同之上，當地有一種更大範圍的族群認同，表現在「爾瑪」（我族人）此一族群自稱概念上。由本地人的「爾瑪」、「赤部」（蠻子）與「而」（漢人）之概念，以及它們在近半世紀來的變遷，本章也說明本地的族群或民族認同及其變遷。

對個人而言，「區分」是一種生物的、心理的與社會性的身體

邊界維持。維持此一層層的邊界，以期身體不受病痛與外力侵害，以期家庭、寨子、村子之「身體」不受鄰人或外敵侵犯。在第四章中，我以流行於羌族間的「毒藥貓傳說」與相關文化、事件與記憶為例，說明村寨居民在上述的認同與區分體系下的情感、愛憎與相關行為，以及，個人經驗、情感與行為又如何強化各種社會區分結構。

第一章
地理環境與人群

　　當今中國西南少數民族之一的羌族，人數約在20萬左右，主要居住在四川省西北阿壩藏族羌族自治州的東南，也就是岷江上游及其支流兩岸的汶川、理縣、茂縣、松潘等地。另外，與岷江上游一山之隔的北川，也有部分鄉鎮人口被識別為羌族。在這地區（圖1），岷江、湔江及其支流切過青藏高原邊緣，造成高山深谷。這種高山間的深谷，當地羌族以漢話稱之為「溝」；羌族村寨便分布在各個溝中。

　　往松潘、九寨溝的公路沿著岷江主流北去，途經汶川、茂縣一帶，路兩旁所見皆為已開發的山田，或只是光禿禿的荒山，林木絕少。離開沿岷江的主要公路往各支流去，仍然看不見大片的森林。只有深入山溝之中，或攀上高山背面，才有大片的林木。這是近年來，特別是1980年代中國實行改革開放之後，過度砍伐的結果。理縣、黑水、松潘等地原來更以森林資源豐富著稱，但近年來森林覆蓋區也在急速減縮之中。自1998年以來，中國在岷江上游實施「廢耕還林」，森林砍伐已全面禁止。

　　完整的森林多分佈在海拔2500-4000公尺山區，主要由松木林構成。松林下盛產各種菌菇類植物。如松潘小姓溝中所能採集到的食用菌類，以當地的漢話來說便有：楊柳菌、獐子菌、刷把菌、雞蛋菌、羊肚菌、白松菌、白樺菌、草菌、黃連菌、羊角菌、烏鴉菌、雞菌、猴頭菰、磨

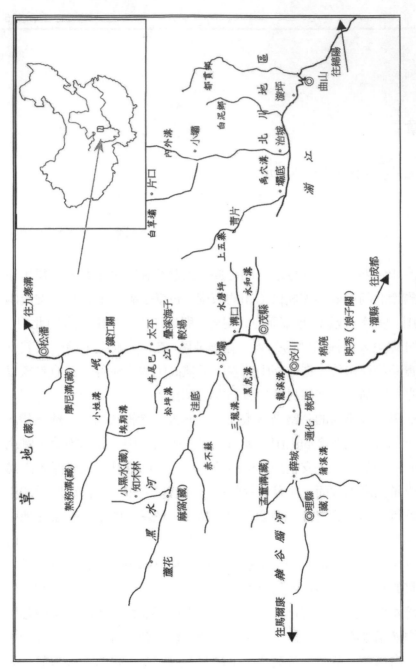

圖1 羌族地區簡圖

菰、草菰、香菰、金針菰、野木耳、馬屁包等等。整個山區除林木、菌菇之外，還盛產各種藥材。冬蟲夏草、大黃、天麻、羌活、川貝、川芎、當歸、黨蔘等等，都是本地特產。在過去，這裡也是野生動物的樂園。除了目前作爲一級保護動物的大熊貓、金絲猴與牛羚外，還有三種熊（馬熊、棕熊、黑熊），兩種豹子（土豹子與金錢豹），以及小熊貓、豹貓、獐子、麂子、鹿、狼、豺狗、野豬、土豬子等等。如今也因爲濫獵、盜獵，動物少了很多。田間、林中與高山草原上，又盛產各種野禽。經常可獵得的野雞便有貝母雞、楊角雞、石板雞、眊眊雞、馬雞、松雞、坨坨雞、金雞等等。

森林上方近山稜的緩坡，高度約在海拔3500-4500公尺之間。由於高寒多季積雪，樹林只呈零散、小區域分布。然而到了夏季，由於日曬充足而成爲豐盛的草場；這兒是羌族放養犛牛與馬的地方。森林下方，高度約在2000-3000公尺的山腰緩坡處，被人們闢成梯狀山田，種植各種糧食作物。近河谷的河壩，海拔高度約在1000-2500公尺之間，則有寬廣而日照較好的可耕地；這兒由於交通方便，近年來多成爲經濟作物的產區。

總之，本地自然環境上的特色是，一方面，溝中垂直分布的山田、森林、草場構成豐富經濟資源，提供人們多元化的生活所需，使得「溝」成爲一個個相當自足的生態區。另一方面，溝與溝之間因高山隔阻，交通困難，這又使得溝中的村寨居民成爲相當孤立的人群。惟近年來，由於沿河谷的公路開發，各地的羌族往來較密切，他們多餘的農林產品也因此有機會對外運銷。

北川的地理環境與岷江上游地區有些不同。這兒的山區海拔高度較低，山區林木以混合林爲主。北方接近松潘或南坪的地區，才有較豐富的林木。由於較接近漢區，本地的開發歷史較早。除了出產一些藥材與

出外打工之外，本地村民幾乎全賴農業生產。但與岷江上游地區相比，本地與成都平原的來往較密切、頻繁。

各行政區簡介

汶川 由都江堰市（灌縣）過青城大橋入山，車行約一小時便到達汶川縣南端的漩口與映秀鎮。映秀舊稱娘子關。許多羌族人都認為，過去映秀與漩口都是羌族分布的地方，但目前這兩地的居民絕大多數都是漢族。由此沿岷江北行，約一個半小時車程即到達汶川的綿箎鄉。這兒號稱是西羌第一村——阿壩州最南端的羌族村寨在此。汶川舊縣城在綿箎、羌峰一帶；清代的瓦寺土司在附近鎮守。今之汶川縣城，威州鎮，還在北去車行半小時之處。汶川縣城是羌族的文教中心，威州少數民族師範學校與阿壩州師範專科學校都在此。因此威州鎮也是羌族歷史、文化的重要本土研究與推廣中心之一。

汶川縣有漢族、羌族、藏族與回族。據1985年的人口統計，漢族人口占全縣總人口61.88%，羌族人口約占總人口的26.18%，藏族約占11%，回族僅占0.8%。目前羌族人口可能已占汶川總人口的40%。由於民族自治政策的推行，1980年代以來愈來愈多的地方幹部與公職人員由少數民族擔任，使得汶川儼然成為以羌族為主體的地方。事實上，羌族主要分布在縣北；岷江、雜谷腦河及其支流沿岸的龍溪、克枯、雁門、綿箎等地，是汶川羌族村寨的主要分布地。這些地區的羌族，更因為長久以來接近漢人地區，受漢文化影響相當深。目前絕大部分岷江東岸的村寨居民，已普遍將漢語當作母語，本土語言消失殆盡。

理縣 由汶川沿岷江支流雜谷腦河西行，便逐漸進入理縣地區。理縣也是漢、羌、藏與回族混居的地方。嘉絨藏族在此人口最多，最居社

會、政治優勢；以整個阿壩州來說，也是如此。理縣自古以來就是漢人
與嘉絨藏族（舊稱西番）貿易的孔道重鎮，而今又是西去阿壩州政府馬爾
康之大道上的中間要鎮。因此，理縣羌族長期以來受嘉絨藏族與漢族雙
重影響。在這兒，羌族村寨主要分布在甘堡以東，西邊便是嘉絨藏族的
居住地。桃坪、通化、薛城附近各溝，都是羌族的分布地區；其中
蒲溪溝是最深入大山中的一條溝。

通化、薛城一帶的羌族，常自豪於他們過去與嘉絨人同爲「五屯」
之民 [1]，有事時受清政府調度出征。本地羌族各村寨在清代多屬於五屯
中之「九子屯」。他們瞧不起雜谷腦河南岸蒲溪溝的人；說是，過去在
作戰時他們只能「揹被子」（搬運軍需）。相較於北岸各溝的羌族村寨居
民來說，蒲溪溝羌族受嘉絨藏族的影響較少。如薛城、通化附近羌族戴
頭巾的方式──「搭帕子」──與嘉絨藏族相似，而蒲溪溝羌族婦女則
是「包帕子」[2]。

茂縣 由汶川縣城沿岷江河北去，不久便進入茂縣地區。茂縣，目
前是羌族人口比例最高的縣，也被認爲是最典型的羌族地區。岷江東岸
有南星、石鼓、永和溝、水磨溝、石大關、疊溪、太平等溝與聚落，西
岸有牟托、刁林、黑虎溝、松坪溝、楊柳溝、牛尾巴等，這些都是羌族
村寨聚集之地。沿岷江支流黑水河，又有三龍、洼底、曲谷、維城等溝。
向東越過土地嶺樑子，涪江水系的土門鄉也屬茂縣的行政管轄範圍。茂
縣縣城，本地人稱之爲茂汶，也是羌族地區重要的政治、經濟與文化中

---

1 乾隆十七年，中國勦滅雜谷土司蒼旺之後，在本地實行屯兵制。以本地五個大
寨子爲首，置五屯，統一調動諸寨兵員；此五屯爲雜谷腦屯、乾堡屯、上孟屯、
下孟屯、九子屯。

2 搭帕子是將折成方塊狀的布置於頭上，再以布條或假髮固定；包帕子則是直接
以長布巾纏頭。

心之一。比起威州鎮來說，這兒更具少數民族色彩；街道上常見進城銷貨、購物身著民族服飾之羌族婦女。在茂汶北方不遠的兩河口，黑水河在此由西方匯入岷江。至少由清代以來，當地人便稱茂汶、兩河口以北地區爲北路。在此以南，岷江東岸各溝爲東路，岷江西岸各溝與黑水河流域則是西路。

　　一般而言，岷江東岸各溝及沿江的河壩地區生活條件較佳。愈往西、往北去，山高谷深，寨子常座落在很高的山上。由谷底河壩走到寨子，常需在陡峭的山道攀爬二至四個小時。由於高寒與土地貧瘠，居民的生活相當艱苦。在這兒最值得注意的文化現象是，由東向西、由南往北，都呈現由漢至藏（嘉絨）的過渡現象。愈靠東方、南方的村寨，愈受漢文化的影響；愈往西、往北去，便愈多嘉絨藏文化因素。可以說，如果在文化上羌族是漢、藏間的過渡，那麼茂縣最西方的曲谷、維城，與最北面的牛尾巴與雙泉等地羌族，便是羌、藏間的過渡類型。他們許多文化與宗教習俗，都深受黑水與松潘藏族影響。茂縣最東邊的土門鄉羌族，則已完全漢化；在清代時，此地與許多東路村寨都曾被中國劃爲「漢民里」。

　　由曲谷越過瓦缽樑子，便進入黑水縣藏族村寨地區。黑水縣東半部的藏族，以漢語自稱「藏族」，然而以母語卻自稱「爾勒瑪」；此與曲谷、三龍各地羌族的自稱類似。

　　北川　由茂縣越過土地嶺樑子，經土門往東下河谷，便進入湔江流域的北川地區。比起岷江上游的阿壩州，這兒山嶺的海拔高度較低，河谷盆地較寬。成片的大森林幾乎不見，只在西北角的小寨子溝一帶有較完整的森林。湔江有四條重要支流：青片河、白草河、白泥河與都壩河。同樣的，愈往上游去的山區村落生活較苦，愈往下游的村落生活較寬。往西北去，還可見一些非漢本土文化遺痕；愈往東南，則所見與川西漢

人聚落無異。目前羌族村落主要分佈在西北半部的青片河、白草河兩岸及其支流地區。過去在明、清時期，這一帶居住的是以「好爲亂」著稱的青片羌與白草羌。然而在20世紀中，本地居民幾乎都自稱是漢人。當前的北川羌族，大多是在1980年代中，經由民族識別、登記而成爲羌族的。據本地民族幹部稱，目前羌族約占北川總人口的40%。

北川的舊縣城在治城，附近有著名的「禹穴溝」。新縣城向東移至曲山鎮。由於明清以來移入大量逃難、墾荒的漢人，因此當地居民的漢化程度相當深。在1950年代時，土著語言、文化早已完全喪失，只有青片河流域最西方的上五寨還保留一點本土文化殘痕。1980年代以來，北川羌族努力與茂縣等地羌族交流，學習本民族文化。

松潘　縣城附近的海拔高度約在2700公尺左右。當地居民有藏、漢、羌、回等民族。一般而言，漢族與回族居城，藏族與羌族居鄉。羌族人口只占松潘總人口很小的一部分，分布在松潘南部的鎮江關、小姓溝與雙泉一帶。鎮江關由於位在沿岷江的大道上，因此附近羌族居民大多受漢文化影響很深。在許多離公路較近的村寨中，本土語言已消失殆盡，居民之間只通行漢語。小姓溝北岸各小溝，是熱務藏族村寨分布之地。南岸則多爲羌族所居；著名的有爾邊三寨（大爾邊、小爾邊、朱耳邊）與埃期溝各寨。小姓溝中各村寨居民，特別是埃期與大爾邊等，受漢文化影響較淺，受藏文化影響較深。松潘最南端的雙泉溝羌族，位置接近茂縣楊柳溝與牛尾巴；這幾處的羌族在語言、文化上有較密切的關係。在明清時期的中國文獻中，這一帶村寨住民都被稱作「生番」或「楊柳番羌」。

鎮江關與小姓溝一帶因接近松潘高原，河谷海拔高度已相當高，因此相對看來四周的山還不如茂縣、汶川一帶的山勢來得壯偉。由於地理上屬高寒地帶，一般而言，農業生產不如汶川、茂縣等地。然而部分地

區森林植被卻保存得很好，因此當地的羌族可由森林中得到部分收入，以補農業之缺。惟過去數十年來，因「森工局」在此過度砍伐，森林受到很大的損傷。

語言、體質外貌與文化表徵：誰是羌族？

生活在這青藏高原邊緣的羌族，究竟是什麼樣的一個民族？我希望在本書一開始，可以給讀者們一個概括的羌族印象。譬如，這個民族的人長得如何，他們說什麼話，他們有何文化特徵等等。然而，這些對我而言有些困難。我們常認為一個民族自然有其獨特的語言、文化或體質特徵——這是在一種典範的民族概念下人們對「民族」的刻版印象。無論如何，在語言、體質或文化表徵上，各地羌族都有些差異。羌族，像是漢、藏間的變色光譜；愈往東南，這兒的羌族便愈像漢族，愈往西北去，當地的羌族就愈像藏族。

語言 在羌族地區最常聽見的共同語言是一種漢語川西方言——他們稱之為「漢話」。另外有一種本土語言，本地人稱為「鄉談話」。由於各地口音差別很大，因此「鄉談話」只能通行於很小範圍的人群內——通常是一條溝之中。西路與北路各溝、各村寨的羌族，許多人都能說鄉談話與漢話。岷江東路各村寨羌族，幾乎都只能說漢話。北川地區大部分的羌族，在他們祖父那一代說的便都是漢話了。目前只在青片上五寨地區，有少部分老人還記得一些本地土語單詞——是不是屬於羌語系統還很難說。住在城鎮中的羌族，一般都說漢話；知識分子還能說普通話（北京話）。有些村寨中說的鄉談話，還夾雜大量的漢語辭彙。只有離公路較遠的深溝高山村寨，才是全然說鄉談話的地區。

所謂「鄉談話」，也就是語言學分類下的「羌語」，其中包括許多

彼此溝通困難的地方方言。這些羌語方言，從某些語言學者的觀點，又
分爲南部方言與北部方言；這兩個方言群，又各分爲五個地方土語 [3]。
事實上，在同一土語群中的人們，彼此也不一定能用鄉談話溝通。正如
一位羌族朋友所說的：「我們的話走不遠；一條溝有一條溝的話，有時
同一溝中陰山面與陽山面的人說話都不一樣。」正因爲以鄉談話溝通有
困難，所以各地羌族在一起時，說的都是漢話。東路羌族經常自豪於他
們能說很好的漢話，並嘲笑西方、北方及深溝中羌族或藏族所說的漢
話。甚至他們認爲漢話是「不需要學就會的語言」，而鄉談話卻需要學。
相反的，西路與北路的羌族雖然說起漢話來口音重，但有些男人卻能說
一些鄰近的藏族方言。譬如，有些松潘埃期溝的羌族能說一口熱務藏
語；許多理縣羌族也會說嘉絨藏語。在過去，語言的使用在這兒似乎也
與社會階級有關。由於嘉絨藏族土司在西路與北路較具勢力，「嘉絨話」
在他們的勢力影響範圍內相當於一種官方語言。因此從前西路　北路說
「羌語」的土司頭人，通常也會說嘉絨藏語。在較靠近漢區的東路地區，
自然「漢話」是過去頭人們最常用的語言。

　　除了地域性語言差別外，男女的語言使用也有不同。與女人相比，
通常男人的漢話（或藏話）說得要好得多。據他們說，這是因爲女人不常
接觸外界，所以其它語言說不好。即使在鄉談話上，他（她）們也認爲男
人的辭彙多而靈活，女人的語言則保守而較具地方特色。所謂男子的羌
語辭彙多而靈活，顯然是因爲他們用了許多漢語、藏語與鄰近羌族方言
的借詞。除此之外，同一村寨上下世代人群間的語言似乎也有些差別。
理縣蒲溪溝的一個中年人曾告訴我，當地許多老年人用的詞彙現在已完
全不用了。更普遍的是，保留「古語」較多的羌族端公唱詞，目前絕大

3　孫宏開，《羌語簡志》（北京：民族出版社，1981），頁177-178。

多數的本地羌族人都聽不懂。

　　體質特徵　在體質特徵上，羌族也呈現由漢到藏的中間過渡型態。人們常以體質特徵來界定一個民族，而羌族的例子卻說明，「體質」在區別族群或民族上或有其限制。譬如，一般認為與漢族相比較，藏族的鼻子較大，皮膚較黑，身材較高。如此說來，北川地區的羌族在體質外觀上與漢族全然無異。在岷江上游地區則是，一般來說，靠近嘉絨藏族的西路、北路各村寨人群較多嘉絨藏族體質特徵，而東路各村寨羌族則看來與漢族無異。這中間的羌族，則呈現由鄰近人群間細微差異所構成的由漢到藏之連續變化。

　　所謂一個民族的「體質特徵」，不盡然是客觀存在的、依遺傳學邏輯延續與散播的一些身體內外特徵。一人群的「體質特徵」也常在人們的主觀認同下，被集體選擇、想像與建構。當這樣的「體質特徵」想像與建構，成為流行的意識形態時，它影響個人的審美觀與婚配對象選擇，也因此多少影響該民族的體質構成內涵。1920年代在岷江上游地區傳教的英籍教士陶倫士（Thomas Torrance），曾指出羌族是一個獨特的民族——古以色列人的後代。他指出，由羌族人的體質上也可看出這個族群的淵源[4]。由陶倫士所著書中的照片看來，的確部分本地人的鼻子較一般漢族的高大。我不知道陶倫士是否刻意選擇他心目中「典型的羌民」作為樣本證據，或是否當年土著的鼻子的確比較高。然而近五十年來，當羌族成為國家認可的少數民族時，羌族的體質成分多少有些改變。首先，本地許多原自稱漢人者，現在都宣稱祖先為羌族，因此也被識別為羌族；如此便產生許多體質與漢人無異或差別不大的「羌族」。這些茂

4　Thomas Torrance, *China's First Missionaries: Ancient Israelites*（London: Thynne & Co. Ltd, 1937), 36-37.

縣東路與北川的羌族，普遍認爲羌族是古華夏民族的一支，所以羌族與漢族「應該」在體質上沒有差別。其次，許多西路、北路接近藏區的羌族都說，在過去並沒有羌、藏間的區分；在民族識別、劃分後，「說多了就有隔閡了」。也因此，過去他們與上游村寨人群結親很普遍，但在民族劃分、識別之後，他們與被識別爲藏族的上游人群間的婚姻就少多了。羌族的例子顯示，一個民族的體質特徵有時是個別學者或社會的集體想像與選擇；在此，涉及西方傳教士、漢人或土著的自我認同，以及對我群與他群之典範體質或體質區分的想像。而當這些認同與典範體質想像，影響人們婚配對象的選擇時，自然也影響到一個族群的體質特徵。

　　文化特徵　雖然在體質上很難看出羌族與漢族的區分，然而許多羌族或外來者皆認爲，羌族婦女服飾鮮明表達了羌民族特色。當前羌族的確可以由村寨婦女身上鮮明的服飾分辨出來。但村寨中的羌族男人，城鎮中的羌族男女，以及所有北川的羌族，穿著都與鄰近漢人平民無異。「服飾」可以說是個人或一個人群「身體」的延伸；透過此延伸部分，個人或人群強調自身的身分認同（identity），或我群與他群間的區分。因此服飾可被視爲一種文化性身體建構。在本書中我將對此現象做進一步探討，並說明爲何只是村寨婦女，而不是所有的羌族皆穿著本民族服飾。

　　再者，學者綜合各地羌族婦女服飾之「相似性」，以建構一整體的「羌族婦女服飾」概念。然而，對各地羌族來說，一地有一地的服飾特色，一村有一村的穿著特點；簡言之，愈往南、往東，便愈受漢文化影響，愈往西、往北，便愈受藏文化影響。無論如何，對本地人來說，重要的是鄰近村寨與地區人群在服飾上的「相異性」。

　　在其它文化表徵上，同樣的，靠近藏區的羌族有許多藏族特色，靠近漢區的則吸收大量漢族特色。如在宗教信仰上，北路羌族所供奉的諸神中有許多藏傳佛教神祇，東南部的羌族信仰中則多玉皇、觀音、東嶽

等漢文化中諸神。由於「藏化」與「漢化」程度各個溝與地區皆不同，因此我們很難說那個地區文化能代表典型的羌族文化。當然，或許我們可以將所謂「藏族文化」與「漢族文化」的成分剔除，以找尋、呈現典型的「羌族文化」。事實上，在許多羌族研究學者的探索下，以及在羌族知識分子與地方政府的強調、宣傳下，一些羌族文化特色如羌曆年、歌庄舞、羌族刺繡、神樹林信仰、山神信仰，以及端公文化、禹文化等等，都逐漸爲人所知。在本書中我將說明，20世紀上半葉的早期羌族調查者也曾注意這些文化特色，但他們卻困惑於，究竟那些是漢文化或藏文化因素，而那些才是羌文化因素。是早期調查者之學養不如今之學者？或是「羌族文化」在近半個世紀來曾發生許多變化？在本書文化篇中我會詳細說明。

在以上這些有關羌族的簡單描述中可以看出，一族群的語言、體質與文化特質常是變動的、有內部差異的或被主觀理解的。因此，我們難以由客觀的語言、體質與文化來描述或界定這個族群。這也證實1970年代以來人類學界族群研究者的普遍認識——族群或民族是主觀的人群認同範疇，難以被客觀的語言、體質或文化因素來界定。究竟誰（who）是羌族？我認爲這問題過於簡化了人類的族群認同現象。在本書中，我將探討、說明他（她）們爲何（why）宣稱自己是或被認爲是羌族，他（她）們如何（how）成爲羌族，以及如何表現或宣稱自己是羌族。這樣的羌族描述，必然涉及人類生態，各層次的認同與區分，社會階序與權力關係，以及「歷史」建構的歷史過程。在說明了羌族社會，以及羌族如何在歷史與「歷史」中得其民族生命後，我們會再回到「羌族文化」這一主題。

第二章

村寨與城鎮生活

在一種刻版化的土著意象下，學者經常選擇描述一偏遠地區的土著聚落生活，如此刻劃一個自然、典型與結構性的「他者」社會及其文化。對於這樣一個小型社會人群的研究，自然有其學術價值。然而，如果我們將這些資料視為「某民族」的社會與文化時，便可能面臨兩種質難：一是，在知識上為何對此「部分」的認知可以代表「全體」？二是，在社會倫理上是否如此的「土著意象」產生於某種族群或文化中心主義偏見，因而此種書寫又強化了族群或文化核心與邊緣間的不對等關係？

以羌族來說，當前大多數羌族皆居住在山上的村寨中。然而並非所有羌族皆如此；當今部分羌族居住在威州、茂汶、曲山等城鎮，以及許多大小不等的小鎮、街市。我也不認為居鄉的是典型的羌族。羌族居城雖然是20世紀下半葉的發展，然而這卻與「羌族」的形成有關──在本書中我將以許多篇幅來說明此過程。在此，簡單的說，過去居於村寨的土著被漢人視為鄉下人或蠻子。直到民族識別後，部分羌族居於城，以及城、鄉與國家的經濟、文化、行政緊密結合，城外村寨居民之羌族認同才逐漸鮮明。因此村寨與城鎮的社會背景，以及羌族民眾在其間的生計與日常生活，對於我們了解羌族都非常重要。

村寨聚落

　　羌族村寨大多座落在半山腰上。近幾十年來才出現少部分建在河谷台地上的村寨。據村民說，人們過去住在更高的山上，後來才漸漸搬到現在的山腰來住。他們在山上打獵、採藥時，還常見到此種高山村落廢墟。

　　一條有溪流蜿蜒其間的峽谷，在本地人們稱之為「溝」。羌族村寨便建在溝兩岸的半山坡上。進入一條溝，通常需先走過跨越主流溪谷的吊橋。然後沿著盤繞山腰上的小徑進入支流所出的溝中。深入溝中之後，兩邊山上的村寨遠遠映入眼簾。村寨的高度依地理狀況、生產條件而有差距。在生產條件好的地區，如茂縣東路的永和與水磨坪，村寨離河壩較近；由河壩只需走個五分鐘至十來分鐘就進入村寨中了。這些地區通常有較寬廣的河階地，被開發來種花椒、蘋果。在資源匱乏地區，如茂縣的三龍、曲谷，理縣的蒲溪溝等地，寨子常座落在需走上兩個至四個小時的高山上。到了這裡，人們自然想問：為何人要住在這兒？主要原因便是：匱乏。匱乏使得人們必須走入深谷高山，以利用各種邊緣資源。匱乏造成人群間衝突頻繁，也使得他們較願住在便於防守的高山村寨。不過，由於目前治安較好，安全無虞，所以許多有辦法的村民都搬到河壩居住，或在河壩弄一塊地耕作。因此目前到處都有了河壩村落。

　　最大的村寨——汶川的羅布寨——約有兩百戶人左右；最小的村寨約只有三、五戶人。三、五十至七、八十戶的村寨，可能是最普遍的了。在理縣、汶川、茂縣地區，羌族村寨最特殊的景觀便是，山坡上一片聯結在一起的石砌房子，有些還有殘留的石碉樓。石碉樓是一種石砌的四角、六角或八角塔狀高樓，高約20-30公尺。碉樓最密集的地區是黑虎，

反映了明清時期「黑虎羌番」與中國朝廷間的激烈戰爭。無論由聚落地形選擇，或聚集成片的房子，或由石碉樓來看，羌族村寨的防衛功能是非常明顯的。這也說明了為何從前沒有河壩村寨；他們認為住在河壩會經常遭搶，非常不安全。據說，過去住在河壩的大多是外來的漢人。因此直到現在，許多高山村寨的人還瞧不起河壩的人（新近搬下去的除外），認為他們「根根」不好（有漢人的血緣）。

茂縣北路太平附近山上的牛尾巴寨，村寨中各房屋間的距離較寬，集結如城的聚落不見了。到了松潘小姓溝，屋與屋間的距離更大，房屋多為木、泥結構建築。可見在過去，這兒村寨聚落間的緊張關係比較舒緩。無論在理縣、茂縣或松潘，村寨中的房屋大多為三層建築；下層關牲畜，中層住人，上層通常只有一小間敬菩薩的經堂或儲藏間，其餘空間則是泥鋪的屋頂平台，作為曝曬糧食之用。各層樓之間以一種獨木梯上下。在北川地區，村落多座落在河壩或低山腰上。說這兒的羌族「居村」而非「居寨」，主要是因為這兒沒有阿壩州那種連結成片的石砌房屋，所見只是漢式村落。房屋也與一般川西漢式農舍建築無異。主屋由瓦頂與竹木牆構成，有雕花的窗牖；豬舍與柴房在主屋之外。

一條河有主流、支流，同一溪流又有上游、下游，因此村寨所在的溝又有內溝、外溝、上溝、下溝與溝口之分。因此同居於內溝的幾個村間的關係，自然比他們與外溝各村間的關係來得親密。但無論如何，孤立是村寨生活的主要特色。尤其在過去，溝與溝之間村民往來絕少；這與各溝民眾間的資源劃分與競爭有關。在下一節中我會對此有較詳細的說明。村與寨的區別在當地是相當模糊的，因此現在羌族民眾多喜歡用行政區劃名稱，如大隊、小隊或組。大隊相當於村，小隊或組相當於寨。然而這些地方行政劃分，與當地的人群劃分概念又不盡相同。譬如，為了行政方便而將兩個鄰近寨子合成一組，因此同一組裡

經常還分大寨子、小寨子或上寨、下寨。有些羌族知識分子以行政村
（組）與自然村（寨）來區分兩者。因此，我們可以知道羌族各個鄉有多
少村或多少組，但總共有多少本土觀念中的「寨子」，恐怕不容易統
計出來。主要困難便是我們不清礎，根據當地人的觀點，每個組內部
究竟可分成幾個「寨子」。

　　我舉個例子來說明此種村寨聚落。岷江流經松潘的鎮江關時，一條
支流熱務河從西方匯入。這條支流所流經的溝，前段稱作小姓溝，後段
為紅土區或稱熱務溝。小姓溝中又有幾條支流匯入熱務河，其中一條是
埃溪。埃溪所流經的溝，稱埃溪溝或埃期溝。這條小溝中只有一個村，
埃期村。村中有三個寨子，分別稱為一組、二組、三組。有些較深長的
溝中，村寨結構就複雜多了。如茂縣的黑虎溝，目前分為四個大隊：一
大隊「兒給米」、二大隊「藹紫關」、三大隊「耕讀百計」、四大隊「爬
地五坡」。在當地人觀念中，一大隊又分為「兒給米」與「陰嘴河台」，
與其它幾個大隊共稱「黑虎五族」。每一大隊中又分幾個小隊；每一小
隊中又包括幾個寨子。如，二大隊「藹紫關」分為三個小隊；其中的二
小隊中又有王氏寨、白石寨、和尚村、上村、板凳寨等等。在後面我將
進一步說明，在這樣的村寨結構中人們的經濟生活，以及相關的資源分
配與競爭體系。

村寨中的經濟生活

　　在村寨中，各地羌族或有不同的經濟生產方式，但「多元化」則是
他們共同的特點。多元化不僅表現在農作物的種類上，也表現在多種的
生計手段上。他們農、牧兼營，還在大山上的森林中採集藥材、菇菌，
與狩獵。農閒時，男人還要到外地打工賺錢。這是人們對當地邊緣的、

垂直差異大的自然環境所作的適應。

農業是羌族最主要的經濟活動。在春秋兩季農忙季節，男女老少都參加農業活動。但一年中大部分時間，農事由女子擔任。一般來說，村寨居民的農業傳統傾向於種植多樣的糧食作物，如小麥、玉麥（玉蜀黍）、斧豆、洋芋、燕麥、青稞、豌豆、洋根，以及蔬菜類的白菜、蘿蔔、油菜、甜菜、萵苣、菠菜、青菜、蔥子等等。由於各種作物的生長季節有差異，照顧方法也不同，因此村寨中的婦女幾乎終年都在田中忙碌。近年來，花椒、蘋果、梨、李、桃、大蒜、洋蔥等經濟作物的生產，爲羌族地區帶來不少財富。因此一些靠近岷江大道交通較便利的村寨民眾，都將日曬較好的田地紛紛改種經濟作物，特別是已成爲當地特產的花椒與蘋果。然而，幾乎所有種花椒、蘋果的村寨居民，仍然種植許多糧食與蔬菜作物，很少人成爲專門生產經濟作物的農民。許多年青一輩的人，已不滿這種農業傳統。我聽過許多年青人抱怨他們的母親在這方面的「頑固」；怎麼說她們也不肯多撥一些田出來，種市場價格好的作物。高山深溝村寨中的婦女尤是如此。

然而，這是兩種農業生產方式的矛盾：一是生計取向（subsistence-oriented）的農業，一是市場取向的（market-oriented）農業。前者之經濟動機主要爲「減少生活風險」；後者之經濟動機則是「追求最大利益」。老一輩的村寨農民，或高山深溝中的村寨農民，他們的農業生產是以家庭生計安全與最小風險爲主要考量。因此，種植多種的作物最能符合此目的。每個季節都有不同的風險，使得當季的作物可能蕩然無存。然而只要有幾種作物收成好，一家的生計便能得到保障。相反的，在此「最大利益」沒有多大的意義。因爲交通困難，多餘的產物很難運出去供應市場。再者，在村寨的經濟社會結構中，所謂「富有」只不過是柴火、糧食與豬膘儲積的多一些而已。然而像這樣的家庭，村民們也期望他們

慷慨。而對別人慷慨也是一種「避免風險」的農村道德[1]；對親友、鄰人慷慨，在有急需時也能得到他們的幫助。因此過去在高山深溝村寨中，除了少部分經營鴉片生意的頭人較富有之外，各個家庭在經濟上是相當「平等」的。中國共產黨的階級革命之後，更是如此。

1980年代以後，由於經濟上「改革開放」與私有制恢復，部分村民也有了追求「最大利益」的經濟動機與機會。雖然，如前所言，他們仍不敢完全放棄傳統農業，但經營經濟作物與其它事業，的確讓他們比別人更富有。這些頭腦精明、敢於創新的農民，也就是個個成功的「農村個體戶」。除了儲積大量的柴火、糧食與豬膘外，如今財富的新象徵是以衛星天線接收的電視機。現在各個羌族山間村寨的新景象便是：很遠就看見幾個白色「鍋蓋」——他們對衛星天線的稱呼——立在一片灰濛濛的村寨屋頂上。

無論是傳統農業或是加入經濟作物的農業，人力是家庭經濟成敗的重要因素。在傾向於傳統農業的村寨中，家庭的貧富差距，經常只是家庭發展階段與相對成員多寡的反映。一個年輕的家庭，如一對夫妻帶著一、兩個尚年幼的孩子，由於人手不足常是最窮困的家庭。相對的，如果子女都已成年，而家長又有能力將已婚的兒子、媳婦與女婿繫在家庭內，掌握這些人力的分工與運用，則便是較富有的家庭。然而，這樣的延伸家庭通常無法維持長久；在一段時間後便分成一個個的小家庭，家庭財富分散。就這樣，一個寨子裡的各個家庭，在經濟上得以維持某種程度的平等。

無論如何，在1999年以來，由於在此之前長江中、下游年年水患，

---

1 James C. Scott, *The Moral Economy of the Peasant: Rebellion and Subsistence in Southeast Asia*(New Haven: Yale University Press, 1976), 25-34.

由國家籌劃的「退耕還林」逐漸在羌族地區全面推行。原來分配給各家庭的田地不准再耕作，在五年內由國家按畝發給補償金。各家只能在一小塊田地上，種一點自己食用的蔬菜、雜糧與果樹。這個發展，在未來幾年必定對於羌族的經濟生態、社會文化造成很大的改變。

　　人力多寡與家庭財富有密切關聯，主要原因是：雖然農業穫利不多，這兒卻有多元的資源，關鍵在於一個家庭有沒有足夠的人力去獲得它們。菌菇，對於鄰近森林保存完好的村寨民眾而言，是個重要的資源。特別是產一些貴重菌種，如羊肚菌、香菌（松茸）的地區，如果當年價錢好，一個家庭在一季中常常可以由此得到500至3000人民幣不等的收入。一般的菌子、木耳，近年來由於黃龍、九寨溝觀光事業的興盛，也頗有商人收購。養羊，是另一個家庭副業。然而羊不能放得太遠，怕被偷或被野獸侵害；也不能放得太近，怕牠們損害作物。所以放羊需要耗用一些人力。有六、七歲以上的孩子或老年人的家庭，才有多餘的人力去採菌菇與放羊。又如，每個家庭都養有幾頭豬；餵豬得每天割豬草，這也是婦女與小孩的事。在松潘地區，我曾看過小孩「牧豬」；帶豬在村寨附近山上吃一種帶穀粒的野草。據當地人說，過去在三年饑荒時（1960年代初），這種野生穀粒養活不少人。一般來說，豬只供家庭消費而不賣出。每年在過年的前幾天，每家都要殺三、五頭豬。一小部分在過年時食用，大部分都掛在屋中煙薰、風乾。由豬背上揭下的長條形肥豬肉，豬膘，更代表一家的財富。這種風乾的豬膘，幾乎每家屋樑上都掛有七、八條到數十條不等。

　　打獵與採藥是青壯年人的事，這通常需要進入山中一星期或更久的時間。當前由於濫獵，動物少了很多。因此打獵只能當作是好玩，獵得的多為野兔與各種野雞。挖藥是一項重要的家庭副業。岷江上游羌區盛產羌活、大黃、天麻、川貝、蟲草等藥材。羌族村寨居民對植物的認識

與敏銳相當驚人，顯示藥材在其經濟生活上的重要性。一個十來歲的年青人，經常能以本地話（或漢話）指認數百種山中植物。我也曾注意到，陪同我到他處村寨去的羌族朋友，經常詢問當地人某種他們沒見過的植物之名稱及特色。

七月初，挖藥的青年人便帶了乾糧結伴上山。在林子裡搭一個草篷，人就睡在裡面。草篷外築個土窯；有些藥材就地烤乾了才帶下山去。隔個五天或一個星期，家裡的人便上山替他們送糧食，順便將挖得的藥材（或菌菇、獵物）帶回寨子。夏天在大山林子裡，採藥人以呼嘯來彼此聯絡，也藉此知道那些地方已經有人在採藥，以及這些採藥人是不是「本地人」。各村寨有各自的挖藥地盤，不能隨便到別人的山上挖藥。然而在作為分水嶺的大山上，卻是個界線模糊的地帶。也就是在這裡，經常發生村寨間因挖藥發生的糾紛與鬥毆。

在大山上放養馬與牦牛，也是一項很好的家庭副業。在數年前，放養方式還是讓牠們在高山上自己覓食、生養，對抗熊、豹、豺狼。只有在需要時，村民才到高山上去牽牛下來耕田，或牽馬下來馱糧。牛馬養得多的家庭，一年如能賣個幾頭，則可為家中帶來不少收益。目前一頭牦牛約可賣到2000元人民幣的價格。在過去，這些馬、牛幾乎不需人照管。後來，偷牛盜馬的人多了，因此幾家的牛馬常養在一起，各家輪流派人隔數天便上山察看一次。有十來歲孩子的家庭，比較有多餘的人力在夏天上山挖藥，或照顧山上的牛馬。同樣的，高山牧場也依各溝、各村寨劃分地盤，放牧、撿柴都不可隨便越界。在「退耕還林」之後，在2001年夏季的探訪中，我發現埃期各寨村民在山上處處設下木柵，以防止他村寨的牛馬越界。目前村寨的牛馬，幾乎天天都需年輕人上山看顧。可見在農業資源斷絕之後，牧業資源的爭奪在村民間有愈來愈烈的趨勢。

　　夏天，成年男子通常都要出外做獲利更多的事。這些事——如修路、砌房子、伐木、挖井、賣藥材——他們統稱爲「找錢」。大多數人只在阿壩州內找這些賺錢的機會，少部分人到成都平原甚至更遠的地方去謀生。到了九月，才紛紛回到寨子，幫忙田裡的事。以石塊砌房子，是羌族與黑水藏族最擅長的手藝；寨子裡的房子都是如此建造的。較漢化地區的村民通常已失去這項手藝，因此常需要深山村寨的人替他們建造這種房子。近年來由於九寨溝觀光成爲當地的重要資源，因此拓寬公路與路況維修，爲沿線羌族民眾增加不少工作機會。

　　「找錢」常常是相當辛苦的事。以農閒時多餘的勞力換現金，而所得的錢與付出的勞力相比，以外來者的觀點，可說是相當不經濟的。譬如我見過一些深溝中的村寨年青人，他(她)們找錢的方式是揹木墩子出去賣錢。天沒亮就起床上山，早晨近十一點到達「板場」——可以伐木的深山老林。將砍下的大樹削成木墩子。有時用揹的，有時順山溝滑下去；回到村寨裡已是下午五、六點了。第二天，天還沒亮，就再揹起重約七、八十公斤的木墩子走出溝去。約在正午時才抵達溝口。將木頭賣給商人，然後再走回村寨，到家時經常天色已暗。如此兩天的工作，所得賣木頭的錢大約是三、四十元人民幣。然而，「經濟」在此社會中有不同的理解；「找錢」主要並非爲得到最大利益，而是使得生活更有保障。

　　男人「找錢」也有輕鬆的一面。在山上挖金、伐木或挖藥的人常聚在一起「擺條」（聊天）、喝酒，這可以花上幾個小時。到松潘或茂縣賣農產品或藥材的男人，更經常到處遇到熟人，一起吃飯飲酒，到處走走串串。然而，也就是「找錢」以及在這過程中與外界人的交往，使得男人所能接觸到的外在世界比女人所能接觸的遠爲寬廣，也使得男人從外界帶回來的「知識」，不斷的改變村寨認同的本質。

　　對於一些有頭腦的村民，賺錢的門路就更多了。他們有些人包下地方道路工程，然後低價僱用本地人修路，賺取相當利潤。有些人買個小卡車，每天溝內、溝外與城鎮間跑幾趟，替溝中村民解決交通與農產品運輸的問題，也為自己賺得不少金錢與聲名。更多的村寨居民，劃出大部分的地來種蘋果與花椒；只是這一部分，一年常有3000-8000人民幣不等的收入。每年七、八月間，汶川、茂縣等山中城鎮便成為花椒、蘋果、桃、李等經濟作物的批發零售市場。許多農民也經常自己擔著花椒、水果到市場上販賣。黃龍、九寨溝的觀光事業，也使得山中城鎮的商業繁榮起來。近十年來汶川、茂縣開設了許多飯店、招待所，以容納路過的觀光客。當地的水果、藥材、手工藝品與「民族文化」也成為觀光商品。由以上的描述可知，在這岷江上游山區原來就存在多元化的資源；在市場經濟逐漸活絡，以及觀光事業帶來的新商機下，城鎮與村寨居民有了更多賺錢的機會。如此，家庭人力與個人才幹，成為經濟上成功與否的決定性因素。

　　總之，村寨環境的特色是，一方面溝中垂直分布的資源提供人們多元的生活所需，使得「溝」成為一個個相當自足的生態區；另一方面，溝與溝之間因高山隔阻，交通困難，使得溝中村寨居民相當孤立。羌族村寨居民便在此有相當封閉性的環境中，在半山上種植多種作物，在住家附近養豬，在更高的森林中採藥材、菌菇與打獵，在林間隙地牧羊，並在森林上方高山草場上放養馬與犛牛。在這環境中，每個家庭都是獨立且有相當程度自足性的經濟體。由糧食、蔬菜到臘肉，以至於黃酒，一般而言都可以自給自足。即使處於陰山或高寒地區的村寨，農業生產欠佳，村民們也有機會由其它生業中得到補償。

　　近年來羌族村寨的資源環境產生很大的變化。一方面，森林砍伐全面取締，狩獵用的土槍被禁止使用；退耕還林，也切斷了他們大部分的

農業生產。在另一方面,公路開發、岷江上游廣修電站,以及黃龍、九寨溝的觀光業,帶來許多新工作機會。少數民族自治也產生許多新資源。這些都使傳統村寨生活發生很大的變化。更重要的變化是,由於資本主義化的商品產銷與消費動機,他們的經濟生活與村寨外的世界愈來愈密切。譬如,村寨居民們開始關心「中日貿易談判」,因爲此直接影響當地高等菌菇的收購價格。雖然如此,一方面多元化的追求生存資源,一方面嚴格劃分可分享資源的人群範圍——這兩個原則卻沒有改變。

城鎮、街市與鄉上

近年來,許多羌族並不住在村寨裡,因此也脫離前述的經濟生活。他們住在交通較方便而有商業、行政等機能的地方。在羌族地區,這種地方大約可分爲三級:城鎮、街市,以及鄉上(見圖2)。

可稱之爲城鎮的幾乎都是縣城,如茂縣的茂汶鎮,汶川縣的威州鎮,理縣的雜谷腦,松潘縣的松潘城,與北川的曲山鎮等等。由於主要公路線沿著岷江、雜谷腦河、湔江修建,因此城鎮也都位居沿河的交通要衝點上。各地縣城是羌族地區的商業、文教與政治中心。更重要的是,這也是村寨羌族認識其地羌、藏、回族,並因此認識自身民族屬性的地方。許多羌族居民在此或任職於政府機構,或經營商鋪,或擺攤販賣,或從事勞力工作與服務業。近城鎮的村寨居民,更經常在早晨挑農產品到城鎮上賣。尤其到了夏季花椒成熟的季節,汶川與茂汶縣城都是著名的花椒集散市場。近年來由於九寨溝、黃龍、紅原草地等旅遊區的開發,爲公路沿線的汶川、茂縣與松潘帶來豐富的商機。爲了吸引觀光客及凝聚民族認同,各縣城中也經常舉行各種羌族民族慶典與展覽活動。

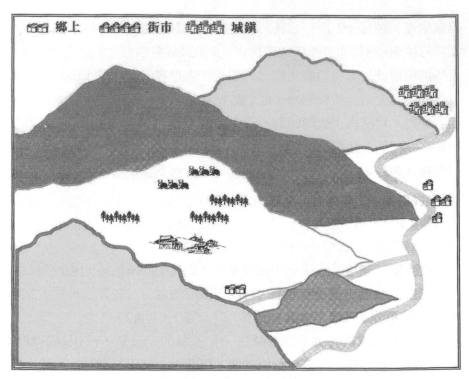

圖2　溝內與溝外的世界

　　大小不等的街市，則夾雜在幾個縣城之間。如茂縣到松潘間有溝口、渭門、太平、鎮江關，汶川到茂縣間有雁門、南星、石大關，汶川到理縣間有桃坪、通化、薛城等街市。這些座落在沿河交通線上的街市，長度由兩、三百公尺到不足一百公尺，通常有些賣日用百貨的商店，幾家簡樸的飯館與住宿之處，以及農產、藥材的代理收購站。有些街市本身也是區政府所在，附近通常有一所小學。街市是鄰近幾條溝村寨居民會面與交易的地方，也是往來客貨車司機、旅客打尖休息之處。附近村寨中的男人，閒著沒事都喜歡到街市上逛逛；找朋友聊天，也藉此得知外

界發生的一些事。同城鎮一樣，街市也是各民族混居的地方。

在高山深溝之中，鄉政府所在之河壩（溪流旁的河階地）一般稱作「鄉上」。在這兒，除了鄉政府之外，經常還有一兩家食堂，幾家小賣舖與村的供銷社，以及幾家由山上遷下來的農戶。這樣的農戶如果聚集成村，便稱爲河壩村；鄉政府經常便設在河壩村中。若有班車進入溝中，這兒通常也是班車的起點與終點站。從外面帶貨進溝的村民，在此下車後，便揹著貨繼續沿著溪谷走上山。鄉政府與村寨居民的生活有密切關係。地方的鄉長、書記，經常下鄉領導開會、宣達解釋政令，扶貧、救災或解決糾紛，村寨居民也常常到鄉上辦事洽公。因此「鄉上」是同一溝中各村寨居民交往會面之處。他們經常能在此遇到熟朋友，一同在小飯館或雜貨店中喝酒、擺條（閒聊）。鄉上通常也有小學；一般認爲其水平比不上街市的小學，所以少數有辦法的村寨民眾，便把小孩送到外面街市的小學就讀。然而，鄉上的小學又比深溝高山村寨中的「鄉村小學」來得好，因此許多村寨居民都讓他們的子女到鄉上就讀。這些孩子上學、放學，經常需走上幾個小時的山坡路。

在少數民族自治政策下，由1980年代初開始，阿壩藏族羌族自治州的羌族所居各縣中，許多地方政府職位都由羌族知識分子擔任。住在城鎮、街市與鄉上的羌族民眾，有些在地方政府各單位擔任工人、司機、工友與廚司等勞動職務。其中更有一部分任職於少數民族自治下產生的各種公職，如各級自治政府領導、幹部、民族學校老師，以及各級黨委、政協與人民大會代表等等；這一部分民眾，便是以後將常在本書中出現的「羌族知識分子」。他們所以能生存於村寨之外的環境中，主要是由於他們作爲國家與羌族人民間橋樑的身分。對村寨民眾而言，他們是國家的代言人；對國家而言，他們又是羌族人民的代言人。作爲國家之代言人，他們必須熟知漢文知識體系，了解本民族在中華民族中的地位，

以及國家政策與當前局勢。因此他們在追求個人與本民族利益時，能顧及國家與中華民族的整體利益。另一方面，由於他們在國家或整體社會中的特殊地位，部分也來自於他們是本土民族文化的詮釋者與代言者，因此他們也必須掌握本民族知識。然而，無論是對漢語文知識或是本土知識，他們都不僅是學習者或推廣者，同時也是選擇、詮釋與創造者。

顯然，在少數民族自治州的城鎮中，「少數民族」與「少數民族文化」是一項可分享、爭奪的資源；不只是因此產生的政府公職，及較優厚的經濟、文教、觀光開發建設經費，也包括較優越的生育與子女就學機會。於是在此資源匱乏的整體環境中，城鎮中「少數民族」此一領域，提供了一個相當可靠的、低風險的生存空間。以公職人員的薪水來說，他們的收入可能比不上許多勤奮致富的村寨農民。然而，村寨中的父母們卻競相將子女送入較好的學校就讀，以期望子女未來能成為民族幹部。這不只是因為村寨生活苦，他們希望下一代能脫離每天爬坡上下寨子的生活。更重要的原因可能是，在追求最低風險的經濟考量下，成為民族幹部是一種較「經濟」的生計方式。然而城鎮中「少數民族幹部」此一領域資源也相當有限，因此形成另一種資源分配與競爭場域。教育是進入此一場域的重要關口，因此如何將小孩送入城鎮中的學校，特別是進入培養民族師資與幹部的民族師範學校，成為羌族間一種激烈的競爭。每年暑假，許多羌族家長都在為孩子的就學奔走、請託。就此而言，城鎮中的羌族自然占了許多優勢。

進入少數民族公職此一領域後，各地區之少數民族幹部間也有激烈的資源競爭。由於少數民族資源分配，是以族別或行政區作為劃分單位，因此在羌族與藏族間，以及在各行政區(如北川、汶川)之羌族間，又形成另一種資源競爭。資源競爭不只是關乎個人的權力與利益，也關乎群體的權力與利益。

城鎮與村寨是截然不同的生活環境，造就不同的「羌族」。雖然如此，在許多生活層面上，兩者都維持微妙的密切關係。城鎮中羌族，特別是知識分子，由於他們很早就離開村寨就學、工作，因此大多無法說「鄉談話」；漢話（川西方言）是他們的共同語言。在穿著上，他們也與一般漢人無別。然而，他們都認為「典型的羌族」是村寨中那些說「鄉談話」、穿著羌族服飾的人（特別是婦女）。他們欣賞、記錄、研究這些羌族文化，並引以為豪。對於村寨民眾而言，這些居住在城鎮的本民族知識分子，卻是相當值得稱羨的對象。他們從城鎮中人那兒得到新知識（包括民族知識），以及學習新的物質享受。而且，村寨中的人對外界，特別是對城鎮，常感到有些畏懼與不安。在1920年代時，歷史語言研究所的研究人員就曾注意到，汶川附近的羌民幾乎每個人都在城裡有個漢人「乾爹」，以求入城時可受到保護而不被漢人欺侮[2]。現在雖然早已沒有此種習俗，但城裡的羌族知識分子對於本村寨來的人，卻仍經常扮演「保護者」的角色。村寨的人進城時，常送他們一些自家生產的臘肉與農產作禮品，而城裡的人則幫助這些同鄉，與各種城中的公私機構打交道。

鄰近城鎮：松潘、馬爾康、灌縣與成都

幾個鄰近或就在羌族地區邊緣的城市，雖然居住其中的羌族不多，但它們與羌族的日常生活及歷史經驗有密切關係。這些城鎮，主要是松潘、馬爾康、灌縣與成都。

松潘與馬爾康，在羌族人民心目中是「藏族的地方」；松潘在羌族

---

2 黎光明、王元輝，《猼猓子，汶川的土民，汶川的羌民》，川康民俗調查報告之三（台北：中央研究院歷史語言研究所，1929，未刊手稿），47-48。

分布的北緣，馬爾康在西邊。在清末至民國初年，松潘是在「西番」包圍下的中國西方邊防重鎮。過去茂縣北路羌族曾與「西番」一起攻打、劫掠松潘城；這些歷史仍在部分老一輩人記憶裡。目前松潘是往九寨溝旅途中，最接近目的地的市鎮之一。有些茂縣北路羌族會到這兒作些小買賣，或在當地旅遊飯店中工作。因此在北路羌族心目中松潘有特殊意義，松潘人與他們的關係親近。至於茂縣南路及汶川的羌族，特別是老一輩的羌族，則認為松潘是個危險的地方，滿街都是狡滑的漢人、回族，附近則都是些野蠻的草地人（紅原等地來的遊牧藏人）。

馬爾康，是今日阿壩藏族羌族自治州州政府所在。在老一輩羌族心目中，它代表過去一些強大嘉絨土司們的政治核心地。除了從事公務，羌族人很少到這兒來。然而在羌族地區城鎮中，他們卻常接觸到馬爾康來的人，或聽得有關馬爾康的事。自然馬爾康來的人，或「州裡來的人」，多為州政府官員。對羌族民眾來說，他們代表一種政治、社會但非文化上的優勢群體——此與他們心目中的「藏族」意象有關。在阿壩州中，嘉絨藏族是優勢族群，州政府不僅座落在嘉絨藏族地區，州政府中官員也多嘉絨藏族。偶然羌族知識分子會評論馬爾康來的官員，閒話他們的趾高氣揚與粗俗舉止；此多少與他們心目中對「藏族」的刻版印象相關。但在大多數情況下，馬爾康州政府是一個聯合羌、藏的「本地少數民族」象徵；象徵在此空間藏、羌之間緊密而又友好的關係。

灌縣（今都江堰市）是成都平原進入岷江上游山區的入口城市。這個充滿神話的古城，也是漢文化進入岷江上游的入口。因此與灌縣有關的神話傳說，如李冰、孽龍、二郎神等等，也都流行在岷江上游，特別是在汶川、理縣與茂縣南路與東路等地較漢化的羌族之間。灌縣在老一輩羌族人的觀念中，或在本地傳說中，是漢人與「我族」的勢力交界點。這應是由於，灌縣是羌族人進入漢區的第一個大城。無論在今日、清代

或更早，灌縣與岷江上游居民的經濟生活都有密切關係。岷江上游山裡的人，經常季節性赴成都平原打零工賺錢。不僅當今羌族如此，據漢晉中國文獻記載，當時已有本地「夷人」如此。灌縣的都江堰，自古以來便需要大量的掏沙工人；至少在近百年來，岷江上游村寨居民為此提供了相當的勞力。如今，灌縣仍是許多羌族心目中「找錢」最理想的地方。對於許多經濟情況良好的羌族，灌縣成為他們消費享受現代化最方便的地方。他們可以在此買到各種新型電器，上高級餐廳享受美食。甚至不少羌族在此買房置產，搬來城中居住。羌族父母常希望他們的子女離開阿壩州；他們認為男孩到外地工作才有發展，女子嫁到州外才不會吃苦。而離阿壩州最近的灌縣，則是這些父母心目中最理想的子女工作、成家地點。許多州內的退休幹部，也選擇在灌縣置產渡其餘生。因此，羌族人多少都有些親友、熟人住在灌縣。

　　成都是四川省府所在，又是遠比灌縣來得繁榮的大都市。因此在羌族人民心目中，這兒是比馬爾康更高層的政治威權中心，漢人權力空間的象徵。岷江上游村寨流傳的一些故事中，成都是中國皇帝居住的地方；這也反映成都過去在本地人心目中的地位。羌族人偶爾需要到成都購買在灌縣不易買到的貨物，或在此賣出一些土產，或只是訪友、逛街。無論如何，成都對他們而言代表富裕、現代化，但也充滿了危險。我曾聽過許多羌族人談起，他們在成都的遭險經驗——被搶、被偷、受騙，被商人硬敲，都是常發生的事。在許多羌族傳說中，「漢人」都是非常狡詐聰明；成都人在他們心目中，便是這樣的「漢人」。有些羌族為了作生意搬到成都居住。在此，他們幾乎都聚集在西門一帶。到成都買賣貨物或逛街的州內人，也常只在西門一帶活動。成都的西門是由阿壩州進入成都的門戶，長程車的終點便在西門車站。這也顯示，他們在成都所感受的不安全感。在成都，他們常自稱「州裡的人」；只要是州裡的人，

無論是藏族、羌族，都感到彼此親切些。

　　馬爾康與成都，這兩個對許多羌族而言的鄰近異地城市，分別代表他們心目中兩個極端的異族或異文化空間——馬爾康代表嘉絨藏族霸道、野蠻的一面，成都代表漢人狡猾、文明的一面。羌族則居於兩者之間。羌族同時也居於松潘與灌縣之間。但相反的，不同地區的羌族分別對這兩個城市有親近感。對於北路羌族而言，松潘是藏、羌不分你我的地方；他們認為，大家都是質樸的少數民族。對許多南部羌族而言，灌縣則是古羌文化（或大禹文化）分布的重要據點；他們甚至認為，灌縣過去是羌族的地方。在地理空間上，馬爾康與羌族地區之間隔著一座大山，而成都也遠在灌縣往南還有一個半小時車程的地方；松潘與灌線則與羌族地區同在一條沿岷江的交通幹道上。自然，後二者與羌族地區在地理交通上較密切。但羌族對此四個城市之愛憎，反映的也是羌族認同的特質，以及此認同下一種文化或認同上的空間距離。許多羌族認為他們不像漢人那麼狡滑，他們與藏族都是老實人；他們又認為自己不像藏族那麼野蠻，羌族與漢族都是古老而文明的華夏。在下一章中，我將說明羌族的此種我族意象。

　　各地方的村寨羌族，與城鎮關係的親疏程度不同。即使在同一寨中，各個村民與外界城鎮的關係也不一樣。一般來說，北川與汶川各村寨的民眾，與城鎮的關係較密切；松潘與茂縣西路各溝村寨民眾，則進城的機會較少。無論在何處，年輕一代的人總比老年人進城的機會多，也跑得比較遠。男人則比女人進城的機會多，也走得遠些。許多老年羌族男人，一生中沒到過灌縣、成都；有些老年女性，更是一生很少出過本村寨所座落的山溝。由於街市、城鎮與鄰近城市有不同層次的知識訊息傳播功能，因此目前有世代、性別、地域、城鄉差異的羌族之間，存在著相當大的社會文化認知差異。

第三章

族群認同與區分

　　在上述地理環境與經濟生態下，羌族人結爲各種不同層次的社會群體，以共同保護、分享與競爭有限的生活資源。這些社會群體及其間的區分，有些是在國家的民族分類與行政劃分下造成的認同與區分體系，如羌族認同、北川人認同，以及羌族與藏族、彝族間的區分，或北川人與茂縣人、汶川人間的區分。有些則沿承當地原有的認同與區分體系，如本溝、本寨人的認同，以及他們與其他各溝各寨人群間的區分。認同與區分，也包括在一社會中由於分工與資源分配而產生的階級認同與區分，以及男女性別與不同世代間之認同與區分。

　　在人類的社會認同與區分體系中，有許多是以「血緣」來凝聚我群並排斥異己。此「血緣」關係可能爲真實，也可能爲人們的想像或虛構。無論如何，重要的是在這樣的群體中，人們「相信」彼此有如此的親近關係。藉此，他們共同享有、保護與爭取生存資源；同時也藉此忘卻，或合理化，人群內部的性別、世代、地域與階級區分所造成的不平等。由於人們的居處空間有遠近，資源分享關係有深淺，因此這樣的血緣或擬血緣群體也有大小親疏之分。我們通常稱此種群體中較低階、小型的爲「家庭」、「家族」或「宗族」，較高階的大型群體爲「族群」（ethnic group）或「民族」（ethnos）。「民族/國族」（nation 或 nationality）則是在

近代國族主義下，經由文化、語言與歷史之調查、分類，並經由國家權力識別、認可而產生的「民族」。在本書中，我以「族群」泛稱所有這一類以血緣記憶凝聚的人類社會群體。

在羌族之中，我們可以發現上述所有那些我們所熟悉的人群認同與區分。然而，由於居住空間、社會結構以及與外界接觸程度不同，因此羌族民眾之間——如城鎮的人與村寨居民間——並沒有完全相同的社會認同與區分概念。無論如何，以血緣或擬血緣關係所凝聚的群體都是最重要的。由於多居於高山深溝之中，遷移、交通相對困難，他們相互激烈競爭限定空間中的生存資源。因此各層次血緣或擬血緣群體之認同與區分，與資源的分享與競爭有密切且明顯的關聯。當地一句俗諺，「山分樑子水分親」，說明了這個現象。以下我將由最基本的血緣與擬血緣人群單位「家庭」談起，然後由小漸大、由近及遠，最後論及羌族與中華民族等群體的認同。

婚姻與家庭

在岷江上游山區，最普遍的家庭便是所謂的父系核心家庭。幾乎少有例外，結婚後的男子，立即或在很短的時間內建立自己的家屋與獨立的家戶。通常是最小的兒子，最後繼承老家與父親遺留的產業。本家族或本寨土地不足以支持一個新家庭時，男子便經常到鄰近村寨或溝中缺乏男性勞力的家庭去「上門」（入贅婚）。偶而也有例外的情形；多半是一個精明能幹而又獨斷的父親，運用各種手腕將已婚的兒子，甚至女兒、女婿，都繫在家庭內不准分家。此情形經常造成許多怨恨；在經過一些家內糾紛後，子女們還是分家各自成戶。

然而，說到「我們這家人」時，村寨居民常將父親（或祖父）的弟兄

們所建立的家庭也包括在內。在村寨中，父輩或祖輩有弟兄關係的幾個家庭經常緊鄰而居，彼此記得共同的血緣關係。平時往來緊密，在經濟上、勞力上相互支援。在這樣的「大家庭」裡，漢族所稱的「堂兄弟姊妹」間，事實上是以「兄弟姊妹」相稱。以此而言，以「父系核心家庭」形容羌族的家庭結構，似乎又有些失之簡略。雖然如此，在這樣的「家」中，各家戶不一定經常相處融洽。由於土地匱乏，分產常造成弟兄間、叔姪堂弟兄間公開或潛在的緊張與對立。日常緊密的往來，也容易造成許多磨擦與口角。雖然多半不嚴重，但這卻是經常、持久性的人與人間的衝突。

　　婚姻擴大一個家庭的親屬範圍。然而在溝中孤立的村寨環境裡，羌族一般不願意女兒嫁到遠地去，非不得已也不願意娶遠方的女子。許多地區民眾皆認為，同寨的人都是一個根根（來自同一祖先），因此嫁娶必需在鄰近村寨找對象。在較大而包含有幾個漢姓「家門」的寨子中，可以在本寨各「家門」（同一漢姓的人群）間行嫁娶。或在無漢姓的地區，寨中各「家族」（祭同一地盤神或祖先神的人群）之間也可以行嫁娶。不過，大部分地方的習俗還是傾向於在本寨之外找婚嫁對象。無論如何，女兒不要嫁得太遠是重要原則。如汶川羌鋒一帶羌族習俗，在嫁女兒時母親常唱道：「我沒有將妳嫁到遠地去，妳只是嫁到豬叫、狗叫聽得到的地方。」婚姻的另一個原則是：女子往經濟狀況較好的村寨或地區嫁。在高山村寨地區，經常也就是往下游的村寨嫁。在鄉上或街市，便是往州內城鎮或州外的漢族地區嫁。許多嫁女兒的父母親說，這樣做是希望女兒可以少吃點苦。對於娶媳婦的家庭而言，他們卻認為上游村寨來的女人比較能吃苦耐勞，不像下游村寨女人那樣好吃懶作。對於雙方來說，親家都是在需要借糧或避災時，一個可以救急避險的地方。然而就在平日農忙時，一個家庭也常要求出嫁的女兒與女婿回來幫忙。這究竟是否

為本地的一種「傳統」，事實上是有爭論的；這也是造成親家間關係緊張的原因之一。

　　一位羌族男性是父系家庭成員的一分子，但同時他也受到母系與上輩母系親屬的保護與約束。茂縣黑虎溝的一位老年人曾對我說：

> 男有舅家，女有娘家。水有來源樹有根；樹有千枝萬葉落葉歸
> 根。歸根就是舅家與娘家。舅家管你孝順父母，持家呀。橫向
> 是由舅家管，紅白事，舅家是主賓；天上的雷公，地上的母舅。
> 嫁女子也好，給兒子娶親也好，我們先要認爸爸媽媽。因為有
> 我爸爸媽媽才會有我。有我爸爸的媽媽，才有我爸爸媽媽，有
> 我爸爸媽媽才有我。辦喜事時，舅家的桌上酒菜要多給幾碗，
> 酒要高檔一點的。死了人，他的舅家是誰，要先通知他舅家。
> 舅家的人沒來，沒人能替死的人穿衣裳。舅家的人來驗屍，看
> 是不是死得正常。看了過後才能安棺材。

　　母舅雖然在名義上是家庭之外的人，但家庭中許多大小事情都有母舅參與。因此他們常說，「天上的雷公，地上的母舅」。在羌族婚喪習俗中，大母舅（父親的母親的弟兄）、小母舅（母親的弟兄）都有相當的地位與權威。通常大母舅在儀式上有崇高的地位，但在實際家庭事務中，小母舅扮演重要角色。甚至對於父權或家庭的主體性而言，母舅代表一種制衡的、外來的干涉力量。在本地家庭生活中，對個人而言，這種外來的支持力量是非常重要的；在家族或家庭中有兄弟叔姪關係的人群，常各藉著這些外來力量相互對抗。在一個人死亡時，首先得通知母舅。母舅要「驗屍」，證明死因無可疑之處，然後喪禮才能進行。由此儀式，亦可見家族內部弟兄叔姪間的緊張關係。因此在村寨裡的每一家庭中，

表面上是以父系家族為主體，而事實上處處潛在另一制衡的、敵對的力量——這是經由外面嫁來的女子所帶來的力量。

這種家庭內部潛在的、與父系家族相制衡與敵對的力量，也表現在村寨家庭中與「鐵三腳」有關的信仰之中。「鐵三腳」是主屋內火塘上的三腳鐵架；三足支撐著上端一個環狀鐵架。火塘與鐵三腳位在屋中靠神龕的一角。目前部分當地人的解釋是，鐵三腳說明一個家的和諧，在於神與男、女主人間的合作。這顯然是在1950年代之後，社會主義中國男女平權概念宣導下產生的說法。據文獻資料及今日老年人的解釋，鐵三腳的三個腳，代表家內三種神——火神、祖宗神與媳婦神；其意義是神、祖先與大小母舅共治一個家。前面我們曾提及，無論在婚喪等大事，及在平日家中小孩的管教或家庭糾紛上，大小母舅都扮演非常重要的地位。因此有關鐵三腳的信仰及其象徵，也說明在一個家庭中母舅可與父系家族權威分庭抗禮的地位。

家族

除了以父祖輩弟兄關係聯繫在一起的「大家庭」外，在更大的範圍裡，「家族」凝聚更多的家庭。由於普遍「漢化」，因此目前在絕大多數羌族村寨中民眾皆有漢姓。有些家庭甚至宣稱可以依字輩排行，追溯至五代或十代之前的祖先。因此，以同一漢姓（或異姓）宣稱彼此有同一祖源的「漢姓家族」，在此非常普遍。漢文化滲染程度最深的北川，尤其如此。以下是一位北川小壩鄉內外溝羌族口述的家族記憶。他說：

> 聽我祖祖說，就是湖廣填四川的時候……。當時是張、劉、王
> 三姓人到小壩來。過來時是三弟兄。當時喊察詹的爺爺就說，

你坐在那兒吧。當時三弟兄就不可能通婚，所以就改了姓。劉、
王、龍，改成龍，就是三條溝。一個溝就是杉樹林，那是劉家。
另一個是內外溝，當時是龍家。其次一個就爭議比較大，現在
說是王家。這三個溝，所以現在說劉、王、龍不通親；三兄弟
過來的……。

　　幾個同姓或不同姓的家庭，宣稱彼此爲同一「家族」，這在羌族村
寨中非常普遍。以上北川小壩鄉人的口述，便是一個具體的例子；這樣
的共同祖源（三弟兄）記憶，將目前往來緊密的三個溝的居民聯繫在一
起。小壩鄉的這例子中，此家族由過去的「劉、王、張」三姓，變爲今
日「劉、王、龍」三姓；這也顯示家族之構組成分，可能經由「家族記
憶」的變遷而改變。這位內外溝人也承認，王家究竟是不是這三弟兄的
後代，是有爭議的。

　　北川青片鄉的一位中年人也說，當地喬家出於最早的兩個弟兄：

我們喬家的家譜說，兩弟兄打獵來到這兒。看到氣候好，野豬
挖出來的土看來也很好，就把帽子、帕子上的一點青稞撒下，
說，明年青稞熟時來看那邊先黃。結果這邊熟得還要早些，於
是搬來這裡。兩兄弟原在一起，後來分成兩個地方。現在還有
分是老大的還是老二的後代；我們是老大的後代。老人還說原
來有四弟兄，事實上來的是老三、老四，其他兄弟在茂縣。

　　此喬姓家族的兩大支系，因此以祖先的弟兄關係將彼此繫在一起。
理縣蒲溪溝休溪寨的一位王姓老人，也說本地幾個王姓家族，出於外地
來的五弟兄。他告訴我：

我們王家是湖廣填四川時到這來的。在灌縣那一個石堰場，先
遷到四川灌縣石堰場。湖廣那裡就不知道了。五弟兄到這裡
來，生了五弟兄，分成五大房，我們還有家譜。

這位蒲溪溝人，與上面的小壩內外溝人，都提及祖先來自湖廣。「湖
廣填四川」是一個普遍存在於四川人心中的歷史記憶。民間流傳的故事
說，當年流寇張獻忠把四川人殺得只剩一條街的人，現在的四川人都是
從湖廣綁著遷來的移民，他們所來自的地方都是「湖北麻城孝感」。不
只是許多較漢化地區的羌族，宣稱祖先來自湖廣，在四川的漢族中這種
祖源記憶更是普遍。從前或真的有一些移民從湖北麻城孝感來到四川[1]，
但以目前此祖源記憶在四川人中普遍的程度來說，我們可以合理懷疑，
其中大多都是虛構的家族起源記憶。

無漢姓的羌族村寨絕少。我所見的，只在松潘小姓溝中。在這樣的
村寨中，則有同祭一個家神的「家族」；以本地話稱，便是「巴個」。
以下是小姓溝中一對父子的說法：

（子）我們的家族神是「察那跟頂西」，只有兩家。我們並沒有
很直接的親戚關係，只是共一個神。不僅家族神如此，在三組
那兒，一個組一個圈圈；它是跟著地域那樣劃，而不是跟親戚
劃，就是「巴個」。他們那一個「巴個」，整個一下（按：「一
下」就是全部的意思），都是一個神；一個坪坪那（按：「坪坪」指山
邊上的平台地），「巴個」。那有好幾個這樣的神。親屬關係，
最初是一家人分的，分下來時間再長，還是一個神分下來的。

1　孫曉芬，《清代前期的移民填四川》（成都：四川大學出版社，1997）。

分到那，都供這個神。還有就是，我們上頭那家，原來他們房
子在那兒，這時我們是一家人。他們搬到那去後，就是另一家
子的神了，就供兩個神。因為人是這過去的，但占了別人的地
方，也要供別人的神。二組，這家跟嘴嘴上（按：指山勢轉彎而突
出的地方）那家是一個神。這家從底下來這占了房子，所以他都
要敬。這房子賣給他們的，照道理他們是要敬這神的。我父親
是紅土那來上門的。

（父）我是上門的。我們的神有三十幾家——我們家的神「主搭
卡哈」——跟這裡一模一樣。我到這來就是這的人了，敬這的
菩薩。

　　一個寨子經常包括幾個「家族」，此種「家族」藉著各成員家庭對
神龕上家神的崇拜來凝聚與延續。然而我們不能由單純的親屬關係與祖
先崇拜來理解它。兄弟分家時，以分香火的方式延續家神崇拜固然普
遍。然而由上面的口述資料可見，由於家神也是家的地盤神，因此在某
地盤上建屋或遷入某地，而開始祭某家神的情形也是常見的。在上述北
川小壩的例子中，不同漢姓的家族，可以因祖先的弟兄關係而結成一大
家族。在松潘小姓溝這個例子中，血緣不同的各家庭也可以祭同一家
神，而成為一「家族」。它們都說明，我們很難以漢人的「家族」概念，
來理解羌族所謂的「家族」。在不同地域的羌族之間，「家族」概念也
有相當差異。

　　無漢姓的「家族」似乎在較「藏化」的北路與西路羌族，以及在鄰
近的藏族中較普遍[2]。如以上小姓溝的例子中，這位父親便是由紅土來

---

2 在本書中將常提到「藏化」與「藏族」，因此必須說明我對這兩個詞的看法。

的藏族；他說在紅土那兒也有這樣的「家神」。由於無漢姓的羌族村寨
太少，我只能以鄰近小姓溝的黑水人——所謂「說羌語的藏族」——的
口述資料來作說明。以下是一位黑水知木林人(小黑水藏族)的口述。

> 村子有一百二十三戶，四個小組。雖然不是姓，但都有神龕上
> 的名字；同一個根根的人。死了一個人的時候都要，以弟兄為
> 準，至少一個寨子有三戶，同一個弟兄傳下來的。

　　以上他說的話，有些不完整。他的意思是，村上有四個寨，每個寨
中都有一些家族；以神龕上的神名為家族名。同家族的人，同出於一個
血緣。寨中各個家族，由於他們的祖先是兄弟，因此寨中任何一個人死
亡，各家族都要派人來參加喪禮。以下這一位黑水麻窩人，也有類似的
說法。他說：

> 家族存在。我們家族十多戶是一個家族，「阿察克」；九戶河
> 壩，山上十多戶。以前是一個組。有些家，山上有地，河壩也
> 有地，這說明以前是一家。「阿察克」怎來的不知道；都是一

(續)────────────────

所謂「藏化」是指在宗教、文化與生活習俗上，受吐蕃與藏傳佛教影響而產生
的一些現象。「藏族」則是指在中國近代國家之民族分類上，被視為也自稱為
「藏族」的那些人。這樣的定義是由於，我認為，目前所謂的「藏族」與「藏
族文化」是自吐蕃時期以來逐漸發展，並在本世紀以來流行的「民族」概念下，
被人們集體建構的民族與民族文化。在此歷史過程中，參與此民族與文化建構
的不只是吐蕃或自稱「播」的人群，更包括漢人，以及介於「漢」、「藏」兩
者之間的人群。這也說明，在漢、藏之間原有一個模糊的族群邊緣。譬如在過
去，松潘的熱務溝人與小姓溝人根本不知道他們間有「藏族」與「羌族」之分；
這便是為何，在上面這個例子中，一個紅土(熱務區)的「藏族」會到小姓溝「羌
族」村寨來上門。在後面我會進一步說明當地這些複雜的族群現象。

個菩薩，就是神龕的名字[3]。一個寨子才有「塔子」，家族沒
有「塔子」。我們有更大的，就像是中華民族分成許多民族，
我們有更大的家族，分成幾個小族。家族不一樣，但搞喪事大
家要一起搞。一個家族，常幾弟兄分開了，就分成幾個家族。

這兩個黑水的例子，以及前引松潘的例子，顯示這種「家族」在村
寨中少則只有兩三戶，多則十多戶。值得注意的是，一個家族常被認為
是「一位弟兄」傳下來的。因此幾位始祖弟兄間的「弟兄關係」，又把
村寨中幾個他們的「後代家族」聯繫在一起；這就是上述麻窩報告人所
稱的「更大的家族」。

在有些地區，漢姓家族仍有本土的「家族」名稱。如茂縣黑虎溝的
王家，以「鄉談話」來稱呼就是「瓦渣」；張家，就是「殊木喜」。然
而這是不是原來家神的名稱則不清楚。無論如何，這顯示本地家族在接
受漢姓之後，便成了有漢姓的家族。在某些這樣的漢姓家族中，家神信
仰仍然存在。以下理縣蒲溪溝人的口述，便顯示這樣的例子。

孟姓在這有八家，其他姓王的最多，再有是姓徐的。姓孟的有
七、八代了，我們徐家十多代了，崇慶縣出來的。那兒有一個
徐家寨，人太多了就分出來了……。王家是外頭進來的。徐、
孟、余三姓安家時是三弟兄；原來是一個姓。現在三姓都不准

---

3 神龕，在羌族地區相當普遍，其位置在主屋內的最右角。在較藏化的西路與北
　路部分村寨的家戶中，神龕代表家神；神沒有形象，也沒有刻祖先名字的牌位，
　只放置一簇「神箭」。在東路與雜谷腦河地區，有些家戶的神龕上有天神（或
　玉皇）、灶神與「某氏門宗」，有些則以一塊「天地君親師」木牌包括一切神
　祇。

打親家。原來是三弟兄分家下來的，祖墳都相同的，到這兒來分家的。孟家也是外頭，崇慶縣過來的。王家不是，他們來得早。開罈時就唱「阿就」、「王塔」；「阿就」是姓王的，「王塔」是三姓。

羌族與鄰近藏族在開酒罈祭神時，要先請各家族與各方之神。在上例中，「阿就」是王姓家族的「家神」，「王塔」則是徐、孟、余三姓家族的「家神」。因此以「漢話」來說，徐、孟、余是三個「家族」。然而在「鄉談話」中，他們都屬於「王塔」家族。由此例可看出，有些本地的漢姓家族，可能是本地家族由於冠漢姓與「假借祖源記憶」（如祖先由川西崇慶遷來）而形成。也有可能是，外來的漢人在本地某家族地盤上建家業，而開始祭該本地家族的家神。

無論是祭同一家神的「家族」，或是以同姓或「異姓同根」相聯繫的幾個「家族」，它們都常由「同一弟兄傳下來的」或「祖先的弟兄關係」來凝聚彼此。成員們彼此互稱「家門」，也就是所謂「同一根根的人」。因此同一「家族」的人不能通婚；死後葬在同一火墳或墓地。喪禮是強化這種人群聚合的經常性場合。更重要的是，同一「家族」的人可共用或分享屬於本家族的草場、林場，也共同保護此資源。因此，一個「家族」的人不宜多（分享資源的人）也不宜少（保護資源的人）。在此生態因素下，失憶與重構家族記憶的情形自然非常普遍。在有些例子中，報告人清楚的知道，兩姓或三姓是為了強大勢力而結為「家門」；為了凝聚，他們也想像彼此有共同血緣而不內婚。

更值得注意的是，在較漢化的羌族地區，重組家族可由改變弟兄祖先的「歷史」來達成；在較藏化的地區，此則由改變奉祀的「家神」來達成。雖然在松潘小姓溝與黑水等地，人們也說各「家族」是由幾個弟

弟分家而來,但他們一般都說不出這一段弟兄分家的過去「歷史」。改變「歷史」,在上述北川小壩鄉內外溝常要經過一番爭議。改變「家族神」,在松潘小姓溝則是制度化的社會實踐;如在遷入他家族的地盤後,從此要祭當地的家神。無論是改變「歷史」或改變「家族神」,都是企圖將人們的血緣與地緣關係結合在同一秩序中──此也顯示所謂的「家族」在本地概念中不只是個「血緣群體」,而是結合血緣與地緣的群體。

村寨與其守護神

幾個家族集中居住的聚落,在此地普遍以漢話稱作「寨子」;幾個寨子,又組成「村」。同寨與同村的人,構成在家族之上更大範圍的認同群體。由於許多寨子主要由一個家族(同姓或異姓)構成,或者一個大寨子內部依家族又分為幾個小寨子,在這些情形下「本家族」與「本寨」的概念都是相通的。

一般而言,民眾大多認為同寨或同村的人也是祭同一山神或廟子的人群。山神信仰流行在羌族與鄰近藏族之中;祭漢人佛道神祇的廟子,則流行在較漢化的羌族間。然而由於漢化普遍,絕大多數羌族地區都有廟子信仰,反而,相當多的羌族地區無山神信仰。山神的具體標誌,便是寨子附近山上堆疊的小石堆,當地人以漢話稱之為「塔子」;以「鄉談話」來說便是「喇色」(各地有不同的發音)。廟子,則是一般川西鄉間所見的大小寺廟,其中供奉的皆是玉皇、觀音、川主、牛王、東嶽等漢人信仰中的神祇。事實上,寨、村不只是如此單純的二級社會結構;祭同一山神或廟子的,也不盡然是同一寨或村的人。其中孕含相當複雜的人群認同與區分,表現在相關的山神與廟子信仰,以及村寨人群的「祖先來源」記憶。

在居住較鬆散的松潘小姓溝，寨中同家族的幾戶人家在居住空間上較接近，而形成一個個的圈子，如同寨中之寨。如前面曾提及的小姓溝埃期村，共有三個組（隊）。一組與二組同在陰山面，聚落相近；三組在陽山面，與前二者隔著山溝。一組的人自稱是「背基」人，二組的人自稱「北哈」人，三組的人自稱「潔沙」的人。在漢語中，他們認為「背基」、「北哈」、「潔沙」都是「寨」。這三個寨子的人，對外都自稱是「美茲不」人，以漢話來說就是埃期村人。然而，在寨子中還有更小的「寨子」。如二組是由「北哈」與「梁嘎」兩人群單位構成。「梁嘎」約有五戶人。「北哈」中又分「木佳」、「措河」、「戈巴戈」、「羅窩」等「寨」，每一「寨」只有二至六戶人家（見圖3）。這是由大而小，分裂性村寨結構中最小的族群認同單位。無論如何，對村民來說，這些傳統的人群區分是根深柢固的。它不只是涉及一些神話傳說，更涉及自然資源的劃分。以下是該村一位二組（隊）老人的口述：

> 我們二隊，上五家供一個菩薩，叫「當母革熱」。二隊與一隊共的菩薩叫「忽布姑嚕」和「恰伯格烈」。三個隊共有的菩薩，就是「格日囊措」。與大爾邊、小爾邊沒有共有的菩薩。最早沒有人的時候，三弟兄，大哥是一個跛子，兄弟到這來了，還一個么兄弟到一隊去了。大哥說，我住這兒，這兒可以曬太陽，所以三隊太陽曬得早。么弟有些怕，二哥就說，那你死了就埋到我二隊來。所以一隊的人死了都抬到這兒來埋。現在沒這樣做了。廟會是小姓溝所有人在一起慶祝的，就是龍頭寺的廟會，一個鄉的廟會，在大爾邊的口子上。

與二組比鄰的一組，一位老人提到本地山神，他說：

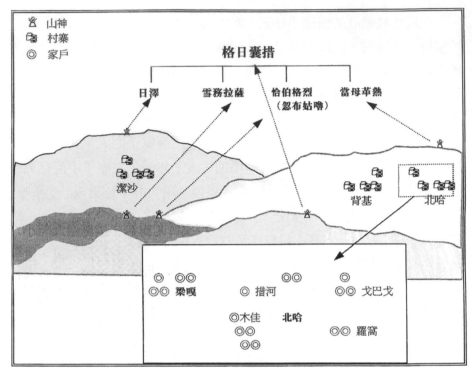

圖3 埃期村寨與其守護神

我們一組的是「雪務」。大菩薩，那就是一轉囉；那便就是兩個組的菩薩，「雪務」喇撒。菩薩保護界線裡的人。有近的界線，有遠的界線；有近的菩薩，有遠的菩薩。塔子有具體的名字。一、二、三組共同的菩薩就是「格日囊措」。再大的菩薩就是「雪寶頂」──「都如」；那是包括所有藏族、羌族，整個松潘縣的菩薩。敬酒以前都要敬「都如」，「和卓都如」。

　　由以上埃期村人的口述中可知,當地二組(隊)的上五家,也就是「梁嘎」,自己有一個山神菩薩。二組中的「北哈」與一組,有共同的山神菩薩。一組與三組,二組與三組間,沒有共同的山神。三個組共同的山神則是「格日囊措」。在更大認同範圍裡,因受藏傳佛教文化影響,山神被納入藏傳佛教諸神體系之中[4]。譬如,「龍頭寺」廟會(藏傳佛教)凝聚所有小姓溝中的羌族、藏族村寨民眾。「雪寶頂」菩薩(藏傳佛教與山神的混合)信仰,則凝聚小姓溝與松潘附近各溝的羌、藏族。這樣的村寨認同與區分體系,除了以層層的山神祭祀來表達外,也由說明一群人共同來源的「歷史」來強化。如同凝聚與區分各「家族」的「歷史」一樣,凝聚並區分各村寨人群的共同起源記憶,也經常是一些「弟兄祖先故事」。

　　北川白草河上游的片口,也就是明代「白草羌」的大本營,一個楊家的羌族對我說本家族的由來:

> 最早搬來的楊家,搬到來壽,那裡長的樹,杉樹,把那開墾出來。原來還分上寨子、中寨子、下寨子……。那還有三棵大柏樹,三棵長在一起。說是楊家來時是三弟兄,為了紀念他們來,就種了三棵柏樹。

　　三個楊姓弟兄建立三個寨子,這是各寨子的共同起源,同時也是寨中人群的共同起源記憶。關於「弟兄故事」在凝聚人群認同上的意義,以及它與我們所熟悉的「歷史」間的關係,是本書第二部分歷史篇中的

4　此現象在黑水地區尤為明顯。黑水地區村寨人群在開酒罈敬菩薩的時候,先從西藏最大的菩薩唸下來,直到究我倫木切,然後唸黑水最大的山神,歐塔基、歐塔迷、歐塔拉,最後唸本寨山神及本家族神。

主要論題之一。在此不多贅述。

　　我們再回到與人類社會認同、區分相關的神明信仰此一問題上。在較漢化的羌族地區，山神信仰與「廟子」祭祀並存，或爲廟子所取代，然而「神明」在認同與區分上的重要性卻沒有改變。一位汶川縣綿箎的人告訴我：

> 我們那有三個村，理平、簇頭、溝頭三個村。廟子有川主廟；簇頭是川主廟，溝頭是魁星廟，理平是乩仙廟……。我們的山神叫「不住什」，溝頭跟我們一樣。理平和高東山還是一樣，他們在一匹山上，「關都什」。我們這邊是「不住什」。我們地點分開在，但都在一匹山上。簇頭、溝頭祭的是一樣的山神；不同時間，各祭各的。求雨的時候，禹王廟和山王廟，三個寨子都要去。雪龍包，我們那溝裡五個寨子都祭雪龍包。

　　在這個綿箎的例子裡，理平、簇頭、溝頭是屬於同一村落群的三個村子。在「廟子」的祭祀上，三個村子各祭各的。然而在「山神」祭祀上，簇頭、溝頭共祭一個山神，而理平與另一村落「高東山」共祭一個山神。在更大的範圍裡，理平、簇頭、溝頭共同祭禹王廟（求雨）與山王廟。綿箎溝中五個村子，共同祭祀的則是「雪龍包」山神（見圖4）。由此例子，我們可以看出這兩套信仰系統所凝聚與劃分的人群不盡相同。在共同起源記憶上，簇頭村有一老傳說：過去有八弟兄來此插杖分業，建立八個老寨子，目前只剩下理平、簇頭、溝頭三個寨子。這個弟兄故事，與前述小姓溝埃期村的弟兄故事相同，解釋「寨子」與寨中之人的來源。

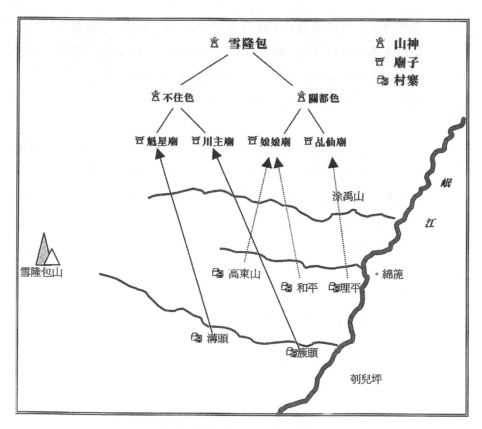

圖4　綿篪村寨與其守護神

在羌族地區，「漢化」跡象之一便是，「同姓家族」認同超越或取代「村寨」認同。有時這也表現在山神信仰上。茂縣永和溝甘木若村的一位老者，對我說本村各家的來源：

最早是小寨子李家⋯⋯。然後我們白家就從那高頭下來。謝家

是賴平，土門那過來的；時間沒得好久，道光手頭。居住不了，
就到這來，來這開親。謝、白二姓一個祖墳，以前是一個火墳。
敬山神就各是各的；白家一個山神，謝家一個山神，李家一個
山神，徐家一個山神，都在高山上。

在甘木若村內，大寨子與小寨子同座落在一面山上，相隔只有百來
公尺。兩個寨子的人平時往來密切。小寨子主要是由李、謝、徐三姓家
族構成；大寨子主要是白、謝二姓家族。在此，山神信仰不是以「寨子」
爲區分，而是以「姓」爲別；一姓便祭一個山神。然而在「廟子」祭祀
上，則川主廟、地母娘娘廟、牛王廟都是大家共同的。在更大的範圍上，
白虎山觀音廟是永和溝各村寨人群共同祭拜之處。渭門雲頂山因果祖師
廟，則是永和溝與水磨溝等地所有村寨民眾，包括溝口、渭門等地從前
被認爲是漢人的村落民眾，共同趕廟會的地方。在這些地區，如松潘小
姓溝那樣一層層由小而大、由近而遠的山神不見了。通常各寨、各姓人
們只祭一個山神；較大範圍人群的凝聚，便賴大小不等的「廟子」。

茂縣水磨坪也是類似的例子。水磨坪有五個寨：二木若、水若、二
里、里魚、賴子。水若主要家族爲吳、何二姓，都是由賴子寨搬來的。
據稱，最早遷來的是兩弟兄。水若景家的人，則自稱是由二里搬下來的。
里魚寨的主要家族是王、馬二姓。一個水若的吳姓居民告訴我，當地祭
山王菩薩的習俗。他說：

祭山神，山王菩薩，正月就要去……。賴子寨跟我們一個山王
菩薩，景家跟二里一個山王菩薩，水磨坪一部分人跟朱家坪的
合一個山王菩薩。里魚他們自己一個山王菩薩。沒有五個組合
起來的山王菩薩。合在一起的就是東嶽廟。

　　顯然，在此由於同姓的家族血緣記憶，使得「一個寨子一個山神」的傳統無法維持。水若是個近河壩的新寨子，或因此，村民們很清楚寨中許多家族不是同一個來源。

　　茂縣黑虎溝，也是「山神」與「廟子」兩套信仰並存的地方。一位「兒給米」的老人告訴我，黑虎一大隊分爲「兒給米」與「陰嘴河」；這兩「族」，與藹紫關、耕讀百計、爬地五坡，合稱「黑虎五族」。根據這位老人的說法，在本地，各家族或各寨皆有山神，各大隊也各有自己的山神，又有大家共同的山神，都稱「喇色」。他說：

> 「喇色」，就是土地菩薩。房子頂頂上中間有個「喇色」，頂頂上一個白石頭。修房子，房子中間要有「喇色」。正月十五那天，整個旗子（按：準備個旗子），每戶都有。每個寨子也有「喇色」，那是家族的；三個家族就三個「喇色」，各祭各的。不一定是家族，一個寨子幾戶祭一個「喇色」也可以。

　　他將「喇色」當作「土地菩薩」，顯然是受漢人信仰的影響。祭拜漢人信仰中各神祇的「廟子」，也流行在黑虎地區。這位老人又告訴我，在黑虎五族中每一「族」都有自己的廟子。陰嘴河台祭的是川主廟，兒給米祭的是黑虎將軍，藹紫關人祭龍王，耕讀百計祭的是王爺，爬地五坡祭馬王。全黑虎溝的人共同祭祀的則是「天台山大廟子」；裡面祭的是「西藏的那些佛爺；有釋迦摩尼，有觀音，有玉皇，有元始天尊」。在「兒給米」的廟子中，各家族還各有不同的神。如一位本地人說：

> 兒給米，三個團團（按：三群人之意）。我們廟子，大廟子中間有三尊神。中間是龍王；這是黑虎將軍；這是土主。任、余二

姓上寨是土主；中寨就是嚴、王二姓，分的是龍王；下寨是黑
虎將軍。分了的。為什麼分呢？趕會的嘛（按：大家赴廟會）。七
月七土主會，六月十三龍王會，四月四日將軍會。地界也這樣
分。這菩薩背後，朝這方向是中寨的；這菩薩背後是我們的；
這菩薩背後是他們的。放羊、砍草都不能侵犯的。各大隊各大
隊之間，就更不能過去。

　　上引黑虎的口述資料中，鮮明的透露了山神或廟子信仰的重要社會
功能——為了資源競爭、劃分，而產生的族群認同與區分。黑虎人在當
地一直以強悍、好劫掠著稱，主要生態因素便是，資源匱乏。因而他們
以一層層「山神」與「廟子」，嚴格劃分彼此的資源界線。

　　在上一章中，我們曾提及羌族地區嚴格的資源分配與分享體系。山
神與廟子信仰，便反映並強化此體系。家庭、家族、寨子，或幾個寨子
聚成的村子，或幾個村或寨所構成的一條溝的人，都是一層層分享、保
護共同資源的人群。寨子有本寨的草山（放牧之處）、林場（伐木之處），
村子有幾個寨子共同的草山、林場，都界線分明。各寨各村的山神菩薩
與各種廟子，也就是這些界線的維護者。一位小姓溝的老年人，對「山
神菩薩」作了如下最恰當的詮釋：

山界，我的土地是從那裡到那裡。山界界長，其它沒有什麼神
秘的東西。祖祖輩輩，幾千年、幾萬年留下來，這個不能忘；
這個山坡是怎麼傳下來的。為什麼要敬祂？敬的目的是為了保
護自己的地盤……。有近的界線，有遠的界線；有近的菩薩，
有遠的菩薩。

一層層由小而大，由近而遠的「神」，祐護各範疇人群的土地及其資源。定期的祭廟子或山神活動，可說是凝聚人群認同與強化人群區分的集體活動。在祭山神活動中，村寨裡每一可分享資源的基本社會單位——家庭——都需派代表參加。在岷江上游地區，許多地方過去都有一習俗：在祭山神或拜廟子時要「點名」。每一家庭若有人參與，就在木頭上作一刻記。缺席的家庭，會受到罰酒食或罰款的處置。因此無論是在「藏化」影響下將山神納入藏傳佛教諸神體系，或在「漢化」影響下混合山神與廟子，各地羌族的山神與廟子信仰都是在強化各個村寨與家族的認同與區分，以及確認每一家庭在本家族、本寨、本村與本溝資源分享體系中的地位。

「羊腦殼」與「牛腦殼」

在當前的羌、藏族地區，過去曾有一種認同與區分體系，「羊腦殼」與「牛腦殼」或者說「羊部落」與「牛部落」，現在幾乎已消逝殆盡。這種認同與區分，與目前藏族、羌族的認同與區分關係不大，或毫無關連。以下是一位茂縣三龍鄉老年人，對於「羊部落」與「牛部落」的口述：

> 三龍鄉分兩個鄉；卡窩、籤子、雕花、納呼、卡于，這歸理縣管，那邊歸得遲（按：此指歸中國管，也就是改土歸流），歸理縣管。我們這隊最早是部落時代，這邊屬牛部，那邊是羊部。牛是哥哥，兄弟；我們歸大朝早些（按：大朝便是指中國）。我們牛部，大的範圍寬得很。我們唱酒歌從松潘唱下來；先唱松潘，再唱黑水。據老年人講是兩弟兄，我們比那邊牧場寬些，那邊窄閉

點，兩個人就住在這一帶。兩兄弟，弟弟過黑水河查看地盤。
後來就安一部分人往那邊。過後，兄弟安排好了，就來邀他哥
過去，過去看他的地盤，就要跟他哥分家。他哥哥不幹，弟弟
想獨霸一方。哥哥不幹，弟弟跟他的人就把哥哥打了一頓。哥
跑回來，不服，又把他兄弟弄過來，說我跟你分，結果又把弟
弟砸了一頓。現在我們老人還說，先頭贏的是「掐合」贏。捶
打了（按：打架了），那我們就分開。那邊就是羊部，這邊就是牛
部。白溪那以下，我們都喊「掐合部」，我們這就是「瓦合部」，
以黑水河為界。我們說黑水河那邊的人狡得很。

　　由以上口述，我們只知道三龍鄉南岸各村寨的人曾以「牛部」自稱，
以別於「黑水河」北岸的「羊部」各村落[5]。目前在三龍溝（見圖5)知道
這種區分的人極少，很難蒐集到進一步的資料。
　　在茂縣北部信奉藏傳佛教的羌族高山村寨中，同樣，知道此區分的
人不多。但由以下這位太平牛尾巴寨老人的口述中，可知這似乎是兩個
宗教支派之分。

　　「察」就是敬羊腦殼，「撥」就是敬牛腦殼；我們這敬的是牛
腦殼……。楊柳溝那都是羊腦殼了。譬如，明天我們跳甲（按：
指在儀式中穿盔甲跳舞)，吼的都不同。還有耍的龍等；他們是盤
龍一個拐拐，我們是陰基龍，兩個拐拐好像蛇一樣。

---

5 以上口述中，「黑水河」可能指的是三龍溝；而「他們」指溝北的諾窩、勒依
　　等高山村寨之人。

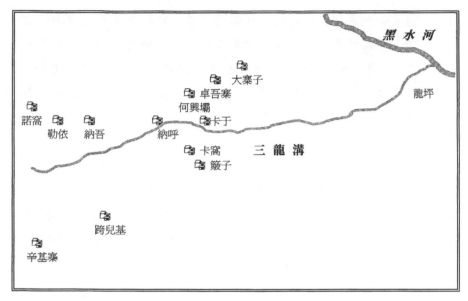

圖5　茂縣三龍溝村寨

　　在最西北方的羌族村寨，松潘小姓溝，老一輩的人則大多還記得此
種區分。這兒的羌族「藏化」程度，又較茂縣牛尾巴寨的羌族為甚。也
就是說，此地居民受藏傳佛教或本教的影響更深。當地人告訴我，羊部
落與牛部落的確是藏傳佛教的兩個支派。不僅如此，羊部落與牛部落之
間相當敵對。如一個小姓溝老人所言：

　　　　大河的那一邊是屬羊。那時一個寨子、一個寨子是屬牛或屬羊
　　　　的。我們屬羊的，那個叉叉是尖的，屬牛的那個是平的[6]。以

─────────────

　6　所謂尖的、平的，指的是神龕上「神箭」尾端的形式。

前是兩個部落，還打仗，這都聽説過。這都是老年人前頭的前
頭了。修房子的時候呢，還是各修各的。那個牛部落，全是圓
木，都是圓的；羊部落的木頭都是片出來的。民族都有這習慣，
漢族沒有。藏族也有這習慣，分牛、羊頭。宗教習慣上有「麥
尼」、有「麥茲」，各是各的。

　　在民族識別之前，小姓溝這一帶「牛部落」與「羊部落」的認同與
區分，超越「日麥」（相當於他處羌族所稱的「爾瑪」）與「赤部」間的
區隔。在小姓溝，有幾位從鄰近紅土（目前屬藏族地區）來到埃期村寨上
門（入贅）的老人。他們的說法是，因爲他們原來的村寨與這兒同屬於「羊
部落」，所以來此避災荒而落戶定居。在民族識別與分類之後，他們才
知道自己「原來是藏族」，知道埃期是羌族村寨。

　　關於「牛部落」與「羊部落」，我在羌族地區蒐集的口述資料所見
大約如此。由清代到近現代的地方誌與民族調查資料中，也罕見相關記
載。然而在黑水（見圖6），特別是在知木林（小黑水）藏族地區，我得到
較多的口述資料。在此，這種社會區分就更明晰了。黑水知木林地區，
一個老者對我解釋「羊頭、牛頭」。他說：

　　　從南坪那邊遷來的是羊頭人。十八個寨子羊頭，牛頭十九個寨
　　　子。兩個組織；不是教派，像是部落。漢族罵的猼猱子就是部
　　　落人。很不和好，連砍樹子都要説「砍誰的腦殼」——砍牛腦
　　　殼，砍羊腦殼。「爾勒滅」就是民族，不分羊頭、牛頭；「爾
　　　勒滅」指所有黑水人。

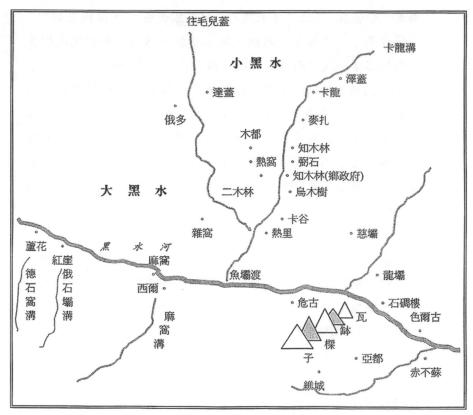

圖6　大小黑水地區

　　黑水是阿壩州最窮困的地區之一，知木林又是黑水縣最窮的地方。
或因激烈的資源競爭，使得「牛頭」、「羊頭」各寨間經常暴力相向。
另一個知木林老人對此描述得更詳細。這個「羊部落」的人說：

　　　我們是「察合基」，羊部落，就是「麥茲」。「博合基」就是
　　　牛部落；牛腦殼是「麥尼」。烏木樹、熱石多、卡谷、卡龍鎮，

都是「察合基」。殺了羊之後，就把羊腦殼在房子頂頂上攔到。
「博合基」，牛部落，晴朗、知木林鄉、雜窩，他們比我們多
一兩個寨子。我們兩邊也打。一個土官管的都一樣；高陽平（按：
1940年代當地著名土官）管的雜窩鄉是「博合基」。風俗習慣、唱
歌都不一樣，喝酒、死了人都不一樣，唸的菩薩不一樣。松潘
是「麥茲」，沒有牛腦殼，只有個別地區有牛腦殼。牛部落與
羊部落的根根不一樣。我常罵那些人牛腦殼不像牛腦殼，羊腦
殼不像羊腦殼。我們根根就是烏木樹，「爾勒滅」的根根是烏
木樹……。

根據這位老人的說法，在房屋上放個羊頭顱，是羊部落的符號。我
在黑水地區廢屋舊牆垣上，也曾發現白石鑲嵌的牛頭形象。他說的「根
根不一樣」，其意便是說兩個群體的「血緣」不一樣。關於兩個群體間
的衝突，以及各群體內部的「擬血源關係」，一位過去屬「牛部落」的
知木林老人有如下說明。

我們知木林鄉有幾個寨子是「察合基」，我們是「博合基」。
我們知木林鄉，卡谷、烏木樹、位都、熱里，這些是「察合基」。
我們「博合基」是，大黑水來說，紅崖和紅崖縣、麻窩，施過
和博作，我們是弟兄一樣，還有西爾、弼石、二木林、木都、
格基，這是「博合基」。這都是兄弟一樣。這是分起在的；他
們整我們，我們整他們的。原來土官還有老百姓，這是分開在
的。我們弟兄之間分家一樣的。過去是這樣的，他們是「察合
基」，我們是「博合基」。「察合基」是心不好的人；人到那
兒去，用火燒、烤起。「博合基」不是這樣的人。

　　這位老人用「弟兄」來指「牛部落」各村寨間的感情；同時他又以「分家的弟兄」，來形容「牛部落」與「羊部落」間的敵對關係。在歷史篇中，我將說明這兩種「弟兄」隱喻。

　　在黑水河主流「說羌語的藏族」地區，部分老人也記得過去有「羊腦殼」與「牛腦殼」之分。如一位維谷藏族說：

　　　　知木林是羊腦殼，松潘管的。我們是牛腦殼，理縣管的。理縣
　　　　土司是皇帝管的。麻窩、蘆花也是牛腦殼。我們牛腦殼的人老
　　　　實。兩邊話不對，過去兩邊是不打親家的。那邊的娃兒兌……。
　　　　理縣是牛腦殼，赤不蘇這邊是牛腦殼，河對面都是羊腦殼。這
　　　　是老年人吹的，我還不曉得。

　　在這位老人的記憶中，所有小黑水人都是「羊腦殼」，黑水河主流沿岸村寨無論屬理縣或黑水，無論是今日之麻窩藏族或赤不蘇羌族，都是「牛腦殼」。但是，一位麻窩藏族則說麻窩人是「羊腦殼」。以下是這位老人的說法：

　　　　我們是「察合基」；「博合基」是松潘那的。以前在晴朗那邊
　　　　的草坪上「察合基」、「博合基」比賽，比摔角。講話有差別，
　　　　吃的也有差別，穿的也有差別。「察合基」一個根根，「博合
　　　　基」一個根根。小黑水那是「博合基」。松潘那是「博合基」。

　　由此口述得知，在他心目中，敵方的「牛部落」主要是小黑水人與松潘人。

　　以上資料看來，只有小黑水老人們還記得那些是「察合基」村寨，

那些是「博合基」村寨，以及過去的敵對與糾紛。而且，根據小黑水與小姓溝報告人的說法，「察合基」村寨與「博合基」村寨常是錯落交雜分布的。然而，自稱屬於「牛腦殼」的黑水維谷報告人，卻認爲小黑水人都是「羊腦殼」；自稱屬「羊腦殼」的麻窩報告人，則認爲小黑水人都是「牛腦殼」（博合基）。這種矛盾應是由於，麻窩與維谷都在大黑水地區（赤不蘇以上之黑水河主流），而大黑水人一向歧視、敵視而又畏懼小黑水人。所以過去「羊腦殼」與「牛腦殼」之區分與雙方之暴力衝突，現在被想像爲他們與小黑水人間的區分與敵意。「羊腦殼」與「牛腦殼」目前被用來區分鄰近的敵對人群，類似現象也存在於此記憶逐漸消逝的羌族地區。譬如，前面三龍的老人稱「河那邊人」爲「掐合部」；小姓溝人則認爲「大河那一邊的人」都是「羊部落」；牛尾巴寨的報告人，則認爲鄰近的楊柳溝人都是「羊腦殼」。

更重要的是，以上許多報告人都稱「羊腦殼」與「牛腦殼」的「根根」不一樣。顯然在當地，由於教派對立、衝突而造成的社會結群中，人們也想像此「群」成員彼此有血緣關係，以此增強「族群」內部的認同與凝聚，並以「不同根根」來與敵對宗派群體作區分。

「爾瑪」、「漢人」與「蠻子」

村寨之外，在同一溝或鄰近幾條溝中的人群也以血緣關係相結合，成爲一個認同群體，並與本群體外的人群有所區分。由上節舉例中可以看出，這樣較大範圍的認同群體，常共同祭較高階的「山神」或較大的廟子。這樣的認同人群，以當地「鄉談話」來說便是「爾瑪」──我們的人。「爾瑪」所涵括的人群範圍，在1950年代以前並不太寬。

現在許多羌族或漢族，包括研究羌族的學者，都認爲「爾瑪」就是

「羌族」。這大致上是不錯的，然而卻不表示在過去「爾瑪」一直就等於「羌族」。我們不能忽略，「爾瑪」此一族群自稱詞在各地有不同的發音；在理縣唸作「爾瑪」，茂縣東路大致發音如「瑪」，茂縣西路赤不蘇一帶稱「日昧」，在松潘小姓溝唸成「日麥」，在黑水地區則發音如「爾勒滅」。因此，當前將「爾瑪」當作「羌族」，是在羌族認同下或在民族知識之下，有意忽略這個自稱詞在各地發音之不同所致。尤其值得注意的是，在過去由於地理隔阻，以及「溝」在人類經濟生態上的自足性，被稱作「羌族」或「羌民」的人群在認識自己是羌族之前，並沒有一個涵括目前全體羌族的族群認同，也沒有一個共同的「自我族稱」（autonym）；「爾瑪」（或類似的發音）只代表很有限範圍中的人群，通常只是一條溝中的人。當地的一句俗話，「一截罵一截」，可以說明過去「爾瑪」認同所表現的族群體系。以下我從不同地區舉例說明。

　　茂縣西路黑水河流域　岷江之西的支流黑水河，在中、下游的維城到沙壩間有許多支流山溝，各個溝中都有一群群的寨子（見圖7）。這兒許多老一輩村民都說，從前「爾昧」（或類似發音）指本溝各寨的人。沿河以上各溝各寨的人都是「赤部」或「識別」，沿河以下各溝各寨的人都是「而」。「赤部」或「識別」是會偷會搶的野蠻人，他們髒且兇蠻；「而」則是漢人，聰明而狡滑。由於每一區域的人群都認為只有本地人是「爾昧」，因此自稱「爾昧」而稱下游三龍人為「而」的洼底人，在自稱「爾昧」的三龍人眼裡則是「赤部」，在同樣自稱「爾昧」的上游曲谷人眼中則是「而」。這就是他們現在常笑談的，過去「一截罵一截」的族群體系概況。一位茂縣三龍溝的老人，回憶過去的情形，說：

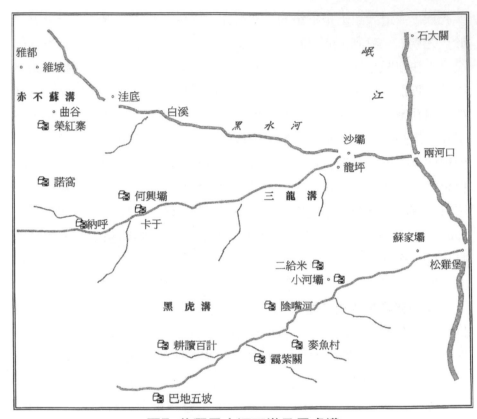

圖7　茂縣黑水河下游及黑虎溝

解放前我們很少出去，老一輩的沙壩那都沒去過的多。去過的
也只有一次、兩次。以前這幾個寨子，諾窩、勒依、辛基，跟
曲谷的是一起的，在一個大山上打獵。我們自己稱「爾昧」，
外面的都是「而」；納呼下面就是「而」了。一截講一截。龍
坪以下說我們是「識別」。以前「爾昧」小，以下是「而」。
以前二大隊何興壩的人不准上來用這草場，他們就叫我們阿巴

上房，有罵人的意思，又怕我們。

一位茂縣曲谷地區村寨出身的羌族，曾接受大學教育的本地知識分子，他的新舊「民族」知識間的矛盾，表現在他下面的話中。

> 我們那稱羌族是「爾昧」。我們的話跟三龍講得比較通。跟黑水下一截也講得通。「爾昧」的範圍，在我們那就是說，朝下就是漢族，朝上就是藏族。我們一直有漢族、羌族、藏族的分法。藏族就叫「識別」。是這樣的，三龍人認為我們是「識別」，我們又認為黑水人是「識別」，黑水人又認為他們是「爾昧」，黑水縣以上的才是「識別」。不會推很遠。到現在我還是認為藏族在上面，漢族在下面。到1970年代還有很多人還搞不清楚。很多人只說自己是民族，或以「爾昧」來指所有的民族。

這位曲谷羌族知識分子說，他們「一直有漢族、羌族、藏族的分法」；事實上他指的是「而」、「爾昧」與「識別」之分。只是在目前的民族分類概念中，他將此三者分別對等於羌族、漢族與藏族，並有了固定的民族疆界。但他也知道，並承認，過去他們被三龍人視為「識別」。這位曲谷人的年齡不超過四十歲；可見此種舊「爾昧」概念仍普遍存在於中年以上的村寨民眾心中。雖然現在許多羌族都說「爾昧」就是羌族，但深溝高山的村寨居民仍普遍保有上述狹隘的「爾昧」觀念。他們常說：「底下那些人哪是羌族？他們過去還常罵我們是蠻子呢！」

茂縣西路黑虎溝 茂縣西路的黑虎溝在黑水河之南，溝中黑虎各村寨居民在曲谷、三龍人眼中便是「下游的漢人」。黑虎各村寨深處山谷之中，對外交通只能沿著陡狹絕險的山道。與許多羌族地區相同，這樣

的環境是造成他們狹隘孤立族群認同的原因之一。這兒的人自稱「莫兒」
（讀如mer）；稱黑水河流域的人為「費兒」（讀如ferh），指「蠻子」；稱
岷江東岸的人則為「而」，其意為「漢人」。以下是一位黑虎溝老人對
「莫兒」的看法。

> 「莫兒」就是羌族。這地頭生長的都是「莫兒」，黑虎的都是
> 「莫兒」。曲谷的人我們喊「費兒」，黑水寶；實際上曲谷還
> 是羌族。以前，底下的我們都喊「而」了。溝口那的人，我們
> 都喊「而」。只有我們黑虎的人是「莫兒」。

他口中的「黑水寶」，便是指黑水的「蠻子」或藏族。由此口述可
知，過去在他心目中上游的曲谷人與下游的溝口人都不是「莫兒」；只
有黑虎溝的人是「莫兒」。另一個老人說的更明白：

> 黑虎族，鄉談話就是「莫兒」。「莫兒」就是本地人，就是羌
> 族，特別是黑虎的人。赤不蘇的人，當時雖然是一個民族但來
> 往少，所以稱他們為「費兒」；「費兒」就是蠻子，其實都是
> 一個民族。漢族偌喊呢，就喊「而」。不懂這個語言的都喊「而」；
> 其實有些是羌族，只是把自己的語言弄掉了，以後就退化了，
> 一直都說漢話。所以這兒的人就認為他們是漢人了，是「而」
> 了。

他直稱黑虎溝的人為「黑虎族」；這也顯示「莫兒」認同是一種由
擬血緣聯繫所造成的「族群」。以上前兩位黑虎老人的口述，一方面顯
示口述者過去狹隘的「莫兒」認同，一方面也顯示在新的民族、語言知

識下他們將「莫兒」對等於「羌族」，並對於「莫兒」或羌族的範圍有
了新的體認。下面這位黑虎老人的話中，則表露過去狹隘「莫兒」認同
背後的資源競爭背景。

> 舊社會時不准外面人來，三龍那的人來要弄死。當時爭山爭草
> 場。我們喊他們「費兒」，蠻子。以前沙壩以上都稱蠻子。以
> 前認為他們跟黑水人很像。因為他們那一截人偷、搶多，把你
> 一家都殺了。關鍵是生活方式不一樣，他們吃酥油的。

在這位黑虎老人的口述中，我們可以體會本地過去緊張的族群關
係，以及在此族群關係中人們對「異己」的恐懼。

茂縣東路 岷江東岸永和溝與水磨溝（見圖8）之村寨民眾，在過去也
大多認為自身是「莫兒」，但「莫兒」的範圍也不大。譬如，深處永和
溝中之永和、道材主等村寨，以及深處水磨溝內的水磨坪諸村寨居民，
他們心目中「莫兒」大約是指「溝內的人」。兩條溝與岷江大道相接的
地方，分別是溝口與渭門。溝口與渭門的人，在溝內的「莫兒」看來便
是「而」，就是漢族；更不用說，由此以下到茂縣縣城的人，也都是「而」
了。西路的黑虎，與黑水河流域三龍、洼底各村寨，與北路牛尾巴、楊
柳溝各村寨的人，則被他們稱作「費兒」——蠻子。一位永和村老人，
回想過去大家相互歧視的情況，說：

> 黑水人我們稱蠻子；松潘的是「費兒」，黑水人是「費兒」，
> 赤不蘇人更是「費兒」，三龍人也是「費兒」。茂縣人，就是
> 「而」了。渭門的人罵我們蠻子，說我們是高山蠻，我們就罵
> 他們下河蠻。解放後就不敢了。茂縣的人也罵我們蠻狗。

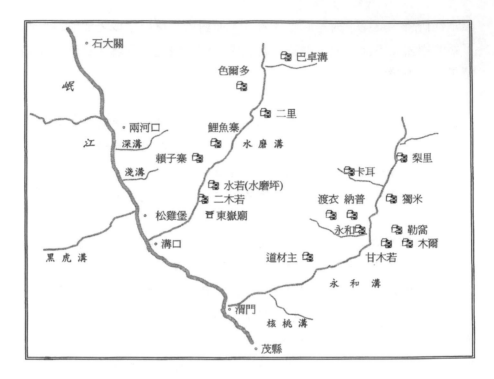

圖8 茂縣永和溝與水磨溝

　　過去水磨坪人也有這樣的經驗。一個當地老人，對我描述過去「一截罵一截」的情形。他說：

> 羌族以前好打戰，就是「莫兒」；「羌族」這兩個字，在解放
> 後才曉得。他們以前叫我們蠻子。走攏溝口，就被罵蠻子了。
> 溝口的走攏茂縣，又被罵蠻子；一截罵一截。我們就罵他們「而
> 訴嘎」，爛漢人。

老一輩的人，普遍還記得過去認爲「莫兒」便是「說這一口話的人」。學者們常強調，在人們的族群認同與區分中，語言是個重要因素。的確如此。然而，在我們的例子中，這「語言」卻不是語言學家所建構的「羌語」，而是當地人主觀上認爲能溝通的「鄉談話」。在前面我曾提及，在這兒各地「鄉談話」之間有相當大的差異；這也部分說明了，爲何在過去「莫兒」此一人群認同範疇相當狹隘。或者是，由於狹隘的「莫兒」認同，一方面使各區域人群之間因缺乏溝通而語言分歧，一方面也因主觀偏見，使得他們不願去仔細聽「他人」在說什麼[7]。

理縣地區 沿雜谷腦河流域（見圖9）的理縣桃坪、薛城一帶，有幾條北岸的大溝，溝中村寨居民都自稱「爾瑪」。在前面我們曾提及，過去他們與當地嘉絨人同屬「五屯」，因此是清代中國邊防軍的一部分。老一輩的人頗以此自負，並瞧不起「打仗時只能揹被子」的蒲溪溝人。因此在他們過去的觀念中，「爾瑪」只是五屯中非嘉絨的那些村寨人群，不包括南岸蒲溪溝中的「爾瑪尼」，也不包括大陽山以北的三龍人與曲谷人。

> 我們羌族的話走不遠，只有五屯聽得懂⋯⋯。「爾瑪」，腦袋笨一點的，住在山上的。以前羌人怕被沖走，所以住在高山上。

---

7 相反的，當今日羌族知道這些說不同「鄉談話」的人群，實際上都是說「羌語」的「羌民族」之後，他們會非常仔細的聽他處羌族的「鄉談」在說什麼。偶然聽懂了幾句，或幾個詞，他們便以此印證目前一個普遍的想法——大家原來說的是同樣的語言。研究民族或族群的學者常強調，「語言」在區分民族或族群上的功能。對於民族語言，他們常指的是一種客觀存在的、在語言學邏輯下建構的「語言」。然而，我不認爲這樣的「語言」與民族或族群間有截然相對應的關係。羌族的例子告訴我們，在族群認同中，事實上是人們對「語言」的主觀認知、建構與操弄，反映該族群當前的本質。

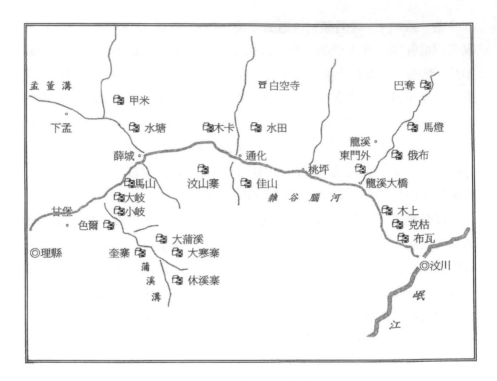

圖9 雜谷腦河流域

　　我們幾個大隊，穿長衣服的，住山上的人是「爾瑪」。三龍那
的人，那兒是黑水，我們稱「阿囉」、「魯哇」。「魯哇」是
不講理的人，我們不稱他們「赤部」。我們跟茂縣那的人話不
一樣，族不一樣，沒有稱他們「爾瑪」。我們喊他們後面的人，
「魯哇」。

　　在蒲溪溝，當地人也自稱「爾瑪」。老一輩人猶記得，從前以爲「羌
族」（爾瑪）只分布到溝口，主要指蒲溪十寨（前五寨、後五寨）的人。五

屯的人，在他們看來都是兇悍的嘉絨人。

　　無論是在雜谷腦河北岸或南岸，由於狹隘的「爾瑪」認同，過去談婚嫁時當地人很在乎對方家族是否「根子純淨」。所謂「根子純淨」便是說，沒有漢人或藏人的根根，祖先也沒有作乞丐或得痲瘋的。從前溝與溝之間，溝裡上游與下游村寨之間，陽山或陰山村寨之間，人們都常聞言對方「根子不純」，因此可以「打親家」（結親）的範圍相當狹隘。然而，目前桃坪、通化、薛城，以及汶川龍溪等地的雜谷腦河南北兩岸各溝村寨中，許多家族都宣稱祖先來自湖廣或川西崇慶、彭州等地。這似乎與他們強調自身為「根子純淨」的本地人有些矛盾。他們的解釋經常是，川西各縣與「湖廣」過去都是古羌人所居的地方，因此從這些地方來的人群乃是正統「羌族」。

　　黑水藏族地區　黑水各族群，目前在中國民族分類中都被識別為藏族。但在語言與風俗習慣上，黑水東部各溝自稱「爾勒滅」的人群與茂縣西路的羌族類似。因此由黑水人的例子，我們可以了解過去此種狹隘「我族」概念的普遍性。在黑水自稱「爾勒滅」的人群，稱西方使用嘉絨語的人群為「赤部」，稱北方說安多藏語的人群為「識別」。然而並非除此之外都被他們視為「爾勒滅」。而且他們對「識別」、「赤部」的界定，也有些模糊。如，以下這位知木林（小黑水）人，便認為麻窩的人都是「赤部」。他說：

> 我們自己喊「爾勒滅」。麻窩的人是「赤部」──吃蕎子饃饃的人。松潘的人是「識別」，爛藏族。赤不蘇的是「而日咪」，我們罵他們藏族不像藏族，漢族不像漢族。茂縣、汶川的也是「而日咪」。

麻窩、蘆花與知木林人所說的話，在語言學分類上都屬於羌語。但知木林人總將麻窩、蘆花等大黑水地區的人，視爲與嘉絨藏族類似的「赤部」。上述知木林人口中的「而日咪」，便是赤不蘇的羌族。赤不蘇人緊鄰黑水地區，爲最西方的羌族村寨。過去他們在其它下游村寨人群眼中，是毫無疑問的「赤部」；他們看下游的村寨人群，則都是「漢人」。然而在黑水人眼裡，他們則是「像漢人的非漢人」。

在黑水河主流，東自維古西到蘆花之間，各溝村寨人群也都自稱「爾勒滅」（口音有別）。然而在過去，與「羌族」的情況相同，這些「說羌語的藏族」各地方族群彼此也不相互認同。自稱「爾勒滅」的一人群，稱上游村寨人群爲「日基部」，稱下游村寨人群爲「日疏部」。一個十七歲的紅崖女孩，至今仍有這樣的區分概念。她說：

> 我們喊講草地語言的是「識別」。有些喊「赤部」；馬爾康那兒的喊「赤部」。有時候他們說的「識別」和「赤部」是一樣的，分得不清楚。維古那的人，我們稱「日疏部」；底下的人都是「日疏部」。反正比我們底下的，都喊「日疏部」。這邊的人（按：蘆花的人）喊我們紅崖的人叫「日疏部」。我們紅崖的人喊維古的「日疏部」。維古那底下的人，喊我們高頭的人就是「日基部」。一截喊一截；有一點互相罵的意思。維古的人罵我們吃豬食的，我們罵底下的人吃竹子桿桿的——罵他們熊貓……。以前我們認爲只有黑水這兒的人是「爾勒滅」，茂縣一帶的是「達媽」。直到沙石多都是「爾勒滅」。進了羌文班，我才知道羌族的範圍很廣。以前我以爲茂縣附近都是漢族。

如此，西方紅崖的人稱下游維古的人爲「日疏部」，更西方的蘆花

人則稱紅崖的人爲「日疏部」。維古的人則稱紅崖人爲「日基部」，紅崖人則稱上游蘆花人爲「日基部」。介於紅崖與維古間的麻窩人，則認爲由紅崖到麻窩都是「爾勒瑪」；蘆花人是「日基部」，而「日疏部」則是維古與石雕樓的人。

　　再者，所有蘆花、紅崖、麻窩、維谷等大黑水人，稱小黑水人爲「俄落部」；小黑水人則稱大黑水人爲「赤部」。而小黑水人與大黑水人，大致都認爲黑水河下游赤不蘇、洼底、三龍、黑虎各溝村寨人群——也就是目前的西路羌族——或是「而」（漢人），或是「嘟」或「而日米」（漢人不像漢人、民族不像民族的人）。由黑水人的「嘟」或「而日米」人群概念中，可知在過去他們也沒有「羌族」概念。他們只是認爲，在他們與「漢人」之間，有一些不像「漢人」又不像「我們」的人群[8]。

　　今日絕大多數黑水與小黑水人都認爲，「爾勒滅」就是藏族——包括大黑水由蘆花到色爾古、石雕樓的人，以及小黑水人。黑水人與小黑水人都堅決認爲，「爾勒滅」與下游的「嘟」或「而」不同。上述黑水女孩將「爾勒滅」視爲「羌族」的看法則屬例外；顯然由於她在汶川的民族學校羌文班就讀，因此接受了羌族老師們的看法。目前在知曉語言學家的羌、藏語分類後，羌族知識分子普遍認爲黑水人應該是羌族。

　　北川地區　北川（見圖10）的情況與上述地區有別。由於深度漢化，在二十世紀前半葉時，這兒的人都自稱漢人。然而，「一截罵一截」的現象卻仍然存在。

8　目前岷江上游的各土著族群，普遍以「民族」一詞來稱「非漢族群」。「咪」是人的意思，又引伸爲「不是漢人的人群」，或如今在大黑水地區「咪」更狹隘定義便是「藏族」。黑水人提及的「而日咪」便是，以他們的漢話來說，「漢族不像漢族、民族不像民族的人」。

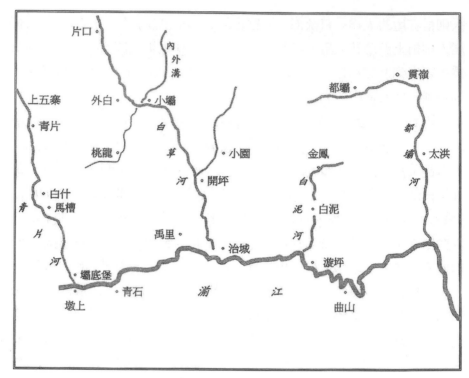

圖10 北川地區簡圖

　　在明清時期中國文獻之中，青片河、白草河流域的村落人群都被稱作
「羌」，事實上在本地族群關係中，過去這一帶的漢人將所有「非漢人」
都稱作「蠻子」。然而，「漢人」與「蠻子」的區分在此非常模糊。1950
年代以前，青片河與白草河流域每一村落人群都認爲本村是漢人村落，而
認爲上游皆是「蠻子」村落。白草河中游的小壩鄉，一位羌族農民說：

> 我們在八十年代初才改爲羌族；以前都是漢。當時，五十年代
> 一次大移民嗎，外來的人都叫我們山蠻子，我們也用一些詞回

敬。五十年代初，也有一些人報藏族，但又不會說藏話，所以
沒承認。到八十年代才被認到。被叫山蠻子時，也沒人說自己
是羌族，但我們許多人跟茂縣那有親戚關係。他們被認得早。
我們這沒聽過什麼「爾瑪」。我們北川的人，聽過一些年老的
說，幾弟兄分家；分到北川這，就是這的人了。

顯然，過去他們自稱「漢人」，但在下游村寨人群眼中，他們則是「蠻
子」。北川最西北邊緣的青片河流域，在過去，本地土著更被認爲是「蠻
子」。但在青片河域，仍是一截罵一截；大家都把「蠻子」這稱號推給上
游的人。最上游的上五寨人，已無更上游的人可以讓他們罵了，只好說，
西北方松潘的人才是「蠻子」。以下是一位青片上五寨老人的話：

> 我們喊松潘的猼猭子。我們喊裡面的人猼猭子。就是說，你來
> 問蠻子在那裡，我就說，蠻子還在裡頭。我們不會承認；承認
> 了你就會整我們。我們不承認，就說猼猭子還在裡面。你再進
> 去，他們還是說猼猭子在裡面。這就是以前的大漢族主義讓我
> 們伸不了腰。

由以上的口述可以知道，在過去這兒不但沒有藏族、羌族之分，甚
至漢與非漢之分都是模糊的。由於被稱作「蠻子」或「猼猭子」，後來
又聽說「蠻子」或「猼猭子」就是「藏族」，因此在1950年代民族識別
調查時，許多當地人（如上述青片上五寨的老人）都曾自稱「藏族」。如
今雖然他們都將自己登記爲羌族，然而許多人仍認爲本家族爲漢族，或
說有「漢人的根根」，說自己的祖先是「湖廣填四川時」來到這裡落戶
的。他們也常閒言閒語，說同村某些家族或上游村落的人群以前是「蠻

子」，或有「蠻子」的根根。但現在他們心中的「蠻子」，就完全等同
於「松潘人」或「藏族」了。

　　以上便是至今猶存於當地中老年人記憶裡的，「過去一截罵一截」的
族群體系。在此族群體系中，「蠻子」、「漢人」與「爾瑪」並沒有一個
客觀的、限定的族群界線。在一小區域人群的「爾瑪」認同中，人們都認
為本族群在「蠻子」與「漢人」的包圍中。事實上，此種狹隘的「爾瑪」
認同，如今仍存在於羌族民眾心中。因此當近十多年來羌族建立與展現「羌
族文化」時，究竟那一地區的「羌族文化」最道地，成為一種爭論，並造
成各地羌族的文化展示競爭(詳見本書第十章)。他們說，這是「民族內部
的矛盾」或「地域性的自我中心觀念」。民族的「內部」與「外部」之間
的分界在何處？民族認同與地域認同的分別何在？羌族的例子可以回答更
重要的問題：一個民族的內部與外部間的界線如何形成？以及，為何我們
有民族認同與地域認同，並區分二者？在後面我將討論此問題。

　　最後，關於「爾瑪」的「歷史」問題。村民們通常知道家族或村寨
的來源(如幾弟兄從外地來此安家立業)，但他們常說不出「爾瑪」的共
同來源。或者，在有些人心目中，「爾瑪」的來源主要就是造成家族或
村寨起源的那些古老「弟兄祖先故事」。因此他們常說：「我們這個族，
是爾瑪的主要民族。」雖然說不出涵蓋所有「爾瑪」的族源歷史[9]，他
們仍認為「爾瑪」為有同一根根(血緣)的人群。特別是在婚配對象的選
擇上，如果祖先有「爾瑪」範圍之外的人，這些男女便被認為是「根根
不好」。相信彼此有共同血源，卻沒有共同的「族源歷史」，這可能是

9　這是指村寨居民心目中舊有的「爾瑪」觀念，而非相當於「羌族」的「爾瑪」。
　　至於相當「羌族」的「爾瑪」，羌族人(特別是知識分子)自然能說出他們的共
　　同來源——也就是各種版本的「羌族史」。

由於究竟那些人是「爾瑪」，在同一村寨中人們都沒有一定的看法；這涉及每一個人不同的知識、記憶與經驗。在「村寨」的人群範疇中，由於人與人間的關係密切，容易形成共同的知識與記憶體系，以及在此體系中個人的類似經驗。然而超出「村寨」之外，每個人的知識、記憶與經驗便有較大的差異。

　　無論如何，在傳統上，「爾瑪」是岷江上游人群以血緣關係凝聚的最大「我群」範疇。因此後來在接觸到「羌族」此一概念後，他們便把「爾瑪」等同於「羌族」。

「爾瑪」與羌族

　　當前無論是在村寨或在城鎮居民中，都普遍存在著「羌族」認同。無論在主觀的自我意識上，或在文化表徵上，羌族都與漢族、藏族有鮮明的區分——截然不同於過去岷江上游地區「爾瑪」與「赤部」、「而」之間，以及北川地區「漢人」與「蠻子」間的模糊區分。羌族認同的形成及其本質，涉及華夏主體與其邊緣之間長期的歷史過程與歷史記憶建構過程，以及相關的文化選擇與創造；這些都將在本書第二部分「歷史篇」，與第三部分「文化篇」中說明。在本節中，我只描述、解釋當前此「民族」認同對各種不同背景羌族的意義，以及羌族的族群邊界——他們心目中羌族與藏、彝、漢之間的區分。

　　現在羌族民眾普遍都以「爾瑪」等同於「羌族」。大多數城鎮羌族知識分子，都以川西漢語方言將這詞唸作「爾瑪」，不論他們原來「鄉談話」中是唸作「日麥」、「瑪」、「莫兒」或「爾昧」。「爾瑪」普遍在各種場合代表羌族，如羌族地區出產的一種酒被取名為「爾瑪酒」，介紹羌族民俗的文獻被題名為「爾瑪風情」。而且，所有羌族人都知道

「爾瑪」的人群地理範圍：南至汶川的綿篪，西至理縣東部與茂縣赤不
蘇，北到松潘的鎮江關、小姓溝一帶，東到北川。至於過去狹隘的「爾
瑪」觀念，則被人們視爲昨日之非。岷江上游羌族如今普遍認爲過去因
知識淺薄，以及交通不發達，所以才以爲「爾瑪」只是一小撮人群。北
川的羌族則認爲，因過去的民族歧視，所以他們都以爲自己是漢人，忘
了或不願承認自己是「爾瑪」。然而許多人也承認，在過去他們沒聽過
「羌族」；老一輩的人仍記得，當年在民族識別時他們的困惑與疑慮。
如一位茂縣永和溝的老人說：「羌族，事實上都是上級他們安的；羌族、
藏族、彝族，我們這些人安不來這些姓名，只曉得莫兒。」以下這位北
川青片鄉上五寨人的一段話，更道出民族識別在基層民間的情形。他說：

> 解放初，茂縣的人登記是羌族，我們很多人都登記藏族。我們
> 還覺得很奇怪；都是一樣的，為什麼他們要登記羌族？我們責
> 怪他們，他們也責怪我們。後來看，羌族還是對的。我們那兒
> 人口普查，有很多這些問題。有人不准登記成羌族，才登記漢
> 族。從前許多人違心變成漢族的，都要有文獻才准登記羌族。
> 還有人說：「以前漢人照著冊子算帳，你們要登記成羌族，要
> 好好考慮考慮喲！」

　　我引這些口述資料，並非爲了說明近代的民族識別不正確；更重要
的，它們說明過去漢、藏之間有一個模糊的族群、文化與認同邊緣。無
論如何，現在羌族民眾都如大夢初醒，知道茂縣、汶川、理縣、北川與
松潘的這些山中人群原來都是「羌族」，而羌族就是「爾瑪」。事實上，
相當於「羌族」的「爾瑪」觀念，並未完全取代過去較狹隘的「爾瑪」
觀念。目前「爾瑪」在人們心中常包含許多不同層次的意涵；那一層次

意涵比較重要，在不同世代，居城與居鄉，以及不同地區的羌族群眾間
都有些差別。即使在一個人的心目中，「爾瑪」也常因當時所處情境不
同，而有各種不同的意義。

　　一般來說，城鎮羌族民眾的「羌民族認同」較村寨民眾的來得強烈。
這自然是由於，在前者的生活環境中，他們有較多機會接觸藏族、漢族
與回族，以及相關的民族知識。由接觸、認識「他族」與民族知識之中，
產生本民族的認同意識。更重要的是，在前面我們曾提及，在城鎮的「少
數民族」資源領域中，競爭者是以「民族」為單位來劃分的；如學校中
藏族學生入學名額多少、羌族名額多少，或政府各部門官員與各種會議
地方代表中藏、羌、漢、回各占多少名額。這也使得特別依賴此資源的
城鎮羌族知識分子，有更強烈的民族認同。以不同世代的人來說，青年
與中年一輩的羌族，比老年人有較強烈的羌族認同。以性別來說，男人
的羌族認同又比女人來得強烈。主要原因是，顯然比起老年人來，新一
世代的羌族所接觸的外在世界與知識較廣；比起女人，男人所接觸的外
在世界與知識也來得廣些。

　　在地域之分上，北川羌族，無論是居城居鄉，可能比其它地區的羌
族更熱衷於強調本民族認同。首先，這是由於北川羌族受漢文化影響比
他處羌族都來得深遠，他們較能嫻熟的掌握、吸收漢文知識，也因此容
易接受藉漢文傳播的民族知識。其次，由漢語文知識中，他們得知過去
本地土著有青片羌、白草羌，後來經明代中國將領何卿血腥鎮壓，及在
民族歧視下，本地居民皆自稱漢人以免遭迫害；這個悲情歷史，使得他
們更珍惜、重視目前得以恢復的少數民族身分[10]。最後，北川與絕大多

10　但我們無法排除，或相當肯定，有不少的北川羌族其父系或父母雙方原來便是
　　漢人，但此「悲情歷史」對他們而言仍是重要的過去。

數羌族所居的阿壩州分屬不同水系，在深度漢化下北川的本土文化盡失，因此北川人可以說處於羌族的邊緣位置。此邊緣位置與相關認同危機，使得北川羌族更需要強調本身的羌族認同。

由口述記憶與相關文獻中，我們知道這樣的羌族認同主要是在1950年代之後才逐漸產生的。許多本地人願將自己登記爲羌族，甚至爭取成爲羌族，無疑歸功於社會主義中國在消除民族歧視上的努力，在經濟、教育各方面對少數民族的優惠政策，以及逐步施行民族自治所帶來的大量公職就業機會。在成爲羌族之後，在民族歷史與文化的鼓舞激勵下，以及在與其他民族的往來關係中，1980年代以來羌族的民族情感與民族認同意識高張。如今人們宣稱自己是羌族，不只是爲了可分享少數民族待遇與資源，也是認同於一個偉大的、可自豪的民族群體。對於如此羌族的特性，他們常由本民族與鄰近其他民族間的區分來表述。

羌族與藏、彝、回、漢之區分

像所有的民族或族群一樣，羌族認同經常由其「族群邊緣」來刻劃、襯托。族群邊緣表現在人們刻意演示的文化表徵上，也表現在人們主觀上對「他族」的描述以及他族與我族區分的看法上。在民族劃分、識別之後，被稱作羌族的人逐漸由民族知識中知道那些地方的人是羌族，也因此知道鄰近那些地方的人不是羌族——他們是藏族、漢族、回族與彝族。這些外族刻劃「羌族」的邊緣。事實上這些異族，特別是藏族與漢族，對他們來說都不是全新的概念。他們將過去的「赤部」、「識別」、「費兒」或「蠻子」、「猼猓子」等概念轉變爲「藏族」，將「而」轉變爲「漢族」。因此，藏族便是上游生活條件差的、好搶奪的、不講求衛生的人群；漢族則是下游占了好地方的、狡猾的、較文明的人群。不同的只是，由於「羌族」(爾瑪)範圍擴大與確立，以「藏族」與「漢族」

來劃定的「羌族」邊緣相對的往外推移。

　　羌族民眾最常流露他們對於緊鄰的漢族、回族與藏族的看法。這經常相當分歧；視當時的狀況，以及視人們的歷史記憶而定。在許多村寨居民的觀念中，有時他們覺得本民族與藏族較接近，與漢族較疏遠。如一位北川青片鄉上五寨的老人說：

> 客邊就是「而」，我們是「莫兒」。漢人跟藏族，一句話，就是羊子不跟狗打伙。「而」狡滑，「莫兒」性格直爽。松潘、黑水的人來跟我們擺條，都比較親切些。

　　這位老人在訪談中一直自稱「藏族」。這是因為，過去他認為被罵成「蠻子」的都是「藏族」，所以他也是藏族。後來在地方民族幹部的解說與協助下，他才將自己改登記為羌族。由於上五寨人以前很受下游「漢人」的歧視，自然他覺得藏族要親切些。

　　一位理縣薛城水塘村的羌族，也認為藏族與羌族較親近。他說：

> 羌族做官的與漢族做官的爭，爭不過他們，文字都被燒了。羌族打戰只會猛衝猛打，沒計劃。把金磚、官印、銀子掛在崖上，紀念以前有印，很富裕。羌族是從草地那逃來的，逃出來幾個，在這兒安家。羌、藏從前是面對面的，對漢族是背對的，所以藏族對羌族好。

　　薛城水塘村羌族所居住的山溝，上游內溝部分便是嘉絨藏族村寨。這兒的羌、藏族多少都會說一些對方的語言。這應是他們認為藏族與羌族是「面對面的」原因之一。

　　部分羌族人認爲藏、羌較接近，是由於他們認爲，相較於漢族而言，藏族、羌族都較笨、直率且落後；藏族、羌族都是老實、落後的「民族」。但相反的，許多羌族民眾又認爲，相較於藏族或彝族而言，本民族是進步的、比較聰明的。從這一角度，他們認爲本民族與藏族、彝族比較遠，而與漢族比較接近。這種進步與落後的區分觀念，最常表現在他們主觀認定的「衛生」程度之上。如一位茂縣雅都人所言：

　　　　羌族挨著漢族近，所以我們比彝族進步。從衛生上，比較衛生、
　　　　比較進步。藏族吃的東西不衛生。彝族跟漢族不接近，所以不
　　　　進步……。

　　羌族人有時覺得他們與藏族接近些，有時又覺得自己與漢族接近些，這也顯示他們的羌、藏、漢等民族概念與區分，來自於過去的「爾瑪」、「赤部」與「而」等人群區分概念。在自稱「爾瑪」時，他們也知道本地人有些「赤部」或「而」的特質，因此被他處人視爲「赤部」、「蠻子」或「而」。這使得他們的認同與區分可以搖擺於漢、藏之間。與此不同的是，他們認爲本民族與回族之間，在文化習俗上幾無任何共通之處。

　　在「共同的起源」上，羌族村寨民眾多認爲他們與藏族、彝族較親近；這是因爲在當前流行的歷史與民族知識下，藏、彝與羌都被認爲是古羌人的後裔。因此羌族的我族中心主義（ethnocentrism），常表現在他們將本民族視爲歷史上一個「廣大羌族」的起源與核心，而藏族、彝族則爲古羌人支裔、邊緣。此主幹與分枝之別，也表現他們心目中羌族優於他族的地位。法國人類學者路易斯・都蒙（Louis Dumont）對印度種姓制度的研究中，已指出此種包涵者與被包涵者（整體與部分）關係所形成

人群階序（hierarchy）現象[11]。

　　「歷史知識」也告訴他們，羌族與漢族有密切關係，因爲他們同是古華夏的一部分。一個北川羌族知識分子說：

> 彝族是羌族的後代、藏族也是羌族的後代。羌族是最古老的民族，以前很強大，後來分成十幾種民族。雲南那的白族、普米、納西、景頗、傈族，都跟羌族同一個祖宗。華夏族就是，華就是漢，夏就是羌，這是歷史學家研究的，華夏就是漢羌。

　　因此同樣的，「歷史」使得羌族可以擺盪於漢、藏（與彝）之間；他們認爲本民族與漢族有很深的歷史淵源，也認爲自身與藏族、彝族原出於一個民族。另一方面，「歷史」也造成羌族與其他民族間的區分。對於人口與地域在少數民族或中華民族中皆微不足道的羌族來說，一個悠久的、偉大的「歷史」是他們認同本民族，以及自我區別於他族的主要社會記憶。

　　至於回族，羌族認爲他們與回族間沒有任何共同的歷史起源關係。

「爾瑪」、漢族與中華民族

　　羌族認爲他們與藏族、彝族較接近而他們與漢族有較大的差別，也是由於在當前國家的民族政策與民族政治中，漢族與少數民族有不同的地位。目前當地的羌族與藏族民眾，普遍以「民族」來稱所有的少數民族，以此相對於「漢族」。因此如今在有些村寨民眾心目中，「爾瑪」

11　Louis Dumont, *Homo Hierarchicus: The Caste System and Its Implications*, complete revised English edition（Chicago: The University of Chicago Press, 1980）, 239-245.

更廣泛的定義便是指所有的「民族」。

　　一位松潘小姓溝的羌族老人，曾對我說一個故事。這故事說，漢人與「民族」分地盤，相約各自在所占的土地上作記號。「民族」結草作記號；漢人則在石上刻字作記號。後來漢人放了一把火，把「民族」作的記號都燒了，只剩石上的刻字。所以好的土地都歸了漢人。他又說：

> 民族都在山包包上，平壩漢族占到了。還有呢，樹子都這樣打疙瘩。漢族怪了，狡滑得很，都是刻字，在石頭上刻字作記號。漢族就是，我們兩個分家就是，燒火。過後一燒，民族那個都燒掉了，沒得根據；漢族那個，這是我的地盤，這是我寫的字。漢族占了平壩，民族占了高山。民族就是羌族。不只是羌族，所有的民族。用羌語講這故事，民族就是「日麥」，在這裡「日麥」包括所有民族。回族不是「日麥」；藏族、彝族都是「日麥」。

　　在此「日麥」（爾瑪）就是「民族」（少數民族），也就是「住在山上的人」。由於回族都住在城中或街市上，因此他不認爲回族是「民族」之一。這位小姓溝老人所說的，漢人有文字，「民族」沒有文字，這便是土著心目中「民族」與漢人的重要區分之一，也是他們心目中「民族」所以弱勢的原因。其他許多西南少數民族中也都有類似的故事。

　　茂縣雅都是最接近黑水的一個羌族鄉。在一位雅都羌族老人記憶中，「爾昧」也曾包括當地所有的非漢人。他對我說：

> 「爾昧」包括得比較多，羌族是「爾昧」，藏族也喊「爾昧」。「爾昧」就是民族；漢人是「而」。彝族說不來我們的話，他

們不是「爾昧」。黑水的也是「爾昧」，就是少數民族。四土
的人是赤部，他們說的話我們不懂。草地的人是識別。北川那
我們一般稱他們「而」，就是漢族。「爾昧」裡面還能分「識
別」和我們。赤不蘇地方的人還是稱「爾昧」。羌族是解放之
後讀書了才知道的；以前凡是不是漢族就是「爾昧」。

有一次，一位松潘小姓溝的年青人跟我說，他在書上看到台灣也有
「日麥」──他指的是台灣原住民。在他心目中，「日麥」作為少數民
族或山上的人之總稱，其範圍可以超越中國大陸。將「爾瑪」擴大為中
國境內所有的少數民族，或包含世界上所有住在山上的人，這樣的觀念
只存在於比較偏遠地區的羌族民眾心中。上面提及的松潘小姓溝與茂縣
雅都，都是最偏遠、邊緣的羌族地區。

最後，在更高的層次上，羌族一般皆自豪於他們是「中國人」或「中
華民族」的一部分。特別是在各種傳播媒體逐漸由城鎮、街市進入村寨
之中後，他們聚集在電視前觀看、討論中國選手在奧運會中的表現，或
坐在火塘邊談論、批評美國的小布希或台灣的李登輝。這些社會記憶，
都強化他們的「中華民族」或「中國人」認同。城中的羌族知識分子尤
其如此──在歷史上，他們自豪於羌族是組成中華民族的古老華夏；在
文化上，他們自豪於羌族為仍保存中國傳統文化的少數民族之一。由於
黃龍、九寨溝的觀光事業帶來許多外國客人，由於電視讓他們接觸到中
國之外的世界，更由於近年來中國對美國、台灣之敵意透過媒體的傳
播，羌族民眾的中華民族或中國人認同意識有逐漸增強的趨勢。

以上便是由家庭、家族、村寨、不同層次的「爾瑪」，以及中華民
族，所構成的當地族群認同與區分體系。這樣的體系事實上不是靜態的，

它因時轉移變遷。譬如,過去的牛腦殼與羊腦殼認同區分概念,目前在大部分的羌族中已消失殆盡。現在的羌族、中華民族等認同,以及相關的各民族區分概念,50年前在當地並不存在,或至少是罕爲人知的。在本書後面的部分,我將探討羌族認同形成的歷史過程,及相關的「歷史」與文化建構;這便是我所稱的「民族化」過程。

在本章的介紹中我們可以看出,本地人「民族化」成爲羌族之前,這兒在族群認同上最顯著的現象便是,孤立的區域性「爾瑪」認同,以及相對應的「一截罵一截」的族群體系。這樣的族群現象,在族群理論研究上,或在「漢化」問題研究上,都有其重要性。

「一截罵一截」的族群體系

在人類學的族群現象研究中,學者們經常提到一種同心圓式的認同結構,以此解釋「視情況而定的族群認同」(situational ethnicity)。這樣的結構,也見於羌族由家庭到「爾瑪」一層層的認同體系。同心圓的核心是「自我」,或本人所屬的最小家庭單位,外圍則是一層層由親而疏的本家族人、本寨人、本村人、本溝人,以及「爾瑪」等等。然而,羌族的例子告訴我們,在某種情況下這個同心圓的最外層邊緣,也就是「族群」的邊緣,可能是模糊的、不確定的。我們可以換個方式來說。人類學者曾指出,「族群自稱」常是最有效的族群認同與族群邊界符記;有共同稱號的爲同一族群,以別於使用不同自稱的人群[12]。這大致是不錯的。但在羌族的例子中,過去在狹隘的「爾瑪」觀念下,人們常不在意

---

12 Michael Moerman, "Ethnic identification in a complex civilization: Who are the Lue?" *American Anthropologist* 67(1965): 1215-1218.

鄰近「他族人」的自稱爲何，或刻意強調我族與鄰近異己的細微差異。

在狹隘的「爾瑪」觀念下，所有上游的村寨人群都是「赤部」或「費兒」，也就是蠻子；所有下游的人群都是「而」，漢人。於是，大致說來，每一溝中的人群都有三種身分——自稱的「爾瑪」、上游人所稱的「漢人」、下游人所稱的「蠻子」。以整個大區域來說，我們看到的便是「一截罵一截」的族群結構。在一個外來者的觀點，這每一「截」的村寨人群在經濟生業、聚落形式、宗教信仰、風俗習慣等各方面，都十分的類似。因此，爲何他們並沒有成爲一個建立在彼此認同上的「民族」，便是一個有趣而值得深究的問題。

首先，雖然彼此有許多相似，然而認爲上游的人群是「蠻子」、下游的人群是「漢人」，這並非只是他們毫無客觀根據的主觀想像。事實上，每一「截」與「截」之間的確有些不同；這些不同，主要是受來自西方、北方的藏傳佛教，以及來自東方、南方的漢文化影響所致。我們暫且以「漢化」與「藏化」來形容這兩種文化傾向。以整個羌族地區來說，「藏化」影響在極西部與北部地區最深，由此向東南方遞減；「漢化」影響則在南方與東方最強，由此向西北遞減[13]。

以山神信仰而言，在西北方松潘小姓溝附近，山神菩薩被列入藏傳佛教階序化菩薩系統之中。由此往東或往南各村寨，藏傳佛教的菩薩逐漸消失，人們只祭拜各級山神菩薩，與「廟子」中的觀音、玉皇、東嶽等漢人神祇。再往東往南，在汶川、理縣等地村寨中，漢人神祇信仰取

---

13 我將「藏化」與「漢化」置於引號中，這是由於，藏化、漢化常被認知爲，習藏人或漢人之語言、文化、服飾因而成爲藏人或漢人的過程。在後面我將說明，文化上完全「漢化」的人群，不一定自稱「漢人」；或者他們自稱爲漢人，但不一定被他人視爲漢人。因此「藏化」與「漢化」在此只是指兩種不同的文化傾向。

代了各級山神,各村寨最多只祭拜一個山神;凝聚較大範圍人群的則是
大小不等的「廟子」。在最東方的北川,則山神信仰完全消失,只有佛、
道的神祇與寺廟[14]。以與藏傳佛教有關的「羊腦殼」與「牛腦殼」認同
來說,這種認同與區分完全不見於阿壩州南部與東部以及北川羌族之
中,卻曾流行於北路、西路羌族之中。

以家族而言,東南方村寨居民都有漢姓,以此人們隸屬於各個家
族,這些漢姓家族沒有「鄉談話」中的家族名稱。往西北方去,或往深
山村寨去,則居民同時屬於一「本土家族」與「漢姓家族」;有漢姓,
也有「鄉談話」中的姓。最西北方的小姓溝,則只存在「本土家族」;
此地居民們沒有漢姓。以凝聚村寨認同的「弟兄祖先故事」來說,在松
潘小姓溝與茂縣北路、西路羌族,及在黑水藏族中,人們記憶裡造成村
寨起源的「弟兄」都沒有名字,也大多不知來源。往南、往東各村寨,
則人們記憶中最早到來的祖先都是有漢姓的「弟兄」。在更漢化的地區
如北川,則許多家族記憶中的起源「弟兄」都來自川西的崇慶、安邑,
或更普遍的,「湖廣」或「湖北麻城孝感」。

以語言的使用來說,黑水地區說「羌語」的村寨人群,目前已被劃
分為藏族,他們也認同於藏族;事實上,他們中許多人也能說嘉絨藏語。
松潘小姓溝的羌族,除了說「鄉談話」(羌語)外,也能說些熱務藏語或
松潘的安多藏語。自此往東、往南,只有高山深溝的羌族村寨是完全使
用「鄉談話」的地方,一般村寨使用的「鄉談話」中夾雜許多漢語。在
更漢化的羌族中,如近主要公路的東路各村寨與北川的羌族,則漢話成
為唯一的日常語言。相反的,雖然大致上所有的羌族都能說漢話,但最
西方與最北方的羌族,如赤不蘇與小姓溝等地羌族,漢話說得較差,口

---

14 有關岷江上游地區村寨人群的宗教信仰,及其地域特性,請參閱本書第九章。

音很重。東南方羌族所說的漢話，便是道地「四川話」了。

在經濟生活上，一般來說，愈往東南的下游地區經濟愈寬，愈往北、往西，則由於高寒所以愈是生活貧苦。所以這兒的人普遍認為，上游的人群又窮、又髒、又兇；下游的人較寬裕但狡猾。對此，我們可以作一個經濟人類學的解釋。在整個岷江上游的羌、藏族地區，愈往東部、南部，漢人主導之市場經濟的影響愈強。因此在社會交換關係上，在村寨內部人們仍基於無私或公平、互惠原則，分配、分享共有資源；此即人類學者所稱的「一般性相互關係」（generalized reciprocity）與「平等互惠關係」（balanced reciprocity）[15]。但在對外的商業交換上，則基於私利原則，以期付出極少得利最多；因此人與人之間你欺我虞——此即所謂的「負面互欺關係」（negative reciprocity）。愈往西、往北去，在各村寨內仍是基於無私或公平、互惠原則的資源分配、分享。然而由於高寒陰冷，資源匱乏，因此對外常進行另一形式的「負面相互關係」——那便是只獲取不用付出的偷盜與搶劫。至於在商業交換上，一方面由於這兒離市場較遠、交通不便，另一方面由於可供交易的資源匱乏，因此較不普遍。即使有，也常因他們不熟悉漢語及交易規則，而常吃虧上當。因此，在岷江上游地區至今許多山中村寨人群仍認為，愈上游的人愈蠻橫，愈下游的人愈狡滑。

由以上說明可知，所有羌族地區的文化差異，都呈現「漢」與「藏」間一截一截的連續過渡變化。這樣的現象，自然是由於長期以來，本地人群處於「漢」、「藏」兩大文化系統之間所致。值得注意的是，過去在岷江上游地區，文化上的「漢化」與「藏化」並沒有造成客觀存在的

15　Marshall Sahlins, *Stone Age Economics*（New York: Aldine Publishing Company, 1972）, 193-196.

「漢民族」與「藏民族」，只造成人們主觀認定的「漢人」與「蠻子」。因此在一地域人群眼裡，本地人群在「漢人」與「蠻子」包圍之中，如此更強化了他們狹隘的「爾瑪」認同。「一截罵一截」的族群體系，就是根植於這樣的社會文化背景中。由於從西北而東南，每一溝、每一村寨都有或多或少的「漢」與「藏」文化因素，因此雖然「藏化」使得一人群被下游村寨人群視爲「蠻子」，而「漢化」因素又使得同一人群被上游人群視爲「漢人」，然而他們都仍自稱「爾瑪」（或瑪、日麥、爾勒滅）。

在北川地區，「漢化」則不僅改變了本土語言、文化與宗教，也影響當地村寨人群的族群身分認同——至少在晚清到20世紀前半葉，當地人可能都已自稱「漢人」了。雖然如此，他們也沒有成爲毫無疑問的「漢人」。因爲，如前所言，下游村落人群仍稱他們爲「蠻子」或「熟蠻子」。這個例子也說明，無論是以祖源、族名與認同感來宣稱一種族群身分，都不一定能毫無疑問的得到此族群身分。成爲族群成員，還需該族群內部人群以失憶與建構新記憶來彼此認同。過去北川「漢」與「非漢人」之間的族群邊界，也顯示傳統華夏邊緣與民族化後的漢族邊緣在本質上的不同——前者是一種模糊的族群邊緣，後者是鮮明的民族邊界。在過去模糊的華夏邊緣中，人們以「蠻子」來污稱同村其他家族或鄰近村落人群，嘲弄他們的「蠻子」習俗，並在日常生活上實踐並誇耀自身的漢文化習俗；這是有漢人認同危機者宣稱及展示漢人身分的一種策略。就是此種鄰近人群間一截截的歧視與誇耀，推動「漢化」過程。

此種傳統的「模糊華夏邊緣」，似乎並非存在於所有華夏周邊，而是在文獻記載中有「生番」、「熟番」之分的地區。或者，反過來說，此種由「漢化」而形成一截罵一截的族群現象，曾使得中國文獻書寫者將這些邊緣人群區別爲「生番」、「熟番」。因此這些有「生番」、「熟

番」之分的地方，也是「漢化」或漢人形成過程發生的關鍵地區。雖然都是「一截罵一截」，然而在北川，被視爲「蠻子」者都自稱「漢人」；在岷江上游，被視爲「蠻子」或「漢人」的都自稱「爾瑪」。它們間的差異，或表現了在此「華夏邊緣」進行的漢化過程之不同階段；倘若如此，若無後來的「羌族化」發展，岷江上游各溝人群終將如1960年代以前北川村寨人群一樣自稱「漢人」。或者，兩者間的差異是地域性經濟與文化生態差異的反映；如此，則即使無後來的「羌族化」，岷江上游各溝人群仍將各自在小區域「爾瑪」認同之中。由一些歷史記載的文化生態現象看來，我傾向於相信後者。在本書歷史篇與文化篇中，我會對此作說明。

　　最後值得注意的是，各溝各寨間的客觀文化差異，並非是造成岷江上游各溝中孤立「爾瑪認同」的主要原因。研究族群現象的人類學者，早已放棄以客觀文化因素異同來定義一個「族群」[16]；羌族的例子支持這樣的看法。文化異同的確有客觀存在，然而人們覺得「那些人的語言、體質、文化與我們的類似」或「那些人的語言、體質、文化與我們不一樣」卻是相當主觀的。這些主觀的看法，以及因之而生的文化選擇、創造、詮釋與演示，才與族群認同有密切關聯。關於此，「民族化」後的羌族文化提供了很好的例証。在過去孤立的「爾瑪」認同中，村寨人群一方面注意他人與本地人間的社會文化（及語言）差異，一方面也刻意表現本地特色以強調差異。相反的，當前在羌族認同下，過去視彼此爲蠻子、漢人的「爾瑪」，如今有意忽略「內部」之語言、文化差異，或共同選擇、創造相同的「羌文化」以凝聚本民族認同。

16　有關人類學族群理論的發展，請參考拙著，《華夏邊緣——歷史記憶與族群認同》（台北：允晨文化公司，1997），第一章，頁23-40。

　　岷江上游地區過去此種一截罵一截的族群體系，在族群認同研究上
對我們有更重要的啓示。過去族群研究的重點，曾在於各族群或民族間
的資源競爭與分享關係，或相關的，族群邊界之維持與變遷[17]。而後，
學者們也注意到在族群或民族認同下，被隱藏、利用或轉移之階級、性
別、地域等人群認同與區分[18]。無論如何，這些研究中所討論的，似乎
皆是被明確分類的社會群體，而多少皆忽略了挑動或產生族群情緒與情
感的本土情境（local context）。在此，「本土情境」並非指造成族群區分
的資源環境、政治背景、遷徙殖民等等，而是指上述背景所造成之微觀
的個人日常生活經驗、人際關係往來，以及相關行爲與表徵。在此情境
中，人們認同與區分的是身邊親近的「同胞」與「異己」，而認同與區
分的邊緣可能是相當模糊的。如，對過去各個溝內孤立的「爾瑪」來說，
有敵意或危險的「漢人」或「蠻子」可能就近在身邊。進一步探討此種
孤立的「爾瑪」認同，我們必需脫離「結構」的層次，而探討個人日常
生活中的愛憎情感，以及基於此情感的行爲實踐（practice）。以及，個人
的情感與行爲如何受社會（特別是認同結構）的影響，同時也形成、塑造
或改變社會的認同結構。這便是下一章的主題。

17　Fredrik Barth ed., *Ethnic Groups and Boundaries*（London: George Allen & Unwin,
　　1969）; Leo A. Despres, *Ethnicity and Resource Competition in Plural Societies*（Paris:
　　Mouton Publishers, 1975）; John Rex, *Race Relations in Sociological Theory*, second
　　edition（London: Routledge & Kegan Paul, 1983）; Anya Peterson Royce, *Ethnic
　　Identity: Strategies of Diversity*（Bloomington: Indiana University Press, 1982）.

18　Christopher McAll, *Class, Ethnicity, and Social Inequality*（London: Mc Gill-Queen's
　　University Press, 1990）; Partha Chatterjee, *The Nation and Its Fragments*（Princeton:
　　Princeton University Press, 1993）.

第四章

結構下的情感與行為

由前面的描述分析中我們知道，生活在此青藏高原東緣山區的人們，結爲各種的血緣或擬血緣「族群」。每一種人類「族群」之間，如家庭與家庭、家族與家族間，以及村寨與村寨，溝與溝的住民之間，在資源劃分上都界線分明。匱乏，無論是生計上或是心理上的資源匱乏，以及因此造成的資源劃分與競爭，是許多社會認同與區分的主要背景。在這樣的認同與區分下，最值得我們注意的便是上一章中所提及的，岷江上游各溝之間「一截罵一截」的族群體系。在一條溝的小世界中，人們以「爾瑪」認同爲核心，以上、下游的「蠻子」與「漢人」爲我族邊緣。這現象在岷江支流的黑水河流域尤爲明顯。

在這一章中，我將更深入的分析此族群體系中人們的情感、愛憎與行爲。首先必須說明的是，在羌族認同普遍被接受之後，各溝之間「一截罵一截」的族群體系基本上在逐漸改變之中。因此，在本章中我所分析的岷江上游社會，主要是20世紀上半葉的情形；我引用此一時期的文獻資料，以及訪問一些村寨中的老人，來重建這一段過去。由於有些自然與人類生態並未改變，因而與此族群體系相關的一些傳說、習俗與觀念，至今仍保存在村寨居民之言談與行爲之中。其次，我之所以重建這個「過去」是因爲，一方面它可以突顯本地區在「民族化」之後族群關

係的轉變；另一方面，這「過去」中的一些現象，忠實且清晰的反映人類在「族群」生活中的愛憎、恐懼、仇恨與暴力的根源。以此而言，本章不只是分析「過去」與「他者」，也藉此了解「現在」與「我們」。

村寨生活中的「我族」與「他族」

在上一章中，我曾描述村寨民眾的「爾瑪」概念。在他們心目中，「爾瑪」不是「赤部」，也不是「而」。岷江上游村寨中的老一輩人常認爲，「赤部」是吃生肉、酥油的蠻子，是野蠻、不講理而好搶劫的人，是拜喇嘛的人、漢話說不好的人；更重要的是，他們髒、亂搞性關係（特別是女人）。在另一方面，人們也認爲，相較於「而」與「爾瑪」來說，「赤部」比較笨。「而」便是漢人。村寨中老年人認爲，漢人聰明、狡滑、心眼壞、好吃懶作。漢人女子也不規矩，但整體來說漢人比較有文化。如此，介於「赤部」與「而」之間的「爾瑪」，便自認爲是老實、有點笨，但又不像「赤部」那麼笨的人，是講究衛生且不亂搞性關係的人，是說「鄉談話」也能說「漢話」的人。

他們過去對「蠻子」與「漢人」的反感或恐懼，來自於活生生的日常經驗。據當地民眾說，過去（1949之前）治安很不好。上游經濟條件較差的村寨居民，也就是他們心目中的「赤部」、「費兒」、「猼猓子」或「蠻子」，時常結夥到下游村寨偷盜牛羊，甚至公然攔路搶奪殺人。1928年，中央研究院歷史語言研究所的黎光明先生到川康一帶作民俗調查。在調查報告中，他對松潘的「猼猓子」有一段生動的描述：

> 嗜好搶劫是猼猓子遭厭怕的最大原因。他們搶劫的目標第一當然是漢人，其次是西番與雜谷民族；但他們自己也互相搶劫。

在他們的區域內，幾乎每個成年男子都能以搶劫為副業。他們常常在挖地的時候，砍柴的時候，或是打獵的時候，只要有目標發現，就順便搶劫起來……。間或他們也三五成群攜帶武器，離開本土，出外行劫……。但是西番有時穿著氆衫短褲，利用猀猓子的招牌到處行劫的也不少。

下游較漢化村寨中有些地霸、無賴，勾結亂軍、漢匪、幫會，也經常在沿河壩的地區勒索搶劫或強姦婦女。清末以來引進鴉片種植，更使得治安惡化，地方政府完全無力維持秩序[1]。溝中村寨民眾，常需外出到鄰近的街市、城鎮作小買賣。經常是，一走出溝，便被下游村寨或街市居民罵作「蠻子」。在與這些地方的人交易時，「裡頭出來的人」經常吃虧上當。因此對他們而言，無論是外來的漢人商賈，或是鄰近村寨的「漢人」，都是些狡詐的人。然而，欺騙、偷竊、強奪之所以在這地區如此普遍，也因為資源匱乏。

這樣的自然、經濟與社會環境，造成溝中村寨民眾對外界的恐懼與敵意。對外界的疑懼與防範，表現在許多方面。譬如，從村寨的聚落型態來看，在半山或高山上數十到上百座石砌的房子緊密的聯成一片，中間只有狹窄的通道，這便是羌族與鄰近藏族村寨的一般形式。村寨內，屋牆上只有很小的窗子，外面開口小，裡面開口大，如此便於防禦且能得到較多的光線。寨中建有高大聳立如煙囪的碉樓，有時高達30公尺，作為瞭望與防衛之用。此種聚落與房屋構築型態，也說明了過去此地人

1　前述黎光明以生命為此作了另一見證。1946年他在靖化（金川）縣長任內，設計鏟除盤據當地的袍哥首領杜鐵樵。當晚袍哥黨羽便包圍縣府，黎被亂刀殺害並曝屍數日。事見阿壩藏族羌族自治州阿壩州志編纂委員會編，《阿壩州志》（成都：民族出版社，1994），頁2604-2605。

群經常以暴力相侵伐。在上一章，我所引的當今羌族的口述記錄，有些也流露他們記憶中過去的暴力，以及人們對此暴力世界的恐懼。

溝中居民對外在世界的恐懼與因此造成的孤立，也導致各溝在語言與文化上的分歧。在此地區，經常隔匹大山的鄰近兩條溝，溝中民眾所說的「鄉談話」不同；有時在同一溝中，陰山面與陽山面的人，上寨與下寨居民間，所說的也有或多或少的不同。各溝、各村寨的宗教信仰與年節習俗，以及婦女的穿著等等，也都有些差異。因此他們常說，本地是「三里不同腔，五里不同俗」。「區分」（distinction）在此是一個重要的社會機制；它並不只是文化表徵上的客觀存在現象，也是人們主觀上藉由各種文化表徵與儀式所強調的區分。村寨民眾以種種方式來表達「我們的習俗或特點」，並批評、描述「他們的習俗與特點」，以表達我群認同及「我們」與「他們」間的區分。「區分」可以是具體可被觀察的現象，如送葬時棺木在前行或在後跟隨，或過年期間每一日的特殊風俗與儀式，或婦女衣飾上的細微差別。也可以如「我們較常洗澡，他們不常洗澡」，「他們愛整衣服，吃得卻像豬一樣」等較主觀的看法。無論如何，他們都經常談論「我群」與「他群」的不同，也經常刻意實踐、表現這些不同。

過去在當地的族群關係中，被上游人群視爲「漢人」，對於大多數的「爾瑪」而言，不算是什麼了不起的事。無論如何，他們自豪於自己漢話說得好，也知道本地廟子裡拜的是漢人的菩薩。相反的，由於清末或更早以來，當地村寨民眾多少都接受了一些漢人中心主義下的文化價值，他們對於被視爲「蠻子」感到非常痛心與恥辱。所以一方面他們罵上游村寨人群爲蠻子，說他們偷人、搶人、髒、淫亂，另一方面則強調自身的清潔與純淨。更重要的是，「不亂搞性關係」被認爲是本族群的重要道德特色。他們說，一個男人絕不應該在異性面前說粗口（髒話）或

放屁；只有男人在一起時可以，有女人在時絕對不能。如果不小心犯了，他們說，「羞都可以把你羞死」。女人更應避免在都是男人的場合逗留。女人的言行更保守，甚至直視男子都被認爲是不應該的。

在這樣一個對「外人」的觀念下，值得注意的是，被認爲髒、淫亂的「蠻子」並不只是遠方某一特定異族，而是由鄰近村寨開始向外開展層層相扣的人群——由可能受蠻子血統或習俗污染的鄰人、鄰近村寨的人，直到西方毫無疑問的「蠻子」黑水人，以及蠻子中的最兇殘的「獚子」，黑水知木林一帶的小黑水人。這自然是「一截罵一截」族群體系下的一些現象，但它或也反映人類「族群認同」中較隱晦的一面。

村寨中的鄰人與女人

「族群」認同常讓我們忽略人類社會其它的「區分」，如性別、階級、世代、地域間的區分。值得注意的是，這些社會認同與區分，常與「族群」之認同與區分糾結在一起。「族群」認同與區分，常以性別、階級與地域群體之階序差別爲隱喻，以映照「我族」與「異族」間的優劣區分。在強化「我族」與「異族」的區分中，同時也強化並遮掩群體內部性別、階級與地域人群間的不平等。我們在岷江上游社會中，可以很清楚的觀察到這現象。過去在本地村寨社會中，不存在嚴重的社會階級區分，但性別以及各有領域之家庭、家族與村寨居民之區分，則是很明顯的。以下我將說明，這些社會區分與「爾瑪」族群區分間的微妙關係。

首先，我們來看村寨裡的各家庭、家族與寨子。鄰近的寨子間，或同寨中不同家族、家庭間，存在著緊張的對抗關係。雖然在一條溝中，人們經常宣稱各寨民眾的祖先有「弟兄關係」，但「弟兄關係」中所蘊

含的一方面是人群間的聯合，另一方面則是人群間的競爭與對抗（詳見本書第七章）。因為鄰近寨子間的草場、田地與林子相銜接，因為鄰近村寨各自有山神菩薩也有聯合的廟會或山神祭祀，因為鄰近村寨各家戶間有婚姻關係，因此或為了爭地盤，或為了在山神會或廟會中各自誇耀勢力，或為了兒女婚姻與家庭糾紛，鄰近村寨間經常存在著緊張與敵對關係。雖然很少引起嚴重的暴力，但這卻是更普遍的、透過多種文化與生活細節來表達的人群間衝突。有一次，在小姓溝埃期村，我與二組的朋友將要去參加半公里外一組的一項婚禮。下午兩點多時，二組的小伙子們告訴我，他們決定不去了。因為他們原先想舞獅，為鄰村朋友的婚禮熱鬧一下。但對方傳話來說，擔心二組的獅子會分食一組舞獅者可能得到的賞金。這些憤憤不平及不愉快的氣氛，一直延續到傍晚，後來便自然消解。晚上所有二組的小伙子們都過去鄰村喝酒、跳舞。

在我們的認同與區分經驗中，我們能很清楚的辨別「家族」、「地域」與「族群」等認同。我們屬於王姓家族或李姓家族，我們是台北人或成都人，我們是「外省人」或「客家人」。通常我們都不會將親屬、同宗、鄰里、同鄉等人群認同，與民族或族群認同相混淆。我們不會說，我們王家這民族，或我們台北人這民族。甚至我們有時還分得清民族與族群，因此我們不說「外省人這民族」。然而，在許多羌族村寨居民的觀念中卻非如此。我舉個例子。我先前曾提到茂縣黑虎的「黑虎五族」。五族中的「藹紫關」又分三個小隊；其中的二小隊中，又有王氏寨、白石寨、和尚村、上村、板凳寨等。以下是一位王氏寨的人對「民族」的看法：

> 我們高頭叫王氏寨，也是我們藹紫關的主要民族。所以說，王
> 氏寨也就是，藹紫關取的名字。也就是過去，端公村、和尚村、

白石村；我們王氏寨就是藹紫關，總稱。王氏寨這一族，王家
人原來很多，原有二十四家人：「板得甲」為首十二家，「北
雜」十二家人──挨到王氏寨的，他們也姓王。他們很早以前，
四、五代以前都是一個族。一個氏族，就像兩弟兄分家一樣。
這個族，是藹紫關這個村的主要民族……。這邊十二家，那邊
十二家，一家一家的病，二十四家人病死得只剩兩家。一邊剩
一家，我們「板得甲」剩一家。最後這兩家人生活比較腦火（按：
腦火，困難之意）；我們還剩一家，那邊只剩一個獨根。我們就把
「北雜」那一家，現在還在，把他喊來……一起住。這個族，
在藹紫關主要是他們。

　　我們可以細細體會這一段口述。在這段口述中，可能讓我們感到訝
異的是，這個只有兩家人的人群也自認為是一個「族」，或自稱是「藹
紫關」的主要「民族」。這並非由於這位黑虎老人的「漢話」說不好；
在他父祖那一輩時，許多人便能說漢話，甚至已能讀漢文古籍了。我們
該思考的是，我們的「訝異」從何而來？
　　社會環境不同，造成兩個不同的認知體系差距，也因此讓我們在接
觸異文化概念時有如此訝異。我們所處的社會，與所有「文明的」人類
社會一樣，基於不同的利益考慮，來建立各種社會認同與區分。也與所
有人類社會一樣，血緣連繫，無論是真實或是虛構的，是凝聚群體最有
力的因素。然而在我們的社會中，各次群體的血緣、空間與資源分享關
係，經常缺乏一致的遠近親疏邏輯。「鄰人」指與我們居住空間相近，
但與我們不必有血緣關係，也不必然有緊密的資源分享與競爭關係的人
群。「同鄉」指與我們有共同地理起源的人群，但缺乏血緣關係以及資
源分配、分享關係；雖然，「鄰人」與「同鄉」關係，都可能被強化以

追求個人或群體之利益。在中國傳統農村社會中,「家族」成員則是在血緣、居住空間與資源上關係皆密切的人群。

在超乎家族的「族群」(ethnic group)或「民族」(ethnos)認同中,我們也想像廣大地域中的一群人,在血緣、空間與資源分享關係上皆有密切關係;「他族」便是在血緣、空間與資源分享關係上,皆較「我族」成員距離較遠的人群。由此可見族群認同(ethnic identity)與情感,模擬「家庭」或「家族」此親屬群體的認同與情感。由此亦可見在我們的觀念中,「本民族的人」與「鄰人」、「同鄉」、「家族」群體間爲何有區分——這主要是由於,我們處在一個家族成員經常不共居的社會,一個人們經常移動的社會,這也是將「擬血緣關係」與「國家」結合在一起形成「國族認同」的社會。更重要的,這是以文字歷史記憶刻劃各種認同與區分的社會。

然而,許多岷江上游深溝中的村寨社會,在過去,一村寨中的男性成員生於斯、長於斯,不常遷離村寨。解釋本地人由來的「弟兄祖先故事」,也傾向於「遺忘」所有的遷徙。在村寨中,血緣關係密切的家庭或家族成員,在居住空間上也較接近;他們共有特定的家族山林資源,因此他們也有較密切的資源競爭與分享關係。往上一層,同寨之人在居住空間上較家族成員間之距離遠,彼此的血緣關係也較家族成員間之血緣疏;在資源分配、共享關係上,同寨居民間的關係也不如家族內緊密。再往上層,同處一溝的「爾瑪」各村寨民眾,也認爲彼此有血緣、空間與資源共享關係,但同溝人的這些關係,又要比村寨內各次群體間的關係來得疏遠。也就是說,家庭、家族、村寨的人、爾瑪,都是在同一血緣、地緣與資源分享邏輯之下集結而成的大小不等人群。血緣愈接近的人群,他們的空間距離也愈近,資源競爭與分享關係也愈密切。這便是爲何,當他們由漢語中習得「族」或「民族」這樣有「共祖群體」意涵

之名詞時，他們將之用來指稱所有家族、村寨、爾瑪乃至於中華民族等
人群。同樣的原因，使得他們常以結構性的「弟兄祖先故事」，來解釋
由家族到民族等各不同層次「族群」的由來。因為「族」的概念可由「爾
瑪」延續到「家族」，所以「一截罵一截」的族群體系便不只是在各個
「爾瑪」之間，也存在於「爾瑪」之內。在這樣的認同與區分體系中，
所謂的「外族人」可能就是他們數十公尺外的鄰居。但這並不表示他們
比「文明社會的人」更敵視鄰人；我們都對「親近的外人」多少有些敵
意。

　　至於性別區分與族群區分間的關係，前面說到村寨民眾心目中的
「蠻子」時，我曾提及，這兒的人們常認為「蠻子」髒、亂搞性關係；
相反的，「爾瑪」便是純淨的人。這樣的觀念，影響並反映在村寨男人
心目中「女人」的某些負面隱喻上。

　　岷江上游村寨中的家庭與家族，是以男性成員為核心主體的「族
群」。這樣的「族群」，是一個個孤立在「他者」之間的人群。成員們
相信彼此有同一根根（血緣），並遵守不內婚的原則。因此女人，無論是
由外面嫁來的，或將要嫁到外面去的，在某種意義上來說都是「外人」。
在這地區一個流行的嫁娶模式是，女人往經濟情況較好的下游村寨或溝
嫁出去；同時，這也是為了避免「下嫁」到可能有「蠻子根根」的地方。
於是許多女人不只來自「外地」，經常還是來自上游或生活條件較差的
鄰近村寨。由於在主觀上他們認為，愈上游地區的人群愈野蠻、不講衛
生，任何由外地特別是上游地區或生活條件較差的鄰近村寨嫁來的女
人，都被認為可能沾染了「蠻子」的血統或習俗。也因此，在孤立的村
寨人群認同中，她們被認為是不潔的。當地有一句罵人的俗語，「蠻娘
漢老子」，便反映了這個嫁娶模式，及人們主觀上對這些由外嫁來的女
性之憂慮與懷疑。

　　顯然，由於民眾的「我族」（家族、村寨或溝中的族群）認同，女人成為深恐「我族」血統被「蠻子」污染的代罪羔羊。在岷江上游與鄰近地區村寨中，婦女常被視為不潔與惡魔的徵象[2]。如一位北川羌族所言：

> 1950年代以前包括初期，我們那還有信那個以白為善，以黑為惡，以紅為喜，以藍為天。男的可以包白帕子，女的就只能包黑帕子；就是，女的是惡魔轉來的。

　　在岷江上游，在祭神樹林或祭山的儀式中，女性都不能上山參加活動，因為怕「汙」了神明。一些流行於羌族地區的神話中，也將海子（高山湖池）之遷移，歸因於被某個女人汙了。女子身上所繫的繡花腰帶，被認為是可以消解女人身上的毒與魔的神聖物件。在一個家庭、家族或寨子裡，人們常認為由外面嫁入的女人，可能為本寨或本家帶來血統或習俗上的污染。因此在結親的談判過程中，對方的「根根好不好」是男女雙方最關懷的事。而吹噓自己根根好的人，主要是雙方的「舅舅」。一位小黑水知木林的老人曾告訴我，過去在談婚事時舅舅的地位，以及舅舅該說的一些話。他說：

---

2 人們認為女人「不潔」，其理由是多樣性的；在不同地區，女人的不潔或有不同的解釋。譬如，在接近城鎮較漢化的地區，女人的不潔經常與生產與經血聯繫在一起；當地女人在各種日常生活與祭祀儀式上的禁忌，與川西漢人之習俗沒有太大差別。有關漢人社會中女人——父系家族中的外來者與潛在破壞者——與不潔、污染、鬼的關聯，學者們已有很好的研究。見Emily M. Ahern, " The Power and Pollution of Chinese Women," in Margery Wolf and Roxane Witke ed, *Women in Chinese Society*（Stanford: Stanford University Press, 1975）, 269-291; Robert P. Weller, "Bandits, Beggars, and Ghosts: The Failure of State Control Over Religious Interpretation in Taiwan," *American Ethnologist* 112（1985）: 46-61.

結婚的時候說，主要是舅舅，他帶的東西最多，他也最有權說話，別人沒權說。如我是掌門人，舅舅，來的人態度不好，我就發脾氣。如果舅舅發了脾氣，什麼都弄不好，還要打架。上去我不是「識別」（按：指草地藏族）的根子，沒有「識別」的味道。下去不是漢族。我是「爾勒滅」，是神龕上的名字那個根根。下去成都皇帝的簿子上有我的名字，上去「識別」草地頭人那也有我的刻刻……。舅舅還要吹自己多富裕。養的豬看不到腎臟，油太多了；庄稼後的石頭椿椿都看不到。沒有回敬是狗，沒有回話是啞巴，所以今天我要說兩句。就是這樣，語言說的很深沉。

黑水瓦缽樑子的老人也說，當地談婚事很重「根根」：

比如說一般訂婚，男方的人到女方，雙方就擺（按：談天或吹噓之意），我們的根根好，你不相信可以去寨子問。現在還是這樣。根根好，就是實實在在的本地人。以前是幫人的、上門的（按：入贅的人）、討口的（按：乞丐）就不好。老年人還是喜歡講這些。外面來安家的也不好。還有本地的放有毒藥的「德識格別」也不好。放毒的與毒藥貓是一回事。遇到了，吃了飯要著（按：遭殃之意）。像這樣的家，女子都沒人要，只有嫁遠一點。

由「舅舅」來吹噓自家的「根根好」，也可看出他們認為家族血統純淨之最大威脅，主要來自於外面嫁入的女人（母親、妻子與媳婦）。雖然同村幾個寨子常宣稱是「幾弟兄」的後代。然而，即使在同一寨子內人們仍經常談論誰家的根子純淨，誰家有「蠻子」的根根，也就是以純

淨與污穢來區分我群與他群。

在如此的社會文化下，以及在漢人鄙夷「蠻子亂搞性關係」之族群歧視下，女人成爲男人主觀建構的「性潔癖」與「根根乾淨」的潛在威脅。性方面的純潔，謹守倫理與男女之防，則爲廣義「潔淨」的代表；潔淨與不潔成爲「我們」（本家族、本寨、爾瑪）與「他們」（外來的人、蠻子）間的重要分野。這說明了爲何區分我群與他群的「潔淨」與「污穢」，往往與女人或性的潔與不潔相關。然而這並不是過去「爾瑪」社會中的特異風俗。由於女人在人類社會中普遍的邊緣地位，因而在族群中心主義之下，「女人」於各種隱喻中（如弱者、污穢者、攀附依賴者）被用來影射「異族」的例子比比皆是。

人類社會中的「區分」尚不只如此。每一「個人」都是孤立的個體，而與他人有所區分。孤立的個體，在現實社會生活中的含意便是：一方面每一個人都是自利的、自我防範的，另一方面爲了應付資源競爭的需要與外界之侵害，個人又必須與他人結爲群體，以克服孤立帶來之不利與恐懼。因此對個人而言，「區分」是一種生物性的、心理的也是社會的邊界維持。維持此一層層的邊界，以期身體不受病害、外力侵害，以期家庭、寨子、村子不受鄰人或外敵侵犯。「區分」也爲了強化或凝聚一個族群內部「身體」；超過個人生物性的身體邊界之外，人們仍想像在社會邊界內的「本族群」爲一個有共同「身體」的群體。這種族群身體想像，一方面表現在將「族群」擬人化，一方面表現於族群成員的共同血緣想像。

在人們生活的自然與社會環境中，許多可預期與不可預期的災難與外敵，經常侵犯這些一層層的「身體」。然而對個人來說，他（她）並不經常能，或願意，理性分辨外在威脅與敵意是在那一層「邊界」之外。因此與鄰人的矛盾與仇恨，可能轉嫁到遠方的「異族」身上；個人身體

的不適，也可能因此遷怒於親近的家人。而所有敵意與仇恨的轉嫁、遷怒，有強化一層層「邊界」以凝聚「身體」的功能。為了凝聚群體，對遠方「異己」的仇恨，或對外來災難與敵人之恐懼，可能轉嫁於鄰近「異己」身上；或相反的，與群體中鄰近的「異己」之磨擦衝突，可能轉化為對遠方「異己」的憎厭。如此，遠方經驗與鄰近經驗相互援引增長。而為了不使群體因內部的相互仇恨、猜忌而潰散，被遷怒、怪罪的內部異己，常只是群體中部分的人——所謂的「代罪羔羊」。

社會規範、污穢與代罪羔羊

人類群體間被選擇、創造或被想像的「族群邊界」，以及因此造成的相互歧視、敵意與暴力，是許多社會科學的「族群」(ethnic group)或「國族」(nation)研究重要課題。有些國族與族群現象研究者，已注意到國族或族群關係中隱含的性別、階級及各種擬血緣次群體間的區分[3]。

在歐美學界另有一個研究傳統，那便是對較小的社會群體內，或較親近人群間的敵對、衝突與相關「邊界」之研究。1960年代，伊里亞斯(Norbert Elias)已注意到一種普遍的人群對抗與衝突模式：非常相似或親近的兩個群體，一方認為自身是本地人(established)，而認為另一群體為外來者(outsiders)。本地人常強調某些當地文化或生活習俗上的「規範」(norms)，並認為這是外人所缺並難以模仿的。由於外來者是此種「規範」的潛在破壞者，因而本地人又認為他們是污穢不潔的[4]。他在

---

3 Partha Chatterjee, *The Nation and Its Fragments: Colonial and Postcolonial Histories* (Princeton: Princeton University Press, 1993).

4 Norbert Elias, *The Established and the Outsiders: A Sociological Enquiry into Community Problems* (1965; London: SAGE Publications, 1994).

一個相對而言相當小，而人群間同質性高的社區中作這樣的研究，因而能夠在人類社會分群上有此獨到的見解。這種劃分非常相近人群間的「規範」，在博爾都(Pierre Bourdieu)對人類社會分群的研究中有更進一步探討。他對於社會「品味」(taste)的研究，更讓我們了解這種作爲人類社會分群邊界的「規範」特質，及其如何形成與被操弄。他指出，社會認同建立在「區分」(distinction)之上，而透過創造、操弄生活品味的「區分」，一個人群藉以敵視最親近也因此最有威脅的另一群體[5]。

　　吉哈德(René Girard)的「模仿慾望」(minetic desire)與「魔性替身」(monstrous double)之說[6]，更深入說明此種非常相似的或親近人群間的相互模仿與敵對。更重要的是，他指出，此種親近人群內部的緊張關係，使得在社會騷亂時一個或少數社會邊緣人成爲「代罪羔羊」，以消除社會緊張並凝聚人群；此即爲他的「代罪羔羊理論」[7]。這種親近群體內的衝突與緊張關係，以及「代罪羔羊」現象，在許多社會文化中的「家族」群體裡最能顯現出來。譬如，人類學者道格拉斯(Marry Douglas)在有關污染與女性社會角色的研究中也曾指出，在以男性爲家族主體的

5　Pierre Bourdieu, *Distinction: A Social Critique of the Judgement of Taste*, trans. by Richard Nice (1979; London: Routledge & Kegan Paul, 1984).

6　對 minetic desire 與 monstrous double，以及 Pierre Bourdieu 所稱的 distinction 或 Norbert Elias 所稱的 established and outsiders，我舉一個中國的例子說明。在中古以來的中國士大夫傳統，強調文人生活品味與對文人用具的雅玩。這是由於在宋代及此後，新興商業家族躋身城市上層社會之中。他們蓋豪宅、購置典雅傢具，甚至玩古董字畫，以完全模仿傳統的士大夫生活；此即 minetic desire。而士大夫(舊士族)對這些新暴發戶，外來者或 monstrous double 的排斥，便表現在玩弄、定義「品味」上。他們在著述中描述一些難以捉摸的生活品味，並傳述一些笑話以嘲弄暴發戶沒有品味，或譏諷商人「污染」文人生活格調。藉此，文人士大夫強化一個社會階級難以穿透的「邊緣」。

7　René Girard, *Violence and the Sacred*, trans. by Patrick Gregory(Baltimore: The Johns Hopkins University Press, 1977).

社會中，由於嫁入的女人破壞男性家族之內外「邊界」，因而被認為是「污染的」[8]。這也說明了，如在中國社會中，女人在許多信仰與儀式裡都被認為是「污穢的」，以及，為何在家族糾紛中媳婦常成為「代罪羔羊」。

　　雖然以上學者所研究的人群「區分」，有些是小鎮中的老居民與新居民的區分，有些是同一地各社會階層人群間的區分，有些是家庭或家族中核心（男性）與邊緣（女性）的區分，但這種親近人群間的敵對模式，常被擴大而見於人群間的種族或族群關係之中。我認為，對於研究族群或民族現象的學者，這一類的研究有可借鏡之處。相反的，族群研究者對於族群衝突、對立的研究成果，對於思考親近社會群體間之區分問題也有相當助益。

　　譬如，以上我所描述的村寨居民心目中對「族」或「民族」的概念，以及他們與「外族」之區分，都顯示所謂「異族」不只是遠方某一特定人群，而是由鄰近家族、村寨開始，向外開展、層層相扣的人群。這也說明為何人們對鄰近或親近人群的猜疑與敵意，經常與他們對遠方「異類」的猜疑與敵意互為表裡。此種猜疑與敵意，使得人們覺得個人與群體「身體」需要保護——防範污穢、不潔經由各種媒體侵犯此「身體」。而群體中的「外人」或邊緣人，如女人，則常被認為是帶來不潔、不幸的媒介。在岷江上游各溝各村寨中，以細微的差異來造成人群的區隔，明確的表達在語言、服飾與其他文化與生活習俗之上。外來女性在語言、服飾與生活細節上，破壞、污染本地人的「規範」；她所來自的群體——母舅家，同時也是鄰近另一家族——常試圖干涉、改變本地人的「規範」。

8　Mary Douglas, *Purity and Danger: An Analysis of Concepts of Pollution and Taboo*（London: Routledge & Kegan Paul, 1966）.

如此在本地人群中造成一種潛在的威脅與緊張。此種親近之人所帶來的
污染威脅，與他們所感受遠方「蠻子」、「漢人」所帶來的污染威脅，
常相互增長。因此在傳述「神話」、「歷史」與人們的「過去經驗」中，
人們常將女性異類化、帶罪化或污化，以表達對一層層外在世界的敵意
與恐懼。特別是，在岷江上游村寨社會中，性關係的、道德的與身體的
潔淨是一個重要社會規範，以劃分我群與「蠻子」、「漢人」。而女人，
特別是年輕貌美的女人，常被眾人認爲是村寨中此種規範的潛在破壞
者，因此她們被認爲是有毒的、污染的。在岷江上游各村寨中，這種女
人被稱作「毒藥貓」。

　　以下我將由流行於岷江上游的「毒藥貓」傳說，來說明村寨民眾如
何以少數女人爲「代罪羔羊」，以消除社會內部騷亂，發舒對外在敵人
的恐懼與憎厭，並因此強化群體認同。

岷江上游村寨中的毒藥貓

　　在岷江上游村寨中，普遍流傳「毒藥貓」的說法。在民眾的心目
中，「毒藥貓」是一種會變化及害人的人，幾乎都是女人。她們或變成
動物害人，或以指甲施毒害人。受害者則是村寨中的小孩或男人。一個
村寨中，那個人或那些人是「毒藥貓」，這是人人皆知的事。如今許多
老年人都認爲，過去村寨中毒藥貓多，現在已少了；或者說過去毒藥貓
較兇，現在的毒藥貓毒性較輕。因此，目前在許多村寨中「毒藥貓」只
是過去的傳說，雖然它仍在某種程度上影響人們的感情與行爲。但在過
去每個寨子都有「毒藥貓」的時候，這便不只是一個故事或神話，而是
人們日常生活中普遍的經驗、記憶，因此也深深影響村寨內外人群的互
動關係。

　　無論如何，人們常將村寨中一些莫知來由的疾疫與意外災難，歸罪於毒藥貓。對毒藥貓的恐懼，使得家或寨子到了夜間成爲人們尋求保護的城壘；沒有絕對必要，人們都不願在夜間離開家中或寨子。毒藥貓女人又被認爲是有毒、污穢與淫亂的。因此對於講求道德與血緣「純淨」的村寨男人來說，這些毒藥貓女人除了可怕之外，也是險惡可憎的。雖然人們畏懼、厭惡毒藥貓，但他們又認爲「無毒不成寨」——寨子裡沒有毒藥貓也不好。

　　根據一般說法，毒藥貓白天與常人無異，到了晚上軀體睡在家中，靈魂就變成某種動物四出害人。據說，每個毒藥貓都有一個小口袋，裡面裝有各種動物的毛。當晚上毒藥貓要出去害人時，就把手伸到口袋裡，摸到什麼動物的毛她就變成那動物。然後，將走夜路的人嚇得摔到懸崖下面去。以下是茂縣赤不蘇一位中年人所說的一段村寨往事。

　　　我們寨子有一家，在大集體時有兩個人，要去開會。寨子上有
　　　個毒藥貓王子，變一個白馬，跟寨子上一匹白馬一樣的。這兩
　　　個人，一個膽小，一個膽大。他們覺得有白馬跟著，知道是毒
　　　藥貓。膽大的就說：「我躲在石包包（按：突出的岩石）這兒，你
　　　去把牠吆上來。」結果馬一過來，躲在坎子上的那個人吆喝一
　　　聲，馬就掉下去死了。他們兩個商量，明天我們很早起來看，
　　　如果死的是寨子裡的馬，我們就都不要開腔；如果不是，就是
　　　毒藥貓了。第二天，他們來看，結果沒有死馬，但寨子裡有一
　　　個人病了。他們說，整了毒藥貓的人一去，那個毒藥貓就會吐
　　　血死掉，所以一般是不去的。但這兩個是村幹部，不去也不行。
　　　他們就去看看。那毒藥貓的家人把她抬到醫院去，在半路上就
　　　遇到那兩個村幹部，那個人就吐血死了。爲了這事，到現在兩

　　家的關係還僵得很。

　　一位松潘小姓溝的中年人，曾告訴我一個當地有關「毒藥貓」的故事。

　　一個男子在河邊推磨，推水磨。來了一個毒藥貓，她說：「你一個人在這推磨最怕啥子？」毒藥貓問他。他說：「我最怕驢子，進來呀呀叫，我最害怕。」後來毒藥貓就變一隻驢子來了。磨房門一開，就阿阿叫。這個人就把驢子勒到，就把糧食托在高頭，騎上，一打，就往包包上（按：指山崖頭上）登上去。走到半路她累到了，就喚。走到屋裡，他把幾個兒子喊起來，說：「我撿了一隻驢子，你們給牠餵點草。」他兒子們給她草她不吃。他們就說：「爸爸驢兒不吃草。」他說：「不吃就給牠餓著。」五點雞叫，她就說：「你把我放了吧，我屋裡頭娃娃要哭，要喂奶。」他才跑下去，把她放了。

　　就像以上故事一樣，大多數毒藥貓變動物的故事中，最後被修理的都是毒藥貓。而修理毒藥貓的人，則是她們自己的丈夫，或本村中的青壯男子。在村寨民眾心目中，毒藥貓主要都是女子。至於男人會不會變成毒藥貓，各人說法不一[9]。毒藥貓與女人間的關係，明確表現在傳說中毒藥貓的傳承或訓練上——傳說中毒藥貓都是由母親傳授給女兒。以下一位黑虎溝老人的口述，代表此種普遍的看法。

9　我在田野中所聽到的毒藥貓故事，幾乎都是關於女性毒藥貓的。我只聽說過一則有關男性毒藥貓的事，而這男性毒藥貓是一外地來上門（入贅）的男子。

　　毒藥貓女的、男的都有，但女的要兇些，狡滑些。只要走得起路，她母親就教她。沒得人的時候，把她喊來，把火籠燒起，做饃饃的熱盤擱在上面，把女子也放在上面，毛毛也擱在熱盤高頭，要她打滾。滾打了，拿啥子毛變啥子。教她，一般都是母親教，父親不教。技術上指正她。一直長大，就變成毒藥貓。男的也有，很少，男的不遺傳。

　　以上的口述說明，毒藥貓不僅在母女間傳承，與此傳承相關的火籠、灶邊與鍋盤，也都是與女性有關的場域與器具。在較漢化的地區，毒藥貓又被認爲與灶神有密切關係。據黑虎溝的一位老者稱：

　　灶神菩薩是毒藥貓的祖先。他們兩個最要好，祂也是個毒藥王。她有個小口袋，放的有麻雀毛、老鼠毛、豹子毛、牲口毛、牛毛都裝得有。他們說，她的口袋就藏在火籠底下，灶神菩薩替她管。她陰著掏出來，一打開口袋，打個滾，拿到啥子毛就變啥子。拿到老鼠毛就變老鼠。晚上就擾人，把人甩下坎，把你吃了。真正把人吃的還沒看到過，只是幾擾幾擾的把你嚇死，或把你嚇出病來。

　　同是家中的女人，毒藥貓卻無法將法術傳給媳婦。相反的，許多有關毒藥貓的故事，述說毒藥貓母親如何想要害自己的兒子，而總被媳婦揭穿而使得毒藥貓受懲罰。或說，婆婆如何想將毒藥的技術傳給媳婦而不成[10]。下面是一位赤不蘇人所說的故事。

10　四川省阿壩藏族羌族自治州文化局編，《羌族故事集》（馬爾康：四川省阿壩藏

據說有一個兒子，結了一個愛人，當時還沒有小孩。母親在家煮飯，讓兒子與媳婦出去耕地。正是春耕季節，要播種。晚上媳婦被她母親施的毒藥貓法術嚇到了。她就跳到櫃子裡躲起來。在我們羌區說，麵櫃子是毒藥貓的交通工具，像馬、車一樣。那天晚上那媳婦躦到櫃子裡去時，那老人婆恰恰又是毒藥貓王子。毒藥貓王子，就是那一天晚上，四面八方的毒藥都要來她這，來受訓或接受任務之類的。她騎起麵櫃子出發。她開會的地點，所有的毒藥貓都來了。他們擲骰子。那老人婆，那毒藥貓王子輸了，要拿出很多酒肉來賠償損失。媳婦就躲在櫃子裡聽老人婆說些啥子。老人婆宣布：「明天午時，我既然輸了，我就要按我們的制度，把我的娃兒拿出來給你們吃……。」媳婦聽到，嚇得昏了。因為她們感情相當深。第二天。他們在田裡休息時，她滴了眼淚，滴在她愛人臉上。他才發現她在流淚。他問她：「今天是偺個事？」要說，對方是她愛人的母親；不說，他的愛人又會被害死。她忍了又忍，眼淚不住的流。最後在他的催促下，原原本本的告訴他愛人。他愛人聽了說：「我有辦法。」他說，即使是親生母親也不認了。在他們做田做一半時，他的母親就來了，帶來牛草與饃饃，要他們吃午飯。那媽媽要去餵牛吃草。兒子要母親吃飯，他自己拿牛草給牛吃。牛吃了的確眼睛紅了。那兒子就把牛鼻索拉一拉，牛退到崖邊，就被他殺了推下崖去。牛一死，他母親回家，也死在門檻上。

有些人說，毒藥貓只害自己的兒子，不敢害自己的丈夫。另有人則

(續)

族羌族自治州文化局，1989)，頁484。

說，毒藥貓喜歡害自己最親近的人，主要是自己的丈夫與兒子。但無論如何，他們都認爲毒藥貓絕對不加害自己的弟兄。而且，毒藥貓在東窗事發後，經常是由她的父母或弟兄領回去——回到自己的娘家去。如下面這位黑虎人所說的：

> 那天晚上，他婆娘一睡就喊不醒。他就早有準備，灑了草木灰。半夜他聽到響，起來看，一個貓腳印子從門檻上過。他就跟著去到那地方。那些毒藥貓在那嘰里聒啦，她們那種語言有些聽不懂，很嚇人。王子，人指甲衣服穿起，野雞翎子插起。那男人嚇得溜了回去。結果，半夜從天窗上，先一個人腳桿甩下來，一下，又有一個人手桿甩下來。他把它們藏了，假裝睡覺。後來他婆娘也回來，打個滾又變成人。到了那天，他婆娘的爸爸媽媽來了，他招待他們坐在那烤火。那男子就從床底下把人的手桿、腳桿拿出來。「你們看你們女兒幹的安逸，昨天從天窗甩下來的人手桿、腳桿，你們看俗辦？」她的父母就說：「要她改。」怎麼改呢？要她到九條大河去洗，把她洗乾淨，所有的毒都洗完。這婆娘就被她父母逼到大河去洗，已洗了八條河了。最後一條時，天上就喊下了：「那姑娘不要洗了，洗不得了，再洗毒藥貓要斷根。」好像她有代表性一樣。斷根了，人間的瘟疫流行，人更不得安全。

在此所謂毒藥貓之「毒」，似乎又是一種具體的毒藥，其毒性或污染性可以藉河水洗淨。更值得注意的是，這一類的故事都是說「無毒不成寨」；一方面解釋爲何到現在還有毒藥貓，只是比從前少很多，一方面又說爲了避免更嚴重的瘟疫，一個寨子中有毒藥貓存在是必要的。

與毒藥貓有關的是會從指甲放毒的女人。事實上，毒藥貓與「從指甲放毒的女人」之間的區分相當模糊。有人認爲，毒藥貓有兩種：一種從指甲放毒，一種專變動物害人。因爲指甲上放毒的人是藉由食物傳毒，而烹煮食物又是女人的事，所以人們都認爲這種放毒的「毒人」全是女人。再者，變動物的毒藥貓多是年輕的女人，許多本地人說，通常還是些漂亮的女子。相反的，絕大多數人都認爲，從指甲上放毒的是老年女性。一種普遍的說法是，當毒藥貓年老時，她們的毒就逐漸消退，到後來就只剩指甲裡的一點毒了。

女性與貓：區分的破壞者

與「毒藥貓」類似的「毒女故事」，在人類社會中並不少見。在不同的文化中，人們經常認爲部分女人是「狐狸精」、「女巫」或是「放蠱的女人」。研究「女巫」或「女人污染力」的學者，曾由各種角度指出這些偏見的社會根源。

毒藥貓故事的敘事情節與意含，一方面與西方「女巫」傳說所反映的社會與兩性關係類似；另一方面，它又與某些社會(如中國與印度)婦女在宗教儀式、社會上具「污染力」的角色相關。然而，在歐洲或美國新英格蘭，無論女巫是否作惡害人，或是否曾存在一個巫術傳統，各種民間、政治與宗教團體的確曾對「女巫」施加暴力[11]。在岷江上游地區，「毒藥貓」只是村寨人群間的閒言閒語——沒有任何女人巫術傳統的證

11　Carlo Ginzburg, *The Night Battles: Witchcraft and Agrarian Cults in the Sixteenth and Seventeenth Centuries*, trans. by John and Anne Tedeschi(1966; Baltimore: The Johns Hopkins University Press, 1983); Robin Briggs, *Witches & Neighbors*(New York: Penguin Books, 1996).

據[12]，群眾也沒有對她們施加嚴重的群體暴力。人類學者曾以生產方式、婚姻的社會功能與父系家族繼嗣等，來解釋印度與中國婦女在社會與宗教儀式上「污染力」的由來[13]。然而無論在生產方式、婚姻與家族方面，岷江上游的羌族（與部分藏族）都有不同於中國、印度的相關社會背景[14]。雖然如此，「女巫」或「具污染力的女人」有一相同的背景值得注意。無論是由於追求宗教的純淨，或家族的純淨，女人都被視為外來者與潛在的污染者。因此在一個社會發生騷亂，如瘟疫、不明的死亡、外來挫折與群體內部糾紛之時，女人常成為代罪羔羊，以克服恐懼與凝聚群體。

　　人們對不明疫疾與死亡的恐懼，女人對社會的「污染」，以部分人作為群體之「代罪羔羊」等等——在西方神話學、歷史學與人類學研究中都有些探討。法國學者吉哈德曾由神話研究中，提出一個「代罪羔羊」理論，以解釋人類社會中的暴力與宗教儀式起源。他認為「暴力」以及

---

12 相反的，在當地男人中卻存在一些傳統的咒語、巫術，那便是端公與做索子的人。前者是羌族宗教信仰、生命祭儀的主事者，驅邪去災除病的專家，以及神話、歷史的講述與詮釋者；後者則是設陷阱並輔以巫術（如黑山法）捕獵的獵者。他們中都有一些巫術與咒語師徒相傳。

13 Nur Yalman, "On the Purity of Women in the Castes of Ceylon and Malabar," *Journal of the Royal Anthropological Institute* 93.1(1963): 25-58; Emily M. Ahern, "The Power and Pollution of Chinese Women," in Margery Wolf and Roxane Witke ed, *Women in Chinese Society*(Stanford: Stanford University Press, 1975), 269-291.

14 如人類學者曾指出，中國與印度的家庭組織、女人地位與財產繼承之特色，及其與撒哈拉以南非洲各人群在此方面之不同，關鍵便是前者是以男人勞力為主的犁耕農業，後者是以女人勞力為主的鋤耕農業。相關研究見，E. Boserup, *Women's Role in Economic Development*(London: Allen and Unwin Press, 1970); Jack Goody, *Production and Reproduction: A Comparative Study of the Domestic Domain*(Cambridge: Cambridge University Press, 1976)。在羌族與鄰近行農業的藏族地區，雖農忙時男人也負擔相當的農事，但基本上是女人管「糧食生產」的事；以此而言，印度與中國農業與相關社會特色與本地區有相當的差別。

用「代罪羔羊」遏止暴力，這是人類社會的一項特質，也是許多宗教與
犧牲儀式的根源。這樣的觀點首先見於其1972年之著作《暴力與聖祭》
(*La Violence et le sacre*)之中。他指出，在一社會各親近的個人與群體之
間，由於彼此相似而破壞了重要的區分，造成人與人之間或諸人群之間
的緊張、衝突與暴力。以暴易暴造成社會衝突無法遏止。人們解決此社
會緊張之途，通常便是集體施暴於一「代罪羔羊」，如此社會群體的和
諧與團結可得到保障。許多人類社會的神話與儀式，便是反映或重覆這
起始的「殺戮代罪羔羊事件」[15]。

「親近群體間的敵意與猜疑」此一主題，也曾被英國歷史學者貝格
斯(Robin Briggs)用來詮釋歐洲中世紀末「獵女巫」的歷史。在這本社會
史經典著作中，作者一反簡單的經濟、宗教、政治等背景解釋，而指出
鄰里與家庭成員之間的敵意與猜忌，以及人們在日常生活中的挫折、恐

---

15 在《代罪羔羊》(*Le Bouc emissaire*, 1982; 英譯書名 *The Scapegoat*, 1986.)一書及
一篇長文(1987: 73-105)中，吉哈德綜合自己過去的看法，進一步以此解釋人類
社會的神話、宗教與相關儀式的起源。他舉例分析這一類神話的共同特質：(1)
社會的擾動；(2)某外來者常先被當作拯救者，然後成了代罪羔羊；(3)民眾對
之施以集體暴力；(4)外來英雄被殺或被逐回原居地；(5)使之重生；(6)圓滿
的結局——他們成為神或神聖的祖先。吉哈德的理論曾引起學術界極大的重視
與討論。本文中的「毒藥貓神話」與吉哈德所論及的「代罪羔羊神話」有相似
的地方；特別是被視為代罪羔羊者的一些社會特質。然而，毒藥貓從未被當作
英雄，而且更重要的是她們之死也不是由於「集體暴力」；死後也沒有重生，
更沒有被神化或祖先化。因此，我無法同意吉哈德以此探討人類社會一般性宗
教起源問題。以上相關著作見，René Girard, *Violence and the Sacred*, trans. by
Patrick Gregory(1972; Baltimore: The Johns Hopkins University Press, 1977); *The
Scapegoat*, trans. by Yvonne Freccero(Baltimore: The Johns Hopkins University
Press, 1986); "Generative Scapegoating," and "Discussion," in *Violent Origins*, ed. by
Robert G. Hamerton-Kelly(Stanford: Stanford University Press, 1987), 73-105,
106-148.

懼與不安,才是「獵女巫」的主要背景[16]。簡單的說,所謂「女巫」是被她們的鄰人檢舉密告而成為被怪罪的目標,也是由於其鄰人的證詞而使其入罪。關於親近群體間的敵意,與由此產生的社會區分,以及破壞此社會區分者被認為是有毒的,這一類的探討更常見於社會學或人類學著作之中[17]。許多研究都指出,女人,或由於其邊緣的社會角色,或由於其破壞重要的社會區分(家內的與家外的),常被視為污染的、有毒的,因而被懷疑與一些災難與不幸有關。

　　由以上有關「毒藥貓」的口述資料中,我們可以看出這些敘事中的一些主題——如人睡著後靈魂出去作惡,如毒藥貓在夜間乘廚櫃飛行,如集體宴聚吃人肉,如毒藥貓多為女人——都與歐美女巫傳說有相似的地方。這印證著前述歷史學者貝格斯的卓見:世界許多文化中都有類似女巫的神話信仰,此反映著人類社會中某種普遍特質,一種解決鄰里人群間緊張與衝突之道[18]。然而,毒藥貓故事內涵也有許多與歐美女巫傳說不同之處;而這些,只有從當地特定的自然與社會環境中得到解讀。

　　毒藥貓傳說中受害者的不幸遭遇,顯示整個故事產生的主要背景之一是某種社會擾攘不安,或因此帶來的恐懼。某種無法預期、解釋,然而又經常發生的騷動不安,如流行疾疫與莫名的食物中毒,山中突來的怪風或落石,或無法解釋的失足落崖,或人們突然受到動物(特別是家牛)的襲擊。岷江上游,在前面我曾介紹,是青藏高原邊緣的高山深谷地區。在這兒,山中突來的暴風雪,險峭的山路,可能侵襲人類的老熊、

16　Robin Briggs, *Witches & Neighbors*.

17　Norbert Elias, *The Established and the Outsiders*; Mary Douglas, *Purity and Danger*; Pierre Bourdieu, *Distinction*.

18　Robin Briggs, *Witches & Neighbors*, 3.

豹子與野豬，野性發作的家牛，有毒的野菜、菌子與水源，與外地傳來
的瘟疫等等，都可能造成村寨居民的意外傷亡。然而，由於他們垂直利
用山間各種資源的混合經濟，使得他們不得不時時接觸這些危險。毒藥
貓故事一方面被用來解釋這些不幸的根源，一方面藉著述說如何「整」
毒藥貓，來詮釋、解除或期望解除這些不幸。女人在這些傳說中，或在
人們想像的事件中，則成為「代罪羔羊」。

　　由村寨居民的口述可知，他們認為毒藥貓與村寨中的女性有密切關
係。在傳承上，毒藥貓由母親傳給女兒。毒藥貓的訓練是在熬盤上、火
塘或灶邊。她的夜間飛行工具是灶邊的櫥櫃。毒藥貓又與灶神同一國，
或說灶神是毒藥貓的祖先。這些女性的日常工作場域與用具，以及與女
性有關的神或神性象徵，都顯示毒藥貓與女性的密切關係。再者，一般
人皆認為毒藥貓大多年輕貌美，特別是能變動物的毒藥貓。有些人指
出，毒藥貓女子的眼睛特別迷人，有時她們能透過眼睛放毒。年歲漸老，
就只能從指甲放毒。顯然毒藥貓的「毒性」與其女性特質，或她對男性
的性吸引力成正比；因此，毒藥貓傳說與相關信仰習俗的社會意義，與
「女人」在村寨社會中的地位，及因此衍生的隱喻，都有密切的關係。

　　女人在村寨中的地位，及在村寨男人心目中的「女人」隱喻，簡單
的說便是，在以男性家族為主的村寨中，媳婦或將為他人媳婦者都是「外
人」；她們不但是外人，而且對父系家族的男性成員而言，也是最親近
的「外人」。有些人在講述親身經歷的毒藥貓事件時，常強調這些女子
是由外面嫁來的。如以下這位赤不蘇人所說：

　　　　一個寨子有時不只一個毒藥貓。那些外村來的女子，我們本寨
　　　　的一般來說不結親，一般都是外村來的。一個寨可能原來就是
　　　　一個血緣；毒藥貓都是從其它寨子來的。

　　女人一方面是家中的一分子，或家中的邊緣人，另一方面她們也是家內潛在的敵人——就像是火神與灶神一樣。在本地傳說中，灶神經常向天神傳話告密；女人也常將家中的事告訴她的弟兄，也就是對父系家族成員而言的「母舅」。事實上，一句羌族地區的俗諺——「天上的雷公，地上的母舅」——也將舅舅比爲具威權的天神。母舅在羌族地區，如前所言，是與父系家族力量相制衡的一股力量。婦女經常引進其弟兄的力量，來干涉兒女的管教、嫁娶與分產等問題。當地人的說法是，舅舅在這些方面有無上的權威。因此在家中大事的決策上，父權與舅權時有衝突。如此，女人不但是外來者，而且她們是引進「舅權」的外來者。在各種毒藥貓敘事中，我們可以看到此種關係。譬如，人們相信毒藥貓連自己的兒子都要加害，甚至專挑自己的兒子以供其他毒藥貓饗宴之用，但絕不害自己的弟兄。在一些流傳普遍的故事中，最後被揭穿的毒藥貓，被她的父母或弟兄領回娘家去。就像在現實生活中一樣，他們認爲妻子與媳婦永遠站在她們娘家弟兄的一方，而她們的娘家弟兄——兒子或孫子的舅舅——永遠爭著操縱他們的外甥。在述說毒藥貓如何害自己的兒子時，反映的是一個人站在父系家族觀點，對舅權與姻親的敵意與疑慮。而這些舅舅與姻親，則屬於同一溝中的其他家族，或鄰近上游溝中的家族。

　　在「毒藥貓」敘事中，這些女人與動物的關係，特別是她們與貓的關係，是另一個值得注意的問題。在各種羌語方言中，「毒藥貓」的發音大約是 du 或 der，原意是「毒人」。但所有的人在說相關故事時，都以漢語稱此爲「毒藥貓」。甚至於許多人不曉得「毒藥貓」在鄉談話（羌語）中要如何說。在毒藥貓故事中，女人最常變的動物就是貓，以及牛。羌族與鄰近藏族在日常生活中與動物有緊密的關係。其中，馴養動物與野生動物是兩個被區分的範疇——家內的與外面的，溫馴的與野蠻的。

然而，「貓」在各方面都是這種「區分」的破壞者。無論是家貓或野貓（豹貓），牠們都住在村寨中或附近，伺機偷食家裡養的雞。而且，貓在人類馴養動物史上有特殊的地位；可以被人類馴養的主要是「群棲性動物」，而貓則是人類馴養動物中極罕見的非群棲性動物[19]。牠們與人類之「家」的關係也是若即若離[20]。由貓的非群棲屬性，以及牠們與人類之「家」的疏離關係，有些學者甚至認為貓從來沒有被人類「馴養」過——牠們（家貓）只是與人們生活在同一領域空間之中。

　　無論如何，貓打破馴養動物與野生動物間的區分，就如女人打破本地人與外地人間的區分一樣。因此，貓常被認為是「毒藥貓」化身的動物，女人則被認為是毒藥貓的本體[21]。無論是女人或貓，在人們心目中她（牠）們一方面是家內的一分子，另一方面，她（牠）們又都不完全屬於這個家，或是家中潛藏的破壞者。特別是，貓在夜間活動，貓眼被認為有特別的魔力，貓與家若即若離的關係，貓個性的陰柔，都使得牠更符合社會賦予「有潛在危險性的女人」的象徵意涵。或也因此，在歐洲的女巫傳聞與信仰中，貓也常與女巫有密切的關聯。貓與女人在本地人心目中這種「即非內人，亦非外人」的性質，也是如吉哈德所稱，被當

19　Roy Robinson, "Cat," in Ian L. Mason ed., *Evolution of Domesticated Animals* (London: Longman Group Limited, 1984), 217.

20　許多人家都有養了多年的貓突然不告而別的經驗。離家在外的「野貓」無論在都市、鄉村，也似乎都適應良好。近年來台灣到處都見到一些病態、落魄的「喪家之犬」，而我們從來見不到這樣的「喪家之貓」。這些都說明一個事實：貓原來與人類的「家」就是若即若離的。

21　另一個經常成為毒藥貓化身的動物則是牛。羌族地區的家牛主要是犛牛、牛及少數黃牛。在一年大多時間裡牠們都被放養在大山裡，只在春耕時幾隻較溫馴的被牽下來耕田。由於牛群整年在山中自己覓食、生養，對抗豹、狼與熊，因此一般來說這些牛野性相當強，家牛野性發作觸傷主人的事經常發生。因此，本地的牛也是一種打破馴養與野生、村寨內與村寨外區分的動物。

作「代罪羔羊」者的社會特質之一[22]。

「內部毒藥貓」與「外在毒藥貓」

　　村寨民眾認為，毒藥貓並不只是一個個的有毒女人，她們又屬於一個邪惡的群體；這一點很值得注意。故事中的毒藥貓群體在一起定期開會、歡宴，並決定下一個受害者。研究歐洲女巫的學者們也曾注意到，在民間信仰裡「女巫們的夜間聚會」（sabbat）是一個重要主題；在調查與審判女巫的過程中，此事被再三詢問[23]。對於「女巫們的夜間聚會」，卡羅‧金茲堡（Carlo Ginzburg）認為這是農村巫師benandanti祈豐收祭儀被曲解而成；貝格斯則認為這是一種反豐收儀式的想像[24]。由他們所舉出的女巫告解供詞中可以看出，作物收成（以及農村中的貧富對立）的確是個重要主題[25]。然而，在羌族的毒藥貓傳說中卻沒有這些主題。因為農業在他們多元經濟生態中並沒有如此絕對的重要性，而且村寨中也沒有明顯的貧富之分。因此我認為，女巫告解詞、傳說，或毒藥貓神話傳說中的「夜間聚會」，其文本細節固然反映各個社會或時代的特質。然而「邪惡的女人在夜間聚集」此一主題，同時出現在歐美之「女巫」與羌族之「毒藥貓」傳說中，此反映的應是更普遍的人類社會心態——也就是人們對各種敵對的邪惡勢力或外在人群的恐懼。

　　貝格斯對「女巫」的詮釋值得我們重視。他認為，鄰里關係密切的農村社會，是許多女巫傳說產生的主要背景；各種現實生活中的挫折

22　René Girard, *Violence and the Sacred*, 269-273.

23　Carlo Ginzburg, *The Night Battles*, 99-145; Robin Briggs, *Witches & Neighbors*, 38-56.

24　Carlo Ginzburg, *The Night Battles*, 22-25; Robin Briggs, *Witches & Neighbors*, 40.

25　Robin Briggs, *Witches & Neighbors*, 41-42.

與不幸，使得鄰人們彼此敵對、猜疑與監視，也使得他們共同推出作爲代罪羔羊的「女巫」。由羌族的自然生態與社會背景中，我們可以了解此種鄰近人群間的敵意與猜忌如何產生，我們也可以了解爲何婦女被懷疑、怪罪而成爲所有災難與不幸的代罪羔羊。然而，毒藥貓或女巫「群體」在夜間的聚會，以及聚會中的恐怖活動，顯示這位「毒藥貓」也是一股強大邪惡、污穢勢力的代表。因此藉著打擊「毒藥貓」，鄉民所欲消除的恐懼不安，不只是收成不好或人畜的疫疾傷亡，更是外在人群與外在世界可能帶來的污染、毒化與傷害。

在岷江上游村寨民眾心裡或潛意識中，「毒藥貓群體」可能代表許多不同層次的「外人」——母舅群體（其他家族）、鄰村的人，以及「蠻子」。而本地人狹隘的我族認同，又使得這些不同層次的「外人」藉著「蠻子」而聯結在一起。也就是說，本寨其他家族可能有「蠻子」血統；鄰村或鄰溝有蠻子根根的人群更多；更遠方，便是些野蠻程度不等的「蠻子」。我們可以稱這些外在人群爲村寨民眾心目中的「外在毒藥貓」。

這一層層「外在毒藥貓」與村寨內「毒藥貓」的關聯，以及各層次「外在毒藥貓」之間的關聯，都是相當明顯的。在前面我曾提及村寨民眾對「族」的概念——以「族」廣泛指稱我們所謂的地域群體（鄰人、鄉親）、血緣群體（家庭、家族）、擬血緣群體（民族）。在如此廣泛的「族」概念下，家族、同寨的人、溝中的人都是一層層的「我族」；另一方面，他家族、鄰寨的人、鄰溝的人，也是一層層的「外族」。因此，雖然女人都是由鄰近家族、鄰寨、鄰溝嫁來，但在村寨民眾心目中或潛意識中，她們多少都是「外族」。

前面我曾提及，村寨居民所謂「根根乾淨」（血緣純淨）或「不亂搞性關係」的觀念；這也可以說明「內在毒藥貓」與「外在毒藥貓」之間的密切關係。保持家族「根根」的潔淨，是本地人婚姻關係中的重要考

慮因素。由「母舅」來吹噓這個家族的根根好，也顯示民眾認為「不好的根根」可能由女方帶來。「根根不好的那家」，在許多民眾的心目中便是指，有蠻子與漢人的根根、有麻瘋病根根，或有毒藥貓根根的家庭。當地一句人們相互咒罵的話，「蠻娘漢老子」，也透露了民眾對村寨內各家族「母系」可能有「蠻子根根」的懷疑。雖然「漢老子」——父親是漢人——也是罵人的話，但人們一般不太在乎承認或宣稱祖先來自漢區。罵別人有「蠻娘」，則嚴重得多；這是由於他們普遍認為一切污穢的、淫亂的、有毒的，都來自於上游的「蠻子」。因此在談親時強調「根根乾淨」，也說明了「外來女人」與「外在蠻子」之間的關聯。

　　女人的不潔與污染力，不只是因為他們可能帶來「蠻子」根子，她們對男人的性吸引力也可能為本地帶來污染——亂搞性關係而使本地「蠻化」。這也說明為何在村寨民眾心中，毒藥貓經常是年輕貌美的婦女，她們到了老年時毒性也隨之消退。如一位黑虎溝的老人所言：

> 以前不敢說，她聽了很不高興，但群眾都知道她是。通常情況下還是長得很漂亮，老了就不那麼厲害了，就不那麼猖狂了。二十幾、三十最猖狂。現在還有人忌諱，但不能說，沒得證據嘛。晚上很多人還是不敢走夜路。

　　在前面我也曾提及，「講究男女之防」與「亂搞性關係」，是民眾主觀建構的「爾瑪」與「蠻子」之區分。毒藥貓故事中常出現的場景，一群男女毒藥貓一起喝酒、宴樂、吃人肉。在許多村寨居民心目中，上游「蠻子」也經常男女雜處喝酒、宴樂；「爾瑪」則是，女人不能與男人們一起喝酒，跳鍋庄舞都要男女分開來跳。許多村寨民眾也說，最野蠻的「蠻子」小黑水人過去是吃人肉的。這些都顯示，毒藥貓影射著人

們對外在「蠻子」的恐懼與仇恨。

民眾以「污染的」或「有毒的」，來表達他們對外界人群的恐懼與敵意。這外界人群或「外族」，是由可能被沾染毒性的鄰人直到遠方的「蠻子」。因此他們擔心鄰近家族或鄰寨的女人可能帶有「蠻子」血統，他們也以「母親或祖母是蠻子」來咒罵鄰近的人。寨子裡的人常悄悄警告我，到了上面的寨子或上游地區去不要喝他們的水，或說不能吃他們的東西，「因為他們的水和食物有毒。」甚至在同一寨內，人們也常閒言閒語——那一家或那一地區的水「很硬」，喝了要漲肚子。

總之，使女人普遍蒙上「不潔」之名的，主要是以男性為主體的「我族」認同；一種強調血統與道德潔淨的，以潔淨與不潔區分我群與他群的家族、村寨與爾瑪認同。由於女人是「最親近的外人」，她們打破村寨人群與外界的區分，打破潔與不潔間的區分，因而被視為不潔、危險與有毒的。她們是一個群體內部的、被經常談論的毒藥貓；雖然，真正被指控或閒言為毒藥貓的只是寨中一、兩位女子。無論如何，談論這些故事的人，內心深處潛伏著對一層層外在異族世界的恐懼與敵意——由鄰近家族、鄰村、鄰溝直到遠方的「蠻子」。

指控或閒言村寨中少數婦女為「異類」，是以她們作為所有村寨婦女及其隱喻的「代罪羔羊」，以避免將所有村寨婦女視為「毒物」。但在村寨的主流意識型態下，一般婦女也加入閒言、咒罵毒藥貓的行列。她們卻不明白，事實上她們也是毒藥貓的隱喻之一；參與咒罵毒藥貓更注定了她們在村寨中的邊緣地位。無論如何，咒罵毒藥貓，以及透過毒藥貓層層的「他者」指涉，可以強化一個村寨人群的認同（包括一般婦女）。這或許也解釋了為何人們討厭、怨恨毒藥貓，但又認為村寨中沒有毒藥貓也不行。

無毒不成寨

在前面那位黑虎羌族所講的毒藥貓故事中，最後天神阻止悔改的毒藥貓完全洗去毒性，怕她「洗斷了根」。類似的說法普遍存在於毒藥貓傳說中。相信毒藥貓的村寨百姓，也普遍認為「無毒不成寨」——村裡沒有毒藥貓也不好。為何如此？他們說不出道理來，或有不同的說法。如一位北川青片老人說：

> 我們說，無毒不成寨；每個都有。沒毒藥貓，寨子裡的水都要鬧人，水都不能吃。怕她，但沒有她就不好。

述說毒藥貓改過自新的故事後，上述那位黑虎溝老人解釋道：

> 有一種瘟神，鬼，只有毒藥貓鎮壓他。一種魔鬼害人；毒藥貓沒了，害人的瘟神與魔鬼就要猖狂。所以沒有毒藥貓不得行。就洗了八條河，就沒洗了。聽說以前毒藥貓很多，就那一次洗了後，現在少了，但是還有。毒藥貓也是一種毒；無毒不成寨，以毒攻毒，一個剋一個。

由某些村寨居民的觀點，似乎不能沒有毒藥貓是由於他們對更嚴重的魔鬼、毒或瘟疫的畏懼。如果人們意識中對毒藥貓的恐懼，來自於他們對鄰近家族或鄰近村寨的敵意，那麼這些比毒藥貓更嚴重的毒或瘟疫，應代表著村寨居民對於更遠方的、更野蠻的、更污穢的人群的畏懼。「一截罵一截」的認同背景，是造成「無毒不成寨」這種信念的基礎。

在此種孤立的村寨生活中，與外村寨的人通婚，特別是娶上游生活較落後村寨的女子，對本寨而言也是一種安全保障的期望；期望因爲親家村寨與更上游村寨人群間的關係，而使本村寨不受上游「蠻子」侵擾。毒藥貓所代表的「外人」或「外在世界」，是人們熟悉的、毒性輕微且可被控制或應付的。接受這些「毒」，可以避免或防止更嚴重而無法控制的瘟疫與魔鬼。另一方面，毒藥貓的存在，以及在日常生活中對此「外人」之閒言閒語，可強化村寨居民（包括非毒藥貓的女人）的凝聚。這種必要的被人們創造、想像的「內憂」，存在於各種範圍的「認同」群體之中。

由此兩層意義來看，「無毒不成寨」的含意幾乎便是「無內憂外患國恆亡」。只是凝聚村寨成員所賴的「內憂」與「外患」，與「蠻子」的野蠻與污穢一樣，它們不必然是主觀想像，也不必然是客觀事實。對於「本寨」或「本國」的認同，使得一個人群經常以神話與「歷史」強化本群體與外在世界人群間的區分，以及本群體內核心群體與邊緣群體間的區分。這些以神話或「歷史」所強化的區分，同時也導引村寨人群的文化展演，以及他們對「外人」及本群內「毒藥貓」的敵對行爲。於是，體現人群區分的文化展演與敵對行爲，成爲客觀社會現實與歷史事實。正如在當前國際政治上，有些政治人物經常提醒其民眾國家所面臨的「內憂」與「外患」；此「內憂」與「外患」經常是一種集體想像。然而，當敵意透過各種文化演示與集體行爲影響雙方的互動時，內憂、外患也漸成爲真實。藉此，國家得以團結其主體成員。此即「無內憂外患國恆亡」以及「無毒不成寨」的內在意義。

羌族「毒藥貓」的例子說明，人們對許多外界「異人群」的敵意，常反射到他們對本群體內或邊緣相當親近的「他者」身上。相反的，人們對於本群體內或群體邊緣相當親近或近似的「他者」之敵意，也常強化他們對於外界相關「異人群」的「異類感」與敵意。如此，在主要群

體內或邊緣的弱勢「他者」，特別容易成為該群體成員化解外界強勢「他者」所造成的壓力與恐懼的「代罪羔羊」。「內部毒藥貓」與「外在毒藥貓」相生相成，這是人類社會凝聚認同的一種普遍現象，也是造成許多族群矛盾與民族衝突的主要原因之一。這個現象，可以在世界許多族群衝突的例子上得到印證[26]。這可說是人類社會的嚴重不幸，也是值得我們深思之處。

經驗、歷史與神話

本章所舉的「毒藥貓」口述資料，在我們一般的認知中有些似乎可歸類為「神話」，另一些則是人們認為村寨中過去曾發生的「歷史」，或某人對親歷事件的「經驗」。現在經常使用漢語的羌族，他們對神話、歷史與經驗的區分概念與我們無別。對於神話傳說，他們常說那是「條」；「條」在當地四川方言中指隨便談談的話，真假不必當真。「歷史」，他們認為這是過去真正發生過的事。如果有人懷疑，他們會認真的爭辯說：「那不是條喇！」至於說到個人「經驗」，他們則更清楚的說明，這是親身經歷的。「神話」、「歷史」與「經驗」各有其特色，然而此三者又非截然劃分，在口述中它們常交錯出現並相互影響。以下，我藉

---

26 吉哈德(René Girard)曾舉印度的回教徒與巴基斯坦的印度教徒為例，說明因他們是內部的少數而成為「代罪羔羊」；見 The Scapegoat, 17-18. 然而，由我在羌族研究中所提出的「毒藥貓理論」來看，印度的回教徒之所以成為「內部毒藥貓」是因為「外在毒藥貓」──周遭廣大的回教世界──對印度人的威脅。相同的，巴基斯坦人對少數印度教徒(內部毒藥貓)的迫害，也因感受到強鄰印度(外在毒藥貓)的威脅所致。同時，巴基斯坦人與印度人之間的敵意，更受到他們日常生活中與內部「異教徒」之矛盾與敵意的催化。在世界許多地區的族群或民族關係中，類似的例子很多；如印尼人對於印尼華人，斯里蘭卡人對塔米爾人，伊拉克人對於科威特人等等。

著有關「毒藥貓」的一些口述資料，來說明一些可能被我們歸類為「神話」、「歷史」或「經驗」之敘事（narratives）的一些特質，並探討它們如何形成與互相影響。以及在經由各種媒介的傳述中，它們如何成為由個人到社會、由情感到結構的中間橋樑。

被歸為第一類的毒藥貓故事，我們稱之為「神話」。神話，作為一種學術用語它的定義相當紛歧。我認為，「神話」的含意必須置於它與其他社會記憶範疇——如「歷史」與「經驗」——的相互關係背景中，才能得到適當的了解。當人們在述說這一類的「神話」故事時，他們很清楚的知道這只是一種神話傳說——所謂的「條」。沒有人將之當做真正發生過的事。在故事中，毒藥貓或乘櫥櫃飛行，或由袋中摸出動物毛變成動物，或聚在一起宴樂吃人；毒藥貓王子身穿人指甲做的衣服，頭插野雞翎；毒藥貓在九條大河洗掉毒性等等。說故事的人回憶他聽過的故事情節，與伴隨的虛構圖象，並插入自己的想像與描述。故事中的各種場景與圖象，如毒藥貓的聚會、人的殘肢、母親在熬盤上教女兒變動物等等，成為故事的主軸圖象。這些故事的敘事中沒有確定的時間與地點。作為主軸的圖象，而非時間、空間，控制著故事情節的記憶與傳述。在講述中，講述者隨時加入自己的意見與評論，並將自己當作事情發生時的目擊者，詳細描述細節；或將自己作為當事者，以第一人稱代表故事中的人物發言。因為這只是講故事，所以他們可以作這些虛擬與添飾。這一類故事不多，但傳述的範圍很廣很普遍。變動物的毒藥貓，是這類故事中的主角。

第二類毒藥貓敘事，是村民們所相信的「過去曾發生的事」。我們可以稱之為村民心目中的「歷史」，一種以口述傳遞的本土歷史。這類故事的述說，通常由「我們寨子裡有一個人」或「某某寨有一個人」開始。然後便是這些人遇到一些奇怪或不幸的事之經過。如一位黑水雙溜

索的人所說：

> 毒藥貓的傳說有；我們喊「毒射甚」。他們擺，女孩子會變成
> 貓還是什麼的。希爾一個人是裁縫，有一天晚上，什麼聲音都
> 有。後來又有人的聲音，是誰都聽得出來。後來他就把門打開
> 了。毒藥貓說：「今天一定要把他吃了。」就把他拖出去到路
> 邊。後來另一戶人家出來解手，毒藥貓才把他放了。後來那房
> 子就甩在那了。

　　在這些作為「歷史」的敘事中，有特定的人物與事件，或也有特定
的地點與時間。最重要的是，人們相信這是真實的。當地社會記憶中真
實的人物（某寨某人或某有姓名的人），或線性時間上的某一點，或作為
過去遺存的現實存在之物，都被用來強調事件的真實性。如在上例中，
人們經驗中熟悉的地名（西爾）與職業（裁縫），被用來特化這個故事中的
人物，使聽者覺得這個人是真實存在的，因此也使他們相信此事是真實
存在的。最後，現在仍存在的廢棄房子，被用來進一步強調整個事件的
真實性。這一類作為「歷史」的故事，它的社會功能在於以人們相信的
「真實過去」，來合理化一些本土知識。敘事中特定的人物、地點或物，
是使整個述說「真實」的關鍵；相反的，事件本身是否真實卻無法得到證
實。因此，只要它們被當作「過去真正發生的事」，述說者便需以特定人
物、地點或物，來維繫與傳遞此社會記憶。在述說中，旁觀者與當事者的
立場較少，或不見於敘述之中；因為這種主觀見解，可能破壞敘述的客觀
與真實性。這一類「歷史」中的主角，主要也是變動物的毒藥貓。
　　第三類敘事，是述說者個人的經驗與記憶。如下面北川小壩人的個
人經驗回憶，他說：

以前毒藥貓的傳說，我們劉家也有。我一個小弟弟，小時候我
七、八歲，常揹著他玩。一個老婆婆拉他的手，逗他玩。回來
就不好了，當時是急驚風，現在說就是肺炎。後來就死了，人
家說就是那老太婆害死的。聽說她一個竹筒筒裡什麼毛都有，
她摸到什麼就變什麼，她害有仇的或是最親近的。

一位茂縣赤不蘇中年人，也曾告訴我一段他的經驗。

我一個孃孃，她一個女婿去幫忙。晚上回來遇到一個牛，就跟
那牛扭來扭去打，把那牛甩到坎子下去了。他跑回來，後來幾
個舅舅跑去看，牛沒看到，地上有扭打的印子。回來那孃孃就
病了。送到成都去醫都沒醫好，就死了。我妹妹也著過一次。
肚子脹，吼。我媽媽去向那毒藥說：娃兒肚子脹，啥子原因呢？
妳能不能給她想個辦法。去跟她打招呼，後來才好。

以上兩人所陳述的過去經驗，都難以說明真與毒藥貓有關。事實上
是，社會中流傳的「神話」與大家所相信的「史實」，提供人們經驗外
在世界的一種文化心理結構。夜間奇怪的聲音、家畜的異常行為，或人
們遭受疾病或死亡，都在此種文化心理結構中得到解釋。所謂「經驗」，
事實上是透過文化所獲得，並經過文化包裝的個人對外界之印象與記憶
[27]。它們作為一種個人記憶，在各種公共場合中被講述，而成為社會記

---

27 F.C. Bartlett, *Remembering: A Study in Experimental and Social Psychology*
（Cambridge: Cambridge University Press, 1932）. 有關 F.C. Bartlett 等學者對集體
記憶的研究，以及集體記憶與人類社會認同的關係，請參考拙著《華夏邊緣》，
頁45-51。

憶的一部分。然後,它們更強化了當地與毒藥貓有關的文化心理結構;
此文化心理結構,也就是英國心理學家巴特雷特(F.C. Bartlett)所稱之
「心理構圖」(schema)[28]。「區分」與「認同」是此「心理構圖」的核
心。在這些敘事中,人物、時間、地點與事件(人得病或死亡)或都是真實
的,人們只是建構(或虛構)事件與毒藥貓之間的關係。在述說中,講述者
站在參與者角度的描述,以及講述者本身的存在,是故事真實性與說服力
的主軸。目前許多人認為「女人會變成動物害人」是不可信的,因此大多
數人在講這一類的本身經驗時,所說的都是「指甲放毒的老女人」。

　　對於神話、歷史與個人之經驗記憶,歷史學者與人類學者都十分感
興趣。歷史學者常在口述「神話」中,探索某些歷史事實或社會現實的
殘留[29],或由個人口述記憶中重建近代歷史與社會[30]。人類學者或文化
研究學者,也經常探討神話中是否含有歷史真實,或神話是否由一個真
實的過去事件所引發[31]。爭論歷史事實是否透過神話而形成一種影響歷
史發展的結構,或是文化結構創造神話與歷史事實[32]。或與西方接觸的

28　Bartlett, *Remembering*, 199-200.
29　Joseph Miller ed., *The African Past Speaks*(Hamden, CT: Archon, 1980); Roy Willis,
　　A State in the Making: Myth, History and Social Transformation in Pre-colonial Ufipa
　　(Bloomington: Indiana University Press, 1981); Paul Irwin, *Liptako Speaks: History
　　from Oral Tradition in Africa*(Princeton: Princeton University Press, 1981).
30　Paul Thompson, *The Voice of the Past: Oral History*, second edition(Oxford: Oxford
　　University Press, 1988).
31　René Girard, "Generative Scapegoating,"and "Discussion," in Robert G. Hamerton-
　　Kelly ed. *Violent Origins*(Stanford: Stanford University Press, 1987), 73-105,
　　106-148; Renato Rosalso, "Anthropological Commentary," in *Violent Origins*.
32　Marshall D. Sahlins, *Historical Metaphors and Mythical Realities*(Ann Arbor: The
　　University of Michigan Press, 1981); Gananath Obeyesekere, *The Apotheosis of
　　Captain Cook: European Mythmaking in the Pacific*(Princeton: Princeton University
　　Press, 1992).

歷史經驗，如何在土著社會中透過神話、歷史等不同社會意識模式與文類而再現[33]。在這些研究與爭論中，學者們常探討、定義那些是神話，那些是歷史，那些是個人經驗。然而，我們可以從另一個角度去思考這問題。神話、「歷史」與個人經驗記憶，都是一些經由口述或文字傳遞的社會記憶。它們是在某種社會情境中被流傳的「文本」。在一個社會裡它們呈動態存在。透過語言、文字的文化符號意涵，以及其特定的敘事結構，影響人們的個人經驗建構，強化相關的社會情境，與此社會情境中人們的集體行為，因而造成社會現實與歷史事實。如此新的社會現實與歷史事實，締造新的歷史記憶與個人經驗；透過社會化的書寫、講述，也影響神話、歷史敘事中語言文字符號的社會文化象徵意義。

譬如在有關毒藥貓的敘事中，鄰近家族、村寨間的衝突與對立，婚姻產生的父權與舅權衝突，對外在蠻子世界的敵意與仇恨，以及對疾疫與意外死亡的恐懼等等，都是產生這些神話、歷史與個人經驗記憶「文本」(text)的「情境」(context)。在因疾疫與意外死亡所造成的社會騷亂中，外村寨嫁來的少數女人被異類化而成為代罪羔羊，背負所有疾病與死亡的罪，然後在敘事中被殺死或被趕回娘家。在述說這些神話、「歷史」或個人經驗時，透過如「貓」、「牛」、「女人」、「吃人肉」等語詞在本地社會文化中的符號意涵，透過敘事中的圖象、場景的象徵意義，「文本」透過各種敘事模式將語言化為更深沉的文化符號，影響人們的歷史記憶建構，與個人對外界事物的經驗。如此，人們企圖消解的

---

33 Jonathan D. Hill, "Introduction: Myth and History," in Jonathan D. Hill ed., *Rethinking History and Myth: Indigenous South American Perspectives on the Past*(Chicago: University of Illinois Press, 1988); Terence Turner, "Ethno-ethnohistory: Myth and History in Native South American Representations of Contact with Western Society," in Jonathan D. Hill ed., *Rethinking History and Myth: Indigenous South American Perspectives on the Past*, 235-281.

不只是對一個疾疫或死亡事件的恐懼，也希望藉此疏解對一層層外在敵對勢力的恐懼。同時在此「文本」敘事中，相關「情境」得到強化。「情境」影響個人經驗建構，與此社會情境中人們的集體行為；如他們與鄰近家族、鄰寨、鄰溝人群的磨擦衝突事件，如他們聯合鄰近各寨抵抗上游蠻子進犯或懲其罪行的事件。

　　許多羌族朋友都曾對我說，他們自小受毒藥貓故事折磨的經驗。從很小的時候開始，他們坐在火塘邊聽毒藥貓及其它故事，這是村寨生活中相當重要的一部分。「毒藥貓」讓小孩子不敢出去上廁所，長大後不敢走夜路。然而，對我，一個村寨外的聽故事者來說，這些故事並不特別恐怖。因此這也讓我相信，恐怖並非完全來自於故事情節，而是來自於故事情節與當地社會情境的結合。「文本」之意義，在於「文本」與「情境」的相互詮釋；文本產生於情境中(texts in context)，情境也在文本中浮現(context in texts)。若將文本視為一種「表徵」(representation)，情境為社會現實本相(reality)，則此正如博爾都(P. Bourdieu)所稱的「本相的外在表徵」(representation of reality)以及「表徵下的現實本相」(reality of representation)[34]。

　　一個人在此「情境」中成長，不斷從中得到社會文化所賦予之各種身分，並認知各種社會區分。他們逐漸學習分辨不同層次的「我們」與「他們」；他們是異類、不潔的、危險的、有毒的。於是，無論是女人、動物、疾病、不潔，在語言中都逐漸被賦與更深層的文化意涵。對一個成年男子而言，所有對外界的敵意與恐懼，父權與舅權的衝突，強調潔淨所致的性壓抑，都投射在村寨成員的疾疫與意外死亡所造成的騷亂之上，而外村寨來的少數女人則成為代罪羔羊。個人在此文化心理結構中，

34　Pierre Bourdieu, *Distinction: A Social Critique of the Judgement of Taste*, 482-84.

經驗到周遭發生的詭異或不幸事件，也在此心理結構中將之合理化而成為個人的經驗與記憶。有些令人「印象深刻」的例子，也就是其戲劇化情節符合內在社會文化結構（或神話模式）的例子，人、物、時、地被特化且被廣泛傳布，成為大家相信的「歷史」。在述說這些個人的「經驗」，或村寨中流傳的「歷史」，或有關毒藥貓的「神話」時，他們疏解各種的社會緊張，凝聚村寨或家族認同，並再度強化各層次的社會區分。一個人在成長中，由聽故事者漸成為說故事者；「情境」也因此得以傳遞下去。

「現在毒藥貓少多了」

近半世紀以來，岷江上游與北川地區有很大的社會、政治變遷，也因此相當程度的改變了「毒藥貓」敘事所依持的「情境」。在民族識別、分類使得「爾瑪」成為羌族之後，由於知道過去鄰近的「蠻子」與「漢人」其實都是羌族，「大家原來是一個民族」，鄰近村寨與各溝之間的敵意與衝突因此減緩了許多。過去較遠的「蠻子」或「猼玀子」，也成為今之「藏族」；由於新的歷史知識告訴他們，藏族也是羌族的後裔，因此他們認為「藏族」也不必是可怕的異類。新的生活經驗是，在國家力量所維繫的秩序下，所有的族群歧視都被禁止；在新的資源分配、分享體系下，各溝各寨之間也不再有嚴重的武裝暴力衝突。州政府經常舉辦的各種慶典活動中，羌族與藏族更一起展現本地少數民族風情。在社會治安上，出外作買賣，除了偶爾還遇上一些小盜小劫外，基本上安全無虞。更由於交通開發，人們與外界的接觸更廣，改變了孤立的「爾瑪」對外界的恐懼。由於有較多外出工作及受教育的機會，女人的社會地位也得到改善。從前封閉的嫁娶模式，除了高山深溝村寨外，一般都有相當改變。在疾病方面，對於流行疾疫與更普遍的「脹肚子」，如今在衛生與醫

療知識宣導下，人們知道那是鼠疫、結核症、熱病等等，也知道可以不食生水、避免接觸病人與消滅蚊蠅等方法來防治。這些社會情境的改變，影響「毒藥貓」各種敘事文本。簡單的說，人們普遍覺得，過去毒藥貓多，現在則是少了；或者說，過去毒藥貓比較兇，現在則不那麼厲害。

相關的民族、歷史與科學新知，偶爾仍被個人用以強化原來的社會文化結構，但大多數人藉以重新塑造個人的經驗與記憶。人們不太爭論「神話」，因為他們知道那不是真實的。然而他們在講述中，隨時「加油添醋」或賦予新的詮釋。相反的，他們爭論、討論共同的「經驗記憶」與「歷史」；在這過程中「過去的真實性」捲入世代、知識與權勢的階序關係之中。在此過程中「歷史」被重新詮釋，而「神話」也因其構成的人、物與事等辭彙的文化涵意被修正而有新的意義。或者，神話因失去其社會情境，而逐漸失去其流傳動力。

但這不是說，新知識使得人們不再以「毒藥貓」為代罪羔羊，來消除社會緊張與壓力。新的「理性」並沒有完全讓人們從毒藥貓故事所反映的「族群中心主義」（ethnocentrism）中醒覺。只是，人們在另一種認同典範下尋找新的「代罪羔羊」。一個羌族知識分子曾對我說：「毒藥貓大部分都是女的；這是民族內部的一種分裂」。這句話的含意是，即然現在大家都是一個民族，就不應該如此歧視內部的個別成員或次群體。然而，「一截罵一截」的情況仍然存在。羌族認為黑水人與藏族髒，且亂搞性關係；嘉絨或黑水藏族認為草地藏族髒，且亂搞性關係；漢人則認為州裡的少數民族都髒，且不太講究道德人倫。如此，原來根基於村寨認同結構的有毒的、污染的、不潔的、野蠻的「毒藥貓」概念，被置於新的民族分類架構之中。同時，在各溝之中，雖然目前其居民都自稱羌族，但各家族、村寨之間的資源分享、分配關係並未改變，家族、村寨與鄰近各溝之間仍不斷有些小衝突磨擦──這說明了為何人們認

爲，雖然少了很多，但至今毒藥貓還沒有斷根。

毒藥貓不僅在羌族中不容易「斷根」，在所謂的「文明世界」中也從來沒有「斷根」過。從更一般性的意義來說，「毒藥貓故事」不止廣布於岷江上游的村寨人群間，它也廣泛存在於世界各人群間；無論是在初民，或是現代都市人之間。這便是爲何在許多社會中，女人、弱勢群體與社會邊緣人常被視爲有毒的、污染的、潛在的叛徒或破壞者。在社會動盪騷亂之時，他們常成爲代罪羔羊。這也說明了，人類似乎一直生活在群體各自建構的「村寨」之中。孤立(區分與邊界)讓我們畏懼外在世界，我們也共同建構或想像內部邊緣的毒藥貓(內憂)或外在的毒藥貓(外患)來孤立自己。當外面的毒藥貓對一個群體產生威脅與恐懼時，內部或鄰近的毒藥貓成爲代罪羔羊；與內部毒藥貓間持續的、經常的敵對，也投射在對外界敵人的敵意與敵對行爲上。這些「區分」與敵對行爲，相對的也引起被區分者與受敵對者的人群「區分」概念與相應的行爲。於是，在各自強調區分的文化心理下，這些內憂、外患也成爲客觀現實與歷史事實。因此，「無毒不成寨」的一般性社會含意便是：一個社會人群賴其邊緣的維持而凝聚，而此邊緣的形成及其本質與變遷，永遠擺盪在歷史想像與歷史事實之間。

歴史篇

導言

在第三章中，我介紹、分析岷江上游村寨人群各層次的族群認同與區分。這些認同區分概念，目前不同地區、世代、性別之羌族民眾對其認知有別；無論如何，「民族化」為本地的認同與區分體系帶來很大的影響。所謂「民族化」，我是指近代「民族」概念下的民族分類與識別，以及因此產生的民族自覺過程。在「民族化」之下，現在本地民眾普遍知道自身為「羌族」，也大概知道其他還有那些地方的人是「羌族」，以及那些人是「漢族」與「藏族」。過去模糊的、相對的「赤部」、「爾瑪」與「而」的概念，如今分別等於他們民族知識中的「藏族」、「羌族」與「漢族」。並且，現在鄉間民眾常自我解嘲的說，過去是因為知識封閉，不知道大家都是羌族，所以才會「一截罵一截」。所謂「知識」，也就是創造羌族與羌族認同的知識；它們主要是一種「民族歷史知識」與「民族文化知識」。在以下的「歷史篇」中，我將介紹這些民族歷史知識，並說明造成此「歷史」的歷史過程。我也將介紹本土觀點的「歷史」，以及以上兩者的合流──民族化下本土觀點的「歷史」。最後，由各種的「歷史」與歷史中，我說明當前「羌在漢藏之間」此族群特質的由來。

近十年來，在許多社會與人文科學研究中，「歷史」與人群認同間的關係都受到相當矚目。在族群本質研究中，「歷史」、社會記憶或人群間一種共同起源想像，常被認為是凝聚族群認同的根本

情感源頭 [1]。在「國族主義」(nationalism)研究中，學者也注意到「歷史」建構與「國族」(nation)意識間的關係 [2]。在過去著作中，我也曾以社會歷史記憶的形成與變遷，來說明族群認同的根基性與工具性本質。以族群認同的根基性而言，我認為族群成員間的根基感情，產生自模擬同胞手足的同源情感；它的工具性便在於，此種「同源」記憶經常在人們的爭辯與操弄之中，因而「起源」也被修飾、改變與遺忘以應和環境變遷 [3]。這說明為何在許多強化族群或民族認同的社會回憶活動中，人們經常在追溯、尋索、創造及爭論「共同起源」。由這樣的角度來看「歷史」，事實上，前面我對岷江上游村寨社會的介紹中，已涉及了一些「歷史」問題──凝聚各村寨人群或村寨中各家族的「弟兄祖先故事」，便是以「同胞手足」來強化根基情感的「歷史」。

我們每一個人都生活在各種認同與區分體系(如階級、族群與國族)之中；我們因此熟悉相關的正確「歷史」，也常常經驗到「歷史事實」如何被爭論與一再被重新書寫。無論如何，這都是我們所熟悉的「歷史」。然而，在與人類各種社會認同相關的「歷史」研究

1 Elizabeth Tonkin, Maryon McDonald and Malcolm Chapman ed., *History and Ethnicity*(London: Routledge, 1989); Harold R. Isaacs, *Idols of the Tribe: Group Identity and Political Change*(Cambridge, Mass.: Harvard University Press, 1989), 115-143.

2 Eric Hobsbawm and Terence Ranger ed., *The Invention of Tradition*(Cambridge: Cambridge University Press, 1983), 12-13; Anthony D. Smith, *The Ethnic Origins of Nations*(New York: Basil Blackwell, 1987), 174-200; Prasenjit Duara, *Rescuing History from the Nation: Questioning Narratives of Modern China*(Chicago: The University of Chicago Press, 1995), 17-50.

3 王明珂，〈過去的結構：關於族群本質與認同變遷的探討〉，《新史學》5.3(1994)：125-26；王明珂，《華夏邊緣：歷史記憶與族群認同》，頁52-60。

中，或透過「歷史」對人類社會認同的探討中，「歷史」都被理解為一種被選擇、想像或虛構的社會記憶。如此對待「歷史」的態度，近年來常見於文化或社會史的底層研究（subaltern studies），社會記憶研究取向的口述歷史研究，以及歷史人類學之中。學者們的研究不僅是人們如何在「現在」中建構「過去」，也探索「過去」如何造成「現在」[4]。後一研究中的「過去」，不只是一些歷史事件與人物，更重要的是造成這些歷史事件與人物的，以及因社會記憶之展演而重塑的，各個時代、社會階層人群的歷史經驗、歷史心性或歷史文化結構[5]。

這種研究趨勢，自然使學者對於「歷史」一詞有相當寬廣的定義，也產生許多關於歷史本質的爭論：譬如，「歷史」與「神話傳說」的界線究竟何在？在某一文化中被認為是「歷史」的敘事，在另一文化中是否就相當於「神話」[6]？是否在不同的文化與社會結構下，人們有不同的歷史心性或歷史意識，因此產生不同的「歷史」

---

4 M. Bloch, "The past and the present in the present," *Man* (1977)12:278-292.; Joanne Rappaport, *The Politics of Memory: Native historical interpretation in the Colombian Andes* (Cambridge: Cambridge University Press, 1990).

5 有關結合口述記憶、文本與展演的研究，見Stuart H. Blackburn, *Singing of Birth and Death: Texts in Performance*(Philadelphia: University of Pennsylvania Press, 1988); Dwight Fletcher Reynolds, *Heroic Poets, Poetic Heroes: The Ethnography of Performance in an Arabic Oral Epic Tradition*(Ithaca: Cornell University Press, 1995). 關於歷史心性，相關文類與文本敘事，以及歷史記憶的誇耀、展演與攀附所造成的社會（歷史）變遷，請參考王明珂，〈歷史事實、歷史記憶與歷史心性〉，《歷史研究》5(2001)：136-147；王明珂，〈論攀附：近代炎黃子孫國族建構的古代基礎〉，《歷史語言研究所集刊》73.3(2002)：583-624。

6 相關討論見 Jonathan D. Hill ed., *Rethinking History and Myth: Indigenous South American Perspectives on the Past*(Chicago: University of Illinois Press, 1988); Joanne Rappaport, *The Politics of Memory: Native historical interpretation in the Colombian Andes*.

記憶與敘事方式？因此，文化史學者探究千百年前古代社會人群的歷史心性[7]，社會人類學者探究千百里外各種異文化人群的歷史與時間意識[8]，部分口述歷史學者，也在主流歷史所創造的社會邊緣人群間，採集口述記憶以分析其特有的歷史心性與敘事模式[9]；其目的都在探求「歷史」的本質，以及社會歷史記憶與人類社會間的關係。為何選擇這些「邊緣的」案例？主要的理由是：在這些邊緣時間(古代)、邊緣文化空間(土著)與邊緣社會(弱勢者)人群中，我們比較容易發現一些違反我們既有歷史心性與典範歷史的「異例」，因此可以讓我們藉由對自身歷史心性與典範歷史的反思，來體察「歷史」的本質及其社會意義。以此而言，羌族的例子有特殊的意義：在歷史上他們被漢人認為是一個古老的民族，在空間上他們生活在青藏高原邊緣的高山深谷之間，在社會上他們是中國少數民族中的少數民族；更重要的是他們處在漢、藏兩大文化體系間，也就是說，他們同時屬於漢、藏的邊緣。

因此對於「羌族歷史」的探索有多重意義。首先，無疑「羌族」是在近代中國國族建構中，經由歷史想像而產生的「民族」。近代

---

7 如法國歷史學者Jacques Le Goff 有關中古歐洲社會之心性及其變遷之歷史研究。見其所著*Time, Work, & Culture in the Middle Ages*, trans. by Arthur Goldhammer (Chicago: The University of Chicago Press, 1980)。

8 如，Renato Rosalso, *Iloggot Headhunting 1883-1974: A Study in Society and History* (Stanford: Stanford University Press, 1980); Marshall Sahlins, *Islands of History* (Chicago: The University of Chicago, 1985); Janet Hoskins, *The Play of Time: Kodi Perspectives on Calendars, History, and Exchange*(Berkeley: University of California Press, 1993).

9 Popular Memory Group, *Popular memory: theory, politics, method*, in Richard Johnson *et al* ed. *Making Histories*(Minneapolis: University of Minnesota Press, 1982); Paul Thompson, *The Voice of the Past*, second edition(New York: Oxford University Press, 1988).

國族主義（nationalism）在十九世紀末傳入中國，伴隨而來的便是「民族」或「國族」（nation）概念，以及相關的新學術工具。在此種新的民族概念與新學術之下，清末中國知識分子透過歷史研究與書寫，建立中華民族此一國族概念；同時也透過歷史研究與書寫，將傳統中國四裔人群納入此國族之內，成為一個個的中國境內少數民族。在以下第五章中，我將介紹這個典範「羌族史」，以及此「歷史」的建構過程。當今羌族，便是由此「歷史」得其民族生命。近年來，許多西方學界的國族主義研究或近現代研究者，在其研究中或說明在近代國族主義下「民族傳統」的創造過程，或解釋在國族主義風潮下許多「民族」如何被想像、創造[10]。在這一層次上，我同意他們的觀點；羌族的例子也支持這些「近代主義者」（modernists）觀點。

　　然而，從另一層次來說，晚清以來的「羌族」與「羌族歷史」建構，只是兩千多年來「華夏」不斷想像、建構其西方族群邊緣過程的最新階段；或許還不是最後階段。最早，在我的博士論文中，我曾提出此種「華夏邊緣觀點」的歷史——「羌」並不是代代住在中國西疆的某一「民族」，而是代代存在華夏心中一種華夏對西方邊緣異族的「概念」。由商代到漢代，隨著華夏認同的向西擴張，當西方原被稱作羌的人群由於「失憶」而成為華夏之後，更西方的人群便被華夏稱作羌。如此，華夏的羌人概念也就不斷向西推移。到了漢代，在青藏高原東緣形成一狹長羌人地帶——這便是漢晉時

10　Benedict Anderson, *Imagined Communities*, rev. edition（London: Verso,1991）; Eric Hobsbawm and Terence Ranger ed., *The Invention of Tradition*（Cambridge: Cambridge University Press, 1983）; Pamela Crossley, "Thinking about Ethnicity in Early Modern China," *Late Imperial China* 11.1（1990）: 1-35.

期的華夏西方族群邊緣[11]。在本書中，我延續上述研究，説明隋唐及此後「羌人地帶」上的許多人群，如何被漢人重新歸類為「番」或「夷」，因此造成「羌人地帶」在唐代之後逐漸萎縮。20世紀上半葉，便在這樣的歷史與歷史記憶基礎上，「番」被劃分為藏族，「夷」被劃分為彝族，而被認定為羌族的只有四川阿壩州東南與北川的部分人群。在第六章中，我將説明此一綿長的歷史過程。由這一層次來説，前述國族主義研究，或近現代史研究者，對「民族」或「傳統」的理解顯然有不足之處；他們都忽略了當代「民族」與「傳統」之形成，有其近代之前的歷史與歷史記憶背景。

最後，羌族不只是近代中國國族歷史想像下的產物，也不只是兩千年來「華夏邊緣」變遷歷史下的產物，他們也被自己所選擇、創造與潤飾的「歷史」所塑造。他們有其本土的「歷史心性」；在第七章中，我將從這種本土「歷史」中探索一種「另類歷史」——弟兄祖先故事。此「另類歷史」，也讓我們可藉以了解中國傳統的「英雄祖先」歷史心性。在接觸民族概念與以漢文傳遞的歷史知識之後，在「弟兄祖先故事」與「英雄祖先歷史」兩種歷史心性的轉化揉合下，羌族知識分子選擇、創造自己的「歷史」，以建立羌族認同；第八章説明這個過程。

11　Ming-ke Wang, *The Ch'iang of Ancient China through the Han Dynasty: Ecological Frontiers and Ethnic Boundaries*, Ph.D. diss.(Cambridge, MA: Harvard University, 1992).

第五章

羌族史：典範與解構典範

　　自古以來，中國人對於「羌」便有豐富的歷史記憶。近代學者根據殷商甲骨文、先秦史料、《後漢書・西羌傳》以及較晚更豐富的公私記載，來建構由商代綿延至近代的「羌族史」。這樣的「歷史」說明了「羌族」的起源、分布與遷徙，以及，更重要的，他們與中華民族下各民族間的關係。這樣的「羌族史」，也就是我所稱國族主義觀點下的「典範歷史」（master history）。在本章中我將說明，這樣的「歷史」是晚清至民國時期，中國知識分子在國族主義影響下的集體創作。然而，這些創作「羌族史」的中國知識分子，除了受一些新西方思潮模塑之外，本身又是中國歷史的產物與歷史記憶的承載與詮釋者。以下，我先介紹典範的羌族史及其意義。其次，我將在近代國族主義發展的背景下，說明此「典範羌族史」的形成過程；這也是一種對於「近現代」的解構。

典範的羌族史

　　在中國史研究中，「羌族史」不是一個頂熱門的主題，以此爲題的專著並不太多。然而，在近代以來的中國史學中，「羌」的問題涉及許多甲骨金文學、經籍訓詁、神話與歷史研究。因此，關於「羌」之枝節

研究，廣泛且普遍與中國上古史研究緊密結合。雖然在細節上有些爭論，百年來許多共識在中國史學中逐漸形成，凝聚爲目前一些「羌族史」的藍本。我稱之爲「典範的」羌族史，是因爲這些觀點，以及背後的學術邏輯基礎，幾乎已成了學界共識；另一方面，這樣的「羌族史」的簡化普及版，已透過各種媒介成爲一種歷史或民族常識。

　　根據這些典範的「羌族史」，羌族的來源至少可追溯至商代。甲骨文中有「羌」，他們是商人的西方敵人。根據卜辭地理研究，「羌」大致分布於豫西、晉南或陝西東部[1]。殷商卜辭中常有商，或其屬國，與羌之間的戰爭記錄。卜辭也記載，被俘的羌人被商人用在祖先祭祀中爲犧牲，或成爲商人的奴隸[2]。

　　由於「羌」與「姜」在文字上的相似，殷商之羌人又被認爲與中國古史中的「姜姓」之族有關[3]。在基於「神話學」的古華夏研究中，這一族群被認爲出於傳說中的姜姓「大嶽」或炎帝神農氏（姜姓）；在西周到春秋戰國時期，他們也就是申、呂、齊、許等姜姓之國的統治家族[4]。如此，姜姓或羌人被認爲是一古代民族集團，所謂「神農集團」或「姜炎集團」，他們的文化特徵是一種與羊有關的嶽神信仰。學者們又認爲，

1　陳夢家，《殷虛卜辭綜述》（北京：科學出版社），281；李學勤，《殷代地理簡論》（北京：科學出版社，1959），77-80；白川靜，《羌族考》甲骨金文學論叢第九冊（1958），45；島邦男，《殷虛卜辭研究》，溫天河、李壽林譯（台北：鼎文書局，1975），404、423。

2　顧頡剛，〈從古籍中探索我國的西部民族——羌族〉，《科學戰線》1（1980）：118-120。

3　章炳麟，《檢論．序種姓》；傅斯年，〈姜原〉，《國立中央研究院歷史語言所集刊》2.1（1930）：130-135。

4　森安太郎，《中國古代神話研究》王孝廉譯（台北：地平線出版社，1979），149-74；白川靜，《羌族考》，第4-6章；印順法師，《中國古代民族神話與文化之研究》（台北：華岡出版公司，1975）。

隨著羌人的遷徙，羌人的嶽神信仰也散布四方，這便是中國四方「五嶽」之說的由來[5]。「姜炎集團」由西往東遷，與「黃帝集團」發生接觸、爭戰，最後兩族融合——這是許多研究早期「華夏」形成歷史之學者的普遍看法。另一種看法是，根據中國上古典籍《國語》記載，黃帝、炎帝為兄弟，因此有些學者將炎帝與黃帝視為同一民族集團，「炎黃」集團，相對於「風偃」與「苗蠻」集團[6]。另外，中國歷史上第一個王朝夏的始祖，大禹，據記載他「生於西羌」；有些學者也因此及其它證據認為夏民族為羌人[7]。

周人與姜姓之族或羌人的關係，是近代以來中國上古史研究中的重要主題。據中國古文獻記載，姬姓周人的祖源為「姜嫄」；在周克商的戰爭中，有姜姓部族或羌參與[8]；西周時，周王又常娶姜姓族女子為妻。因此學者皆認為「羌」或「姜姓族」是周人的西方盟友。或者說，姬出於姜姓之族，或兩者原是一大族下的兩個支族[9]。在周克商之後，有功的「姜姓族」被分封於東方而東遷，這就是西周與春秋時期歷史上的申、呂、齊、許四國。留在渭水流域的姜姓族，主要是「西申」之國，後來勾結犬戎發動變亂，逼使周王東遷而結束歷史上的西周。

「戎禍」不僅結束了西周政權，也延續到春秋戰國時期。由於戰國文獻中有「姜戎氏」與「姜姓之戎」，又由於姜姓之申侯曾勾結犬戎滅

5　顧頡剛，〈四嶽與五嶽〉，《史林雜識初編》（北京：中華書局，1962）；白川靜，〈羌之嶽神崇拜〉，《羌族考》，第4章。

6　徐旭生，〈我國古代部族三集團考〉《中國古史的傳說時代》（北京：科學出版社，1962）。

7　徐中舒，〈夏商之際夏民族的遷徙〉，《西南民族研究論文選》，李紹明、程賢敏編（成都：四川大學出版社，1991），68-75。

8　中國民俗傳說中，姜太公佐助武王伐紂之事，便是此歷史記載的民間版本。

9　傅斯年，〈姜原〉；錢穆，〈周初地理考〉，《燕京學報》10(1931)：1-54。

了西周，因此姜姓之族（以及羌人）又被認爲是廣大「戎人」的一部分。
也就是說，羌或「姜姓」之族東遷而漸文明化的支族成爲華夏的一部分；
留在西方、北方未開化的族群，便是「羌」或「戎」[10]。戰國時西方的
「戎」或「羌人」有一個文化特點，根據戰國至漢初的中國史籍，這些
人死後行「火葬」。根據《後漢書》記載，由於戰國時華夏與秦的驅戎，
部分戎人紛紛往西逃遁，後來成爲漢代甘肅、青海黃河上游與湟水流域
的「西羌」。但今之學者多認爲，漢代河湟西羌是廣大的羌、戎最西方
的一支，他們一直住在那兒。如顧頡剛認爲，住得較遠的戎人，因山川
阻塞與華夏關係絕少，而能保存其原來文化與種族，這便是秦漢時代的
河湟羌人[11]。又如，冉光榮等認爲，秦漢之河湟羌族有的尙在原始狩獵
經濟階段，是羌人中最後進的部分[12]。

　　據中國史籍記載以及學者之研究，河湟羌人受迫於秦人的軍事壓
力，繼續大規模的遠距離遷徙。向西發展的發羌、唐旄，出賜支河曲西
數千里，後來成爲藏族先民的一部分。往西北，遷到新疆天山南麓的一
支，成爲「婼羌」。更有大量的羌人向西南遷徙，成爲岷江上游的羌人[13]。
甘肅東部與青海東部的河湟羌人，在漢代造成嚴重的「羌亂」。漢代中
國以進勦、移民、屯兵等種種手段對付羌人。卻由於中國將部分受降羌
人部落遷於內地郡縣，使得「羌禍」延燒到渭水流域各郡縣。對羌人的
戰爭軍費付出過鉅，西方諸郡又因戰禍凋敝，此爲造成漢帝國衰亡的重
要原因之一。學者認爲，由漢到南北朝時期中國不斷的將羌人內遷，如

10　顧頡剛，〈從古籍中探索我國的西部民族──羌族〉，120-125。
11　同上，131。
12　冉光榮、李紹明、周錫銀，《羌族史》（成都：四川人民出版社，1984），47。
13　冉光榮、李紹明、周錫銀，《羌族史》；顧頡剛，〈從古籍中探索我國的西部
　　民族──羌族〉。

此雖造成許多動亂，也因此造成民族之融合。漢化程度高的南安羌人姚氏，在南北朝時期曾建立一中國式的朝廷「後秦」。

　　唐代崛起於西方的「吐蕃」，據學者研究，其得名由於「發羌」[14]；其所併吞的蘇毘、羊同，以及黨項、白蘭、白狗等人群，在中國古文獻記載中也都是「羌人」。由於接受並傳播藏傳佛教的吐蕃，被認爲是當今藏族的直接祖先，因此羌人也被認爲是藏族形成的重要成分[15]。九世紀末，吐蕃陷入衰亂中時，黨項羌崛起，建立西夏王國。這是一個仿效唐宋制度建立的王國，13世紀爲蒙古所滅。自唐宋以來，陝西渭水流域羌人逐漸融入中國，而甘青河湟地區與川西北的羌人，也分別融入漢族、蒙古與藏族之中。最後在明清時期，只剩得岷江上游及附近北川地區有羌、羌番或「羌民」存在[16]。岷江上游汶川、理縣一帶的「羌民」，在20世紀上半葉以來學者的調查研究下，終於被識別爲「羌族」。

　　以上「羌族歷史」之建構，除了基於大量的中國文獻之外，學者們也嘗試由考古學、語言學上尋求支持。如甘青河湟地區的齊家文化、卡約文化、寺洼文化、火燒溝類型、諾木洪文化、辛店文化與安國類型文化，以及新疆的戰國時期火葬墓，都曾被認爲是羌人文化的遺存。除了這些考古文化遺存的地理分布及所跨時代，與前述歷史上的羌人活動時、空相契合外，主要的證據是隨葬的牛羊骨，與少量的火葬遺存[17]。考古學者也宣稱有些考古證據，可證明西周時期渭水流域姜姓族與羌的關聯；在這方面，最著名的便是鄒衡的相關考古研究。他由關中地區先

14　姚薇元，〈藏族考源〉，《邊政公論》3.1(1944)。
15　安應民，《吐蕃史》(銀川：寧夏人民出版社，1989)，1-21。
16　冉光榮、李紹明、周錫銀，《羌族史》，191-204。
17　夏鼐，〈臨洮寺窪山發掘記〉，《中國考古學報》4(1949)：95-96；文物編輯委員會，《文物考古工作三十年》(北京：文物出版社，1979)，頁143。

周文化中存在的兩種鬲——分襠鬲與聯襠鬲——來印證文獻中的姬姓族與姜姓族。聯襠鬲來自山西地區的光社文化中,分襠鬲來自於甘肅地區的辛店、寺洼文化中;前者代表姬姓黃帝族,後者代表姜姓炎帝族。姜姓族由西往東遷,姬姓族由東向西遷,兩種考古文化交融於渭水中游一帶[18]。許倬雲與Katheryn M. Linduff也認為,先周族原先活動在山西、陝西北方高地,吸收光社文化與草原居民的文化。在古公亶父時,他們又遷至涇水上游,定居於岐山並與姜姓結盟;此時期羌族文化遺存,表現在寺洼與安國文化之中[19]。1980年代陝西扶風縣劉家的辛店文化墓葬發掘,使學者對於從考古上證明羌與姜的關係更具信心。由於辛店文化與歷史記載中的西羌地理分布部分重疊,劉家文化墓地普遍隨葬石頭之習俗與文獻中羌人崇拜白石的記載一致,又由於死者頭部的雙聯小銅泡可能是髮卡,反映了文獻記載羌人披髮的習俗,因此發掘者稱之為姜戎(姜姓羌族)墓葬[20]。

在語言學方面,20世紀上半葉以來國族主義下的語言學研究,為中華民族之結構建立語言學框架。羌語,在此框架中為漢藏語系中之藏緬語族下,羌語支語言的一部分[21]。漢藏語系→藏緬語族→羌語支→羌語,如此一層層由大而小之語言涵括結構,與民族學者所稱的中華民族→藏族與部分西南民族→氐羌系民族→羌族,此一層層由廣而狹的民族結構相互呼應。西方著名中國古代史學者蒲立本(E. G. Pulleyblank)也認為,姜

---

18 鄒衡,〈論先周文化〉,《夏商周考古學論文集》(北京:文物出版社,1980),297-356。

19 Cho-yun Hsu & Katheryn M. Linduff, *Western Chou Civilization*(New Haven: Yale University Press, 1988), 33-67.

20 陝西周原考古隊,〈扶風劉家姜戎墓葬發掘簡報〉,《文物》7(1984):16-29。

21 聞宥,〈川西羌語的初步分析〉,《華西大學中國文化研究所集刊》*Studia Serica* 2(1941):58-90;孫宏開,〈川西民族走廊地區的語言〉,《西南民族研究》(成都:四川民族出版社,1983);〈試論「邛籠」文化與羌語支語言〉,《民族研究》2(1986):53-61。

姓族與姬姓周人都是羌的一部分，也就是戎的一部分。他根據《左傳》所載姜戎君長之語稱戎與華夏「語言不達」，以及東漢時記錄的川西某羌部之「白狼歌」爲一種藏緬語(Tibeto-Burman)，因而認爲羌是藏緬語民族[22]。

　　20世紀初以來，中、西學者進入岷江流域作民族調查研究。1950年代，配合民族識別之需，更大規模的民族調查也在此展開。1970年代以來，西南考古的石棺葬文化、大石墓，更引起學者對古代川邊「民族走廊」之民族移動的興趣。結合這些新的民族、語言與考古資料，許多學者認爲，古代羌人或氐羌沿著川藏邊界的民族走廊南移，便造成後來的彝族、白族、哈尼、納西、傈僳、拉祜、基諾、普米、景頗、獨龍、怒、阿昌、土家、藏族以及羌族等「藏緬語系民族」[23]。1980年代以來，研究羌族史的學者也用羌族本土資料來說明羌族歷史。汶川、理縣附近的羌族間流傳著「阿爸白苟與羌戈大戰」傳說，其內容稱羌人由西北遷來此地，與土著戈基人發生爭戰的經過。歷史學者認爲，這個神話傳說是岷江上游之羌由青海遷來，或更大範圍氐羌系民族南遷歷史之殘存本土證據[24]。

近代國族主義下之民族與中華民族

　　我們應如何看待以上的「典範羌族史」？這個「典範歷史」的形成，

22　E. G. Pulleyblank, "The Chinese and their Neighbors in Prehistoric and Early Historic Times," in David N. Keightley ed., *The Origins of Chinese Civilization*(Berkeley: University of California Press, 1983), 419-21.

23　李紹明，〈論岷江上游石棺葬的分期與族屬〉，《李紹明民族學文選》，738-56；孫宏開，〈川西民族走廊地區的語言〉；饒宗頤，〈西南文化〉，《中央研究院歷史語言所集刊》46.1(1974)：180-82。

24　林向，〈羌戈大戰的歷史分析〉，《四川大學學報叢刊》20(1983)：8-16; 冉光榮、李紹明、周錫銀，《羌族史》，207-210。

不只是涉及一些中外知名學者，如日本的白川靜、美國的蒲立本，以及中國近現代史學兩大鉅擘傅斯年與顧頡剛，也涉及一些新知識如考古學、語言學、民族學與神話分析等等。是否，這些學科嚴格的學術邏輯，以及上述學者個人的才學，可以讓我們完全信賴這個「羌族歷史」的真實性？我並非完全懷疑或否定前人的研究；以上許多的研究至今仍是經典之作，也釐清了許多古代史實。我所懷疑的主要是：這些史實是否可以串聯成一線性歷史，而一個「民族」在此歷史中綿延三千年之久？基於對「民族本質」(ethnicity)的人類學體認，以及對於近代「國族主義」與相關「民族歷史」的歷史學了解，我們可以重新思考這個「羌族史」的真實性，以及其建構過程與意義。

典範民族史中的主體──民族

在探討典範的「羌族史」之前，首先值得注意的是這個歷史的「主體」，也就是在此歷史時間中延續的「民族」，究竟是什麼？為何我們認為這些散布於廣大土地之上，綿延三千餘年的人群是一個「民族」──「羌族」？在本章中，我不願涉及太多有關族群理論(ethnicity theory)的探討。我曾以羌族與華夏為例，由族群理論探討什麼是一個「民族」[25]。本書第一部分對羌族社會與認同的描述與分析，也表現了我對「民族」(或族群)與「歷史」的看法。以下，我將在這些基礎上探討典範「羌族史」。

對於許多中國歷史學者而言，他們相信跨越廣大時空中的許多邊遠人群皆為羌族，其主要理由便是：在中國史料上這些人群都被記錄為「羌」。這是一個最偷懶的理由。在許多中國文獻的文本中「羌」、「羌戎」、「羌羯」、「氐羌」，都是華夏或漢人對異族的泛稱。至於這些

---

25 王明珂，《華夏邊緣：歷史記憶與族群認同》(台北：允晨文化出版公司，1977)。

被稱爲「羌」的人群之自我稱號，在中國歷史上記載很少，或被認爲是
羌人各部落名稱。然而，許多當代人類學的族群研究都指出，「共同的
自我稱號」在構成族群認同上有相當的重要性[26]。不只如此，由前面我
對過去岷江上游村寨中「爾瑪」認同的介紹，可看出所謂「共同的自我
稱號」是相當主觀的認定；細微的差別，都可能在主觀上被人們認爲「他
們不是爾瑪」。在「羌族史」上，顯然，被稱作「羌」的人群只有由華
夏那兒知道自身被稱作「羌」，而在族群生活中「羌」成爲一種認同與
區分的社會現實之情況下，才在他們中產生「羌」的族群認同。這也就
是，東漢時隴西地區的「東羌」，南北朝至唐代關中一些羌村中的「羌
人」，以及當代「羌族」等等。對於近代岷江上游的村寨居民來說，在
四、五十年以前，他們根本沒聽說過「羌」這個稱號，自然也沒有基於
此的共同「羌族認同」。那麼，我們爲何相信在交通更困難的時代，在
漢人歷史記憶的傳播更有限的時代，如此廣大時空中的人會認爲他們都
是「羌」？

　　較認真的學者考慮到「民族」是一個有共同體質、語言、經濟生業、
宗教信仰與文化特徵等的人群，他們也以此來思考歷史上的「羌族」。
因此，他們努力在文獻、考古與民族學資料上印證這個「羌族」在廣大
時空中的存在與延續。部分考古遺存中的火葬，以及岷江上游村寨人群
的火葬之俗，被認爲是文獻中「羌人火葬」的反映。當代岷江上游村寨
居民有「白石」崇拜，因此有些隨葬白石頭的墓葬被認爲是古「羌人」
遺存。當代羌族中有一種祭司，漢語稱「端公」。有學者認爲這是羌人
的「鬼主」，又將中國古史文獻中的「鬼方」等同於「西羌」，如此將

26　Michael Moerman, "Ethnic identification in a complex civilization: Who are the Lue?"
　　American Anthropologist 67(1965): 1215-1218.

商周之鬼方、漢代之「西羌」與今日之「羌族」聯繫在一起[27]。在語言上，由於今日羌族與藏族都屬「藏緬語族」，漢代川西一帶「白狼羌」留下的「白狼歌」也被認為屬藏緬語，而春秋時之「姜戎氏」又稱戎與華夏「語言不達」，這些都被用來證明「羌」為一有共同語言特徵的人群[28]。在經濟生業與宗教信仰上，中國古籍稱羌為「西戎牧羊人也」之記載，羌字由羊、人所構成，以及，與姜姓有關之「大岳」也被認為與羊神信仰有關。再者，某些甘青西藏考古遺存中的羊骨，以及當代羌族身穿的「羊皮襖」、端公的「羊皮鼓」，都被拿來印證一個在經濟與宗教生活上與羊關係密切的「羌」族之存在，及其歷史延續性。

　　在如此的民族歷史建構中，聯結不同時間、空間之羌人的則是「民族遷移」。在「民族集團說」中，徐旭生認為華夏集團的炎帝氏族居於陝西，其中一部分在西周之前便已順渭水、黃河東遷到河南、山東等地[29]。蒙文通認為，姜戎諸國原在周之西北，在西周滅亡後，他們逐步南遷或東遷——這是整個西戎東遷潮流的一部分[30]。白川靜認為，春秋戰國時的羌（或戎），為了逃避列國壓迫，移向陝西、甘肅山地。後來又受迫於秦，西踰隴山，進入黃河上游與湟水流域，這就是漢代的西羌[31]。顧頡剛認為羌戎原住在西方山岳地帶，一部分很早就往東面遷徙，三、四千年來逐漸同化在漢文化裡；元明以後，部分往西南方遷徙則成為藏族[32]。冉光榮等人也有類似的看法：羌人一波波的東遷而溶入漢族中，往西南遷

27　饒宗頤，〈西南文化〉，188-89。

28　E. G. Pulleyblank, "The Chinese and their Neighbors in Prehistoric and Early Historic Times," 419-21.

29　徐旭生，〈我國古代部族三集團考〉。

30　蒙文通，《周秦少數民族研究》，頁15。

31　白川靜，《羌族考》，頁132-33。

32　顧頡剛，〈從古籍中探索我國的西部民族——羌族〉，117-52。

的則發展成爲當今之羌族與許多西南少數民族[33]。事實上，這些證據與詮釋，都無法充分證明一個廣大綿延的羌族之存在。關於「共同的羌族文化」與這個「民族」的歷史延續性之關係，我將在本書第九章中討論。

以共同體質、語言、經濟生業、宗教信仰與文化特徵，來界定、追溯「羌族」，這種民族研究最基本的錯誤是，原來「民族」（或族群）便不是以客觀文化、語言與體質特徵來界定的人群[34]。近二、三十年來許多人類族群認同的研究都指出，族群成員間的彼此認同與因此產生的根基情感，以及此認同與情感產生的資源競爭、分享背景，在族群的形成與維持上相當重要。有此共同利益與根基情感，在受到外來刺激時，同一民族或族群之人才可能產生共同的行動。由此，我們也可以看出過去曾流行一時的所謂「民族集團說」──由一些神話傳說以及區域性考古文化特徵建構一個個龐大的「姜炎民族」、「苗蠻民族」等等──的謬誤之處。當代岷江上游村寨居民在成爲「羌族」之前「一截罵一截」的認同體系，也可以讓我們思考，在三代之前是不是可能存在這些龐大的「民族」？

然而，如此涉及許多學科的、影響深遠的「民族」想像，究竟是如何產生的？在什麼樣的思想與社會背景下，許多前輩學者建構此「民族」以及相關「歷史」？以下我將說明，近代中國「羌族史」書寫者如何因自身認同變遷而重新書寫「歷史」，以建構此認同主體（中國國族）的邊緣（少數民族）。

主體變遷：國族主義下的「中華民族」

19世紀下半葉，西方「國族主義」，相關的「民族」（nation）概念

---

33 冉光榮、李紹明、周錫銀，《羌族史》。
34 關於族群理論中關於「族群」定義的探討及相關研究，請參考王明珂，《華夏邊緣》第一章、第二章。

與社會達爾文主義(social Darwinism)隨著歐美列強的勢力傳入中國。憂
心西方列強在中國的擴張,並深恐「我族」在「物競天擇」之下蹈黑種
與紅種人受人統治之後塵,中國知識分子結合「國族主義」概念與民主
改革思想,極力呼籲「我族」應團結以自立自強。這個「我族」,首先,
特別是在革命派人士心目中,指的是傳統「中國」概念中受四方蠻夷包圍
的「漢族」。在較能包容滿族的立憲派知識分子心目中,我族則包含滿、
蒙等族。後來,在歐美列強積極營謀他們在西藏、蒙古、東北與西南邊區
利益的情況下,結合「中國人」(核心)與「四裔蠻夷」(邊緣)而成「中華
民族」的我群想像,逐漸成爲晚清與民國初年許多中國知識分子心目中的
國族藍圖。這個國族的建構,主要賴建立這個大民族的「共同祖源記憶」,
以及建構新的「華夏邊緣」來完成。「羌族史」便是這個「共同祖源記憶」
的一部分,而作爲少數民族的「羌族」也是新「華夏邊緣」之一。

　　研究國族主義與族群本質的學者常提及,作爲一種共同起源記憶的
「歷史」,在建構當今各「國族」或「民族」上的重要角色[35]。同樣的,
在中國國族主義的滋長過程中,「歷史」也是建構民族認同的主要動力。
美國歷史學者杜贊奇(Prasenjit Duara)曾在他的著作中說明,晚清知識分
子如何假借「啓蒙歷史」(Enlightenment History)來建構「中華民族」;
「歷史」一方面說明目前這民族的「現代性」,一方面「歷史」強調民
族的團結與凝聚[36]。

35　Anthony D. Smith, *The Ethnic Origins of Nations*(New York: Basil Blackwell, 1987);
　　Richard H. Thompson, *Theories of Ethnicity: A Critical Appraisal*(New York:
　　Greenwood Press, 1989); Eugene E. Roosens, *Creating Ethnicity: The Process of
　　Ethnogenesis*(London: Sage Publications, 1989); Elizabeth Tonkin, Maryon McDonald
　　and Malcolm Chapman ed., *History and Ethnicity*.

36　Prasenjit Duara, *Rescuing History from the Nation: Questioning Narratives of Modern
　　China*(Chicago: The University of Chicago Press, 1995), 27-30.

　　在所有凝聚人群的「歷史」中，解釋人群共同起源的「歷史」最為重要。「共同起源」，無論是祖先、起源地或一個源始事件，都能凝聚人群。在中國，找尋、建立一個共同的始祖，在清末民初「造國族」運動中是一項重要工作。近代史學者沈松僑曾在一篇論文中指出，過去一個皇統符號，黃帝，在晚清知識分子如梁啟超、章太炎等人的集體建構下，成為中華民族的共同始祖。在這集體想像過程中，有兩個爭議主題值得注意。其一，有些邊疆民族如滿、蒙等，是否為黃帝子孫。其二，如黃帝是所有漢人與滿、蒙等非漢的共同祖先，那麼是否黃帝的嫡傳——漢族——比其他支裔優越[37]。這些爭議，鮮活的說明了國族（或民族）建構過程中的一些普遍現象：共同紀念一「起源」，以強化群體成員間的根基情感；修飾、確認國族群體的邊界；然後，階序化群體內部之次群體。

　　1911年中華民國成立。經過清末以來的造國族運動，使得建國領袖們堅信這個新國家是由「中華民族」所建立的民族國家。在國族主義影響下，以及在西方列強對東亞的鯨吞蠶食威脅下，中國知識與政治領袖們將「中華民族」建立為一不僅包括漢、滿、蒙，也包括南方與西南各非漢族群的國族。雖然在國族主義之下，傳統「中國」與其邊緣「四裔」合而為一。但對漢人來說，以「四裔蠻夷」襯托「中國人」的傳統華夏族群中心主義仍然不變。於是在新的「中華民族」認同及傳統華夷區分概念下，知識分子更重要的工作便是建構與核心「漢族」相對應的邊緣「少數民族」，以使「中華民族」這概念更具體，並讓原為夷狄華夏的「中華民族」成員產生一體感。這個刻不容緩的任務，主要由重新建構「歷史」來完成。

37　沈松橋，〈我以我血薦軒轅：黃帝神話與晚清的國族建構〉，《台灣社會研究季刊》28(1997)：1-77。

有開創中國近代史學之功的梁啓超,曾在《中國歷史研究法》一書中揭示歷史研究的主要旨趣[38]:

> 第一:說明中國民族成立發展之跡,而推求其所以能保存盛大之故,且察其有無衰敗之徵。第二:說明歷史上曾活動於中國境內者幾何族,我族與他族調和衝突之跡何如?其所產結果何如?第三:說明中國民族所產文化以何為基本,其與世界他部分文化相互之影響何如。第四:說明中國民族在人類全體上之位置及其特性,與其將來對於人類所應負之責任。

由此看來,梁氏心目中的歷史研究,直便是當今學者心目中之「民族史」。我們知道梁啓超是晚清至民初建構「中華民族」之靈魂人物,這說明了「歷史」在國族建構中的重要性,並表現國族主義下近代歷史研究的一個重要特質。

由民國成立到1949,國民政府之政學界領袖們大多只注意五個少數民族:滿、蒙、回、藏與苗。四川、雲南、貴州等地的非漢族群被忽略,或整個被概括在「苗」之中。許多西南非漢族群在生活習俗上與漢人相似,又被認為或自認為與漢族有密切的歷史淵源,因此當時中國之國家民族政策鼓勵他們漢化[39]。1949年,中國共產黨在中國建立了新的政權。如中華民國一樣,新的中華人民共和國政府也宣稱其主權涵蓋所有少數民族地區,並強調包括各少數民族的「中華民族」一體性。與前者不同的是,新中國政權對於民族問題有更積極的政策。首先,新政府宣示保障民族平

---

38 梁啓超,《中國歷史研究法》(上海:上海商務印書館,1924)。

39 Colin Mackerras, *China's Minorities: Integration and Modernization in the Twentieth Century* (Hong Kong: Oxford University Press, 1994), 59-60.

等，致力消除民族歧視，並逐步推行民族自治。接著，民族調查與識別工作大規模的推展。直到1979年，總共有55個少數民族被識別，並得到國家承認。岷江上游及鄰近地區的「羌民」，便如此成爲「羌族」。

　　一個值得重視的問題是：爲何此一人口寥寥可數，其「民族文化」又夾雜於漢、藏之間的人群，得以被識別爲「羌族」？他們中一部分曾被視爲「蠻子」或「番」，但爲何沒有被劃歸爲「藏族」？他們中更大一部分曾相當「漢化」，也曾被納爲中國編戶，爲何他們沒有被識別爲「漢族」？關於這個問題，我們必須由清末到民國時期漢人知識分子的國族「歷史」建構說起。

典範羌族史的形成過程

　　在晚清與民初知識分子高談中國民族、種族時，他們主要是由歷史文獻來探尋、爭辯那些是我族，那些是非我族類。雖然他們也提及膚色、體質、語言等問題，然而在那中國體質人類學、語言學、考古學初萌的時代，學者們很難認真從「科學」角度思考民族分類問題。這是他們的探討多限於歷史文獻的原因之一。以下我將說明，典範羌族史的形成大致可分爲兩個階段：前者爲以歷史上的「羌」或「氐羌」爲主體的「羌族史」研究，後者則是以當代「羌族」爲主體而回溯其歷史的羌族史研究。這前後兩個階段的研究，大致以1950年代爲分野。以相對應的中國民族政策來說，前者與「五族共和」或中華民族之融合相呼應，後者則與少數民族識別、分類與民族自治政策相配合。

以羌、氐羌爲主體的「羌族史」

　　雖然明清以來，中國邊陲描述已成爲一「類民族誌」的書寫傳統，

然而在清末民初時，絕大多數傳統儒者對邊裔人群的認知，仍停留在歷史上「四方蠻夷」的階段。清末民初大儒章太炎便基於此概念，將中國邊緣諸族群分爲四類。

在章氏著名的〈序種姓〉一文中，他稱大幕（漠）南北的遊牧人群爲「犬種」的狄，東北各非漢族群爲「豹種」的貉，南方甌越之東、滇交趾之南各族群爲「蛇種」的蠻。唯對西方「河湟之間驅牛羊而食湩酪」的人群，他稱之爲「牧羊人」，羌[40]。顯然，他視北方、南方、東北的非漢族群如「非人」的犬蟲之類，而獨視羌爲「人」。他又認爲，這些北方、南方、東北的族類「其化皆晚，其性皆獷」，因此「不能予以華夏之名」；然而，西方之羌又是例外。如此的看法，並非建立在其民族誌知識之上，而是奠基於其傳統中國文史知識與記憶之中。

章太炎心目中之華夏與異族之區分，以及「羌」在此區分中的特殊地位，表現在他「中夏之族」的概念上。基於文史典籍記憶，他認爲「中夏之族」便是黃帝、神農之族裔。他指出，這一族人起於西方「印度大夏西域三十六國之間」。此一廣大西方人群的北方邊緣有「羌」，南方邊緣則有「髳」（苗）；也就是說「中夏之族」爲「西域、羌、髳所合也。」由他的舉證內容可知，中國文獻記憶中大禹興於西羌，神農爲姜姓，以及在文字上羌與姜的相似性，都使得他將「羌」視爲「中夏之族」。他認爲，羌就是姜；姜姓神農所統領的地域有西域、青海與隴西。因此他又稱：「衛藏與西域三十六國皆猶有順理之性，則神農、黃帝所不能外，亦其種類相似。」由此可見，章氏把「衛藏與西域」諸地人群納入華夏之中，是由於他認爲這些邊疆人群與「羌」有密切關聯。在章氏包含衛藏與西域的「中夏」國族概念之中，我們可以看出回疆與西藏之民被納

---

40 章炳麟，《檢論》，序種姓，1-2。

入中華民族的一個早期思想淵源。無論如何，雖然一方面歷史上與「羌」有關的族群都被章太炎視為華夏的一部分，在另一方面，他又認為當今之「羌」或西域、衛藏之民與華夏只是「種類相似」——他將之比喻為，如艾之與蒿，橘之與枳——雖同種，然而還是有差別的[41]。

在1905年，年輕的革命派人士劉師培撰寫了一本「中國民族志」。在序言中他說，期望藉此書「喚醒中華種族」。與許多革命黨知識分子相同，這時他心目中的中華種族只是「漢族」。在本書中，他指出東周時之外患來自四種不同種類之異族，其中之一便是「氐羌種族」。此族原為西方「犬戎」，東移後成為分布在河南、山西一帶的驪戎、姜戎、伊洛之戎等等。在更大的範圍裡，他又視氐羌種族為西藏族的一支。此西藏族在西漢時蔓延到青海、河西等地，包括著名的冉駹與白馬氐。因此，東漢時的氐羌入侵中國，也被他視為西藏族的東侵。無論如何，他也指出周之戎狄、漢之氐羌，後來都「風俗刑政卒與漢族相融」而混合在漢族之內[42]。值得注意的是，無論如章太炎將「衛藏」視為華夏同種，或是劉師培強調漢族與西藏族之不同，他們所建構的「羌」或「氐羌」種族，都是聯結「華夏」（或漢族）與西方回疆、青海、康藏各地族群的中間橋樑。如此居於廣大華夏西部邊緣的模糊位置，使得「羌」或「氐羌」在後來的「中國民族史」中，得以發揮其類似粘著劑的功能。

在民國創建之後，有關「中國民族」或「中國邊疆民族」的歷史研究，更如雨後春筍。在中國歷史文獻中普遍出現的羌、羌人與氐羌等，自然也引起學者們相當的研究興趣。如前面提及的，有關甲骨文中之羌，羌族與姜姓之族的關係，姜姓炎帝與古代諸「民族集團說」，羌族與藏

---

41 章炳麟，《檢論》，序種姓，1-9。
42 劉師培，《中國民族志》。

族之關係等等問題，都在此時成爲學者們的研究探索對象。今之學者可
能將這些研究納入冷門的「民族史」範疇，然而，前面我曾引述梁啓超
所揭示的「歷史研究旨趣」；以此旨趣來看，這「民族史」在20世紀前
半葉的中國卻是歷史研究的主幹。

　　枝椏既備，樹亦成形。到了1930、1940年代，中華民族之歷史結構
已規模初具，此時出現許多名爲「中國民族史」之綜合性著作。關於「羌」
或「氐羌」的瑣碎研究，在此時也凝結爲較完整的體系——有關一個民
族綿延數千年的「歷史」。這個「歷史」，也是更大範圍的「中國民族
史」的一部分。在這些名爲「中國民族史」的著作中，「羌」或「氐羌」
皆代表一古代重要民族或民族集團，在數千年歷史過程中一方面與古華
夏相爭戰，一方面又不斷融入華夏，因此其後代目前廣布於漢、藏與許
多西南民族之中。譬如，王桐齡認爲氐、羌與戎都是西藏民族的一支；
戎在周秦時同化於漢，氐、羌也在魏晉南北朝時加入漢人血統之中[43]。
又如，林惠祥認爲「氐羌系」爲藏族來源之一，春秋時爲西戎，其與華
夏族雜居者皆同化爲華夏。這一民族在漢代爲羌，宋時爲西夏，明代爲
西番諸衛，清時爲唐古特族；另有一部分爲氐羌，與回族雜居西北；一
部分爲西南夷，與羅羅、緬甸族及爨撣族相近[44]。同樣的，兩位作者皆
以羌或氐羌來聯結漢、藏，或聯結漢、藏及各西南、西北之非漢族群。

　　在如此的歷史建構中，將姜、羌或氐羌民族的共同族源溯及姜姓炎
帝(神農)尤其重要。在中國歷史傳說中，炎帝有兩種身分：在有些文獻
中他曾與黃帝爭戰而敗於後者之手[45]，在另一些文獻中他卻又是黃帝的

43　王桐齡，《中國民族史》(台北：華世出版社，1977)，頁96。
44　林惠祥，《中國民族史》(上海：商務印書館，1936)，頁13-14。
45　《史記》1.1，五帝本紀；《帝王世紀》。

兄弟[46]。在前面我們曾提及，黃帝曾在晚清的國族建構中被尊爲中華民族（特別是漢族）的共同祖先。之後，在許多民族史書寫中，被黃帝擊敗的「弟兄」——炎帝——成爲許多非漢族群的祖先，特別是與氐羌有關的族群之共祖。「炎黃子孫」成爲包括所有漢與非漢的中華民族的代名詞。由於前述炎帝與黃帝間的雙重關係，因此「炎黃子孫」也有雙重歷史隱喻：一方面強調各民族間的「弟兄民族」關係，另一方面則區分誰是征服者、誰是被征服者的後裔。

　　雖然羌或氐羌已廣受歷史學者的注意，然而此時在漢族知識分子心目中，此一民族只是與今之漢族、西藏族或西南民族有關的一個歷史人群概念。很少人認真思考，當代那些人是「羌族」或「氐羌」。甚至於，學者們很少使用「羌族」這族稱；即使提及「羌族」，究竟這是指當代何處的非漢民族，學者的看法也莫衷一是。如，林惠祥認爲羌族即當時青海的唐古特族（Tanguts）[47]。呂思勉則以爲，當代羌族主要在青海、康藏、川西北及雲南維西、中甸一帶[48]。更令人訝異的是，即使文獻的探討已觸及當代川西北的「羌」，學者們的興趣仍在歷史之中。1930、1940年代有關「大禹」的研究，便是這樣的例子。

　　在中國對日戰爭期間，許多歷史學者隨國民政府遷往四川。在此時此地，大禹與西羌的關係成爲一個研究焦點。「禹生於石紐」、「大禹興於西羌」，以及「夏民族起源於四川」等等之說勃然而興[49]。雖然學者皆認爲大禹出生的「石紐」或「汶山郡」在北川或岷江上游的汶川，

46　《國語》10，晉語四。

47　林惠祥，《中國民族史》，頁142。

48　呂思勉，《中國民族史》（上海：世界書局，1934；北京：東方出版社，1996），頁4, 286-7。

49　陳志良，〈禹與四川的關係〉，《說文月刊》3.9（1943）：33-42；羅香林，〈夏民族發祥於岷江流域說〉，《說文月刊》3.9（1943）：43-63。

而當時這些地區的山居土著在文獻中都被稱作「羌」或「羌民」,但卻少有學者因此深入研究大禹和羌民的關係。這是由於,雖然討論大禹和羌人的關係成一時風尚,但重點並非大禹和當時川西北「羌民」的關聯,而是華夏的「起源」問題。在對日戰爭的挫折中,藉著「華夏起源於四川」的歷史想像,中國知識分子隱喻民族之復興也可寄望於此。

　　這個例子說明,此時「羌」或「氐羌」只是一歷史人群概念,很少有學者將此與岷江上游的土著「羌民」聯繫在一起。甚至,可能絕大多數中國知識分子都不知道「羌民」的存在。早年進入岷江上游「羌民」地區作語言調查的學者聞宥,曾有此感慨:

> 我儕今日苟未身至川西,固已不知版圖之內,尚有羌人。以一早見於先秦文獻之族類,互數千年,歷無數之移徙混合,卒未滅絕,而並世竟無知之者,斯真學林之憾事已[50]。

　　這段話顯示,當時知識分子的「歷史知識」中已有一「互數千年」的羌族,然而相對的,他們對羌的「民族知識」仍然淺薄。1940年代,典範的民族分類與歷史知識尚未完成,另有一例可以為證。當時西南聯合大學的秦學聖,曾隨西方學者到岷江上游作調查——調查他認為應在岷江上游的「苗族」[51]。這個觀念,與現在民族識別劃分後的苗族居地相去甚遠。這些都顯示,在民國之初二、三十年的民族史建構中,學者

---

50 聞宥,〈川西羌語的初步分析〉,《華西大學中國文化研究所集刊》Studia Serica 2(1941):60。

51 見 David Crockett Graham, *The Customs and Religion of the Ch'iang*(City of Washington: The Smithsonian Institution, 1958), iii. 中國古文獻中有舜「遷三苗於三危」,而許多學者相信「三危」在青海南部到川西北一帶;顯然,這便是秦學聖到岷江上游探索苗族源流的基礎。

並非追溯一個已存在之「羌族」的歷史。而是，在有關「羌」的大量中
國歷史文獻記憶中，建構歷史上的「羌族」。這也說明了，爲何早期進
行「羌民」田野調查的大多是西方學者或傳教士。

以羌族爲主體的羌族史

約在1910-20年間，英籍傳教士陶倫士（Thomas Torrance）曾在岷江
上游地區傳教，並研究當地「羌民」。除了記錄、描述羌民的文化特色
之外，他也嘗試探索、重建羌民歷史——由夏代的大禹延續到清代[52]。
雖然他的歷史建構大多引自同時代的中國歷史學者，不同的是，中國歷
史學者關於羌或氐羌的歷史研究是爲了說明「漢族」與「少數民族」的
關係，而陶倫士則是爲建立一民族歷史。

由於他將羌民的宗教視爲一種「一神教」，他更進一步將這支民族
的歷史追溯至東遷的古代以色列人[53]。這樣的結論，顯然來自於他的西
方文明中心主義，以及在那時代深受演化論、傳播論影響的民族學
（ethnology）。在演化論的思考模式下，他以「一神教」作爲人類宗教演
化、進步的極致階段。在西方文明中心主義之下，顯然他認爲此文明
邊緣人群有如此進步的宗教，是因爲這些人爲「西方文明者」失落的後
裔[54]。事實上在那個時代，除陶倫士之外，其他西方學者（或傳教士）也曾

52　Rev. Thomas Torrance, *The History, Customs and Religion of the Ch'iang* (Shanghai: Shanghai Mercury, Ltd., 1920), pp. 4-14.

53　Rev. Thomas Torrance, *China's First Missionaries: Ancient Israelites* (London: Thynne & Co. LTD., 1937).

54　「找尋失散的祖先後裔」，是指在文明程度與權力關係不對等的人類社會接觸中，優勢人群認爲此劣勢人群爲本群體之分支，而產生的一種歷史建構與想像。關於這個主題的探討，請參閱拙著《華夏邊緣》，第九章〈邊緣人群華夏化歷程〉。

將中國西南邊疆許多族群當做是「印歐種」、「以色列種」或其它西遷的西亞種族[55]。

由1925到1948年,另一位西方學者葛維漢(David Crockett Graham),也幾度進入岷江上游地區作調查。除了考察羌族文化外,他也追溯羌民的歷史。他參考中國歷史學者的著作,建立一悠久綿長的羌民歷史。不同的是,他駁斥陶倫士所稱「羌民為東遷以色列人後裔」之說。他指出,羌民的宗教並非一神教。他更明白指出,當時有些羌民自稱「古以色列人後裔」,乃受陶倫士影響所致[56]。

陶倫士與葛維漢對於「羌民」的興趣,主要不是在其歷史上。他們以及1930至1940年代中國之羌民調查者的主要研究旨趣,都在於以文化、體質及語言來尋找、建立一典範的當今「羌民」。關於這一部分,我將在本書後面的「文化篇」中說明。無論如何,他們的調查成果為後來的民族識別工作提供了一些具體材料,也引起歷史學者的注意。這是因為,歷史學者已從文獻中逐漸建構出一個「中華民族」形成的藍圖,在這藍圖中「羌」或「氐羌」扮演著非常重要的角色。由於羌或氐羌,與漢、藏及許多西北、西南非漢族群皆有關聯,因此「羌族史」可以成為中華民族下許多民族間的黏著劑。川西的「羌民」人口雖然不多,但他們被認為是歷史上廣大的羌與氐羌民族遺裔中,此時仍被稱為「羌」的族群。他們像一個活的歷史見證。對許多近代中國知識分子而言,當代羌族的存在,也證明了相關「歷史」的真實性。因此,在1950年代的

55　泰羅(Griffith Taylar),《人種地理學》(台北:中華書局,1960);P. H. Stevenson, "The Chinese-Tibetan Borderland and Its People," *China Journal* 6.4-6; T. Cook, "The Independent Lolo of southwest Szechwan," *Journal of the West China Border Research Society* 8: 70-81.

56　Graham, *The Customs and Religion of the Ch'iang*, 98-101.

民族識別、分類中，「羌族」成爲一個少數民族。而且，在歷史文獻、
民族誌資料及語言學分類的幫助下，這個民族有一個大致的範圍——排
除歷史上被他族同化的「羌」，而專指晚清到民初在岷江上游仍被稱作
「羌民」的族群。關於「羌民」如何成爲「羌族」，在後面我將作更深
入的探討。

　　在一個具體人群被識別爲羌族之後，以及在民族自治與相關民族政
策陸續施行之後，羌族歷史研究進入一新階段。在1970至1980年代，許
多前輩著名學者如顧頡剛、馬長壽、任乃強等，都投入「羌族史」研究
之中。在「民族」概念與相關線性歷史觀點下，羌族被描述爲在歷史上
不斷遷移，融入他族，或形成新民族。如此所建立的「羌族史」，不僅
將由商代至今的「羌」囊括在「中國史」或「中國民族史」之中，並將
許多中國西部、西北、西南少數民族——根據他們與羌或氐羌的關
係——與漢族聯繫在一起。如，馬長壽在其《氐與羌》一書的緒論中稱，
住在秦隴地區的羌逐漸融合于漢，河湟地區的逐漸融合于藏，居住在岷
江上游的羌人則綿延至今仍爲羌族[57]。因此，他認爲：

> 特別是羌族，自古以來從今河南一直向西，到今新疆南部帕米
> 爾高原，向南直到今四川西部和南部，都有他們活動的蹤跡。
> 他們不僅與中原地區，而且與北方蒙古草原、西南的青藏高
> 原、西部的天山以南等地區的各個民族，均發生過密切的關係。

　　羌族史的重要性，任乃強在其《羌族源流探索》一書之序言中，有
更清楚的說明：

57　馬長壽，《氐與羌》（上海：人民出版社，1984），頁1。

在漫長的歷史時期中，羌族演化爲許多支系，其中一部分融合
於漢族，一部分發展爲藏緬語族的若干民族。無論是在歷史上
出現過和現在仍然存在的我國西北西南各少數民族，溯其來
源，大都與羌族有關。因而，研究羌族的形成和發展，對於加
強我國民族史的研究以及民族識別、民族團結工作都極爲重要。

由於此時「羌族」已爲一少數民族的具體指稱，此一階段的羌族史
書寫，多少都提及當前川西北的羌族。這個被認爲有自身少數民族文化
特色的民族，被當作是歷史上「羌族」的活化石證據。羌族之現實存在，
賴「歷史」而得到合理的詮釋；「歷史」也由於羌族之存在而被人們信
賴。因此，清末民國以來與此相關的模糊歷史人群概念，如「氐羌種族」、
「西藏族」、「氐羌族系」等等，多被「羌族」取代。雖然如此，上述
顧、馬、任等前輩學者所書寫的羌族史，仍然承繼前一階段的歷史研究
傳統，強調「歷史上」的羌族，及其與中華民族中各個民族之關係。對
於當前的羌族則著墨甚少。

同時，也在 1980 年代，岷江上游羌族的本土歷史神話，羌戈大戰
故事，引起部分學者們的注意[58]。這個流行於理縣、汶川一帶的故事，
述說一個族群如何自西北南遷，至岷江上游與當地土著戈基人發生戰
爭，得勝後成爲「爾瑪」並分別到各地建立村寨。這個民間傳說，被學
者視爲北方羌人南遷之真實歷史反映。理縣、汶川一帶出土的石棺葬，
當地人認爲是「戈基人」的墓。石棺葬中的甘青文化因素，被學者詮釋
爲一波波羌人南遷的考古學證據。此種揉合本地傳說、考古資料與歷史
文獻的羌族史書寫，最具代表性的便是冉光榮、周錫銀與李紹明等人所

---

58 林向，〈羌戈大戰的歷史分析〉，《四川大學學報叢刊》20(1983)：8-16.

著的《羌族史》[59]。這可以說是典範羌族史的極致，也是典範羌族史書寫的完成與終結。在本書出版後，再也沒有如此完整、全面的「羌族史」出現。

在這一本《羌族史》的正文之前，刊載了多張照片，顯示茂汶羌族自治縣羌族的房屋聚落、生產活動、文化特色與歷史古蹟。全書分爲上、下兩篇。上篇由炎帝、大禹、商周時期的羌人，一直寫到唐宋時期的羌人，最後歸結於羌和藏緬語族各民族的關係。下篇介紹岷江上游的羌族，由石棺葬與羌戈大戰傳說來印證西北羌人的南遷，然後探討宋明以來當地的政治、經濟狀況。最後兩章，主要介紹當前羌族的習俗、宗教與文藝、科技。書後並附載羌語方言分類，與人口數量與分布。因此，從整部書的結構看來，上篇可以說是清末民國以來歷史學者與本書作者們精湛研究的集結；下篇則是，被前一階段羌族史書寫者全然忽略的「本土歷史」。以「歷史」所表露的族群本質(ethnicity)來說，上篇表現的是在中華民族體系中的羌族，下篇則表現存在於本土特質中的羌族。這都顯示，作者們將此書作爲「當前羌族」的歷史。在此「歷史」中，羌族與其他各民族的關係，造就當前中華民族中的「羌族」；當前中華民族中「羌族」之存在，也促成這部羌族史的書寫與完成。也就是說，當前羌族的存在及其族群本質，與典範羌族史的完成互爲因果、相生相成。

在冉、周、李氏《羌族史》之〈後記〉中，作者們的一段話也說明了此「歷史」與「民族」的部分特質：

> 對於本書之徵求意見稿，國內民族、歷史、考古、語言工作者，
> 提出了很多寶貴的意見。四川茂汶羌族自治縣縣政府更在幹部

---

59 冉光榮、李紹明、周錫銀，《羌族史》（成都：四川人民出版社，1984）。

群眾中組織討論，得到了羌族人民的各界代表，特別是老紅軍
戰士何玉龍、蘇星、馬福壽，以及阿壩藏族自治州政協副主席
王泰昌等同志的熱情關懷和肯定。

這一段簡短的文本中，披露了清末民國以來一個「民族」形成的三
個面向，或者說，三個重要的「情境」。第一，在民族、考古、語言等
新學術工具與新的歷史書寫下，「民族」得到其客觀的典範特徵。第二，
典範的學術知識被轉化為民族常識，經過各種政治、社會機制之傳播而
被民眾接受，因此「民族」得以建立在土著觀點（native's point of view）
與主觀認同之上。第三，所謂土著觀點，經常不是所有土著的觀點，而
是土著群體內部分人士所決定的「土著觀點」。

由早年的劉師培、章太炎到當代的顧頡剛、馬長壽、李紹明等，這
些史學家在研究、書寫羌族歷史時，心中都未必有建構「羌族」的企圖。
然而，在學術傳承與時代背景下，他們對羌族歷史之研究、書寫被主流
社會認為是最具說服力，也最具權威性，因此成學術典範；這個典範的
羌族史知識，最後終於造就了「羌族」。「羌族」成為一個在國族結構
中被認可的、建立在其成員認同上的民族；典範羌族史的研究、書寫也
從此終結。「羌族史研究」只是一個例子。這個例子說明，為何在清末
民初一度代表「新史學」主要內涵的「民族史」研究，在中華民族中各
個民族形成之後，悄悄的由歷史研究的主流中退出。

但這整個華夏或中國邊緣的再建構，只是一個長期歷史過程的一部
分。劉師培、章太炎、顧頡剛等人，可以說是此歷史過程的創造物。因
此在新的時代氛圍下，他們毫無選擇的投身於一個中國邊緣的再塑造工
程之中。在下一章裡，我將說明這個長程的華夏邊緣建構歷史。

第六章

羌族史的再建構：華夏邊緣觀點

　　典範羌族史是一種「歷史」，一種國族主義下的時代產物。如今，在各種後現代思潮的啓示下，我們體會到這種「歷史」的建構性，我們因此能「解構」此種「歷史」。然而，這並不表示典範歷史的研究、書寫是錯誤的；當代解構各種過去「歷史」與神話的學者，有時也不比這些前輩學者高明。許多現代的歷史與民族文化研究，都證明學者們常常由一個謬誤中掙脫後，又陷入另一個謬誤之中。這是由於他們沒有從解構他者或古人中，認識群體認同對於人類認知的影響，以致於一方面解構一個國族認同下的「歷史」，另一方面，在新的國族認同下（或其他的主體認同下）建構另一種「歷史」。

　　研究近代國族主義的學者們更有一種普遍見解，認為當代各「民族」（或國族）全然是近現代產物，產生於近現代的歷史建構與文化創造之中。這樣的看法則忽略了，人類從舊石器時代以來便是群棲動物，而至少從新石器時代晚期以來，人們便用各種的文化符號（與相關記憶）來強化「群體認同」。以文字書寫歷史合理化一血緣群體之凝聚及其領域資源，在世界許多古文明中也不陌生。以近代「羌族史」之研究、書寫來說，當書寫之主體（華夏）成為「中國民族」之核心族群時，在新的「中國民族」概念下，他們重新建構、定義羌族；是否，「羌族史」的主要

建構者與被建構者，漢族與羌族，全然是近代產物？或者，是否造就當代中國民族與羌族的「歷史」，只是些被建構的歷史想像而非真正的歷史？我不認爲如此。我也不認爲，歷史研究可以解構近代形成的「歷史」爲滿足。我們可以進一步探究的是：如果「典範羌族史」中的羌族不是歷史上的一個延續體，那麼，究竟是什麼在歷史中延續？或者，什麼樣的歷史造成當今羌族與「典範羌族史」？在這一章中，我將由「華夏邊緣觀點」來說明「羌」的歷史。這樣的歷史，可以解釋「羌族」與「中國民族」形成的歷史過程及其本質；透過這樣的歷史，我也將探討歷史延續性的問題。

關於從「邊緣觀點」探索華夏的形成與變遷，在我從前的著作《華夏邊緣：歷史記憶與族群認同》一書中有詳細的探討。簡略的說，這個新的研究取向有以下特點。首先，在對「族群」（包含民族）的了解與界定上，強調由族群成員所相信或爭論的「我族邊緣」（那些人是異族）來認識一族群的本質；著重資源競爭與分配體系中族群邊緣的形成與變遷，以及配合與造成此變遷的歷史記憶建構與再建構過程，以及影響資源分配、競爭與歷史建構的群體內外權力關係。因此，在歷史文獻上強調其社會記憶本質，以探索留下此記憶的社會情境。在考古與民族誌資料上，注重人類資源競爭、分配體系與其生態環境背景，以及相關的人群認同與區分，以及認同與區分體系下的文化表徵與展演。在研究方法上，強調由異例分析（anomaly analysis）中了解一個社會的多元本質、模糊邊緣、權力關係與歷史變遷。

基於這樣的觀點，在這一章中我將重新探討、建構一個「羌族史」——事實上這是「羌」的歷史，也是華夏之西方異族概念的觀念歷史。我將說明，「羌」作爲一個華夏邊緣，華夏心目中「西方那些異族」，如何在「華夏」的成長中不斷向西漂移。以及，這個華夏邊緣在近代以來的變遷——由蠻夷成爲少數民族。這樣的「羌」的歷史，事實上是華夏西部族群邊緣變遷的歷史，也是我所謂「華夏邊緣觀點」的歷史（見圖11）。

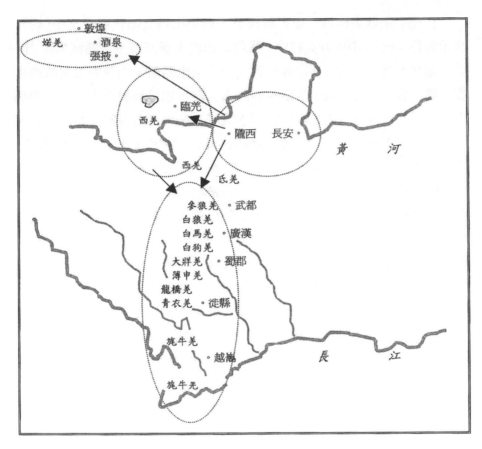

圖11　典範歷史中羌族的遷徙分布

商至漢代華夏之羌人概念變遷

在《華夏邊緣》一書中，我曾說明由商代至漢代華夏的「羌人」概念變遷。在本書中，我先對此一歷史過程略作敘述。

　　「羌」這個字作爲一種人群稱號，最早出現在商代甲骨文中（約當
西元前13世紀）。由甲骨資料中，我們知道商人稱西方某一區域爲羌方，
稱那兒的人爲「羌」。其地理位置大約在河南西部、山西南部與陝西東
部一帶。他們在商人眼中是敵對的西方人群，也是被視爲「非人」的異
族。西元前11世紀，周人崛起於渭水流域，結合西方各部族的力量共同
克商。在此前後，周人與其盟友逐漸東方化，繼承許多商人的文化傳統。
西周時人並未稱任何異族爲「羌」；受商、周文化影響較淺的西方諸部
族，此時被周人稱爲「戎」，大約在寶雞附近及其以西、以北的地方。
春秋戰國時期，隴山以東的「戎人」多被秦人征服。也在這時期，東方
諸國的「華夏認同」逐漸形成；相對於「華夏」的主要是「戎狄」異族。
隨著秦人的華夏化，他們統治下的「戎狄」也逐漸成了華夏的一部分。
如此，華夏的西方族群邊緣持續向西漂移。戰國晚期，「氐羌」一詞出
現在當時一些思想家的著作中，指西方傳聞中的一異族。文獻中或說他
們行「火葬」，或說他們「無君」，其實都在強調這些西方人的異類性；
這些異族的地理分布，「在秦之西」。然而「氐羌」似乎只是偏好以神
話傳說爲隱喻的戰國思想家們的西方異族想像；記載古今人事的歷史文
獻如《國語》、《左傳》、《戰國策》等書中，都沒有關於「氐羌」的
記載。

　　戰國之後，中國進入秦與漢帝國時期。政治統一帶來疆域與族群認
同的擴張。往西方，中國的政治控制、中國式的農業與文化價值，都向
西移到適於開墾種植的地方。由於對西方人群的認識愈來愈深，「戎」
已不適於用來描述所有西方非華夏人群。在此背景下，原來模糊的、神
話式的西方異族概念「氐羌」，分裂成兩個人群稱號，「氐」與「羌」，
被秦漢時人用來分稱隴西一帶兩種西方異人群。隴西附近，在秦與漢初
也被稱作「羌中」。

　　由西漢初到東漢時期，華夏心目中的西方異族「羌人」，與地名「羌中」概念，繼續向西漂移。漢初「羌中」約在隴西、臨洮附近，也就是在洮河到白龍江之間。由此，與羌有關的異人群與地理概念往三個方向伸展、擴張。在西北一路，當西漢武帝時中國勢力達到甘肅河西走廊，「羌中」這地理概念也向西北遷移，指這個新的西部邊疆。於是此時在酒泉、張掖間，也有了「羌谷水」與「羌谷」等地理名稱，當地土著也被稱做「羌人」。東漢時，中國人心目中的「羌人」概念更向西北漂移到天山南路。往西的一路，西漢昭帝與宣帝（西元前73-49年）時期，漢人的勢力更進入河湟（黃河上游與其支流湟水流域），於是「羌」這個地理人群概念又擴及到河湟地區。漢代中國積極在湟水河谷駐軍、移民，造成河湟土著與漢人之間激烈的衝突。由於與河湟土著的戰爭，中國人對於此處的「羌人」有更多的描述與了解，因此「河湟羌人」成為東漢魏晉時中國人心目中典型的「羌人」。最後，在西南方，秦與西漢前期中國人由隴西、臨洮往西南發展，於是「剛氐道」、「湔氐道」、「甸氐道」等地名被華夏用來稱甘肅南部、四川北部的新邊疆；由於「氐羌」之關聯，這兒部分人群也被稱為「羌」了。

　　以上「羌」或「氐羌」這些地理人群概念的變遷，表現華夏形成過程中華夏之西方族群地理邊緣變化（見圖12）。在商人的我族認同中，西方異族主要是在陝晉豫之交。西周時人的我族概念中，這個西部族群邊緣大約向西推進到陝西寶雞之西不遠的地方。戰國至秦，由於秦人的華夏化，這個邊緣又向西推移到隴西、洮河一帶。西漢武帝及其後，「羌」的概念一度隨河西納入中國而往西北遷移，造成歷史學者所稱的河西與天山南路之羌[1]。無論如何，東漢與河湟羌人之間綿長的血腥戰爭，使得河湟土著成

---

[1]　顧頡剛，〈從古籍中探索我國的西部民族──羌族〉，136-137。

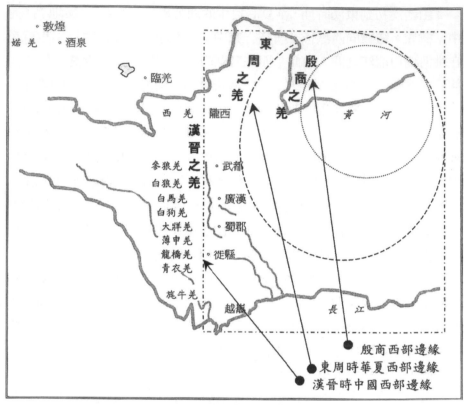

圖12 商至漢晉間華夏邊緣變遷

爲中國人心目中典型的羌人；這個概念，後來又因《後漢書‧西羌傳》
之作而強化。因此，在中國歷史文獻中，由商到漢代之「羌」的歷史並
非一個「異族」的歷史，而是「華夏」自身的歷史，或「華夏邊緣」變
遷的歷史[2]。

2 《華夏邊緣》，第八章，頁227-253。

前面所提及在此歷史過程中的商人、周人、秦人與華夏，這些人群之族群本質有必要作一些說明。過去學者們，包括我自己，常將之視爲民族，或直書爲商民族、周民族、華夏族等而不加詮釋；這至少都失之簡略。如果「民族」是一群有相同主觀「認同」，並相信彼此有共同「起源」的人群，那麼顯然商人、周人、秦人與漢代華夏「民族」只是指在各個政治、經濟體中的社會上層階級。我們只需閱讀《史記》世家、本紀中各國之「歷史」便知，那只是些上層領導者的家族「歷史」；以黃帝、顓頊等聖王記憶來凝聚的，只是戰國以來的帝王貴胄，與漢晉時期的豪門世族而已。漢晉之後，透過家族譜系記憶書寫，才有愈來愈多的社會中下層「百姓」成爲炎黃子孫[3]。總而言之，古之華夏與今日中國人都在一延續性歷史發展與變遷中；由於發展階段不同，古之「周人」、「華夏」與當代意義的「羌族」或「中國民族」是有差別的。

華夏邊緣羌人地帶之形成：東漢晚期至魏晉

漢代中國對西南蜀郡的開發、移民，以及蜀地的華夏化，使得東漢魏晉時期華夏（包括蜀人）心目中之羌人指稱範圍，逐漸由河湟向南方山岳地區延伸，涵蓋秦漢時被稱作「氐」的人群，以及在此之西的青藏高原東緣各地域人群。這些地區，也就是蜀地的西方邊緣。相反的，由河西往西域漂移的羌人概念失去主流位置，後來中國人很少稱這地區的人群爲羌。無論如何，後漢到魏晉時期（25-220, 221-419）被中國人稱做「羌」的人群，廣泛分布在青藏高原的東部邊緣，少數也分布在北部邊緣。此

---

3 王明珂，〈論攀附：近代炎黃子孫國族建構的古代基礎〉，《中央研究院歷史語言所集刊》73.3（2002）：583-624。

帶狀區域包括：天山南路附近，青海東北部（河湟），以及甘肅南部、四川西部、雲南北部等地。特定的部落名或地名，有時被用來分別不同支系的「羌」。如此，由北而南形成一個狹長的「羌人地帶」（圖12）。

此地帶的最北方，天山南路有婼羌。青海東部的河湟地區有各不同「種落」的西羌，其東部洮河流域至隴西間也有許多羌人。在此之南，甘肅南部的武都附近，也就是白龍江上游一帶，有白狼羌、參狼羌。再往南去，漢代廣漢郡之西有白馬羌，約在今文縣、平武一帶。更往南，漢代蜀郡之西有白狗羌、大牂夷種羌、龍橋等六種羌，及薄申等八種羌，這些族落大概都在成都平原之西岷江上游與大小金川一帶。再往南，沈黎郡之西有青衣羌，約在今四川西南部的雅安、天全一帶。在羌人地帶的最南方，越巂郡附近有旄牛羌，其位置可能在四川漢源、西昌一帶，或及於雲南北部邊緣。在此地帶之南，便是漢魏晉中國人所稱的「南中」，當地土著多被稱作「夷」。因此在交接地帶的「旄牛羌」也被稱做「旄牛夷」；或有可能，魏晉時中國人以「旄牛羌」與「旄牛夷」指不同的人群。

在此「羌人地帶」上，漢與魏晉時期的中國人也以其它族稱來稱特定族群。如在天山南路，除了羌之外還有「胡」或「羌胡」；在甘肅南部與四川北部有些人群被稱作「氐」；在四川南部與雲南北部，有更廣泛的異族稱號「夷」或「僰」。無論如何，「羌」與「羌胡」這些人群稱號，後來逐漸在天山南路消失。華夏對這些異族稱號在特定地區之人群指涉，如在甘南、川北的氐與羌，或在川滇間的羌與夷、羌與僰，似乎都並不統一。譬如，白馬羌有時也被稱作白馬氐，大牂與旄牛等羌有時則被稱作夷。當時文獻中又有「氐羌」、「巴氐」、「羌夷」或「羌僰」這樣的混稱。這些都顯示，「羌」是個使用廣泛的西方異族稱號。而且，雖然與其它族稱概念有些重疊——其北方有胡、西北與西方有氐、其南有夷——但如此更突顯此「羌人地帶」的大致範圍。

由商代到東漢，作爲「華夏邊緣」的「羌人」概念由豫西、晉南逐步西移，所過之處的人群都成了華夏，終於在漢魏晉時它移到青藏高原的東緣。如果我們將漢代的河湟羌、參狼羌、白馬羌、大牂夷種、龍橋、薄申等羌與旄牛羌，由北至南連成一道線，這條線便是漢代以「羌」的異族概念來劃分的華夏西方族群邊緣。這個成於東漢魏晉時的西部「華夏邊緣」，也是漢人的西部族群邊緣。今日漢族分布地區的西緣與此「羌人地帶」仍大致吻合。這顯示「華夏認同」的擴張，在東漢魏晉時達到它的西方邊緣。此後，在這邊緣地帶上「漢化」仍在部分地區進行。但由於吐蕃與藏傳佛教東漸，與此相關的文化與族群認同也由西東進。於是，青藏高原的東緣成爲一個模糊的華夏邊緣，或漢、藏邊緣。在此地帶，誰是華夏或非華夏，誰是「播巴」（Bod pa）[4] 或漢，或者什麼是正確的歷史，都經常在人們的爭辯之中。

羌人帶的萎縮：漢化、番化與夷化

從南北朝到隋、唐時期（420-907），一些比較具規模的政治體，如宕昌、鄧至、黨項、吐谷渾等等，出現在中國西疆「羌人地帶」上。在中國文獻記載中，這些大小政治集團下的部落民眾主要是「羌人」或稱「諸羌」。宕昌、鄧至約在甘肅南部之臨洮至四川北部的松潘、北川之間。吐谷渾勢力強盛時，東部統有今蘭州以南至松潘間，往西統有黃河上游與青海湖附近。黨項興起於宕昌、鄧至被滅之後；位置在吐谷渾之南，領有宕昌舊地，及於岷江上游。其南，則是被稱爲西山八國的諸羌部落；此大致便是今日羌族地區，及大小金川及黑水等地（見圖13）。

4　「播巴」是指衛藏各族群最大範疇的共同自稱詞。

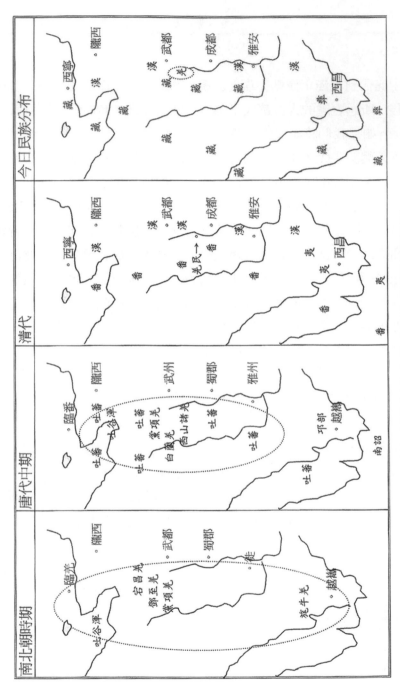

圖13 漢代以後之羌人概念的萎縮與重現

　　《後漢書・西羌傳》中曾記載，這一帶的諸羌部落「無相長一」；也就是說，他們是難以產生中央化政權的「無君」人群。爲何到了南北朝時，這些部落中會出現這些「政權」？事實上，根據中國文獻，党項、宕昌等是由許多不能相統的部落所構成。受北魏或南朝之封的党項與宕昌領袖，事實上只是諸多部落領袖中之一二，且爲其中比較受「漢化」影響的族支首領。其政權較前二者更中央化、社會更階序化的吐谷渾，這種受中國影響的特質就更明顯了——與北朝時期其他五胡政權類似，其社會上層人物都相當程度的接受中國制度、文物與習俗。吐谷渾政權不但對中原王朝稱藩屬，在政治制度上也採納部分中國官制[5]。而且，據中國文獻記載，吐谷渾男子服飾與華夏大致相同。

　　7世紀時，原在「羌人地帶」之西的吐蕃興起，建立一可與唐代中國匹敵的王國。吐蕃王國的向東急速擴張，造成其與唐代中國沿著青藏高原東緣發生劇烈的衝突。而這個夾在中國與吐蕃之間的地帶——由青海東部、甘肅南部至雲南北緣及康藏東部之地——也就是上述的羌人地帶。由7世紀中到8世紀，吐蕃王國幾乎征服了所有這羌人地帶上的各部落聯盟與國家，如羊同、宕昌、鄧至、党項等，以及鄰近的中國邊邑州縣。在戰爭中，羌人或爲吐蕃前驅與唐爲敵，或受唐軍節策以伐吐蕃；無論如何，他們都是戰爭中的受害者。大量渭南、洮、岷的党項羌人，曾尋求唐代中國保護。中國將他們舉族安置在陝西渭水北岸各地。9世紀時，吐蕃王國逐漸衰微而終於崩解。原臣服於此王國下的党項諸羌部落，在拓跋氏族領導下，於11世紀初建立西夏（1038-1227）。這個政權在政治結構、社會文化各方面，都受吐蕃與中國雙重影響。

5　如《新唐書》中記載，吐谷渾「其官有長吏、司馬、將軍、僕射、尚書、郎中，蓋慕諸華爲之。」見該書，212/146，西域上。

　　吐蕃王國雖在9世紀衰亡，然而其影響力仍然持續存在於羌人地帶
上。主要是由於，在宋、元、明、清時期，這地帶大多數地區控制在各
個地方部落酋長手中。這些地方豪酋多自稱是過去吐蕃貴族或將領之後
裔；這或是真實，或是虛構的記憶。更重要的是，吐蕃的佛教（後來被
稱作藏傳佛教）在元、明時期廣泛而深入的在這一地帶傳播，如此造成
此廣大地區某種程度的文化共性；接受此佛教文化的土著頭領，也可能
因此虛構、攀附吐蕃祖源。無論如何，由於廣泛「吐蕃化」所造成的文
化現象，使得宋代（960-1279）以來，特別是在明、清時期，中國人泛稱
羌人地帶上的人群爲「番」。這個稱號有兩種含意：一爲吐蕃遺民；二
則爲「蠻子」。從此對中國人來說，吐蕃化的異族也就是更「蠻化」的
異族。不僅對漢人如此，對羌人地帶東緣較漢化的人群亦然；這兒的住
民在經濟、社會生活上與漢人關係密切，因此吐蕃的犯邊掠奪，被他們
視爲全然野蠻的暴行。吐蕃帶來的戰禍，以及因此造成本地民眾（或邊
緣漢人）與漢人的共同受難記憶，應是加速其漢化的重要因素。戰爭中
的遷徙流離，更有助於前者之「蠻夷」身分被自身以及漢人共同遺忘。

　　可以說，吐蕃王國的興起與向東擴張，以及因此與中國沿著羌人地
帶發生的衝突，以及他們對此地人群帶來的政治與文化影響，徹底改變
了中國人對於這個地帶上異族的概念。即使大致來說青藏高原東緣仍是
漢與非漢的邊界，但由這時起，中國人很少稱這地帶上的異族爲「羌」，
而開始稱他們爲「番」。這個變化也表現在一個地名上——唐代青海西
寧附近的「臨番城」，便座落在離漢代「臨羌城」不遠的地方。「羌」
與「番」都是指異族，但他們在中世紀中國人心目中有不同的意義；這
主要是由於兩者背後的歷史記憶不同。對中國人來說，「羌」代表一個
模糊的漢與非漢族群邊界。太多的歷史記憶——如三苗、姜姓、大禹和
神農——可以將「羌」與中國人聯繫在一起。而相反的，「番」代表嚴

格劃分的漢與非漢族群邊界；唐代中國與吐蕃間長期戰爭中的挫折，強化了中國人心目中「番」的異類性。當愈來多西方「吐蕃化」的人群被中國人稱爲「番」或「西番」時，過去以「羌」這個異族概念作爲劃分的華夏西方族群邊界，一種較模糊的華夏邊緣，逐漸被「番」這個更嚴峻的異族概念所取代。

　　除了「番化」之外，另外兩種情況也使得「羌人地帶」在唐代以後日見萎縮。一是，此地帶上部分人群的完全「漢化」；一是，此地南部人群的「夷化」。「漢化」主要發生在此地帶東北端與東部邊緣，過去曾被宕昌、党項羌與西夏統治的部分地區，也就是甘南、川北與青海東部一帶[6]。早在漢代，中國已往洮河流域與河湟地區屯兵、移民，並將部分「羌人」部落內徙。東漢「羌亂」時期，也有大量「羌人」移往關中地區。移往關中的「羌人」，在唐宋間完全融入漢人社會。戰爭中的人口流徙，也使得臨洮、隴西、天水、武都一帶的「羌人」與「漢人」在血統與文化上有相當程度的混合。西夏統治下的民眾，有許多便是如此的「漢人」或「羌人」。在西夏王國揉合漢文化的本土化政策下，許多原來被視爲羌的部民，因「西夏化」而有了更多的漢文化特質。西夏衰亡後，今蘭州、臨洮、岷縣、武都、文縣、平武、北川一線以西的各部落人群，仍被中國人稱作「羌」、「氐」或「番」[7]。在元、明、清時期的中國文獻中，常有他們「作亂」的記載。明代中國在此置岷州衛與洮州衛，以鎮壓羌人。在此線之東原爲氐、羌、漢混居的甘南、川北地區，宋代以來則成爲漢人所居之州縣。明代中國在此的行政設置是「府」──鞏昌府；這顯示本地人群此時已被視爲中國編戶了。所謂「漢

---

6 冉光榮等，《羌族史》，頁179-90。
7 同上，頁173。

化」，並非簡單的指「成爲漢人」，而是指一個接受、展演或強調漢人習俗，最後終宣稱祖先爲漢人的過程。但宣稱祖先及自身爲漢人，在華夏邊緣，不一定因此被他人視爲漢人。在此地，「漢化」是由東往西漸進的一種文化現象。而且，漢與非漢之間直到民國時期仍無明確的邊界；在後面，我將深入說明這一點。

在「羌人地帶」中部，完全的「漢化」發生在四川西部的天全、雅江一帶（約當今雅安地區）。居於此地及西至康定之間的非漢族群，在漢代至魏晉南北朝時被中國人稱作「青衣羌」，也是廣意「旄牛羌」的一部分。西元前1世紀，中國在沈黎郡設了兩個都尉；青衣都尉治理漢民，旄牛都尉治羌人。可見當時雅江、天全一帶住民，至少有部分已是中國編戶之民了。唐代時，無論是爲戰爭或是和平貿易，這兒都是中國與吐蕃往來的孔道。大量中國軍民商賈來此經營、定居，如此使得這一帶居民與漢人有更多的接觸。在這樣的接觸中，漢人與非漢人群基本上相安共存。唐代中國在此設雅州盧山郡與黎州洪源郡，又在此兩州各設二十餘羈縻州，授非漢領袖爲都督、刺史等官銜，任其世襲。唐武后時，中國曾計劃以武力討伐「雅州生羌」，以借道襲擊吐蕃。陳子昂反對此議；他的理由是「雅州邊羌未嘗一日爲盜」。因此他認爲用不著侵擾他們，而引起北方「西山諸羌」的叛亂。此種相安關係，應部分歸功於當地的貿易孔道位置，漢與非漢都能從中各蒙其利。此種密切往來關係，也使得許多本地部族上層人物逐漸漢化。如當時邛萊附近有「三王蠻」，據《新唐書》記載，其爲：「筰都夷、白馬氏之遺種，楊、劉、郝三姓世爲長，襲封王，號爲三王部落。」[8] 可見當時本地部分非漢土著頭領已有了漢姓。

---

8 《新唐書》，222/147，南蠻下。

　　宋代中國放棄對越雟之南與大渡河以西之地的經營，這使得中國可以更有效的掌控雅州、黎州地區，也可能因此讓在此界內較「漢化」之民眾，覺得自身不同於南方、西方蠻夷。在宋代文獻記錄中，此時黎州附近還有「青羌」與「彌羌」，時來掠奪中國邊村，或與中國作茶馬貿易[9]。更遠方的異族，雅、黎兩州南方與西方的非漢族群，在宋代多被中國人稱爲「蠻」或「番」。元明時期，中國在這些難以直接管轄的地區設碉門、魚通、黎、雅、長河、西寧等「安撫使司」，任當地土著豪首爲安撫使，以間接控制其地其民；這便是以夷治夷的土司制度。後來又改置「天全六番招討使」。明代時，這一帶的土司都有漢姓；如天全高氏長期襲封「天全六番招討使」之職。清雍正時期，以天全六番土司「貪殘不法」而改土歸流。此時，據中國文獻稱：「蠻夷漸被聲教，衣冠文物儷如內地」。於是「漢民」所居之地，漸由此西向，逼進康定地區[10]。

　　至於羌人地帶的「夷化」，是指此地帶部分土著族群在中國人心目中逐漸不再爲「羌」，而成爲「夷」或「蠻夷」。這主要發生在此地帶的南端，也就是前述雅、黎等州的南方，今之大小涼山地區及麗江一帶。前面我曾提及，漢代來「羌人地帶」形成後，此地帶最南端的人群被稱做「旄牛羌」；其位置大約是在四川南部雅、黎等州以南，涼山地區至西昌一帶，以及雲南西北部邊緣。「旄牛羌」也被稱作「旄牛夷」，這是由於在漢代時，中國人曾泛稱西南邊疆異族爲「西南夷」。在唐代文獻中，這些西南住民多被稱作「蠻」；然而晃寧至西昌一帶的嶲州，此

9　《宋史》，496/255，蠻夷四。

10　Thomas Torrance, *The History, Customs and Religion of the Ch'iang* (Shanghai: Shanghai Mercury Press, 1920), 5-12; 冉光榮等，《羌族史》，頁100-101。

時仍被視爲「羌州」[11]。唐宋時期，南詔(738-902)與大理(937-1252)王
國在雲南地區相繼興起，中國逐漸失去對舊時之越巂或巂州的控制。南
詔向北發展據有今西昌地區時，曾將大量南方的「烏蠻」與「白蠻」移
來西昌之北至漢源之間，以便於統治此地[12]。南詔與大理等政權的出現，
以及中國與此二南方國家的接觸，使得中國人對西南本土人群有較多的
了解。在宋代，「蠻夷」與「羌」成爲中國人心目中西南、西部兩大異
族類別。兩大範疇之交疊處，便在岷江上游一帶。《宋史》「蠻夷列傳」
記載：「冉駹，今茂州蠻、汶山夷地是也。白馬氏，在漢爲武都郡，今
階州、汶州，蓋羌類也。」由此，以及《宋史》其它相關記載看來，此
時官方書寫者觀念中的「西南蠻夷」往北可包括岷江上游茂州、威州等
地的非漢住民。他們觀念中的「羌」，則是指青海東部、甘南、川北一
帶的非漢人群；此一異族範疇的最南端，也涵括了茂州、威州等地的山
間居民。

　　明、清時期，描述四川南部與雲南地區「異族」的官方文書與私
人筆記漸豐。這可以說是，中國人注意並描繪其西南族群邊緣的歷史
過程由此進入一新階段。在這些新的異域與異族書寫中，中國人將許
多西南族群稱做「夷」、「蠻」、「玀」或「僰」。羌人地帶南端原
爲「旄牛羌」所據之地的非漢族群，在明、清時期不再被中國人稱作
「羌」，而被稱爲「蠻」或「夷」。略北，雅安、天全一帶住民也不被
稱作「羌」；他們大部分已成爲漢民，只有一小部分受土司管轄的，
在中國記錄中被稱作「番」或「蠻」、「夷」。再往北，岷江上游的茂
州、威州山區民眾，則有時被稱作「蠻」、「夷」，有時被稱作「羌」。

11　《新唐書》，43/33，地理七下。
12　《明史》，311/199，四川土司一。

在明清時期中國人心目中，岷江上游諸人群之「異類性」介於「蠻夷」與「羌」之間，此也顯示這些中國文獻書寫者意識中的「西南蠻夷」之北方邊緣所在。

羌人地帶南端的非漢族群由「羌」變成「夷」，或「蠻夷」，這個改變也顯示他們在中國人心目中的異類性逐漸增強。這是「中國西南少數民族」此一近代地理人群概念形成過程中的一個重要階段性變化。同時，值得注意的是，明清時期中國士人描述西南邊疆的著作中，描述的對象主要是漢源（地在雅安地區南緣）以南的非漢人群與地理；對於漢源以北，包括雅安地區與岷江上游的異族，這一類的異文化描述非常少見。這或也顯示，此時雅安地區與岷江上游土著文化，對中國異地遊歷者而言已缺乏「異類性」，因而他們對此也缺乏描述興趣。

華夏心目中羌人地帶的萎縮過程，大約始於唐代，至明清時期而完成。《明史》「西域傳」稱：「西蕃，即西羌，種族最多，自陝西歷四川、雲南西檄外皆是。其散處河、湟、洮、岷間者，爲中國患尤劇。」可見當時部分學者猶記得，此時之「西蕃」即過去的「西羌」。羌人地帶萎縮後，清代文獻顯示，時人心目中最後的羌人只在岷江上游與北川間。如清代張澍之《蜀典》中記載：

> 《漢書‧西羌傳》西羌出自三苗姜姓之別也，又云羌無弋爰劍子孫各自為種，即武都、參狼、廣漢、白馬、汶山、冉駹、巴中板盾，今松潘、茂州諸夷也。

由此記載可見，在張澍心目中漢代西羌遺民只是當時的「松潘、茂州諸夷」。這也說明，在羌人地帶上大多數的非漢人群成爲中國人心目中的「番」、「夷」與「漢」之後，在明、清時期只剩得岷江上游茂汶

到松潘，以及北川西部地區的部分村寨人群[13]，仍被中國人稱作「羌」。或嚴格的說，特別是在清代，只有極少部分的中國人仍「知道」岷江上游有羌人存在。

羌人帶上最後的「羌人」

由14到19世紀，雖然在少數例子裡「羌戎」與「諸羌」被用來泛稱青藏高原東緣的非漢人群，一般來說，漢人對此地帶異族最普遍的稱號是「番」，以及「蠻」與「夷」。「番」指此地帶北部、西部之人群，「蠻」與「夷」主要指此地帶東部的雅安地區以南人群。岷江上游地區，可說是「番」與「蠻」、「夷」的中間地帶。在上一節中，我已說明羌人地帶上大多數地區的人群，如何逐漸在中國人心目中自「羌」這個範疇中脫離。明、清時期，在所有被泛稱作「番」、「蠻」與「夷」的人群中，只有岷江上游與北川地區土著仍經常被中國人稱做「羌」、「羌人」或「羌民」。以下我將進一步解釋，為何岷江上游及北川地區的土著，為部分中國人心目中的最後「羌人」。

岷江上游地區

首先，我們先看看岷江上游的汶川到松潘一帶。在漢代司馬遷所著的《史記・西南夷列傳》中，稱此為「冉駹」之地。冉駹之地的土著，據司馬遷記載有「六夷、七羌、九氐」。我們知道在西漢初，中國文獻中「羌」的概念雖然還很模糊，但主要指隴西或更西方的人群是可以確定的。因此，以冉駹的位置而言，「羌」主要是指此北方的人群。「氐」

---

13 北川之青片地區，在明清時期曾隸屬茂州府、松潘府或疊溪營管轄。

在西漢時主要是指隴西之南，甘南、川北的武都、文縣、平武，也就是在冉駹的東方與東北方一帶的本土人群。這範疇的人群，在漢晉時人心目中類似「羌」，但比羌人更華夏化。至於西漢時的「夷」，由於漢代「西南夷」中的主要人群是滇與夜郎等，因此相對於冉駹的位置來說，絕大多數的「夷」在其南方。如此，我們可以看出「冉駹」之地的族群分布特色；在西漢時的中國觀察者看來，本地處在中國人異族分類體系中三種人群的交錯地帶。因此，司馬遷稱本地土著有「六夷、七羌、九氐」。這個記載，不見得表示司馬遷基於某種嚴格的族群劃分標準，將本地人群分爲3種22類，但至少它表達在此氐、羌、夷的中間地帶，族群「種類繁多」。成書較晚的《華陽國志》也記載，汶山郡有「六夷、羌胡、羌虜、白蘭峒九種之戎」；同樣也是說，本地人群種類很多。

　　到了唐代，「羌人地帶」在中國熟悉邊事者心目中已形成；汶川到松潘一帶本土居民，因而被稱作「羌」。松、茂等州，也都被歸類爲「羌州」。當時文獻所稱的「西山諸羌」，主要便是指這一帶的本土人群，特別是其中的哥鄰、白狗、逋租、南水等羌[14]。這些諸羌部落夾處唐與吐蕃之間，吐蕃勢盛則依附吐蕃，吐蕃勢衰則附唐。雖然中國文獻《舊唐書》中記載了這「西山八國」，並稱其領袖爲「國王」，然而並不表示這一帶只有八個「國」，也不表示這些「國」是中央化、階層化的「國家」。從同一時代其它文獻看來，這兒還有許多的羌人部落；《隋書》稱它們「并在深山窮谷，無大君長」。因此，所謂西山八國應只是其中較大的，或與中國有直接來往的部落。

　　北宋時，岷江上游非漢人群被稱作「蠻」或「夷」；在《宋史》列傳被置於「蠻夷」類之中。這主要是由於中國與西夏的長期戰爭與對峙，

14　冉光榮等，《羌族史》，頁174-79。

而西夏勢力所及大約是漢代河湟、隴西羌人之域，因此使得當時中國人
心目中的「羌」或「羌族」，專指受西夏控制的，及宋夏戰爭區中的，
河、洮、岷、階、文等州(約今甘肅南部、四川北部)非漢人群。也因此，
《宋史》中稱茂州、汶川非漢人群爲蠻、夷，稱離此不遠的階州、文州
土著則爲「羌」[15]。然而《宋史》作者在回顧歷史時，稱包含茂、汶、
階、文等地的西南地區都是「古羌夷之地」。顯然，時人心目中「古羌
夷」的範圍是比當時的「羌人」分布地要廣。宋末，胡三省在《資治通
鑑》釋文中也稱：「白狗國至唐猶存，蓋生羌也。」可見宋代中國習邊
事者雖稱岷江上游異族爲蠻、夷，以別於北方的羌，然而在歷史記憶中，
他們仍認爲此地之異族過去是「羌」。

　　元代岷江上游的茂州、威州、通化，都歸「宣政院」管轄。元之宣
政院「掌釋教僧徒及吐蕃之境而隸治之」；也就是掌管吐蕃及「吐蕃化」
的人群。所謂「吐蕃化」的人群，主要指接受藏傳佛教文化影響的人群。
在前面我們曾提及，宋元以來青藏高原東緣各部落人群的統治家族，常
自稱是吐蕃王族或將領之後。我們可以理解，在信奉藏傳佛教的蒙古統
治下，此種祖源宣告應相當普遍。無論如何，元代政府將茂州、威州、
通化劃歸「宣政院」管轄的意義是：唐代以來逐漸由西方入侵此地的吐
蕃文化，被當政者認知並強化，而表現在行政空間劃分上。然而這並不
是說，一千多年來的漢文化影響就此消失，而是它們在新的文化視野中
被忽略。因此，在元朝蒙古政權覆亡後，新的明代中國政府在此面對的
是混合著漢、吐蕃與本土文化的一些人群。

　　在明代中國人眼裡，岷江上游人群在文化與認同上的複雜與不明確
性，表現在當時中國文獻對當地非漢族群的稱呼上。如前所言，當時中

15　《宋史》，496/255，蠻夷四。

國人將原「羌人地帶」上大多數地區的異族都通稱作「番」或「西番」，
岷江上游土著也不例外。如《明史》記載，「黑虎五砦（寨）番反」、「烏
都、鵝鴣諸番亦叛」[16]。平亂將領之一，朱紈，曾寫下一篇《茂邊記事》
詩文。文中敘事部分，稱今茂縣深溝、淺溝、渾水溝各寨民眾爲「番」。
然而詩中「山椒歸馬賦平羌」、「委質羌酋累乞盟」等文句，則顯示在
作者的歷史記憶中，仍無法忘懷本地與「羌」的關連[17]。在《明史‧四
川土司傳》中，有些地方稱白石、羅打鼓諸寨生「番」、黑水生「番」
爲亂，有些地方則稱松州「羌」、松潘「羌民」作亂，更有將土著稱作
「番羌」的例子[18]。在《明實錄》中同一地的土著，或稱作「羌」或稱
作「番」的例子更是普遍。無論如何此時在中國熟習邊事者心目中，「羌
民」與「番」之間似乎有一模糊區分——居住在灌縣至松潘間，接近城
鎮較漢化的編戶之民，常被稱作「羌民」；疊溪、松潘、黑水等地漢化
程度淺且常生事的村寨人群，則被稱作「生番」或「番羌」[19]。

　　由明至清，因著中國政治力在本地的穩固發展，進入岷江上游的中
國移民也愈來愈多。他們或是聚居城中的地方政府文武官員、商賈與工
匠，或是深入山中墾荒的難民。他們透過各種的媒介——文書、文物、
建築、口述——爲本地帶來許多中國文化與歷史記憶。明代宣德年間，
茂州城中初次有學校建立。後來雖有燬有遷，此官方學堂一直延續到清
代。除了教育城中漢人子弟外，官學更重要的意義在於它也是奉祭至聖
先師孔子的場所——所謂「學必有廟」。學校與孔廟則是中國禮儀教化
的標誌。有了官學，自然也有生員學額。起初，學校生員皆是漢人。到

16　《明史》，311/199，四川土司傳。
17　朱紈，《茂邊記事》（上海：上海書店，1994）。
18　《明史》，311/199，四川土司傳。
19　《明實錄》，1382.6、1389.3、1433.10、1436.6、1439.7。

了雍正八年，也准「羌民」應試入學。

　　除了漢移民之外，在清代本地愈來愈多的「漢民」，是由原來的「羌民」轉變而來的。如茂州在明代時只有四個「漢民里」，清代道光年間擴大爲九個「漢民里」。至於這些「漢民里」是如何出現的，地方志中有些記載。如「新民里」的建置是在乾隆年代。據記載，當時茂州營所屬的「踏花」等十八寨，寨民「懇請輸賦承役」，因此他們被編爲「新民里」[20]。道光年間，類似的事再度發生；茂州之大姓、小姓、大黑水、小黑水、松坪等地共五十八寨要求內屬中國。主其事的中國官員在對朝廷的報告中稱：

　　　　各寨夷民等環跪籲求，僉稱伊等久慕天朝聲教。言語、衣服悉
　　　　與漢民相同，亦多讀書識字之人。是以一心嚮化，願作盛世良
　　　　民。

　　我們無法判斷，「內屬」是否真的是出於村寨民眾要求，或這一切只是中國地方官吏造出來的「邊功」。無論如何，這五十八寨被納入茂州管轄，編入漢民里甲之中；「新編戶口考試等事悉與漢民一體」。這便是《茂州志》中所載的「新編四里寨落」的由來。

　　這些在官方戶籍上所承認的「漢民」，是否就此成爲漢人？對這問題我無法作截然的答覆。因爲，對近代岷江上游人群的歷史民族誌研究與了解，鬆動了傳統上我們對於「漢人」的認識，以及我們對於漢與非漢區分的刻板印象，甚至足以挑戰我們在各種族群理論中對「族群」的認知。首先，一些近城鎮或官道的村寨居民，在語言、服飾、宗教信仰

20　《茂州志》15，里甲。

等各方面都「悉與漢民相同」；至少在各種社會記憶可追溯的清末至民國此一時期，這是毫無疑問的。這些村寨中許多家族，還都自稱祖先是來自「湖廣」或川西平原的漢人。清代以來的確有不少逃荒的漢人進入村寨，他們為這些村寨所注入的不只是漢人血液，更重要的是可被假借的漢人家族起源記憶。因此這兒許多家族的起源「歷史事實」，是一個永遠的謎。然而，即使在客觀文化特徵上、在主觀認同上、在本土歷史記憶上，他們都是「漢人」，然而在城鎮居民眼裡，村寨居民還是「蠻子」。離開城鎮與官道較遠的村寨人群，又是什麼樣的情形呢？如我在第三章中所描述的，清代以來在此形成的族群體系，使得一群群自稱「爾瑪」的人被上游村寨人群視為「漢人」，而被下游村寨群視為「蠻子」，如此形成「一截罵一截」的族群敵對與歧視。而這些村寨，有些屬於「漢民里」，有些屬「羌民里」。村寨居民在語言、服飾、宗教信仰、生活與年節習俗等各方面，都受漢文化、藏傳佛教文化不同程度的影響。如此，值得我們深思的是：究竟什麼是「漢人」？漢與非漢的界線在何處？

　　不僅漢與非漢之間的界線模糊，被視為非漢人的「羌民」與「番民」之間也沒有清楚的界線。如，今日理縣與松潘都有部分村寨被識別為羌族村寨，但在清末民初時，這些地方似乎沒有「羌民」。成書於清末的《直隸理番廳志》中記載，雜谷腦河流域的理縣一帶「漢民」只住在一線官道之中，其它地區民眾都被稱做「番」；所謂前番、後番、新番、舊番，只是指他們地理位置與歸服中國的先後之別而已。而且在修撰者的漢人觀點，比起理番的雜谷、梭磨諸番而言，威州、茂州的非漢人群為「熟番」[21]。我們再由修《松潘縣志》者的觀點來看；當時松潘七十二土司之族屬，在本書中被分為「西番種類」與「獳猓種類」兩種──

21　《直隸理番廳志》，卷四，邊防夷俗。

也不見有「羌民」種類[22]。這部縣志由清末修至民國十三年而完成,可代表此一時期熟悉松潘邊事者的觀點——他們似乎並沒有意識到松潘境內也有「羌民」。顯然,「羌民」是在茂州、威州較為人知的一個人群概念。特別重要的是,在茂州有些村里被劃分為「羌民里」,並著之於地方志之中;其它地區並無這樣的例子。「羌民里」使得文獻記憶與一些真實存在的「人」(一種身體記憶)結合在一起。這個複合社會記憶,是後來「羌族」能成為一個少數民族範疇的關鍵。

北川地區

漢晉羌人帶上的北川地區,也是當時「冉駹」的一部分,在行政上屬汶山郡;廣柔縣是此一地區中心。《華陽國志》中稱,廣柔有一地名為石紐,為大禹所生之地;「夷人營其地方百里,不敢居牧,有過逃其野中,不敢追,云謂禹神。」這是有關當地土著的最早記錄。然而,這些被稱作「夷」的土著,似乎與漢人同樣信奉「大禹」。

西元6世紀,南齊在此設北部都尉。梁武帝時又改北部都尉為北部郡。北周於北部郡置北川縣。7世紀的唐朝政府,又分北川縣之地置石泉縣;兩縣均屬茂州,後來北川併入石泉。西元7世紀後半葉,吐蕃大規模東侵,此時北川地區也陷於吐蕃。整個西元8世紀,北川都在唐與吐蕃拉鋸式的戰爭之中。直到9世紀初,中國才重新掌握北川。在這一段時間中,北川北部白草河流域與西部青片河流域村寨人群,與吐蕃屬部在血統、文化與族源記憶上產生相當的混合、假借。這個結果,也反映在宋、明時期本地的行政區劃與族群關係上。11世紀時,北宋中國政

---

22 由寨名及地理位置追探,我們可以肯定至少在「大姓雲昌寨土司」與「珥竹寺寨土司」屬下有許多村寨民眾,其後裔現在說的是「羌語」,也被識別為「羌族」。

府將石泉縣劃歸錦州，屬益州路，而白草河、青片河流域則屬威、茂軍使與松州管轄。這個行政劃分，暗示著當時石泉縣大多地區人民已成爲漢人編戶，而白草河、青片河流域的土著仍被視爲「番羌」。

在明代，白草河流域之住民被稱作「白草番」，有時也稱羌或番羌。如此番、羌不分，部分原因可能爲此時本地人多信奉藏傳佛教，在族源上也常自稱與吐蕃貴裔有關。《明史》稱：「東路生羌，白草最強，又與松潘黃毛韃相通，出沒爲寇，相沿不絕云。」「松、茂、疊溪所轄白草壩等寨，番羌聚眾五百人，越龍州境剽掠。白草番者，吐蕃贊普遺種，上下凡十八寨。部曲素強，恃其險阻，往往剽奪爲患。」[23] 這時所稱的「白草番」也包括青片河流域的村寨民眾。青片河上游向西翻過山樑，與茂縣東路各溝來往尙稱方便；青片河上游往西北去，可與茂縣楊柳溝、松潘小姓溝等地往來。因此明代青片、白草「羌番」，常與茂縣、松潘等地之「羌番」互通聲氣，彼此奧援。

整個15世紀明代中國，北川地區都不安寧。根據中國文獻記載，白草、青片「羌番」時時生亂。此時中國移民大量進入北川地區，中國軍衛城堡的設置深入青片、白草、都壩等河與湔江中上游；這應是「羌番爲亂」的真正原因。16世紀前半葉，中國將領何卿受命至石泉主持邊事。這是改變北川地區的一個歷史關鍵。他是一位手段強硬的軍事長才，到任後強力鎮壓當地的「羌番」之亂。特別值得一提的是西元1547年的走馬嶺戰役。此時起兵爲亂的「羌番」頗有組織，有總兵、將軍等職稱，可見此時「白草羌番」相當受漢文化影響。無論如何，各寨聯軍在走馬嶺（白草河上游的小壩鄉一帶）被全部殲滅。何卿的部隊又乘勝追擊，攻破四十多個村寨，搗毀碉房四千八百餘座。

23　《明史》，311/199，四川土司傳。

　　此戰役之後，除了一些小盜小劫外，當地「羌番」生亂的事很少。
相反的，中國文獻中記載許多「羌番」如何成為漢人之事。首先，許多
土著在被征服後，要求成為中國編戶之民，每年對中國官府「輸臘認
糧」。道光《北川縣志》云：「在何都督、王巡撫大創之後，青片、白
草碉樓皆空，一望民居皆耕作之土也。」目前在青片河、白草河一般所
見的也都是漢式聚落，而非纍石而成的村寨。「聚落」外觀，是一種視
覺媒介的社會記憶。因此村寨外觀的改變，也加速居民的漢化。後來，
愈來愈多的「羌番」有了漢姓，延師教子讀書之風盛行，百姓也普遍祭
祀「大禹王」與「白馬將軍」（何卿）——這些都使得白草、青片河流域
的非漢土著文化與認同逐漸消失。這些「文化」變遷，及其與北川人之
族群認同的關連，將在本書第九章中作詳細說明。

　　在《民國北川縣志》中有一個戲劇性典故，體現白草河流域居民的
認同變遷。據載，道光時有白草壩番劉某，自幼喜讀書，期望由科考入
仕。到了應試之日，試官卻以其為番民，不准他參加考試。劉某說，自
己一直住在漢界之內，有界碑可查。試官答應次日前往勘界。這位劉姓
白草番民連夜將原在白草河中游大魚口之界碑，揹到上游與松潘交界處
的那納（嶇口）。因此在勘碑後，劉某得到應試資格[24]。「劉自元移碑」
故事，在民國時期之北川地方文獻中被「重述」，由漢人觀點隱喻北川
「羌番」如何愛慕、攀附漢人文化。以及由非漢土著觀點，表現被視為
番民或「蠻子」者如何利用、玩弄族群邊界，以解脫被「範定」的劣勢
社會身分。故事也隱喻著漢與非漢族群邊界的近代變遷。傳述這故事的
人，便是在第三章中我所描述的，「一截罵一截」的族群關係下之北川
白草、青片流域居民。在20世紀上半葉，他們自稱「漢人」，但被下游

24　楊鈞衡等修，《民國北川縣志》（成都：巴蜀書社，1992），524-25。

村落與城鎮人群稱作「蠻子」。因而在這故事中，隱含了多重的認同主體隱喻，以及「族群邊界變遷」隱喻[25]。

　　總之到了20世紀上半葉，只有遠在青片河最上游的上五寨等地居民，由於居處僻遠又與茂縣、松潘的村寨居民往來較多，因此在聚落建築、服飾、風俗上還保留一些本土特色。以及，在認同上，無法擺脫「蠻子」身分。然而，漢化的影響仍然深入此處；在20世紀中葉，也只有少數老年人能說一點不完整的本土語言[26]。

民國時期民族調查者所發現的羌民

　　由清末到民初，在岷江上游地區「羌族」與「藏族」之間的分野，並不是一直都很明確，而是有一個由模糊而漸清晰的過程；這也就是我所稱的「民族化過程」。在此過程中，各種外來者——如中國邊政官員、西方學者與傳教士、從事西方新學術研究之中國學者——與城中的本地知識分子，帶著新的「民族」與「文化」概念，深入觀察並描述村寨居民。他們因而獲得對本地村寨居民之新知，包括分類命名，及其歷史與文化。這些新知透過文獻、口述等社會記憶媒介，成為一種民族常識，影響中國官方對岷江上游人群的識別與分類，也影響本地人的自我認同。由於此時「漢人」與本土知識分子已不同程度的受西方文化洗禮（特別是國族主義），因此這個羌族化、藏族化與漢族化的過程，也是一個世界化的過程。在這一節中，我將說明由清末到民國二、三十年間，羌

25　相反的，當前羌族知識分子重述這些故事，是藉此記憶證明北川人原來就是「少數民族」。
26　上五寨等地殘存的這一點「羌番」根子，在後來北川之羌族認同「恢復」上，扮演非常重要的角色。其過程詳後。

民成爲羌族，以及羌族與漢族、藏族之分逐漸清晰的過程。

　　前面我們提及的幾部地方志，其中部分內容便代表清末民初時期中國邊政官員及地方士紳對岷江上游人群的認識。由西番種類、獟獠種類、羌民等稱號看來，他們可能比過去任何正史編撰者與異域遊記作者，更能深入了解本地非漢人群。但這些基於本地漢人生活經驗的了解，仍無法擺脫許多偏見。譬如，只有本地人使用「獟獠子」這族號來稱小黑水族群，只有本地人知道「獟獠子」的兇殘野蠻，也只有本地人知道因「獟獠子」兇殘野蠻，而沒有其他族群願認同他們爲「我族」；這便是爲何當時「獟獠子」被認爲是一個特別的「種類」。無論如何，中國地方志修撰有其因承關係，後志都常在前人所編志書或所遺資料的基礎上作編修。茂州、汶川、松潘、理縣等地之方志也不例外。在1920至1930年代，這些志書上所表現的族群分類觀念，在當時民族調查者眼中已算是落伍了。

　　在前一節中，我曾提及1915年前後在羌民地區傳教及作民俗調查的陶倫士（T. Torrance）。他根據自己的西方「民族學」知識，根據中國歷史文獻與漢人及土著的口述，以及根據他在此多年的觀察，得到對當地人群的認識與相關族群分類概念。在其1920年出版有關羌族的書中，他認爲川西的民族有羌、玀玀、戎、婆羅子、西番；在1937年出版的另一著作中，他將戎改爲嘉絨，而又加入黑水、瓦寺等民族。由此可以看出，在那時學者們對「民族」分類的看法很混亂，且與今日有相當不同。

　　當時羌族的範圍，據陶倫士描述，主要是在汶川、理番、威州、茂州、疊溪、松潘，少部分在龍安府，還有部分有待考察的羌族分布於甘南、川北[27]。他並指出，武都的羌人已經漢化，川滇之交的越巂羌人也

27　Thomas Torrance, *The History, Customs and Religion of the Ch'iang*, 15.

很衰微[28]。可以看出，他心目中的「羌民」，主要源於中國歷史上「羌」的概念。他也根據親身觀察，來區別「羌民」與其它民族之不同。譬如，他指出以「戎人」（嘉絨）為主體的理番五屯中「九子屯」為羌民[29]。此認知顯示他對當地語言、服飾及其它文化表徵有些了解。然而，這些各地人群之文化區分固然存在，更重要的是他心中存在一個以語言、體質、文化來界定的「民族」概念。這個「民族」概念，驅使他尋找、研究、強調「羌民」與「戎」或「漢人」之不同[30]。無論如何，陶倫士及其羌民助手的傳教與民族調查活動，不僅使許多漢人知識分子得知本地有「羌族」存在，以及那些是「羌族文化」，也讓許多土著知道自己是「羌族」──因此在客觀文化與主觀認同上都使「羌族」這範疇逐漸具體化。

　　民國十七年，國民革命軍第二十八軍進入岷江上游駐軍屯殖，並建立「屯殖督辦署」。他們留下了一份尚未完成的，名為「松、理、懋、茂、汶：五縣三屯情況調查」的資料[31]。由這分資料看來，「屯殖督辦署」為一集軍事、民政與經濟開發於一身的機構。這些軍方或受軍方委託的調查者，顯然在某些方面比「地方志」編撰者更能深入了解土著社會。而且在資料蒐集與書寫體例上，他們並不須因循從前的方志。因此，

28　Thomas Torrance, *China's First Missionaries: Ancient Israelites*(London: Thynne & Co. LTD., 1937), 20.

29　Thomas Torrance, *The History, Customs and Religion of the Ch'iang*, 13.

30　譬如他說，土著宣稱他們的語言不同於「戎人」（Rong）與「藏人」（Tibetan）的語言；見Thomas Torrance, *The History, Customs and Religion of the Ch'iang*, 15. 但據我的田野調查，老一輩「爾瑪」過去只是認為，他們的語言與「赤部」或「識別」不同；他們心目中並沒有羌族、戎人或藏人的概念，而「赤部」與「識別」雖主要指今之嘉絨藏族、黑水藏族與草地藏族，但也經常包括今日「羌族」的祖先。見本書第三章有關「爾瑪認同」的說明。

31　本文所引為手書稿本，「松、理、懋、茂、汶：五縣三屯情況調查」，汶川縣志辦公室藏；另有一修改後的版本，見張雪崖，〈松理懋茂汶屯殖區現狀〉，《開發西北》2.4(1934)：19-39。

這份資料雖然簡略，卻保留了一些關於本地社會的深層訊息；如關係當地權力結構的各土司間歷史恩怨與婚姻關係。更重要的是，此資料中所呈現的民族分類概念，以及此民族分類概念與目前民族區分間的「落差」，是探索「民族化」過程的關鍵。

調查資料中「戶口」一節中記載，屯區中的「民族」有漢族、回族、羌人、夷人、歸流夷人、猼猓子與西番人。有趣的是，在同一節裡的「各民族眾寡比較圖」中，則分為土著漢人、客籍漢人、回人、歸流夷人、羌人、猼猓子與西番。而且在隨後的「民情異同一覽表」中，對於以上各「種族」的性情及職業都有描述。這種民族分類，與目前我們所熟悉的岷江上游民族分類——漢、羌、藏、回——有相當差別。那麼，究竟「土著漢人」、「歸流夷人」或「羌人」等指的是當今那些人的祖先？我們可以從資料所記載各種族的民情、職業、風俗，與其分布區域等訊息來探究。

在作此分析探索之前，值得一提的是，資料中「民情異同一覽表」稱土著漢人「質樸、怠惰，多務業農」；客籍漢人「性情不一，多營商業，間以手工為業」等等；從今日我們的民族知識來說，以主觀的「民情」及易變的「職業」來描述各個民族，便是相當不可思議的事。然而，我們可以想想：此時由各種「客觀學術」所建立的民族語言、體質、文化等分類資料尚不可得之時，書寫者採本土漢人觀點來描述各個「民族」，這應是可以理解的事。由我在田野採訪中所得的認識，也說明以上這些對各「民族」的描述，是過去曾存在或目前仍流行於當地漢族、羌族中一種對「異族」的刻板印象。由此，以及相關訊息，我們可以比較、對照此調查資料與當今民族分類之異同。

首先，漢人被分為兩種：土著漢人與客籍漢人。客籍漢人，本資料記載，以「安岳、綿竹、灌縣、北川、安縣等地人為多」；他們「多營

商業，間以手工爲業」。這些人是由外移入的漢人，較無疑問。所謂「其
人多屬屯兵之後」的「土著漢人」，這是指理縣「九子屯」的村寨居民；
他們的後裔是今日理縣羌族。資料中稱土著漢人「質樸、怠惰，多務業
農」；原文並有「渾厚」、「性喜潔」等語，後來被編撰者刪去。當今
只有綿箎以南有漢人的農村聚落；綿箎及自此以北的汶川、茂縣農民，
皆爲羌族或藏族。而且，在第四章中我曾提及，老實、質樸與潔淨，都
是當今許多羌族自我宣稱與展現的本質特徵。

　　其次，調查資料中稱羌人，「性質尙良槪以農牧爲業」，「以茂縣
西路與松潘東路爲多」。「性質尙良」應是指，以資料書寫者之觀點來
說，他們的性情本質處於較剽悍的西番、獷猓子與質樸的土著漢人、歸
流夷人之間。由這些資料可以知道，這指的是當今部分羌族的祖先；特
別是住在岷江西岸各溝（茂縣西路）與松潘官道沿線（松潘東路），過去不
屬土司管轄的村寨人群。至於過去受土司管轄的村寨民眾，則大多被視
爲「歸流夷人」。「以茂縣西路與松潘東路爲多」之語也顯示，當今汶
川與理縣大多數羌族之祖先，過去因被當作「土著漢人」，因而不包括
在這資料裡的「羌人」之中。

　　「性質誠樸，多以農牧爲業」的「歸流夷人」，其分布以「松潘東
路與茂縣爲多」。也就是說，他們與羌人一樣的以農牧爲業，但似乎在
漢人眼中其性情比羌人還要良善。然而，由於調查資料曾提及「夷人」
使用番文、番語，因此「夷人」之稱又說明漢人調查者認爲他們與「番
人」，也就是今日的藏族，關係較近。岷江上游各土司常自稱是吐蕃名
門後裔，「嘉絨藏語」又是土司間的共同語，可能因此在改土歸流後，
其子民被稱作「歸流夷人」。事實上，各土司的子民不一定是說嘉絨語
的土著；譬如，瓦寺土司之屬民便有「土民」與「羌民」之分。再者，
如今茂縣並無說嘉絨語的村寨。因此所謂「歸流夷人」，至少在茂縣的

這一部分，應該也是今日羌族的祖先；也就是過去長寧、靜州等土司之屬民。

最後，「以劫掠爲榮」的獷猓子指小黑水一帶的村寨居民，西番兼指務農的嘉絨藏族（又稱熟番）與遊牧的草地藏族（又稱生番），而「強悍好勝，職業不一」的回人便是今日之回族；這些都較無疑問。在「風俗」一節中，此資料又有對各族群特色的簡單描述：

> 漢人多從內地移住，禮儀習尚與內地無大差別。回人亦由各地移來，仍保持其宗教信仰，類皆勤儉渾樸。夷人風俗則與內地懸殊，習漢文漢語者少，多用番文（即藏文），語言亦用番語，即唐古特語。然以地方不同，則各有土音，於是有西番話、鴉絨話等差別，而獷猓子語言又別爲一種。

值得注意的是，作者對於「羌人」與「歸流夷人」的語言及文化無隻字片言的介紹。這應是由於，當時的「羌人」與「歸流夷人」漢化程度相當深，以致於調查者難以描繪其民族特色。在後面有關「羌族文化」的篇章中，我將說明20世紀上半葉民族調查者在找尋「羌文化」上的困頓與挫折。

1920年代末期，中央研究院歷史語言研究所的黎光明等人，至松潘、汶川一帶作民俗調查。他們在調查報告中提到當地的民族有土民、羌民、獷猓子、西番與雜谷民族。對於羌民，報告中記載，「不僅汶川境內有他們的人，在茂縣、理番、石泉、安縣各處，他們的人也不少。」他們又指出，西番與土民都是「西藏民族的一支」，其語言是「西藏話的方言」，只是土民大多已完全漢化。對於黑水的獷猓子，報告中稱「拿他們的語言、習慣研究起來，絕不敢斷定他們和西番、雜谷民族、羌民是

同種」。更重要的是，他們注意到「西番等民族也絕不願承認（猼猓子）是和他們同種的」。報告中對雜谷人描述較少，只稱「這些人究竟是和汶川的羌民同種嗎，還是和土民同種，我們不敢斷定，我們權當他們是一個獨立的民族，暫給他們一個雜谷民族的名稱。」由以上黎光明等人對岷江上游各民族的描述，可以看出因爲「語言」，某些族群已被他們劃爲「西藏民族」的一部分；也因爲「語言」，「猼猓子」被他們認爲是一個不同於西番、雜谷民族與羌民的特殊種族。事實上，此時尚無人對這地區的土著語言作研究、分類；所謂「語言」，不過是黎光明等人的主觀認知而已。無論如何，在他們的民族分類概念中，今大部分理縣羌族的祖先被排除在「羌民」之外。

1930至1940年代，有些學者與團體進入岷江上游地區進行各種學術考察。其中，美籍學者葛維漢（D.C. Graham）對此地區人群作了較深入的民族學研究。由他的著作看來，當時他心目中羌民的分布，是由今茂縣疊溪到汶川之索橋；主要是在岷江流域與雜谷腦河流域。這個「羌民」分布範疇，與當今羌族分布相比，它並未將茂縣疊溪以北地區與松潘東南的村寨人群包含在內，也未包含北川地區之羌族。再者，葛維漢似乎也沒有將黑水河流域的村寨人群視爲羌民。事實上，葛維漢雖認定「羌」是一個民族，但他注意到在語言、文化上羌民受漢人很深的影響，因此他指出，羌民是一個逐漸被漢人吸納的民族。或便因如此，他心目中的「羌民」，主要只是岷江與雜谷腦河流域較漢化的人群而已。

葛維漢在其著作中，曾感嘆羌民研究的難處。他說：

這些人沉默寡言，而又樂於供給一些虛構不實、投詢問者所好的回答，以及，在語言、風俗習慣上各地羌民又有很大的差別，這都使得研究工作非常困難。

他的感嘆應是由於在他作調查時，有些羌民告訴他，羌民是「以色
列人的後裔」。他認為，這是本地人受陶倫士教導，而他們又敬重陶倫
士而不願拂其意的結果。他的感嘆也是由於，他注意到各地羌民的語
言、風俗習慣有相當差異，此違反其「一民族應有其共同語言、文化與
歷史」之民族學常識。特別是，他認為歷史造就這個民族，而土著自身
不一定知道這個歷史。這個「民族」概念，與相關的「歷史」概念，是
當時許多學者的共同信念。來自於西方，19世紀末傳入中國的國族主
義，以及相關的「民族」概念，此時在中、西知識分子間已成為一種常
識。因而此時學者們的共同努力目標，便是找尋一民族典型之體質、語
言、文化；察覺其中有混雜、混淆等種種困難時，便以文化假借（borrow）、
涵化（acculturation）等來解釋此混雜現象，以還原一個民族固有的體質、
語言、文化特色。

1930至1940年代在此地區進行民族考查的中國學術群體或個別學
者，有受教育部委派的「大學生暑期邊疆服務團」，以及語言學者聞宥、
民族學者胡鑑民等。同樣的，「大學生暑期邊疆服務團」的調查成員們
也困惑於「羌民」文化的混雜性。因此在語言範疇等同於民族範疇的概
念下，他們認為「羌人之辯別除由語言外，殆無他途可準」。他們的確
也作了些初步的語言調查。於是在他們心目中，羌族不只包括汶川、理
縣、茂汶等地的「羌民」，也包括黑水河上游麻窩一帶的村寨人群（如
今為藏族）[32]。

胡鑑民心目中的羌民範圍，只分布在理番、茂縣、汶川一帶。在他
看來，當時的「羌民」文化是羌人文化與漢人、戎人文化的綜合體。他
認為，當前羌民的文化混雜性，說明這民族曾經歷一個長期遷徙的過程。

---

32 教育部蒙藏教育司，《川西調查記》（教育部蒙藏教育司出版，1943）。

他提及體質學、語言學與文化人類學研究的重要；但他並非以此界定「羌族」的範圍，而是以這些學科來說明「羌民」與「西藏民族」間的關係。他指出，語言學者聞宥已証明羌語爲藏語之一支；他自己則由歷史上氐羌民族的遷徙與其經濟形式，與「文化人類學」之「文化區」觀點，將羌民歸入「大西藏文化區」之內[33]。

正式的羌族語言調查，始於中國學者聞宥。1941年，他到汶川、理縣一帶作調查；其報告人還包括麻窩、蘆花的人。在後來發表的論文中，他指出，「漢藏語族(Sino-Tibetan)之研究，在今日尚極幼稚」，因此他希望了解此語族中各系、各支間的關係。他注意「羌語」的重要性——「惟在川甘之交，別有藏緬系之一支名羌語，不第爲生存之活語，且保存若干極古之特徵。」[34] 事實上，他的民族歷史與地理知識，多少已爲「羌語」範疇訂出了藍圖。無論如何，他認爲《石泉縣志・輿地志》所附「番譯」是羌語，以及他將黑水蘆花等地語言視爲羌語，對於尋找「羌族邊緣」來說是相當重要的發現[35]。聞宥的羌族語言調查，雖然未及於他心目中所有岷江上游的羌人聚落範圍，但無論如何，「羌族」之存在及其分布範圍，逐漸有了所謂客觀、科學的依據。

在20世紀上半葉中、西學者的研究與描述下，至此，「羌民」或「羌族」已成爲一毫無疑問的「民族」範疇。剩下的工作只是透過更精密的語言、文化調查與分類，來確立羌族的邊界而已。這一部分，我將在本書「文化篇」中說明。

33　胡鑑民，〈羌民的經濟活動形式〉《民族學研究集刊》4(1944)：43-44。
34　聞宥，〈川西羌語的初步分析〉《華西大學中國文化研究所集刊》2(1941)：58。
35　雖然黑水蘆花以東人群，後來被識別爲「藏族」，但其語言在語言學上仍被認爲是「羌語」。

華夏邊緣的本質及其變遷

綜合本章之討論，我們可以簡述這個華夏邊緣的歷史如下。在華夏逐漸形成過程中，華夏心目中的「羌」異族概念，隨著愈來愈多的西方族群融入華夏而持續向西遷移，最後終於移至青藏高原的東緣；這是漢晉時期漢人或華夏的西方族群邊緣。唐代，吐蕃王國興起與東侵，以及其宗教、文化的持續影響，使得愈來愈多的西方異族被漢人稱作「番」、「蠻」，華夏心目中的「羌人地帶」逐漸萎縮。在明清時期，「番」與「蠻夷」成爲漢與非漢間更截然劃分的族群邊界；早先以「羌」爲代表的模糊華夏邊緣，只存在於岷江上游與北川之間。清末以來，在包含華夏，或漢族，與其邊緣四裔的中國國族(中華民族)建構藍圖中，岷江上游的「羌民」與其它舊羌人地帶上的各非漢族群，成爲國族邊緣之少數民族。最後，在近代以來之歷史、體質、語言、文化調查研究下，「羌族」終成爲一個有具體內涵與邊緣的民族範疇；在本土知識分子對我族歷史文化的學習、探索與展示推廣中，羌族也得到基於主觀認同的民族生命。

以上是我由華夏邊緣觀點所重建的「羌的歷史」。這究竟是什麼樣的一部歷史？它的主體爲何？它與前一章所分析、解構的國族主義之下的「羌族史」有何不同？在這樣的歷史中，我們對於當前作爲少數民族的羌族，以及漢族、中華民族，有何新的理解？顯然，這個歷史中的主體，不是一個在時空中遷徙、繁衍、綿延的「非漢民族」，而是一個華夏心目中的西方異族概念。這個異族概念，羌，隨著華夏與其西方邊緣人群的往來互動而變遷。因而，在此歷史中延續的，也是一個核心與邊緣人群間的動態關係。在此歷史中，華夏與其「邊緣」從來沒有單獨存

在過。這樣一個「華夏邊緣」的歷史，是羌族形成過程的歷史，也是許多華夏與藏族形成過程的歷史；因而由此「華夏邊緣」之歷史，我們也可以對羌族、藏族與漢族（華夏）之族群本質（ethnicity），有一基於歷史人類學的新了解。

華夏邊緣的推移、變遷，由華夏對邊緣人群的歷史與文化書寫，以及相應的政治、經濟行動，來體現與達成。有關羌人文化與歷史的書寫與再書寫，被「羌人」閱讀，因此也影響這些邊緣人群的自我認同。自春秋戰國時華夏形成以來，華夏便不斷的書寫邊疆人群的歷史、文化，及當時的華夷關係。由此角度來說，當前「典範羌族史」與「羌族文化」是這個書寫傳統的最新階段，也造成一新的華夏邊緣——羌族。如此，邊緣觀點下的「羌的歷史」，顯然不同於說明「羌族是中國歷史悠久的少數民族之一」的典範羌族史。但這並不表示「羌族」不存在於歷史之中。無數中國人心目中的「羌人」，數千年來在中國西疆邊境內外為生存奮鬥。他們掙扎於中國與吐蕃、西夏、南詔的戰爭之間。為了生存，他們接受、選擇、建構各種版本的「歷史」，因此他們有些成為漢人移民的後裔，有些成為吐蕃貴族的後人。最後，在漢、藏（吐蕃）政治與文化的擴張、擠壓之下，只有岷江上游與北川西北一隅深度漢化但又被視為蠻夷的「羌民」，成為漢與「番」之間最後的模糊邊緣。在近代中國國族主義發展下，羌族作為一少數民族的存在，以及「羌族史」的建構，可說是華夏邊緣的一新規劃。在此新邊緣規劃中，過去「羌人地帶」這條華夏邊緣，仍是劃分藏族、彝族、羌族與漢族間的界線。然而在這條線上，「羌族」及「典範羌族史」是一個門；通過這個門，漢族與藏、彝等民族可以聯繫在中華民族之中。

當代民族識別與分類，在過去的「羌人地帶」上，基本上沿承著漢人心目中羌、番、夷的區分概念。在此地帶上過去被稱為「番」的，其

後裔大多被歸類爲「藏族」，成爲460萬藏族中最東邊的一部分。在此地帶的南端，過去被稱作「夷」的人群，其後裔如今被識別爲「彝族」，成爲660萬彝族最北邊的一部分。而「羌民」成爲羌族，人數僅約20萬，且不見於別處。羌族人數雖少，但前述「典範羌族史」說明漢族、藏族、彝族及許多中國境內的少數民族（所謂氐羌系民族）中都有羌族的成分，因此他們都是中華民族中的兄弟民族。如此羌族成爲漢、藏、彝與廣大「西南氐羌系民族」間的黏著劑。羌族也頗以此自豪；他們常說，我們羌族是藏族、彝族的祖先，或說羌族是比漢族更古老的華夏族。「典範羌族史」雖然可發揮民族團結的功能，但在另一方面，這「歷史」也藉由書寫民族間的戰爭、征服、驅逐、遷徙，來合理化當前國族結構中的核心與邊緣區分。

　　無論如何，羌族的確是個重要的民族；重要的是「羌」這個族名所蘊含的歷史記憶，以及此記憶所蘊含的歷史過程。經由「羌人地帶」形成與變遷的歷史記憶，我們可以了解華夏與西方異族之間曾有一個漂移的、模糊的族群邊界。由華夏邊緣觀點的歷史來看，發生在邊緣的戰爭、仇恨固然都是事實，然而華夏邊緣有地理上的漂移，相關的文化表徵與人群認同也都因時變化；可以說數千年來此核心與邊緣一直在調整、謀求相處之道。漢族、少數民族之區分，與中華民族認同，只是一個近百年來的新嘗試而已。「羌族」及其相關歷史記憶爲此留下見証。

　　然而我們也不能忽略，岷江上游村寨人群並非僅爲華夏邊緣。自唐代以來另一個核心——吐蕃與其佛教文化——曾將它的邊緣由西向東推移，在明、清時也將部分岷江上游人群變成其邊緣。再者，近代西方基督教文明國家在東方的擴張，又曾將這些羌民變成另一個邊緣——以色列人的後裔，基督教文明人群的邊緣。三種文化與政治核心——漢、藏、西方基督教文明世界——各自夾帶著強勢的「歷史」論述，爭相把「羌

民」納入它們的邊緣。造成在20世紀的前半葉，有些羌民自稱是吐蕃後裔，有些自稱是以色列人後裔，有些自稱是漢人或羌人後裔。因此，羌族成為新的華夏邊緣，還經由一種邊緣論述覆蓋另外兩種邊緣論述的過程。無論如何，相較於華夏的歷史論述來說，來自西方基督教文化核心的與藏傳佛教文化核心的歷史論述相當微弱。這也是為何岷江上游「羌民」今日未成為藏族，也未成為一個獨立的東亞以色列民族[36]。

　　在這一章中，我所述的是一個華夏邊緣觀點的「羌的歷史」。事實上，在此歷史中有一個重要關鍵尚未被提及；這關鍵，就是歷史上「羌人」的自我認同與本土歷史記憶。在本章中，除了略述清代以來北川羌人之認同變遷外，對此我並未多作說明。這主要是由於，我們缺乏中國歷史上「羌人」之本土認同與其本土歷史記憶資料。雖然如此，由近百年來的地方文獻，學者們的田野採訪，以及今日羌族之記憶，至少我們可以重建20世紀上半葉以來岷江上游與北川村寨居民之自我認同、歷史記憶及其變遷過程。在此過程中，他們非只是被動接受外人賦予的歷史記憶。他們有自身的歷史記憶，同時也採借、修飾來自外界的歷史記憶。過去華夏對異族的歷史與文化書寫只流傳在華夏之間，以強調蠻夷的異類本質。在近代國族主義之下，如今「羌族史」書寫不只是為了讓漢族閱讀，也為了讓羌族及其他少數民族閱讀。國家教育與各種傳播媒體（包括民族學者），將民族知識傳入各個村寨之中。當羌族閱讀各種核心群體建構的「羌族史」，並從中得其民族生命與認同之後，他們也開始寫

36　這並不是說，所有的西方學者或傳教士都曾欲將「羌民」變成西方人的後裔，或者，所有漢人學者都強調「羌民」與漢族間的親近關係。至少，葛維漢曾反駁陶倫士以羌民為以色列人後裔之說，而胡鑑民從經濟生態角度，則認為羌民是在西藏民族文化圈內。

自己的「歷史」。這個過程，涉及人群間許多神話、歷史與文化的爭辯、
修訂與建構。

第七章

本土根基歷史：弟兄祖先故事

在中國歷史文獻中，記錄異族本土觀點歷史的資料極少。這些少數的「土著歷史」，又常在漢文化的歷史理性下，經記錄、書寫者的轉譯、修飾而扭曲，或被歸類爲「神話傳說」而受忽略。然而，這些「不真實的歷史」或「神話傳說」並非沒有研究價值。對於一族群所宣稱的共同起源，我們不只是想知道歷史事實（historical facts），更想由人們對「過去」的記憶（歷史記憶）與表述，也就是由歷史敘事（narrative）與文類（genre）中，了解造成這些記憶與表述的社會與歷史本相（social and historical reality）。

認真思考、探索「土著文化」的學者，也常陷於一種學術想像之中——想像、尋找與建構一全然不受外界影響的土著社會。成書於戰國時的《左傳》，有一段記載敘述一位被華夏認爲是「戎」的異族領袖所說的話。這位「姜戎氏」說：秦惠公說，我們這些戎人是「四嶽」的後裔。如果此記載確實，這顯示當時的秦人或華夏曾建構戎人的族源，並將此記憶播入與他們往來密切的戎人之中。在此，我們可以思考一個問題：究竟什麼是「本土歷史」？接受、融會外來歷史知識後，土著所相信的歷史是否還算是本土歷史？對於此，我的觀點是：並沒有絕對不變的或純粹的「土著」，也沒有不變的、單一的、可免於外界影響的「本土歷史」。在與外界接觸下，「本土歷史」有其變易與多樣性，也因此造成一個族

群本質的不斷變遷，其內部各次群體間的結構特質也不斷變化。

　　漢晉時期被華夏稱作「羌」的黃河上游土著，其本土歷史曾被記錄在《後漢書・西羌傳》中。根據此「傳說」，羌人（河湟西羌）的文明開創祖名爲「無弋爰劍」，一位由秦國脫逃的戎人奴隸。他到此後，由於一些神跡而受到土著信服，並與一受割鼻刑罰的土著女子成婚，從此教導羌人種田、狩獵。這個「傳說」，可能是基於當時某一河湟羌人部落的本土歷史，添加些漢人的歷史想像以與中國「秦人驅戎」之歷史記憶接軌，而成爲一種華夏心目中的「化夷傳說」[1]。在類似的華夏建構之化夷傳說中，一位殷王子「箕子」至朝鮮而教化了東夷，一位周王子「太伯」至吳而教化了荊蠻[2]。而在〈西羌傳〉之敘事中，河湟西羌統治家族的祖先與其族之教化者，爲一來自中國邊緣（戎人）的奴隸──這也顯示西羌在華夏心目中之野蠻、卑下，遠甚於那些被華夏認爲是中國王子後裔的南蠻、東夷。〈西羌傳〉又記載，羌人是「三苗」的後裔，也是姜姓的一個支族；在舜帝驅逐「四凶」時，這一族人被遠遠逐到黃河上游地區。這歷史敘事說明黃河上游羌人的由來。三苗是中國古代傳說中的殘暴極惡之人，四凶之一。姜姓的始祖，炎帝，則是曾敗於黃帝之手的古代帝王。將邊緣異族的族源溯及歷史記憶中一些兇惡人物，或失敗者，這也是華夏歷史書寫傳統之一。

1　所謂「化夷傳說」，我是指一種歷史記憶與敘事；在此記憶與敘事中，一位由本地遷往異域的人，在該地被土著奉爲神或王。或者，在土著接受此種「歷史」之後，他們相信「一位由外地來的人在本地被奉爲神或王，開創本地文明。」見，王明珂，《華夏邊緣》，255-87。

2　《後漢書》記載，周武王封商王子箕子於朝鮮，於是箕子教土著種田、養蠶，並以禮義法條來教化約束他們。《史記》中記載，春秋時居於東南之吳國王室，其始祖是周的一位王子，太伯；他因讓位而由渭水流域奔逃到長江下游的吳國，在此教化土著荊蠻等等。見《後漢書》85/75，東夷列傳；《史記》31/1，吳太伯世家。

　　我們不清楚歷史上有多少被稱作「羌」的人群，曾接受這些歷史記憶。但至少，魏晉時期許多遷入關中的羌人豪酋家族，他們自稱是「黃帝之裔」而非「炎帝之裔」。如南安赤亭羌人，姚弋仲，據稱是有虞氏之苗裔[3]。鉗耳家族，自稱祖源爲「周王子晉之後，避地西戎，世爲君長」[4]。另一關中羌人鉅姓，黨姓家族，也自稱是夏后氏之後[5]。無論是大禹之後、高陽氏之後、夏后氏之後、有虞氏之後，或一位周王子之後，在中國文獻所蘊含之社會記憶中都是黃帝有熊氏之後裔。這些例子顯示，以上羌人世家大族都假借一些華夏歷史，刻意忽略一些華夏歷史，並遺忘本土歷史記憶，以將自己變成黃帝後裔。藉此他們成爲華夏的一分子，也造成前章所述的華夏邊緣的漂移與變遷。

　　接下來的問題是：被華夏稱爲「羌人」的人群，在接受「羌人」這個稱號而自稱「羌人」，或假借華夏祖源而自稱「漢人」之前，他們的本土認同體系爲何？以及，什麼樣的「本土歷史」支持這樣的本土認同體系？什麼樣的新「本土歷史」，合理化「羌人」這樣的新本土認同體系？由於古史中羌人自身記憶缺乏，除了前引漢晉時期關中羌人世族的例子外，我們很難找到這方面的資料來回答上述問題。正因如此，近代以來「羌人地帶上的最後羌人」——岷江上游與北川地區村寨人群——之本土歷史記憶與認同及其變遷，在研究上有非常重要的意義。它們提供了一個實際的例子，讓我們了解被華夏視爲「羌人」者，在成爲「羌人」之前的歷史記憶與認同體系，以及「羌人」如何接受、選擇與揉合外來知識以建立新的歷史記憶與認同。以及，這些新、舊歷史記憶所隱喻的族群本質及其變遷。這些「本土歷史」也讓我們思考一個更重要的問題：究竟什麼是「歷史」？

　　3　《晉書》116/16，姚仲弋。

　　4　馬長壽，《碑銘所見前秦至隋初的關中部族》（北京：中華書局，1985），82。

　　5　吳世鑑，《晉書斠注》116/16，引《元和姓纂》。

　　關於後一問題，我先作一些說明。有悠久文字歷史書寫傳統的人群，譬如中國人，其歷史書寫傳統是足以自傲的文化財產。中國人有一種歷史心性，及因此產生之歷史概念，藉此，人們相信某些「過去」是真實的、重要的。也根據此種歷史心性與歷史概念，人們認為許多文明落後人群沒有「歷史」，他們對「過去」的記憶與敘述，被認為是不真實的「神話與傳說」。然而，如果我們思考漢代以來中國之「正史」書寫，以及近代「民族史」書寫，我們可以發現在這些歷史建構中「過去」被選擇、修飾與遺忘的痕跡。我們可以說，真實的「過去」無時無刻都在產生，然而人類社會對「歷史」的記憶與描述，卻是有特殊社會意義的建構。此種社會意義，主要在於表現一個群體的本質及其內部區分（文化史），凝聚一個群體的團結並階序化各次群體（民族史），與詮釋群體存在的周遭世界並合理化人在自然界中的地位（自然史）。以此而言，許多被我們視為神話與傳說的「過去」敘事，在某些社會人群中也有同樣的功能。因此，當談到「本土歷史」，特別是沒有文字書寫傳統之社會人群的本土記憶時，我們對於「歷史」應有更寬廣的定義。

根基歷史

　　由前面兩章的說明中我們知道，典範的「羌族史」與「中國史」都可以被視為一些凝聚族群的集體記憶。「歷史」，特別是與人群「共同起源」有關的歷史——如對中國人而言的「黃帝」——在強化族群感情上具有特殊的魔力[6]。同一族群或民族的人們，以「同胞」或以英語「弟兄姊妹」（brothers and sisters）相稱；這顯示人類的族群或民族，是一種

6　王明珂，〈起源的魔力及相關探討〉《語言暨語言學》2.1（2001）：261-267。

模擬最小、最親近之親屬群體──出於同一母親的群體──的一種社會結群。因此，「共同起源」歷史記憶以追溯人們的共同血緣起始，來模擬並喚起族群成員們的根基性情感連繫（primordial attachments）。它也是人類「歷史」的一種原始型式；我們可稱之爲「根基歷史」（primordial history）。這是普遍存在於人類社會中的一種歷史記憶形式。

　　在本書社會篇中，我曾介紹岷江上游與北川村寨人群在成爲羌族之前的族群認同體系──以家庭、家族與村寨或溝中人群爲主體的「爾瑪」認同。在本章中，我將要說明的便是支持這族群認同體系的「本土歷史」；它也是一種以「人們的共同起源」來凝聚族群的根基歷史。這種根基歷史，主要以一種「弟兄祖先故事」的敘事形式來表現。

村寨中的弟兄祖先故事

　　在本書第三章，介紹羌族的村寨結構與相關的認同、區分時，我曾提及，在這地區凝聚一個家族、村寨與各溝人群的「過去」，經常是一些「弟兄祖先故事」。弟兄祖先故事的基本形式爲：從前有幾個兄弟到這兒來，……他們就是幾個人群（家族、寨子與溝中人群）的祖先。在此種敘事中，共同的祖先（過去幾個弟兄之一）凝聚一個人群；這樣的幾個人群，又因爲相信彼此的祖先有「弟兄關係」，因此也凝聚在血緣關係之中。以下我舉一些各地的例子，來介紹這些「弟兄祖先故事」，以及它們間的表述差異，並分析、說明此模式與表述差異背後的社會情境（context）。

北川小壩鄉

　　在所有當今羌族中，北川羌族的漢化程度最深。甚至於，由他們所宣稱的「家族史」，我們可以再思考究竟應如何定義「羌族」。關於祖

先的來源，在北川的青片河、白草河流域最流行的說法便是：幾個兄弟
從外地來，後來便分成當地幾個有漢姓的家族。如以下白草河小壩鄉內
外溝一位中年人所言：

> 1. 我們老家是從白羊遷出來的，正宗少數民族地區來的……。
> 姓董的、姓王的都是一個祖宗下來的……。內溝的人三分之一
> 是從白羊出來的。上溝原來沒人，羌族喜歡砍地，燒了開荒。
> 看到了冒煙子，親戚都來了。人多了，也不怕野豬、猴子來吃
> 糧食。其他的都是逃荒由外地來的。我聽過原有五個兄弟從松
> 潘毛兒蓋那過來，五個人各占一個地盤；我記不清礎了。

白羊在北川的北方，目前其本地族群被識別為藏族。松潘毛兒蓋，
目前也是藏族地區。無論是說本家族來自白羊，或本地人起源於毛兒
蓋，都是在強調本家族的「少數民族」本質。在以上口述中，強調本家
族來自「正宗少數民族地區」；此所顯示的情境，便是近年來北川羌族
知識分子強烈的羌族認同。小壩鄉的內、外溝共有五個村。這位中年人
並未說明，「從松潘毛兒蓋過來的五弟兄」，是否便是這五個村的始祖。
相反的，他認為除了姓董、姓王的以外，本地其他家族都是逃荒由外地
來的；外地逃荒來的，指的是川西漢人。

由於明清以來的漢人移民潮，以及因此帶來的深度漢化影響，許多
北川山間的漢姓家族，都宣稱祖先是「湖廣填四川」時來到此地。如另
一位小壩鄉杉樹林人所述的家族歷史：

> 2. 小壩鄉在我們的記憶裡面，特別我們劉家在小壩鄉，最早；
> 聽我祖祖說，就是湖廣填四川的時候……。當時是張、劉、王

三姓人到小壩來；過來時是三弟兄。當時喊察詹的爺爺就說，你坐在那兒吧。當時三弟兄就不可能通婚，所以就改了姓。劉、王、龍，改成龍，就是三條溝。一個溝就是杉樹林，那是劉家。另一個是內外溝，當時是龍家。其次一個就爭議比較大，現在說是王家。這三個溝，所以現在說劉、王、龍不通親。三弟兄過來的……。

　　小壩鄉的杉樹林，位在內外溝的溝口。一方面，本地居民與內外溝各村民眾往來密切，另一方面，由於對外接觸、聯繫方便，因此本地居民比起上游內外溝村民，更有漢人特質與漢族祖源記憶。說本家族是「湖廣填四川」來的，這在整個青片、白草河地區都是很普遍的家族史記憶。這位中年人口述中的「三弟兄」，其「後裔」分布在內外溝、杉樹林等地，包括了小壩鄉的所有主要地區。他提及一個有爭議的「弟兄祖先」；他說，現在大家認為這是王家的祖先。這個口述顯示，本地過去的「歷史」或家族記憶，常常在人們的爭論中。「王家」在當地是大姓。因此，將王家納入這個族源記憶，可能將此「三弟兄後代」之範圍，由內、外溝擴及更廣大的地區。下面是一位內外溝王姓中年人所說的本家族來源，也是一個「弟兄祖先故事」：

3. 我們是湖廣孝感過來的，五弟兄過來，五個都姓王。主要在漩坪、金鳳、白泥、小壩。這五個兄弟，兩個到小壩；一個在團結上寨，一個在這裡。我們祖爺是行醫的，我們家還保留個藥王菩薩。過來五輩了，這是五輩以前的事了。他們都不是湖廣過來的，因為只有我們一家在七月十四過七月半。他們也說是湖廣過來的，但他們跟我們過七月半不一樣。

　　這位內外溝人，與前面例1那位內外溝人同村。這位報告人所屬的「王家」，就是前面例1內外溝人所說的「王家」，也是例2杉樹林人所稱劉、王、龍「三弟兄」中的「王家」。但例3這位王家的人，並不認為本家族祖先為來自松潘白羊或毛兒蓋的五弟兄之一，或是來自湖廣的劉、龍、王三弟兄之一，而說是來自湖廣孝感的王姓「五弟兄」之一。這五弟兄來此後，兩個在小壩，另外三個分散在漩坪、金鳳、白泥等鄰近鄉鎮（見圖14）。這個祖源記憶，強調內外溝兩個王姓家族的一體性，也強調內外溝王姓家族與鄰近鄉鎮王姓家族的同源關係。同時，不接受前兩位小壩鄉人的王家祖源論述也顯示，他不認為內外溝或小壩的幾個主要家族有共祖關係。

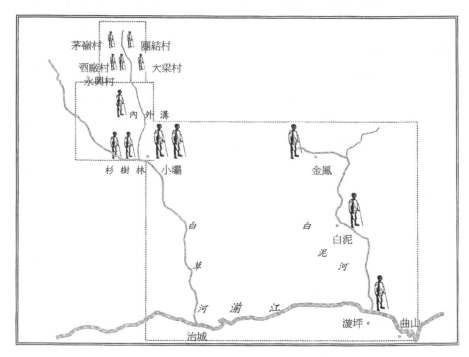

圖14　北川小壩內外溝弟兄祖先空間分布

　　以上這三個「家族史」論述，顯示幾個有趣並值得深思的現象。首先，三個小壩鄉人口述中的本家族歷史，都是以幾個「弟兄祖先」爲起始，如此他們不只是述說本家族的來源，也述說與本家族有弟兄祖先關係的鄰近家族之來源。其次，三個例子中都涉及「王家」的來源，但說法都不同。顯示在當地這種「歷史」相當分歧、多元；各家族、各村的人說法不同，同一村中的人也常說法不一。第三，「家族史」在此似乎與個人的「認同」，或當時他所要強調的「認同」有關；例1中的內外溝人，強調內外溝幾個主要家族祖先有弟兄關係；例2之杉樹林人，強調小壩鄉幾個主要家族間的血緣關係。以上兩者，都將「血緣認同」與「地緣認同」結合在一起；有親近地緣關係的幾個家族，藉由祖先的弟兄關係可成爲「一家人」。然而在例3，這位王家人所說的家族史中，強調的則是「血緣認同」；王家的人不與本地其他各姓家族共祖，而只與本地或遠方的王姓家族共祖。如此我們也可以了解，爲何這些本地家族記憶是如此的分歧、多元。

　　最後，在以上幾個「弟兄祖先故事」中，這些家族（或本地人）或說是從「湖廣」來的，或說從松潘的白羊、毛兒蓋等「正宗少數民族地區」來的。此分歧、多元的記憶，也表現了北川羌族認同之特質：他們一方面自豪於本地人之漢化，與家族的父系漢人祖源，以擺脫「蠻子」或「少數民族」在主流社會中之負面形象。另一方面，在努力爭取羌族認同的情況下，並在土著文化盡失所產生的文化與認同危機感之下，他們又必須強調自身的少數民族「根源」。此分歧、多元的記憶，也表現了北川地區所經之歷史過程；這便是在前一章中我所提及的，華夏邊緣觀點的「羌之歷史」。經此歷史過程，清代以來本地白草、青片居民一直徘徊在漢與非漢之間。

茂縣永和溝

　　由北川青片鄉西向越過土地嶺樑子，便是岷江流域的茂縣永和鄉。該鄉所在的永和溝，是由東往西流入岷江的一條支流。鄉政府所在的永和村，是個靠近河壩（河谷台地）的村子。這個村目前包括四個組（寨），其中二組又分為上、下寨（其本土名分別為「瓦達」與「嘎勞」）。永和村各寨中也流傳著兄弟故事。據一位二組下寨的老人說：

> 4. 我們是搬來的。老家是渡基。那邊地硬得很，一般的娃兒不說話，啞巴。一個傳說，揹到這個樑子這，聽到老鴉叫，學老鴉叫就會說話了。過來時就只有我們那一組人。走到那，老鴉叫了，娃兒就說話了。這邊幾個組幾乎都是那來的。這兒原來沒有人，根根是這樣扎的。渡基是高山，兩弟兄，大哥在渡基，兄弟到這來。現在又搬一些人回去了。原來那已沒有人住了。垮博（一組）跟這裡的人（二組下寨）是從那來的。

「垮博」的一位老太太，也曾對我說過類似的「歷史」：

> 5. 我們一組也說是渡基那邊過來的。我們也說走到金個基那個樑樑，小孩聽到老鴉叫就學老鴉叫，聽到狗叫就學狗叫……。他們說上寨是大哥，就是得牛腦殼。一隊得的啥子？三組是得牛尾巴，道材主得的是牛皮子。他們現在罵三組，就是罵你們是牛尾巴。道材主被罵夏巴，夏巴就是牛皮子。上、下寨都是二組，我們得牛腦殼。

　　以上二組下寨老人（例4）認爲，一組與二組的人同出一源，他們與渡基的人是「兩兄弟」的後代。然而現在村民們的看法，大致如那位「垮博」老太太（例5）所說的「三弟兄故事」：「三弟兄」來到這兒，得牛頭的到二組上寨去，得牛身子的到一組，得牛尾巴的到四組（勒窩）或三組（甘木若）。一組與二組下寨的人，則由二組上寨分遷出來。或說，得牛皮的到「道材主」；這是最鄰近永和的另一村。這最早的「三弟兄」究竟是那些人的祖先，一位八十餘歲的一組老人對此有不同的記憶。他說，這「三弟兄」分別到一組，與二組的上、下寨；也就是當地人稱的「河壩三村」。一組得牛尾巴，二組上寨得牛頭。他的說法，與二組下寨老人（例4）的說法雖有些不同，但都在強調一組與二組居民間的密切血緣關係。除了這兩位老人外，其他我訪問過的村民，都相信「三弟兄」的後代是所有四個組的人。

　　這樣的祖源記憶差異，或由於不同世代村民的「我族」概念有別所致。過去一組、二組村民（河壩三村）是相當孤立的「族群」時，「弟兄祖先故事」用來強調這兩個組、三個寨子人群間的血緣關係。當近數十年來永和溝各村寨人群間的衝突減少，以及包含四個組的「村」行政劃分擴大了河壩三村民眾的認同範圍時，村民們便將「三弟兄祖先」擴大爲永和村四個組民眾的共同祖先。一組與二組的人，被認爲是其中一個兄弟的後代。如此認同圈雖擴大了，但一組與二組的人仍宣稱彼此有特別緊密的同源關係。

　　雖然同樣以「弟兄祖先故事」述說人群的共同祖源，與人群間的血緣區分，永和與前面北川小壩鄉的弟兄祖先故事有幾個重要差異。首先，小壩鄉的弟兄祖先故事說明幾個「家族」的起源；永和的弟兄祖先故事，說的則是幾個「村寨人群」的起源。其次，小壩的弟兄祖先故事只說明本地「部分」家族的起源，而非解釋「全部」本地家族的共同起源；他

們認為本地各家族來此有先後之別。永和的弟兄祖先故事,則無論是解
釋「一組與二組人」的起源,或是永和村四個組村民的起源,都是「全
部」本地人的共同起源。

　　這些「差異」顯示兩地有不同的社會情境與歷史脈絡;此情境、脈
絡主要是他們與漢人及漢文化之間的關係。兩地村落人群受漢文化影響
的程度深淺有別,也因此造成他們在族群認同上的差異。如本書第三章
中所言,過去他們雖然都被「漢人」稱作「蠻子」,北川白草、青片的
山村居民常自稱本家族為自「湖廣」遷來的漢人,而茂縣永和的村寨居
民們則堅持「莫兒」認同,以此區別於他們心目中狡猾的「漢人」與野
蠻的「蠻子」。以上兩地「弟兄祖先故事」之敘事差異,表現「漢化」
此一文化與社會過程中的重要變化——由血緣與地緣緊密結合的族群
(村寨)認同,轉變為血緣與地緣逐漸分離的族群(以姓為別的家族)認
同;因而解釋全部本地人來源的「歷史」,轉變為解釋部分本地人來源
的「歷史」。在本章後面,我將再回到這一主題。

　　最後,雖然弟兄祖先都是來自外地,小壩人的弟兄祖先來自之處,
無論是有漢人族源隱喻的「湖廣」或是有少數民族含意的「松潘」,常
表露其「民族」歸屬意涵。在永和的「弟兄祖先故事」中,人們所來自
之地只是一個生活環境較差的地方,並沒有「民族」指涉意涵。此種差
異所反映的情境也就是,對北川青片、白草村落居民而言,「民族認同」
是當前一敏感而又十分重要的問題。

松潘小姓溝

　　在前面我多次提及小姓溝。這兒的羌族受漢文化影響的程度,遠較
其它地區羌族為低。他們在宗教信仰、生活習俗、住屋形式以及服飾穿
著上,都與附近的熱務藏族相似。我所採訪的小溝,埃期溝,又是小姓

溝中最深入大山中的一個羌族山溝。當地村寨居民的漢化程度，又比小
姓溝中其它村寨的人群爲淺。這兒的村民，除了少數出外讀書的年青人
外，大多沒有漢姓。這個村目前由三個組，背基（一組）、北哈（二組）、
潔沙（三組）所構成；二組又分成北哈與梁嘎兩個小寨。在這兒，流傳幾
種不同的「弟兄祖先故事」。以下是一位二組中年人的口述；這是最普
遍流傳的一種記憶版本：

> 6. 最早沒有人的時候，三弟兄，大哥是一個跛子，兄弟到這來
> 了，還一個么兄弟到一隊去了。大哥說：「我住這兒，這兒可
> 以曬太陽。」所以三隊太陽曬得早。么弟有些怕，二哥就說：
> 「那你死了就埋到我二隊來。」所以一隊的人死了都抬到這兒
> 來埋。

在這故事中，老二與老三關係格外親密；不只住在同一邊，死了也
葬在一起。目前三組在陽山面（早晨曬得到太陽），一組與二組兩寨座落
在陰山面。這個兄弟故事所顯示的族群認同與區分體系，也表現於三個
組敬菩薩的習俗上。如我在第三章所介紹的，三個組都各有山神菩薩；
二組下寨（北哈）又與一組共敬兩個菩薩，「怱布姑嚕」與「恰伯格烈」；
三個組又共同敬「格日囊措」山神，這是一個以各村寨都能眺見的大山
爲代表的山神。據村民說，因爲一、二組同一個菩薩，所以常聯合起來
和三組的人打架。更值得注意的是，在前述的茂縣永和、北川小壩或其
它地區，「弟兄祖先故事」只保存在部分老人的記憶中。然而在埃期溝，
即使是十來歲的小孩都知道這三弟兄的故事。

埃期溝中還流傳其它一些「弟兄祖先故事」（見圖15），如以下一位
老人所說的「七弟兄故事」。

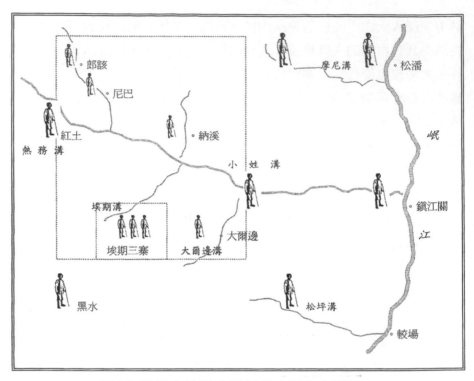

圖15 松潘小姓溝埃期村弟兄祖先空間分布

7.高頭來的七弟兄。從那七弟兄,有些安在大爾邊,有些朱爾
邊、納溪、郎諧、尼巴,是這樣分出來的。他們是在這個啥子
朝代打散的,跑到這來。原來這兒沒有人,沒有人,這下子七
弟兄到這兒;只來三弟兄,還有四弟兄是納欺安了一個,大爾
邊,還有尼巴那安了一塊,是這樣分出來的。還有一個兄弟,
我還都記不到。

納溪、郎諧、尼巴,都在熱務河北岸各溝中,與南岸的埃期溝正面

相對。目前該地村寨人群都被識別爲「藏族」。大爾邊與朱爾邊，則是埃期溝右鄰一條大溝中的兩個主要村落。目前該地居民的民族成分與埃期溝居民相同，都是羌族。因此，這「七弟兄故事」是以祖先的弟兄關係，來說明這幾個鄰近山溝村寨藏、羌居民間的密切血緣關係。另外，我還聽說一個「九弟兄故事」；比起上述的「七弟兄故事」，這個弟兄祖先故事在當地較普遍爲人所知。一個埃期一組的老人，對我說這個故事。他首先提到上述的「三弟兄」，然後想起，這三弟兄是九弟兄中的一部分：

> 8. 一組的人，以前是三弟兄來的。以前這沒得人，三弟兄是從底下上來的。上來坐在月眉子那個墩墩上。又過了一兩個月。那個就是；不是三弟兄喔，那是九弟兄，九弟兄占了那地方。三弟兄打伙在這條溝。還有兩弟兄打伙在那條溝，大爾邊。還有兩弟兄打伙在大河正溝，熱務區。九弟兄是黃巢，秦朝還是黃巢？秦朝殺人八百萬？黃巢殺人八百萬。他就躲不脫了，就走到這兒。一家九弟兄就到這兒來了。就是在秦始皇的時候。

大河正溝或熱務區，指的是埃期溝左鄰熱務藏族各溝各村，因此，這個「九弟兄祖先故事」說明更大範圍人群的祖先弟兄關係。九弟兄中，事實上這位老人只提到七弟兄的去處；三個到埃期，兩個到大爾邊，兩個到熱務。「兩個到大爾邊」指的是大爾邊溝中的兩個大村，大爾邊與朱爾邊 [7]。這個九弟兄故事，擴大了埃期居民以三弟兄故事來凝聚的族

---

7 在茂縣太平牛尾巴寨中，有部分老人則說，大爾邊、朱爾邊與小爾邊——所謂「爾邊三寨」——是由牛尾巴寨遷出的三弟兄所建立的。

群認同。這「族群」其所孕含的人群範圍，打破了目前藏、羌民族邊界，這一點相當值得注意。許多本地人說，以前這兒雖然有語言上的不同，但並沒有所謂羌、藏區分。在前面我也曾提及，過去除了各家族、寨、村、溝等人群區分外，本地社會區分主要在於「牛部落」與「羊部落」。埃期的確有些老年人是由熱務嫁過來的女子，或來此上門入贅的男子。這個「九弟兄祖先故事」，也說明過去在此地「羌、藏區分」是相當模糊的。無論如何，以上這「九弟兄祖先故事」與例 7 之「七弟兄祖先故事」一樣，傳述並不普遍；或者，這些都是在民族分類後，逐漸消逝中的社會歷史記憶。

我曾聽說另一個「七弟兄祖先故事」，出自一位小姓溝老人的口中。

9. 七弟兄，黑水有一個，松坪溝一個，紅土一個，小姓有一個，旄牛溝有一個，松潘有一個，鎮江關有一個。五個在附近，還出去兩個；一個在黑水，一個在茂縣。

這「七弟兄」所至的地區，以目前的民族與語言分類知識來說，包括有紅土人（熱務藏族），小姓溝人（藏族、羌族），松坪溝人（羌族）、鎮江關人（漢化的羌族、藏族與漢族、回族）、松潘人（以漢族、藏族、回族為主）、旄牛溝人（藏族）與黑水人（說「羌語」的藏族）。在這弟兄故事記憶中，由於小姓溝所有村寨居民是其中一個弟兄的後代，因此「小姓溝人」認同得到強化。另外，更重要的是這「七弟兄祖先故事」強調一個以小姓溝為核心，跨越茂縣、黑水、松潘三縣，包含許多村寨與城鎮藏、羌族群的人群認同（不包括回族與漢族）。這個人群範圍，也就是小姓溝人經常能接觸到的、與他們共同祭「雪寶頂」山神菩薩的人群。在埃期溝中並不流傳這故事。說這故事的老人原是埃期溝人，後來移出來，住在

大河（小姓溝）邊上的一個小街市上。他的聽聞、見識都比故鄉埃期溝人來得廣；這應與他能得知或創造此「七弟兄祖先故事」有些關連。

　　小姓溝埃期村居民的「弟兄祖先故事」，祖先有弟兄關係的各「族群」或指一寨的居民（如埃期一組），或指同一溝中的居民（如大爾邊），或一大區域的藏、羌民眾（如鎮江關）；無論如何，指的都是一地「所有的人」。從另一角度來說，許多人在口述這些故事時，都強調在這些「弟兄」到來之前，本地原來沒有人；這樣的敘事，自然使得「弟兄祖先故事」成為解釋「全部」本地人來源的歷史。這樣的「弟兄祖先故事」，其另一層意義便是：在本地人觀念中，地緣關係親近的人群也有較親近的血緣關係。

理縣雜谷腦河流域

　　雜谷腦河流域的理縣，縣城中羌、藏雜居。羌族村寨分布在縣城東邊甘堡以下，往上游去，便都是四土人（嘉絨藏族）的聚落。本地羌族常自稱是「五屯的人」，藉此他們強調與嘉絨藏族間的緊密關係[8]。本地羌族在服飾上、宗教信仰上，也都多少受嘉絨藏族影響。另一方面，沿雜谷腦河的大道是入藏或進入川北草地的一條孔道，自古以來便有中國官府駐防，後來又有許多漢人來此經商。因此這兒的羌族與藏族都有漢姓，漢語（四川話）和漢文化習俗也很普遍。但除了接近河壩的村寨居民外，一般很少有人稱本家族是「湖廣填四川」來的。這兒的村寨中，也經常有「弟兄祖先故事」。以下是一位增頭寨婦女的口述：

　　10. 我婆家的鄒，是三弟兄到增頭，約十二代，分成三家鄒。
　　　　有一個祠堂，有一個宗支簿，人哪裡來、哪裡去。後來幾個小

---

　　8 有關理縣雜谷腦河流域的羌族，請參考本書第一、二章之相關說明。

孩子造反派把它砸了。以前的墓碑好看，有石獅子，還刻了字，
人那裡來、那裡去都有...。姓鄒的三弟兄，不知是那一個分到
鐵甲，那一個是鐵盔。銀人這個根根沒有人了，盔甲這支人多。

在此比較漢化的地區，與北川的情形相同，「弟兄祖先故事」中各
「族群」成爲一個個的「家族」或「家支」；此「歷史」只說明本地部
分家族的來源，而非全體本地人的來源。

除了村寨中各姓家族的「弟兄祖先故事」外，本地還流傳另一種兄
弟故事。以下是薛城附近村寨一中年男子的說法：

11. 白哈哈、白義義、白郎郎，他們是三弟兄，出生在黃河上
游河西走廊，古羌貴族。但聽說周圍有很多吃不飽飯的人，他
們就把家財賣了，帶了財富離家，沿途救濟，最後就在白空寺
住下來。白空寺就是天彭山頂。三弟兄，一在白空寺，一在鐵
林寺，老么白郎郎在天元寺。他們沒有後代，他們當菩薩去了，
沒有後代。

雖然他認爲這三位菩薩弟兄沒有後代，但他們的弟兄關係仍將他們
的各地村寨信徒聯繫在一起。然而，村寨裡的人大多只知道「白空老
祖」，而不知這三弟兄的故事。這個記憶，近年來似乎是透過本地知識
分子所刊寫之「理縣文史資料」流傳。這份「理縣文史資料」記載：

羌寨古廟白空寺　據民間流傳，通化西山村天盆山頂的白空寺，
桃坪增頭寨的鐵林寺，牛山村的天元寺，這三寺的菩薩是天仙
星宿降生於人世間的，投生於黃河上游，河西走廊絲綢之路的

水草茂盛草地古羌的貴族人家（此地與青海、西藏、雲南、四
川接壤）。這三弟兄取名：大哥白義義，二哥白哈哈，三弟白
郎郎，他們長大成人后，常作善事，慈悲為懷。……他們分路
各自攜帶著家裡珍珠寶玉，金、銀、珊瑚，雇佣著數人，趕著
牛、羊，以游牧形式，沿途為受苦受難的民眾救災解難，頗得
青海、甘肅、西藏、雲南和岷江上游等地人民的尊敬。

這個文獻，可以視爲部分理縣知識分子的集體記憶。值得我們注意
的是，首先，它還是以「弟兄祖先故事」來呈現幾個「起源」之間的血
緣關係。但「起源」所凝聚的是各地「信徒」，而非有血緣關係的各「族
群」。其次，前面小姓溝或永和溝之「弟兄祖先故事」中，那些弟兄始
祖都沒有名字與事蹟，而理縣故事中的「三弟兄」則是有名有姓，有神
聖事蹟的人物。第三，這三弟兄來自於黃河上游一個「與青海、西藏、
雲南、四川接壤」的地方；事實上，我們知道沒有這樣一個四省接壤的
地方。但這樣的地理空間想像，正符合我在前一章中所稱的「羌人地
帶」，也就是典範羌族史中的「氐羌系民族」分布地區。

過去本地著名的大廟白空寺，奉祀「白空老祖」及玉皇、雷神、普
賢與各村寨之神等等，因而是當地嘉絨藏族、「爾瑪」（羌族）、漢人共
同朝拜的廟子。理縣東部通化、桃坪一帶，也是漢、嘉絨與「爾瑪」文
化交匯之處。顯然，本地藏、羌族知識分子宣揚這「三弟兄故事」，一
方面是藉此強調理縣東部各藏、羌村寨人群的一體性；一方面，透過這
敘事將「理縣之羌、藏族」置於廣大「氐羌系民族」的核心地位。

理縣蒲溪溝

理縣蒲溪溝各村寨人群，從前在雜谷腦河地區是最被歧視的。河對

面各村寨中自稱「爾瑪」的羌族人，稱這兒的人為「爾瑪尼」（rmani）；以現在的漢語來說就是「黑羌族」。陽山面的羌族以他們的地較好，過去又屬於可被土司徵調作戰的「五屯」之一，因此對於「作戰時只能揹被子的爾瑪尼」相當輕視。過去他們寧願與同屬「五屯」的四土人結親，而不願與這兒的人結親。他們認為，蒲溪溝的人許多都是外來的漢人，而蒲溪溝的人也常自稱他們是「湖廣填四川」來的，或是崇慶州來的；來此的又經常是「幾個弟兄」。以下是一位休溪寨王姓中年人的家族史記憶：

> 12. 我們王家是湖廣填四川時到這來的。在灌縣那一個石堰場，先遷到四川灌縣石堰場。湖廣那裡就不知道了。五弟兄到這裡來，生了五弟兄，分成五大房，我們還有家譜。湖廣那裡我不清楚，家譜上有記……。這幾個寨子的形成。聽說是原沒有槍，是用箭。箭打到哪裡，就在哪裡住。幾個兄弟分家時，箭打到哪，就在哪住。這三個弟兄不知從哪來的；一個是蒲溪大寒寨，河壩的老鴉寨，還有色爾，這三個是最早的。傳說是這樣。

這位中年人說的「五弟兄祖先故事」，解釋休溪王家五大房的由來。他父親所說的與此有些差別：由湖北麻城孝感來的是三弟兄，其中之一遷到灌縣石堰場，然後他的後代有五弟兄來到蒲溪的休溪寨。我曾抄錄這一王家的家譜；這是一個號稱由湖北麻城孝感遷來，世居於四川省中部資陽與簡東的王姓家族族譜——裡面找不到這五弟兄或三弟兄的痕跡，也找不到與休溪王家的任何關聯。

這位中年人說的「三弟兄祖先故事」，解釋蒲溪溝最早三個寨子的來源。現在本地人都認為，蒲溪五寨是由最早的蒲溪、老鴉、色爾三寨

分出的，因此這「三弟兄祖先故事」也說明蒲溪各寨的共同來源。但說到家族的來源，則幾乎村寨中所有的人都說祖先是外地來的漢人。在此，人們似乎把地域空間（村寨）的起源，與「族群」（家族）的起源分離開來。

根基歷史的內在結構

　　以上這些「弟兄祖先故事」，廣泛分布在岷江上游與北川的羌族村寨之中。它們與一些其它形式的敘事——如「歷史」、「傳說」等——構成人們對「過去」的集體記憶。相對於「歷史」，目前「弟兄祖先故事」在各地羌族社會中有不同的重要性。在有些地區，它仍是人人耳熟能詳並深信的「過去」，「歷史」毫不重要；在另一些地區，「歷史」成為最真實的過去，這些「弟兄祖先故事」只是少數中老年人記憶中的過去傳說而已。

　　一個認真探索「史實」的歷史學者，不會認為上述羌族村寨居民們所說的那些「過去」是曾發生的「史實」。顯然在這些故事中，「過去」隨著一群人（或個人）的族群認同與區分範疇而改變。由歷史記憶與族群認同觀點，我將之視為一種「根基歷史」；它也是一種與我們所相信的「歷史」有類似功能的社會歷史記憶。「根基歷史」，以共同的血緣傳承關係，凝聚一個人群（族群或民族）。《史記》中溯及夏的始祖為「棄」，商的始祖為「契」，周人始祖為「后稷」，以及《聖經》中以「亞伯拉罕」為始祖之各西亞族群歷史；此種種追溯族群起源至一位英雄祖先的歷史敘事，都是一種「根基歷史」。然而，大多數人不會懷疑這些以英雄祖先為起始的「歷史」之真實性。為何如此？我認為這主要是由於，「歷史心性」影響我們如何區分、判斷何者為可信的歷史敘事。以下我將由「根基歷史」的內在元素、結構來說明，無論是以英雄聖王祖先或

是以幾個弟兄祖先爲起始的「過去」敘事，都是一種「根基歷史」。而後，由「英雄祖先歷史」與「弟兄祖先故事」的內在差異，我將說明此兩種根基歷史是不同的社會情境與「歷史心性」下的產物。

　　19世紀一位英國律師亨利‧勉因（Henry S. Maine）寫了一部名爲《古代律法》（*Ancient Law*）的書。書中主題是社會中的親屬血緣、領域主權與此二者的延續傳承[9]。社會律法維繫一社會的整合與延續。因此亨利勉因透過律法對於人類社會作了最簡潔有力的定義——凝聚在血緣、地緣與其延續關係下的人群。事實上，人們也透過「根基歷史」來建構、維繫與延續這樣的人類社會。在追溯群體起源的「根基歷史」中，我們可以發現亨利勉因所提及的三個基本因素：血緣、空間領域資源，以及二者在「時間」中的延續、變遷。這便是「根基歷史」敘事的主要結構元素。以「過去」（祖先）之血緣、地緣關係的流轉，說明「現在」此人群爲何是同一族群或民族的人，爲何他們共同擁有（或宣稱擁有）這些空間領域及其資源。以及，爲何他們中有些人比另一些人更有權力擁有與使用這些資源。由此檢視世界所有的國家歷史、民族歷史，我們可以發現它們大多不脫這些根基歷史的敘事模式。我們再看看「弟兄祖先故事」。其敘事中有共同的起源與血緣連繫（起始幾弟兄），有空間領域及其區分（弟兄到這兒來，並分居各地），有血緣與地緣領域的延續與傳承（他們的後代就是現在占居各地的人群）——爲何，我們不認爲它是一種「根基歷史」？事實上，「弟兄祖先故事」與絕大多數文字文明中的「根基歷史」不同之處只在於：「弟兄祖先故事」中沒有量化的時間，沒有英雄與事件，以及「起源」是幾個弟兄而非一個英雄聖王。可以說，它

9　Henry S. Maine, *Ancient Law: Its Connection with the Early History of Society and its Relation to Modern Ideas*（1861; USA: Dorset Press, 1986）.

們是「根基歷史」的一種形式。

認識到「弟兄祖先故事」是一種根基歷史，我們才可能查覺，人們普遍信賴的「英雄祖先歷史」也只是根基歷史的一種形式而已。進一步，我們可以分析「弟兄祖先故事」背後的社會情境，及其與「英雄祖先歷史」所本之社會情境間的差別。以及，「漢化」影響下之「弟兄祖先故事」敘事變化所反映的新情境。「根基歷史」中的幾個基本要素，仍是我們分析的對象。

血緣：弟兄關係中的「族群」隱喻

首先，「弟兄祖先故事」中的血緣起始是「幾個弟兄」，而非他們的「父親」。這樣的我族血緣隱喻，自然是將「女性」排除在外，或將她們視爲男性主體社會的附傭。這一點，「弟兄祖先故事」與大多數的「英雄祖先歷史」並沒有差別。其次，「幾個弟兄始祖」也表示，事實上在此有兩種血緣關係：一是個別弟兄始祖與其子嗣的父子垂直血緣連繫（lineal attachments），一是兄弟始祖間的平行血緣連繫（parallel attachments）。在「英雄祖先歷史」中，主要強調的則是父子間的直系血緣連繫；即使此「直系嫡傳」有其他兄弟存在，這也是「旁支」連繫（collateral attachments），而非一種平行、對等的結合關係。

「弟兄祖先故事」中這樣的血緣隱喻，與當地村寨社會的一些特質有關。女性，在此男性爲主體的社會中成爲「邊緣人」（見本書第四章）；這也是大多數人類社會的特質。此外寨中各家族，一溝中各村寨，或一地區之各溝人群，基本上都在一種平等的地位上分享、競爭地域性資源。在本書第二章與第三章中，我已說明本地村寨中的資源環境，以及人們爲分配、分享本地資源所形成的各種認同與區分。這樣的情境，也反映在「弟兄祖先故事」中的三種「弟兄」社會關係隱喻上。此三種弟兄關

係隱喻是,「團結」、「區分」與「對抗」。

　　首先,弟兄關係表示人與人之間、人群與人群之間的團結與合作。同胞,弟兄或弟兄姊妹,是繫於根基性情感的最基本「族群」。在羌族村寨的現實生活中,關係最密切的便是其家長有弟兄關係的幾個家庭。他們往來頻繁,平日相扶持。若非如此,在村寨中便成為大家談論、批評的對象。在有些地區,村寨中還流行結「異姓家門」。兩個或三個家族結為一體,在婚喪習俗上遵循同一個家族內應遵循的原則。在採訪中,我常聽得村寨民眾說起異姓家門:「我們感情像弟兄一樣」。結異姓家門的理由,民眾非常清楚——為了壯大寨子,大家團結免受人欺侮。因此他們也很清楚,這原是不同根根(血緣)的人群。更普遍的例子是,人們說,幾個兄弟到此地來發展,他們成為幾個不同姓家族的祖先。人們認為這些「異姓」家族,事實上就是同一根根的「家門」。在資源關係上,祖先有弟兄關係的幾個家庭、家族與村寨,共同維護、分享本地的資源。

　　其次,弟兄關係也顯示人與人間、人群與人群間的區分——「親兄弟,明算帳」。弟兄們結婚後分家,在當地是普遍的家庭發展原則。在上引所有故事中,幾弟兄都分別到不同的地方落戶;這是當前各人群區分的「根源」。在現實生活中,以弟兄祖先記憶相聯繫的幾個家族或寨子,也以「某一弟兄的後代」來彼此劃分——老大的後代,或老二的後代。此種區分還經常以一些物質或文化符號來強化;如劃分誰是「分得牛腦殼的弟兄之後代」,誰是「分得牛尾巴的弟兄之後代」(前引口述例5);又如說,誰的祖先分到鐵甲,誰的祖先分到鐵盔(前引口述例10)等等。此種團結合作中又有區分的人際關係,與當地經濟生態中的資源分配與分享相契合。各個家庭、家族有自己的田地,各村寨與溝,也都有各自的牧場、林場。

　　第三，在區分之中，弟兄關係也隱含人與人間、人群與人群間的敵對關係。這種弟兄間（或其所影射的親近人群間）的敵對關係，在世界各文化中都相當普遍。研究神話與聖經的學者，曾指出聖經中幾組敵對的弟兄——該隱（Cain）與亞伯（Abel），雅各（Jacob）與以掃（Esau）——並指出其所隱喻之人類親近群體間的敵對[10]。在中國神話或古史傳說中也不乏這類的例子，如舜與象，黃帝與炎帝。羌族民間也流傳一些壞哥哥如何在分家後欺侮弟弟的故事。雖然報告人大多強調自家弟兄間的情感如何好，但他們也常閒話他人或前人一些弟兄鬩牆的事。如以下一位茂縣永和溝甘木若村的中年人所說：

> 我們白家就這樣分開；四弟兄，老大那裡呀，老二又那裡呀，老三又到那，么弟兄又到那，都是這樣說的。這四弟兄原來都是一家人，他們的子孫分開來……。四弟兄那時是很強的，後來就落敗了。白家祖先留下的只有一家子。四弟兄分家不平，拿刀砍中柱子。

　　由於分家後的弟兄經常有些糾紛，因此敵對的「弟兄」隱喻常被用在更大範圍人群的敵對關係上。如一位小黑水老人解釋過去當地「牛腦殼與羊腦殼」之敵對時，他說：「這是分起在的；他們整我們，我們整他們的。……我們弟兄之間分家一樣的。」一位茂縣三龍溝的老人則認為，當前以黑水河為界的「羊部落」與「牛部落」是兩個敵對弟兄的後代[11]。

10　René Girard, *Violence and the Sacred*, trans. by Patrick Gregory（Baltimore: The Johns Hopkins University Press, 1977）, 61-63.

11　有關牛部落與羊部落之口述資料與分析，見本書第三章。

　　爲何「同一根根」平時又有密切往來的「弟兄」，在當地(以及世
界其它人群社會中)經常暗示著人與人間、人群與人群間的敵對情緒與
行爲？法國學者吉哈德(René Girard)以相互模仿慾望(mimetic desire)與
異類替身(monstrous double)等心理因素，來解釋此種以敵對弟兄關係爲
隱喻的人類社會敵意與暴力的根源[12]。模仿慾望在他的解釋中，不一定
是爲了真的需求慾望，而是因爲一方有需求慾望，所以另一方便模仿對
方的慾望；在模仿中，對方成爲自己的異類替身。對羌族地區的「弟兄」
而言，相同的慾望卻是相當現實：他們都期望能從父親那分得土地、房
屋以建立自己的家庭。然而在此資源匱乏地區，分家後弟兄們分得的田
業總是不足，或總有幾個弟兄要另謀出路；或到別的家族或寨子去「上
門」，或到外地開荒、打工。因此分家分產當時造成的爭端，或過後個
人的失敗與挫折，都容易造成弟兄間的敵意。此種「弟兄」間的敵意，
也經常見於宣稱祖先有弟兄關係的鄰近村寨間。爲了爭草場、林場，或
在祭山會或廟會中各自誇耀勢力，或爲了婚姻糾紛，鄰近村寨間常存在
普遍的緊張與敵對。

　　無論如何，前述有合作、區分與敵對關係的個人或人群，是一個個
對等或平等的單位——由於在敘事中沒有「父親」與「嫡子」，在「弟
兄關係」中也沒有主幹與分支之別。在一寨子中，組成寨子的是一個個
弟兄分家後建立的家庭。在祭山、祭廟子或喪葬儀式中，每一家庭都必
須有代表參加。在更大範圍的人群關係上也如此。鄰近寨子間有競爭、
誇耀，各個寨子有大有小，然而在相互關係上卻是對等的。雖然大寨子
可能欺侮鄰近弱小的寨子，但即使在1950年代以前，也沒有一個寨子能
掌握或統治另一個寨子。因此當人們說「我們像弟兄一樣」或「我們像

12　René Girard, *Violence and the Sacred*, 143-68.

弟兄分家一樣」時，無論指的是人群間的團結或敵對，都表示各人群單位間的對等關係。這種平等或對等特質，也表現在村寨中一種共同議事的傳統上。寨中或幾個寨子間，常有一片被稱作「議事坪」的小塊平地。據稱在過去，村寨大事常由寨中各家庭、家族代表在此共商解決。

由以上介紹，我們可以理解這些「弟兄祖先故事」作爲一種「歷史」的特殊生態與社會意義。這些「弟兄祖先故事」是一種「根基歷史」；以弟兄間的血緣關係記憶，凝聚一些在經濟社會關係上對等的，在生計上既合作且競爭的人群。現實生活中弟兄之間的手足之情，被延伸爲寨與寨、村與村人群之間的情感與合作關係。同時現實生活中，分家後弟兄們各自建立的獨立家庭，與彼此的對立競爭，也投射在由「弟兄祖先故事」聯繫在一起的寨與寨、溝與溝人群間的緊張敵對關係上。寨、村與溝間人群單位的獨立平等（egalitarian）特質，以及他們之間層層分化的合作與對立關係（segmentary opposition and cooperation），與當地社會強調「幾弟兄」的記憶（而非一個祖先記憶）是一致的。

地緣：弟兄祖先故事中的「領域」隱喻

在地緣或空間關係上，不同地區的弟兄祖先故事各有特色，表現不同的社會情境與造成此情境的歷史經驗。基本上，所有弟兄祖先故事都說，人是從外地來的。這些外地，最常聽到的地名在阿壩州有茂汶、楊柳溝、松潘（包含草地與黑水）等；在州外的四川省有崇慶、安岳、灌縣等；更廣泛的地區，則有湖廣（湖北麻城孝感）、甘肅、青海、四川、黃河流域等等。以上每一地名，結合與之有關的歷史記憶，都代表本地人群一種空間上的起源認同。譬如，黃河流域代表作爲「炎帝後代」之羌族的起源。青海或甘肅，經常與「歷史上西北一個強大、好戰的羌族」或「游牧的羌族」等記憶聯繫在一起。湖廣或四川、灌縣、崇慶，代表

本家族的漢人或四川人根源。草地或黑水,代表本族群與粗獷勇武的藏
族有共同起源。茂縣、白羊、楊柳溝、呷竹寺等,則表示起源爲「道地
的本地羌族」。無論如何,上述地名都出於漢人之地理、行政與民族空
間概念;相關歷史記憶,也與漢人之歷史記憶有關。只有極少數的地區,
如松潘小姓溝埃期村,故事中「弟兄」祖先的空間起源爲「不詳之地」。
值得注意的是,這些也是漢化程度最低的羌族地區。

　　在弟兄祖先故事中,諸弟兄來到此地後,又分別落居在不同的空
間。這又有兩種不同的敘事模式。第一種,弟兄祖先們到一地分家後,
分別占居不同的空間,這幾個空間領域構成的整體空間,現在分別爲這
些「弟兄祖先之後裔」所占居;這些「弟兄祖先之後裔」,目前在此空
間分享、分配與競爭所有的領域資源。因而,在此「弟兄祖先故事」下,
當前各「族群」間的血緣親疏、空間近遠,與資源分享與競爭之關係緊
弛,都在同一邏輯中成正比。血緣關係愈近的人群,居住距離也愈近,
其資源分享與競爭之關係也愈緊張。講述這一類故事的典型地區,是松
潘小姓溝埃期村。如前引口述(例6-9),無論是三弟兄、七弟兄或九弟兄
故事,由過去到現在,「我群」全在一整體空間之中。在這樣的故事裡,
漢人的地理與歷史概念相當模糊,或全然不見[13]。

　　第二種空間敘事,故事中「弟兄祖先」分別落居在不同的空間,這
幾個領域或其整體空間,目前並非全爲這些「弟兄祖先之後裔」所占居。
這一類弟兄祖先故事流行的地區,可以理縣、北川等較「漢化」地區的
爲代表;其中的「族群」單位幾乎都是漢姓「家族」。這一類的「弟兄
祖先故事」,經常並非詮釋本地「全部」家族的來源,而是詮釋「部分」

13　如口述資料例8,「黃巢」、「秦朝」對這位老人來說,不只是時代指涉模糊,
　　朝代名與人名之分也是不清楚的。

家族的起源。因此，本地各人群(家族)間的血緣親疏、空間近遠，與資源競爭關係緊弛，沒有一致的邏輯關係。在這樣的地區中，事實上是多種「弟兄祖先故事」，分別述說本地各家族或幾個家族的由來，及其與外界的血源聯繫。因而在本地，透過這些故事中的空間、血緣(以及時間)表述，人們區分誰是先來者、後到者。以及，區分他們與外在世界人群不同的「同胞血緣」連繫——他們的根源是「華夏」、「漢人」、「羌族」或「少數民族」。也就是說，當一個家族宣稱其祖先來自「黃河流域」、「崇慶州」，或宣稱祖先有些弟兄在「湖廣」、「松潘」時，他所期望分享的不是這些地名所代表的空間資源，而是此地名所隱喻的「族群身分」資源。當然，此類弟兄祖先故事中不可缺的是漢人歷史記憶與地理概念。

弟兄祖先故事中的「時間」隱喻

所謂歷史，是在「時間」中延續、變遷的一些自然或人文現象。這是一種「歷史時間」，一種相對於個人生命時間(從出生到死亡的過程)與自然時間(一日一年之自然循環)之外的一種社會時間概念——表現在大多是超乎個人經驗的社會人群與宇宙世界的起始、發展與延續之上。在弟兄祖先故事中，我們可以發現一些有趣的「歷史時間」概念。

首先，有些人講述的弟兄祖先故事中，歷史時間是由一「過去」與「當代」兩段構成。「幾個弟兄到這兒，分別建立幾個寨子」，此事發生在「遙遠的過去」；然後，「他們的後代，就是現在幾個村寨的居民」。如此，「過去」與「當代」之間雖有延續，但中間是空虛的時間。如此的歷史時間概念，流行在漢化程度低的羌族地區，如松潘埃期溝。在這樣的故事中，「過去」造就「現在」，「過去」詮釋「現在」。其中，時間是不可計量的，是非線性的。因此，不同的「弟兄祖先故事」，可

用來解釋不同範疇本地「族群」的由來；它們的發生不必有時間先後邏輯關係。

在大部分早已接觸漢文化的地區，特別是在「漢姓家族」認同流行的地區，弟兄祖先故事被置於線性歷史時間架構裡。譬如，弟兄祖先遷來時，那是，「湖廣填四川的時代」，「過去在青海被打散的時候」，「在何卿平番亂的時代」，明代或清代。這個「歷史時間」，與漢人歷史記憶中的時間結合在一起；這是一個量化的、線性的時間。選擇一些有意義的「過去」，來詮釋「現在」。這樣的弟兄祖先故事，一方面解釋並強化當前本寨、本溝或本家族的人群認同。另一方面，這是一個線性的時間與無法回頭的歷史；那一個起點──「湖廣填四川」、「過去在青海被打散」、「何卿平番亂」──也解釋了作為「住在山上的人」或少數民族無可挽回的歷史命運。

在有關的「中國歷史」記憶普及於岷江上游村寨之前，第一類型「弟兄祖先故事」可能是最流行、最普遍的社會記憶。因為這與本土語言中「時間」與「過去」的概念相契合。在本土語言中，有相當多的詞彙被用來描述一個人的生命時間，以及一日、一年的自然循環與人的作息時間。但超出個人生命及家族生命（兩代或三代）之外，時間（所謂的歷史時間）概念便非常模糊，詞彙也變得貧乏。在茂縣黑虎溝，人們以gaitonpu形容很早的時候，大致可譯作「過去」。如果要強調更早的時候，則是gaitonpu gaitonpu，「過去的過去」。在松潘小姓溝，zege便是「從前」；若要說很早很早以前的事，便說zege zege，「在從前的從前」。在記憶所及的「過去」，本地人常以「紅軍過境的時代」或「漲大水的時代」來表示；疊溪地震與海子潰決發生在1933，紅軍過境發生在1935；因此也就是泛指1930年代左右，或國民黨統治的時代。在此之前的時代，似乎都屬於gaitonpu或zege的時代。紅軍過境與漲大水的時代以來所發生的

事，是自身記憶所及或父祖輩口述中的「過去」。gaitonpu或zege時期所發生的事，則是一些介於虛幻與真實間的事（包括所有的神話傳說），以及過去結構性重複發生的事（如弟兄分家、村寨間的戰爭、動物吃人等等）。因此，以gaitonpu或zege來表達的歷史時間，是同質的、不可計量的歷史時間。如果要表達絕對的線性歷史時間，只有使用漢語及漢人歷史記憶中的時間概念了。

「弟兄祖先故事」中的歷史心性

由以上分析我們可以了解，「弟兄祖先故事」有根基歷史中所有的必要因素——血緣、地緣與時間（延續性）。弟兄祖先故事之敘事將這些因素串在一起，而產生特殊的社會意義與力量，以強化某種社會認同與區分體系。因此，我認為「弟兄祖先故事」與「英雄祖先歷史」一樣，都是根基歷史；他們是不同歷史心性下的產物。

偉大的中國漢代歷史學者司馬遷在寫《史記》時，曾提到有一些民間流傳的口述故事是「其文不雅馴，縉紳先生難言」。兩千多年來，中國人一直相信文字書寫的「歷史」是過去曾發生的史實記錄。許多較傳統的西方歷史學者也認為，有些落後的民族沒有歷史。如果我們只將以文字書寫、保存的「歷史」當做歷史，或以自身文化所定義的「歷史」為歷史，自然會產生以上的看法。然而，現在許多歷史學者對「歷史」有更寬廣的看法。「真實的過去」是時空中許多大小人、事、物的總合，然而人們所記錄的或經常回顧的「歷史」，卻是選擇性的、經過再組合的，或甚至是被創造的「過去」。而且，由社會記憶觀點，人們以多種不同的記憶媒介來記憶或回憶「歷史」；文字只是這許多社會記憶工具之一。因此在沒有文字的人群中，人們也有傳述、保存自身「歷史」的

方式，自然也有自身觀點的「歷史」。只是在不同的「歷史心性」下，我們或不認爲那是一種「歷史」。

在此，我所稱的「歷史心性」接近西方學者所謂的「史性」（historicity）與「歷史心態」（historical mentality），但不盡相同。我以歷史心性指流行於群體中的，一種個人或群體記憶、建構「過去」的心理構圖模式。它產生於特定的人類生態與社會文化環境之中。透過歷史心性，一群人以其特有的方式集體想像什麼是重要的過去（歷史建構）；透過歷史心性及歷史建構，一群人集體實踐或締造對其而言有歷史意義的行動（創造歷史事實）；歷史心性下的歷史建構與歷史事實，強化或改變各種人群認同與區分（同時或也造成歷史心性的改變），藉此一群人得以適應當地生態與社會環境及其變遷。由我在羌族地區所蒐集的弟兄祖先故事，我們可以查覺，「弟兄祖先故事」似乎在本地是一種「歷史」建構模式，不斷產生新的「弟兄祖先故事」。由此，我們可以反思自己的「歷史心性」；我們生活在中國文字文明圈中的人，或在「文明世界」中的人，經常以「英雄祖先歷史」模式來建構「歷史」。司馬遷所立下的文類典範（genre），在傳統上被稱爲「紀傳體」，也因爲此文類是以「英雄祖先」傳記爲主體的歷史書寫。

以下，我以松潘埃期溝的弟兄祖先故事爲例，來說明「歷史」、「歷史心性」及社會情境的交錯關係。爲了突顯此「歷史心性」的特質，或突顯華夏之「歷史心性」特質，我以一則古代華夏心目中典範的「羌族史」——成於漢晉之際的《後漢書・西羌傳》——來與之作對照、比較。

埃期溝「弟兄祖先故事」與〈西羌傳〉的敘事比較

在埃期溝的「弟兄祖先故事」中，當今一村寨人群的血緣全都傳自一位「弟兄祖先」；一溝中幾個鄰近村寨的人群，其祖先是同時到來的

幾個弟兄。此血緣及其區分，便一直延續至今。在故事中，內部人群沒有血緣上的主幹與分支。由於此「歷史」中沒有戰爭、征服、篡奪與遷徙等事件，因此當前本群體中也沒有血緣上的先來與後到者、征服者與被征服者之別。歷史時間只由「遙遠的過去」與「近現代」構成，「遙遠的過去」是沒有質量的時間——沒有比較好的或比較壞的時代，也沒有可計量的年代；沒有線性的歷史時間（朝代更迭），也沒有連續循環的歷史時間（治亂替生）。由於沒有量化、線性的歷史時間，所以幾個詮釋不同範疇人群認同的弟兄祖先故事可以並存而不矛盾。

在〈西羌傳〉中則是，作者先提及，西羌出於古代四凶之一的「三苗」，他們是姜姓族的別支，其國原在南嶽；在舜驅逐流放「四凶」的時候，他們被驅趕到「河關西南」，黃河上游之地（河首）。後來該篇又提及，羌無弋爰劍，一位曾為秦人奴隸的戎人，因避秦人追補，而逃入河湟西羌之中。在此，因種種神跡，他被當地羌人奉為首領，他的後裔便成為許多河湟羌部落的酋豪家族。後來又因秦國的軍事壓力，爰劍子孫分散四方；其中一個孫子「卬」率眾遷往西南，他的後裔又成為許多西南羌部的豪酋家族。因此，在〈西羌傳〉中事實上包括了三個「英雄祖先歷史」。一是，三苗與其後裔（所有羌人）的歷史；二是無弋爰劍與其後裔（所有羌人豪酋家族）的歷史；三是，卬與其後裔（西南羌人豪酋家族）的歷史。

在〈西羌傳〉歷史敘事中，「西羌」血緣的起點是「英雄祖先」——「三苗」、「無弋爰劍」或「卬」。此不同於松潘埃期溝之「弟兄祖先故事」，「歷史」始於一些沒有名字的弟兄始祖。其次，在〈西羌傳〉的英雄祖先歷史中，一般西羌民眾的血緣來自較早的「三苗」，西羌諸豪酋家族的血緣，則來自後來進入河湟的戎人「無弋爰劍」；處於河湟南方的白馬羌、廣漢羌（西南夷之羌）的血緣又來自無弋爰劍之孫「卬」，

爰劍後裔的分支。如此,這些以時間差距構成的「歷史」,在西羌內部劃分原始土著(三苗之後)與外來的開化者(無弋爰劍的後裔),也因此區分被統治者(三苗之後)與統治者(無弋爰劍的後裔),同時也在羌人地域部落間區分主幹(河湟之羌)與分支(西南夷之羌)。因爲有先來者、後到者,又有主幹、分支,因此在「英雄祖先歷史」中必須有量化的、線性的時間。此又不同於松潘埃期溝之「弟兄祖先故事」;在以弟兄祖先起始的「歷史」中,人群血緣沒有主幹、分支之別,沒有階級之別,也沒有征服者與被征服者之別。

在地理空間的起源與延續上。在〈西羌傳〉中,「南岳」(三苗所居)與中原北方(戎人所居)是空間的起點。然後在敘事中,因著羌人(或戎人)被擊敗或向外征服等緣由,地理空間不斷轉變,最後終於到達漢晉時期羌人所居的青藏高原東緣之地。因此,「歷史」合理化爲何「西羌」居於華夏西方空間邊緣;以及,由於西南諸羌部落在空間與血緣上都是河湟羌的「分支」,所以他們又是整個西方羌人的邊緣。相對的,在松潘埃期溝之「弟兄祖先故事」中,空間源始常是「幾個弟兄到這兒來」;他們自何處來不清楚。由於沒有外來的空間「起點」,自然沒有由外地到本地的「遷徙」。或者可以說,空間的起點便是本地。到這兒來之後,便弟兄各據一方;此地理空間及其區分,便一直延續至當今——沒有遷徙,沒有吞併征服,因此也沒有地理上的核心與邊緣。有好的(如陽山)與壞的空間(陰山)之別,但沒有核心與邊緣空間之別。

最後,由形式上看來,〈西羌傳〉與埃期溝「弟兄祖先故事」兩種歷史敘事最明顯的差別在於繁、簡不同。由於「英雄祖先歷史」中有地緣、空間上的轉變,有血緣上的融合、分化,這些都賴敘事將一些事件、地理、人物記憶安排在線性、量化的歷史時間之中。「弟兄祖先故事」,則由於地緣與血緣關係由始至終未變,因此其中也很少事件、人物與地

理。「弟兄祖先故事」作為一種簡化的根基歷史，其更重要的意義在於，人們無需繁雜的記憶術（如文字）來掌握此種「歷史」，因此記憶與詮釋「歷史」難以成為一種政治、社會霸權下部分人的專利。或反過來說，在此平等自主社會中，人們不需要記憶複雜的「過去」，也無須以文字來操弄「歷史」。

「弟兄祖先故事」的社會生態意義

根據以上的分析、比較，我們可以說，弟兄祖先故事是一種流行在「平等自主」（egalitarian）社會中的「歷史」。在此社會中，歷史記憶所強化的是小範圍的、內部較平等的人群間的認同與區分，而非廣土眾民、內部階序化的人群間的認同與區分。這樣的「歷史」由當地特殊的人類生態與社會環境所造成，它也維繫當地特殊的人類生態與社會情境；這也就是本書第二、第三章所介紹的，本地資源分享與競爭關係，與相關的認同與區分體系。故事本身的「弟兄祖先關係」，呈現並強化鄰近社會人群（寨、村與溝中人群）間的認同與區分。在一條溝中，這樣的幾個村寨人群各自劃分溝中的資源，也共同保護溝中的資源。除了女性成為邊緣弱勢者之外，這是一個基本上平等的社會；任何的社會階序化與權力集中化都是不必要或是有害的。當社會結構發生重大改變時，如某些寨子滅絕，或新的寨子由老寨子分出來，在此種歷史心性下「過去」很容易被遺忘。原來的弟兄祖先故事被修正，當前幾個寨子又是傳自於幾個同時到來的弟兄祖先，以維持寨與寨間的凝聚與對等關係。

「口耳相傳」是此歷史心性下的主要社會記憶傳遞方式。在一社會人群中，經常傳述著不同版本的弟兄祖先故事；不同版本，述說範疇不同的人群認同。由社會記憶觀點，雖然文字歷史記憶同樣有失憶與虛構，然而它們與口述歷史記憶仍有相當差別。口述由於不需特殊文字書

寫知識，因此它是普遍的；由於普遍所以不易被權力掌控或典範化，因此它常是多元的。由於它是多元的、普遍的，因此它更容易使「現在」不斷的被新的弟兄祖先故事合理化。這樣的「歷史」與歷史記憶媒介，是當地特殊的社會與自然環境產物，也最能夠維護與調節當地傳統的人群認同與資源分配、分享體系。

以「弟兄祖先故事」爲代表的根基歷史，最初流行在日常生活中人們經常彼此接觸的，個人或群體間的經濟與社會地位大致平等的，以父系繼嗣或以男性爲主體的人類社會群體之中（如一個小溝中各村寨人群）。雖然在細節上有爭論，這是一個群體中大家耳熟能詳的「大眾歷史」。「弟兄祖先故事」中的「弟兄」，隱喻著在這種歷史心性下，人們傾向於以「內向式的」（inward）各群體間的合作、分享與競爭，來解決生存資源問題。而「英雄祖先歷史」中的「英雄」，在資源關係上則是一種「外向式的」（outward）歷史隱喻；隱喻著資源之不足，可藉由「英雄」的向外開拓征服來解決。

隨著人類社會不同形式與程度的複雜化、中央化（centralization）與階層化（stratification）發展，「弟兄祖先故事」逐漸被其它歷史心性下的「歷史」所取代或壓抑。首先，在社會中央化之後，並非這些弟兄，而是弟兄們的父親，一位英雄聖王，成爲歷史的起始。無論歷史重複著一個個英雄聖王及其子孫的興亡（循環歷史），或是英雄聖王及其子孫萬世一系的歷史（線性歷史），其「起源」都是一位英雄聖王。同時，在社會因政治、經濟、宗教而分工化、階層化之後，歷史記載的不再是該群體所有人的「共同過去」，而是部分人的過去——他們是皇室、貴族、世家，或是宗教與商業領袖。政治、宗教與商業活動中的歷史「人物」與「事件」，成爲強化或爭論地域、族群與社會階層化關係的符號。特別是英雄征程與殖民之空間記憶，相關的英雄祖先血緣記憶，被組織在線

性、量化與價值化的時間內，以區分並強化當前各人群在資源體系內之核心與邊緣地位。

　　無論如何，在當前絕大多數的羌族村寨中，「弟兄祖先故事」都被認為是「只有老年人在擺(談)」的故事。而且，北川地區流行的「弟兄祖先故事」，成為最普遍的一種形式。北川的弟兄祖先故事，其中相當一部分「弟兄祖先」已有名有姓；個人化特質使得他們已具「英雄祖先」的雛型。他們來自於一個特定的地理空間，湖廣、河南或崇慶州，因而此歷史中也有空間的遷徙——或為了逃荒、開拓，或被迫移民。這些因素，都不見於松潘埃期溝的「弟兄祖先故事」。更重要的，在松潘埃期溝，「弟兄祖先故事」可以解釋各種層次的族群共同起源，在此之外，缺乏其它「歷史」。然而，北川的「弟兄祖先故事」只解釋「家族」此一族群的由來，而「家族史」只是一個主流歷史(中國史)的部分與分支而已。在作為「家族史」的弟兄祖先故事中，本地家族之血緣可與遠方本家族人群連繫在一起；此種外在的血緣關係，使得本地各家族的血緣優劣有等差。又由於在歷史時間概念中，各個家族來到本地的時間有先後，因此在本地又有老家族與新移民之別。因此，各人群間的血緣距離、空間距離與資源分享、競爭關係距離，三者之間的關係逐漸脫離。

　　作為一種另類歷史，「弟兄祖先故事」給我們的啟示是：如後現代主義歷史學者所言，「歷史」不只有一種聲音，它是由多重版本、多重的聲音雜遝交奏而成。但不僅如此，「弟兄祖先故事」給我們更大的啟示是；此多重的「歷史」，各有其特殊的結構性韻律。此種結構性韻律，便是我所稱的「歷史心性」。我們可以說，歷史敘事是一種人們對「過去」的記憶「再現」(representation)，此「再現」在特定「歷史心性」下被建構，並在特定社會情境(social context)下得其敘事細節。「歷史心性」深入人心的結構性力量，透過歷史記憶與敘事，反映、強化或修

飾相關的社會情境與社會本相（social reality）。在此，我所稱的社會情境
或社會本相，主要是指人類的社會認同與區分體系。在內外力影響下，
當社會認同與區分體系發生變化時，人們或在其「歷史心性」下創造、
修改「歷史」，或透過敘事符號變更而根本改變其「歷史心性」以創造
或接受新的「歷史」。這些，在近代以來都曾發生在羌族村寨民眾之間。

最後，必須說明的是，不只是羌族有「弟兄祖先故事」這樣的歷史
記憶、敘事與心性；這樣的「歷史」，也曾流行或仍存在於許多中國西
南少數民族之中。如在1930年代，民族調查者華企雲曾記錄一則景頗族
傳說：

> （江心坡）土人種族甚多…。或謂彼等為蚩尤之子孫…。而年老
> 土人則謂：「我野人與擺夷漢人同種，野人大哥，擺夷二哥，
> 漢人老三。因父親疼惜幼子，故將大哥逐居山野，二哥擺夷種
> 田，供給老三。且懼大哥野人為亂，乃又令二哥擺夷住於邊界，
> 防野人而保衛老三。」[14]

又如，1940年代在西南考察的莊學本，也曾記錄夷族（彝族）文書中
的一個夷族祖先來源之說：

> 遠古時代喬姆家有弟兄三人……（洪水過後，老三喬姆石奇獨活。喬
> 姆石奇的三個兒子原來不會說話，他們以竹筒在火中燒出爆烈聲，三個啞巴
> 嚇得驚呼……）大的叫Atzige（羅語），二的喊Magedu（番語），小的呼

---

14 華企雲，《中國邊疆》，新亞細亞叢書邊疆研究之二（上海：新亞細亞月刊社，
　　1932），頁332。

「熱得很」。從此他們説三種不同的語言，成為夷（Nohsu）、
番、漢三族的祖先[15]。

　　部分苗族中亦有苗、漢、彝爲三弟兄的祖先起源故事；傈僳族中也
有傈僳、漢、彝出於三弟兄祖先的説法[16]。雖然我並未在這些地區作過
調查研究，但上述例子說明，當部分西南族群被學者分類並賦予「歷史」
而「民族化」之初（約在1930-1940年代），他們以「弟兄祖先故事」來合
理化他們心目中的新族群關係。這或由於，他們也具有「弟兄祖先故事」
歷史心性，因而以新的「歷史」來強調各族群間的區分與對等。在漢人
底層民間社會，以口述傳承的家族史記憶中，「弟兄祖先故事」也並不
少見。因此，毫無疑問，岷江上游「弟兄祖先故事」是一種本土「歷史」，
但卻不是羌族所特有的本土「歷史」。更何況，在下一章中我將說明，
強化與凝聚羌族認同的「歷史」，主要是外來的「英雄祖先歷史」而非
「弟兄祖先故事」。

15　莊學本，《夷族調查報告》，國立北京大學中國民族學會民俗叢書專號2，民族
　　篇26（西康省政府印行，1941），頁152-55。
16　李海鷹等，《四川省苗族、傈僳族、傣族、白族、滿族社會歷史調查》（成都：
　　四川省社會科學院，1985），頁179-81。

第八章
羌族認同與英雄祖先歷史

　　在本書前面的部分，我曾提及過去岷江上游與北川地區「一截罵一截」的族群認同體系。我也說明在此狹隘的本村寨、本溝認同之中，凝聚及區分村寨人群的共同起源記憶經常是一些「弟兄祖先故事」。這是一種本土歷史。在本章中，我將介紹另一種本土歷史——本地人在「羌族」認同下所相信的，或建構的本民族的「過去」。也就是說，這種歷史記憶的背景是一種超越村寨與溝的「羌族」認同，而且，這種歷史記憶多少都與「英雄祖先」有些關係。

　　「羌族」的概念，在本地有一個形成的過程。在我的田野採訪中，絕大多數的村寨居民說，在1960年代之前他們沒有聽過「羌族」這個稱法，或者並不清楚那些人是「羌族」。事實上，在20世紀前半葉，即使作羌民研究的中外學者，對羌民或羌族的範圍認知也不一致。無論如何，進入岷江上游的西方傳教士、民族調查者、國民政府地方軍政官員，都帶來一些新的民族知識。來自各文化核心（西藏、西方與中國）的訊息，在岷江上游地區各土司、頭人、端公、喇嘛間流傳，因此他們逐漸知道自身是一個「民族」——羌民、羌族，或西番、藏族。同時他們也被告知一些本民族的歷史——炎帝與三苗子孫，以色列人的後裔，或吐蕃王族之後。

這種本土的「羌民」或「羌族」認同，或一種以「借」、「熱」或「爾瑪」等自稱族名來表述的我族認同，早期只流傳在少部分本地民眾之間。他們是一些較有機會接觸外來知識的「本土知識分子」。在社會主義中國建立之前，這些「本土知識分子」主要是能讀漢文的土官、村寨長老與頭領、端公，以及本地基督徒領袖們。他們都因對「外界」與「過去」有豐富知識，而爲村寨居民所敬重；他們也因爲有知識而掌握權力，而得以將自己的知識與詮釋推廣流傳。更重要的是，由於對外界的接觸，使得他們心目中的「我族」範圍已不限於本村寨或本溝的人群。

20世紀上半葉羌族認同的萌芽

在岷江上游今爲羌族分布的地域內，20世紀上半葉時，少數村寨在名義上仍屬當地土司管轄，而絕大多數的村寨都由中國地方官府直接治理。土司、土舍及其後裔此時或因家世受村寨民眾敬重，但已無實質權威。反倒是村寨中一些家道殷足、與外界關係良好並能讀書識字的村民，自然成爲本地的頭領人物。這些頭領們因常接觸中國官方、軍方代表，及有較多機會出遠門，因此對外界事物有豐富的了解。在另一方面，他們也是本地居民中少數可能聽過或知曉「羌民」這一族稱的人。但我們不知道，在20世紀上半葉，任何本地土司或頭領人物曾有嘗試凝聚各溝、各寨「羌民」爲一體的舉止或言論。岷江上游各溝各寨居民，在近代曾多次規模或大或小的結合在一起，攻打中國據點松潘城、疊溪營，或與執行「掃煙」的川軍作戰。這些集體行動，多少能強化相對於「大朝」（中國）之人的我族認同。然而，這種各溝、各寨間的短暫軍事結合，一時難以改變本地「一截罵一截」的族群體系，因此也難以建構一體的「我族」認同。本地頭領人物與土司們在推動「羌民」或「羌族」認同

上少有建樹的另一個原因是，他們中相當一部分根本認爲自己的祖先是漢人。無論如何，我們很難找到當年土司與地方頭領們所留下的，有關其「我族意識」的文字或口傳記憶。這方面的社會記憶，只部分保存在口述或書寫形式的「端公經文」之中。

　　端公是村寨中爲人驅邪去病的巫師，以及本土「歷史」（或神話）的傳述與詮釋者，因此也算是地方上的頭領人物。他們所施的法術，如打太平包袱、踩鑄頭、過紅鍋等，都是川西道教道士們常施的法術。他們所唸的咒語有雪山咒、化水咒等等，也是漢人道教產物。因此在端公的養成訓練中，很重要的一個過程便是習漢字，讀漢文書。「端公」可以說是漢與本土宗教文化的混合產物；「端公文化」最流行的地區，也是本地較漢化的地區。他們的經文，一般分爲上壇、中壇、下壇經。目前已知的端公經文，都是在1980年代由碩果僅存的幾位老端公口述，經他人記錄、轉譯而成。經文中涉及許多天地開闢、人類形成、本地人的由來等等之敘事，以及請神、驅邪之成套法語、咒語。在過去，法力神通而受敬重的端公，常受邀到各地去作法解難。可以說，在1950年代以前，端公是許多村寨居民認知「過去」以及「外界」的主要媒介之一。

　　端公對「外界」的知識，其中相當重要的一部分便是對周遭諸寨神、山神的認識。他們在作法事時，常須演唱經文，將附近各寨、各溝、各地的寨神或山神都請來受祀。端公之外的村寨長者，也經常在主持祭典時唱「開罈詞」；但他們請神的範圍，一般只圍繞在本寨、本溝附近。相較而言，端公請神的範圍要遠得多。這個受邀神明的分布範圍，可說是他們心目中較親近的或有往來互動的人群地域；邀請「他方」神明，也表示知道並尊重各方人群的資源與勢力範圍。我們以汶川縣雁門鄉端公的口述經文〈息〉與〈篾〉來看，受邀的各地寨神、山神，主要密集分布在北到茂縣之鳳儀（今茂縣縣城附近），南到汶川棉箎的岷江主道之

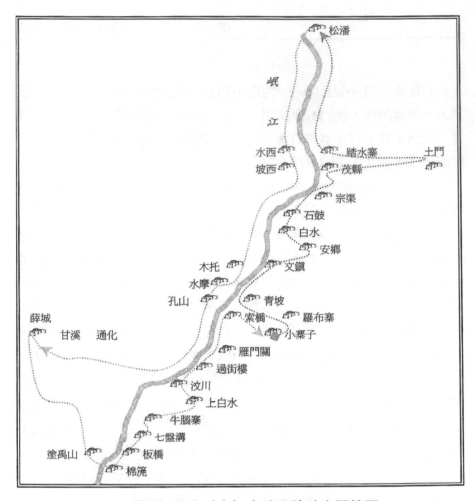

圖16 經文〈息〉中端公請神空間範圍

間（見圖16）。此外幾個零星的神祇居於北方的松潘，西方的理縣薛城、通化，與茂縣東方的土門[1]。這個受邀諸神分布之核心區（由茂縣鳳儀到汶川棉箎），事實上便是當今較漢化羌族的分布區。受邀諸神分布之

---

1 四川省編輯組，《羌族社會歷史調查》（四川省社會科學院出版社，1986），146-150。

外圍邊緣，松潘、通化與綿虒，大致也是當今羌族分布的北方、西方與南方極限。此請神的空間範圍，表現了這些端公心目中一個熟悉世界的範圍，或者「我族」分布的範圍。值得注意的是，北方的松潘，西方的通化、薛城，與南方的綿虒，都是本地歷史悠久的中國駐軍關隘重鎮所在；松潘、薛城的西方與北方，都是所謂「生番」之地，綿虒以南則是「漢地」。因此，在〈息〉與〈筬〉之中，端公請神到這些地方為止，也表露端公心目中這個較熟悉的、在某種秩序中的人群特質；漢人文化與政治權力所維繫的政治文化秩序，毫無疑問是這個地域人群的特質之一。但在另一方面，他們又不是「漢人」。因此，他們心目中全然的漢區（如東面的北川，與綿虒以南），以及漢化影響較淺的地區人群（如黑水河流域各村寨人群），都被排除在此一人群範圍之外。

　　在另一種經文〈必格紐〉中，雁門的端公先唱天神木比幫助「羌人」打敗戈人，而後「羌人」遷居各地安居的經過。為了謝天神，經文頌道，「樂善寨首」往南去買豬敬神。在經文中，他沿岷江而下，經雁門、威州、綿虒、娘子嶺（映秀）、灌縣、郫縣、成都等地，這些地方的「寨首」都請他代為買豬（見圖17）。最後他向成都寨主「珍美基」買得了豬[2]。經文中所稱的「寨首」或「寨主」，事實上便是各地的地盤神。現在我們已不容易知道，這裡面有多少寨神便是它本土的寨神，有多少只是雁門端公的想像與創造。然而至少各方受邀神祇或沿途「寨首」的地理分布，代表這些有知識的端公心目中與自身較親近的人群範圍，或代表他們心目中一層層地理遠近、關係親疏不同的外在世界。顯然，這樣有遠近、親疏關係的人群是沿岷江河分布的；這也就是一層層漢化程度不同的人群。經文〈必格紐〉中提到「冉駹府」與「汶山郡」，顯示創作這經文的

2　四川省編輯組，《羌族社會歷史調查》，155-56。

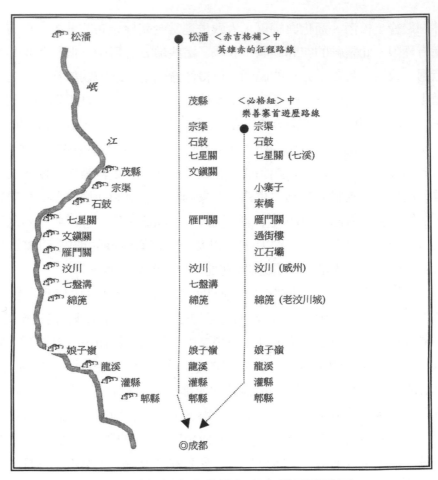

圖17 端公經文中英雄征程與遊歷路線圖

端公具有一些漢文古籍中的知識[3]。「往成都去買豬敬神」，也隱喻著

---

3 這兩個詞，都出於中國古籍如《史記‧西南夷列傳》、《華陽國志》等書。此
　譯詞出自演唱經文的端公袁正祺；見四川省編輯組，《羌族社會歷史調查》，
　頁146。

這些端公們在文化與族群認同上，特別注意「我族」與南方的、或漢文化世界間的關係。

汶川龍溪溝屬岷江西岸的雜谷腦河流域，與黑水河流域的三龍溝只隔著一座大山。龍溪溝端公唱〈阿補齊雅〉，經文中所請的各地盤神與寨神，只是在龍溪溝二十三寨範圍之內。另外，他們唱〈苦巴米亞〉請鐵神的經文中，運鐵、分鐵的路線及範圍，則沿岷江由松潘到成都，然後轉回頭，運送到龍溪溝、三龍溝各村寨。「鐵」在此代表一種外來文明；分鐵的地域與人群範圍，也就是在此地可分享此文明的地域人群範圍。此「文明」由成都、郫縣、灌縣一路傳來，分散到與前述汶川縣雁門之端公「請神」範圍相類似的地域人群中；只是龍溪溝村寨居民，把鄰近黑水河的三龍溝也涵括在此地域人群內。同樣的，北川不在此送鐵、分鐵範圍內。三龍溝以上的黑水河流域各村寨，也不在分享此「文明」的區域人群之內。

以上的端公經文，都透露一些對於「我族」本質的想像。此種想像是一種建構，也是一種探索——探索我族的邊緣所在。我們可以看出，這個「我族」的西方、北方與東方邊緣是毫無疑問的；西方黑水河流域，北方松潘以上，東方的北川地區，在他們心目中不是「西番」、「蠻子」便是「漢人」。因此「我族」邊緣的探索，便集中在沿岷江河往南的地區。灌縣是由成都平原進入山區的入口城鎮；在本書第二章中我曾介紹，由古至今這城市都與岷江上游山區居民有非常密切的關係。山裡的人，經常季節性的赴成都平原打零工賺錢。灌縣一帶的民間信仰與傳說，也流行在岷江上游地區。在前面所引端公經文中，我們也可以看出「成都」在土著心目中是漢人的地方，但「灌縣」卻大致在漢與非漢的邊緣。

如前所言，以上各地端公經文的採集時間大約都在1980年代。當時這些端公都已年過七十，而且已有很長一段時間沒有作法事唸經，因而

其對此的記憶可能有些缺漏。在其中，我們也可以發現採集、編譯者主觀刪削整理的雕鑿之痕 [4]。無論如何，由20世紀上半葉留下的一篇本土記憶，我們可以確知，當時部分本地人認為「本族」的地盤曾經到達灌縣。這本土記憶見於葛維漢(D.C. Graham)在1940年代所作的採訪；記載離今汶川縣城未遠一位克枯寨居民的說法。

> 很久以前，有兩個民族支那(Tzu La)與戈拉(Gu La)。他們間發生戰爭，戈拉被打敗了(戈拉是羌，支那是漢人的古名，日本人至今仍如此稱呼他們)[5]。羌長程遷徙，到此地之前走了一年又數個月。途中他們使用牛皮做的圓舟渡河。其中一個船漏了，經書也打濕了。當經書放在太陽下晒時，羊子來把它們吃了。因此羌人今日沒有文字，經書內容只能靠一代一代口傳下來。當羌人到了中國西部時，中國正在與戎打仗。戎被打敗，退到雜谷腦。中國也退到灌縣休息，使得灌縣到雜谷腦之間空了下來，於是羌人來佔了這地方。那時羌人有綿羊、山羊，也種麥，但是就沒有玉米。乾隆時，瓦寺部落從西藏的瓦寺廠來，幫中國打羌族，打了十二年。危關一場大戰，一個人從山頂下到河邊，沒有被人看到。羌人就敗了，瓦寺因此得到現駐地為賞賜，在羌與漢人之間 [6]。

---

4 如一本《羌族故事集》的編者稱，該書中所錄之《戈拉智拿》這篇經文，是概括所有不同版本之異文所寫成的。見四川省阿壩藏族羌族自治州文化局編，《羌族故事集》(馬爾康：阿壩藏族羌族自治州文化局，1989)，頁26-28。

5 括號內文字應為葛維漢對此所作的解說。

6 Graham, *The Customs and Religions of the Ch'iang*(City of Washington: Smithsonian Institution, 1958), 7-8. 原文為英文，此段引文為我(本書作者)所譯。

我們不知道，上文中的「羌人」（書中原文爲Ch'iang）是這位1940
年代報告人所用的詞，或是葛維漢所套用的譯詞。無論如何，這位本
地人認爲，因戰敗而遷來岷江上游的「戈拉」，曾分布在灌縣與雜谷
腦之間。瓦寺部落來了之後，這一族人才退縮到今汶川與雜古腦（今理
縣縣城附近）之間。這個範圍，大約是理縣與汶川羌族的分布範圍。北
方的茂縣、松潘，西方黑水河流域，與東方的北川等地村寨居民都未
包括在內。值得注意的是，故事中「戈拉」過去曾分布到灌縣此一說
法。雖然〈必格紐〉與〈阿補齊雅〉中，請神或買鐵所涉及的地域都
到郫縣、成都，然而在本地人心目中，郫縣、成都是漢人所居，有的
人且認爲漢人的皇帝在成都。灌縣則在當時本土的我族想像中，成爲
我族的邊緣。

英雄征程記

我族想像須透過「歷史」來完成。20世紀上半葉岷江上游村寨知識
分子如何建構一個「歷史」，來說明「灌縣」及其它地方爲我族之域？
在「弟兄祖先故事」歷史心性下，他們或可以創造一個新的「歷史」，
將灌縣及其它地區都成爲「弟兄祖先」分居立業的地方。稍晚，在1980
年代，羌族知識分子的確有如此的歷史建構；在後面我將說明。在此更
值得我們注意的是，20世紀上半葉的本地知識分子，端公，曾試圖以一
種「英雄征程」故事或歷史，來說明這個「我族」範圍。

前面所提及的經文〈必格紐〉，「樂善寨首」往南到成都去買豬；
這經文中已有「英雄遊歷」的意味了。20世紀前半葉，在流傳的民間故
事與端公經文中，更有一些述說「英雄征程」的敘事。灌縣，在這些敘
事中，則是本地人曾攻打過的地方。一部流傳甚廣的端公經文〈赤吉格

補〉，述說一個松潘的孤兒，赤吉，曾率羌兵打到灌縣、成都[7]。在這
一部經文中，赤吉率兵由松潘而下，經過宗渠、石鼓、南興、木托、汶
川、綿箎、娘子關、灌縣等地，都與各地「寨首」有些接觸；赤吉解釋
出兵緣由，因而未被阻攔。這個路線，也就是端公請各地寨神的路線。
經文中描述英雄過「灌縣」（六谷多）的情形爲：「瞬間來到六谷多，西
門原是蠻城地，兵馬到達寨首驚，忙問赤吉欲何往。何故興師到此間，
赤吉耐心說緣由，兵馬到此無別事，報仇開到川西壩。」[8]然後，赤吉
到了川西壩的「郫縣」（國涅比亞街），便與當地寨主打了起來。此經文
中，在「灌縣」，與上游其它地方一樣，赤吉可以經由解說出兵緣由而
得通過。並且，經文中說灌縣「西門本是蠻城地」。這些都顯示，在這
個英雄征程歷史中，灌縣是「我族」分布的邊緣。三龍溝中流傳的「路
育支」英雄故事，此英雄也曾打到灌縣，然後回轉來到牛尾巴與三龍一
帶。

　　端公經文中最廣爲學者所知的，可能是一般稱作「羌戈大戰」的故
事。這個故事，有許多不同的版本。各版本都不同程度的有「英雄征程
記」或「弟兄故事」的痕跡。在一本《羌族故事集》中，著錄了汶川端
公所唱的《戈拉智拿》，也就是「羌戈大戰」故事[9]。首段說：

　　　　傳說木比塔有三個兒子，大兒在黑羅山牛場放神牛，二兒在黃
　　　　猴坡馬場放神馬，三兒在汶川放神羊。有一年魔兵和戈基人伙

7　四川省編輯組，《羌族社會歷史調查》，頁150-55；北川縣政協文史委、北川
　　縣政府民宗委編，李明整理，〈遲〉，《羌族民間長詩選》（北川：北川縣政府，
　　1994），頁137-162。

8　四川省編輯組，《羌族社會歷史調查》，頁151。

9　四川省阿壩藏族羌族自治州文化局編，〈羌族立地根源〉，《羌族故事集》（出
　　版地不詳，1989），頁26-27。

到一起，一同來打羌人。不知打了多少年，羌兵敗了。這一年木姐珠與斗安珠被木比塔封為地皇氏，派到汶山一帶放羊。木姐珠與斗安珠生有九子。大兒叫構；二兒名叫惡；三兒名叫燒當；四女兒名叫至；五兒名叫格南；六兒名叫黑羊；七兒名叫白羊；八兒名叫吉；九兒名叫尚當。九子也封為人皇，九兄弟繼續與魔兵和戈基人打仗。

　　事實上，端公唱詞中這個「我族」都不稱作「羌」，因各地口音而稱作「借」、「熱」或「智拿」。上引文中的「羌人」，是演唱者將之譯為中文的用詞。由「地皇」、「人皇」等神話人名，與古地名「汶山」等等，可見唱此經文的端公頗受漢文典籍影響。經文中的九兄弟，據此文獻記載，就是「羌人」的祖先。經文又述說「羌人」如何得到天神的幫助，打敗戈基人。戰後，天神木比塔要「羌人」有功戰士到各地去立寨定居務農。經文唱道：

　　他又叫有戰功的士兵各處立地務農。高羊坪羌，惡石壩羌，石碉樓羌，維谷羌，龍壩王溝羌，龍坪沙壩羌，三溪十八羌，大小二姓羌，黑虎羌，松機羌，北路松坪溝羌，太平石台羌，溝口羌，東路壩底羌，白石雁門羌，南路畢立五崖寨羌，羅山斗簇羌，川蘿卜羌，牟坨水磨羌，孔山羌，九枯六里羌，卜周木上羌，大門歇格羌，牛羅二山羌，西山桃坪羌，蒲溪甘普羌，干溪通化羌，二嶺羌，嶺崗羌，白石羌，山羌，黃花羌，牛腦羌。從此，羌人定居務農。

以上這些「羌」的範圍，先由黑水河上游一路數下來，包括了今日

部分黑水縣東部的黑水藏族，赤不蘇至沙壩的羌族，松坪溝、黑虎溝等
地羌族；以上都是居於岷江河西的村寨人群。再則，北方由茂縣太平而
下，直到汶川，這是沿岷江河主流的一些羌族村寨。最後，九枯六里羌
到干溪通化羌，都是指雜谷腦河流域的村寨人群。以此範圍來看，這得
勝的「我族」幾乎包括了所有今日說「羌語」的地區。包括部分目前「說
羌語的黑水藏族」，然而北川地區村寨人群未包含在內。這個「我族」
範圍，又與1950年代初民族調查所知的「羌族」範圍大致雷同。這項由西
南民族學院調查所得的「羌族」範圍，與現在的羌族範圍相比，少了北川
羌族，卻多了黑水縣東部的村寨人群。上述經文中提及的「高羊平羌」，
應是指1940-1950年代黑水最大土司頭人高陽平所管的各溝人群；這也證明
這個敘事基本上延續或保留1950年代左右的社會記憶。無論如何，在這版
本故事中的「英雄」，是與魔兵作戰的「九兄弟」或是天神，「英雄征程」
的敘事並不明顯。

我們再看看另一個「羌戈大戰」版本——羌族知識分子羅世澤在雁
門採集的端公唱詞，經其轉譯而成的版本。這也是目前最廣爲學者及羌
族知識分子所知的版本。這篇唱詞先說，羌族原住在「岷山草原」，後
來因魔兵從北來，使得「羌族兄弟九支人，魔兵沖散各逃生」。大哥阿
巴白構率眾到補朵山（原註稱這是青海、四川間的山），南下到熱茲草原
（原註稱在松潘附近）居住。後來與「日補壩」（原註稱在茂汶境內）的戈
基人發生戰爭。後來經天神幫助打敗戈基人之後，阿巴白構分派他的九
個兒子，分別到各地去立寨。這「九弟兄」及他們所分駐的地域如下：

> 大兒合巴基，進駐格溜（茂汶縣）大草原；二兒洗查基，進駐熱
> 茲（松潘縣）花果山。三兒楚門基，進駐夸渣（汶川縣）好山川；
> 四兒楚立基，進駐波洗（理縣薛城）防敵犯。五兒木勒基，進駐

茲巴(黑水縣)開草山；六兒格日基，進駐喀蘇(棉箎)把民安。
七兒固依基，進駐尾尼(娘子嶺)關草原；八兒娃則基，進駐羅
和(灌縣)守邊關。九兒爾國基，進駐巨達(北川)防戈人。

　　以上羌語地名之後，括號內是我根據羅世澤的註釋而加入的當今對
應地名。與前一版本「羌人有功戰士到各地立寨」的範圍相比，這個羌
族「九弟兄」分布之地更遼闊(見圖18)；前者中的各溝、各寨，在此也
變爲與當前行政區單位——對應的地名。而且，如前所言，其它版本中
這個「我族」或被譯者轉寫爲「羌」，但從未被記錄作「爾瑪」。然而，
在羅世澤的譯文中，則多處出現「爾瑪」，以及「爾瑪人的子孫啊」如
此訴諸民族感情的句子；在在都顯示，這個版本是「爾瑪」或羌族認同
下的產物。羅世澤自身也是羌族。因而這版本流露1980年代一個羌族知
識分子的本民族認同。

　　以上羅世澤版本中「爾瑪」九弟兄分駐的範圍，也透露一些重要訊
息。它除了正好包括當前五個有羌族分布的縣(松潘、茂縣、汶川、理
縣、北川)外，還包括黑水、映秀、灌縣、綿箎等地。其中綿箎是汶川
的舊縣城所在。黑水，由於當地主要族群的語言，在語言學分類上被認
爲是「羌語」，因此在這種語言學常識普及後，羌族知識分子多認爲黑
水人應該是羌族。娘子關(映秀)與灌縣，則是在當前羌族知識分子的「歷
史知識」中，過去應爲羌族分布的地區。此種「歷史知識」的淵源之一，
便是端公唱詞中所建構的知識；如唱詞中常提及的，娘子關與灌縣的「寨
子」與「寨首」，以及過去羌族曾打到這些地方等等之記憶。因此，羅
世澤所稱羌族「九弟兄」立寨的範圍，也就是1980年代以來，羌族知識
分子集其民族、語言與歷史知識所建構的「羌族」範圍。也因此，這個
「羌戈大戰」及其中的「九弟兄故事」，是目前最流行於羌族知識分子

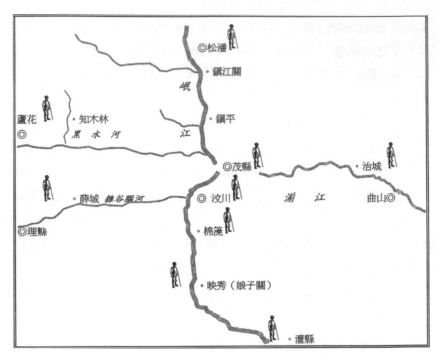

圖18 「羌戈大戰」故事中戰後羌族九兄弟分布

中的一個版本。1980年代以來,許多羌族人皆認爲灌口二郎神是羌族,
其父,秦時修建都江堰的李冰,自然也被當作羌族。這些都讓他們視灌
縣爲古羌人之地。道教傳說中,位於灌縣的「爍羅鬼國」,近年來被部
分羌族知識分子認爲是羌人的「爍羅古國」;他們還爲此組織研究會[10]。

更重要的,羅世澤版的「羌戈大戰」故事,可以說是「英雄祖先歷

史」與「弟兄祖先故事」的混合版。故事中，最早從「岷山草原」逃出
的是「兄弟九支人」；最後，得勝而分居各地的也是「九弟兄」。不同
的是，故事中出現了英雄「阿巴白構」，有了外地的空間起源與隨後的
遷徙，也有戰爭過程，最後那「九弟兄」有了一個英雄父親；這些，都
是「英雄祖先歷史」所有，而「弟兄祖先故事」所缺的因素。

　　基於以上資料與相關討論，一個「羌族」我族意識的本土塑造過程
似乎隱約可見。在20世紀上半葉，這個「我族」原稱作「爾」、「熱」
或「智拿」。建構這種我族意識的「知識分子」主要是端公，或者說，
端公是許多本土知識分子之代言人。支持此我族意識的「歷史」，是一
種由「請各方神明」經文發展而來的「英雄征歷記」敘事。透過「英雄
征歷記」，他們解釋或探索我族的內涵與邊緣。雖然，這個跨越各寨、
各溝與各地區的「我族」範圍，在不同的端公經文中並不一致，但很明
顯的，這個「我族」不是「漢」更不是「蠻子」或「西番」。這些近代
早期「本土知識分子」，端公（或包括頭人們），與1980年代以後掌握本
土知識權力的「羌族知識分子」相比，似乎更有漢文化傾向。因此，在
他們的經文中，請神的方向是往南方下行，英雄遊歷或征程也是向著南
方，而「灌縣」則是我族與漢的分界。

　　與這些本土「我族」概念建構並行的，是西方與中國學者的「羌族」
民族調查。這個民族調查，在1950年代後更積極進行，以為民族識別鋪
路。在1980年代許多北川人成為「羌族」後，「羌族」的地理分布範疇
便大致確立了。這個範疇，與端公經文中所見的「我族」範疇相比，最
明顯的差別是納入了北川西部、北部各鄉村落，以及黑水河流域瓦缽樑
子以下各溝。但並未包括綿箎以南的岷江沿岸地區，灌縣當然也遠在此
範疇之外。過去那些端公心目中「我族」的核心，是汶川、茂縣、理縣
等沿岷江邊較漢化的村寨地區；這也是端公文化最發達的地方。但在

1980年代以來的「羌族知識分子」心目中,最道地的羌族反而是黑水河流域各深溝中的羌族;這些地區,也是許多在無產階級革命後得以翻身的「羌族知識分子」的老家。這個發展,或者也說明了羅世澤版本「羌戈大戰」文本的內在情境——新的本土知識分子帶來「弟兄祖先故事」歷史心性,承繼「端公文化」中的我族想像,並吸納漢人所賦予的語言學、民族學與歷史學知識。在如此的混合知識中,並在強烈的「羌族」認同下,他們建立起一個混合英雄祖先與弟兄祖先故事的敘事。在此敘事中,他們一方面承認本民族是一個「在北方被打敗而南遷」的民族,一個戰敗英雄的後裔。另一方面,在歷史、語言與民族知識與想像下,他們以「九兄弟故事」來建構一個擴大的我族想像群體。

本土知識分子

在前面的探討中,我們可以知道,在本地建構「我族」認同的主要是「知識分子」。其實,不只是在岷江上游如此,在世界其它地方也一樣。本土知識分子,顧名思義,是指在本地被認為較有學問的人。因此這其中應包括兩種因素:一是「知識」,二是被群體接受的「知識權力」。這兩者又常是密切相關的。對於本地人而言,一個人會比他人有更豐富的知識,此知識多來自「外地」。外來知識在此社會、文化的邊緣地區,無論其是否「真實」,都挾帶強有力的政治與文化威權。本土知識分子因接觸、掌握此種知識,也得以藉此建立自己在本族群中的威權。近代早期的「端公」,便因為掌握許多外來的漢人宗教文化知識,因而有其本土知識權力。

民國以來,新知識與新政治、文化權力進入岷江上游地區。這新的知識,包括國族主義下的「民族」概念,及相關的語言、體質、歷史與民族知識。新政治、文化權力,除了由傳統中國王朝政權轉化而成的

「中華民國」，及其地方政府與邊防軍勢力外，還包括英、法、美、日等殖民強權國家所帶來的經濟、政治與文化霸權。在20世紀上半葉，許多中、外民族調查者，都帶著這樣的新知，並挾其所依持的政治與文化優勢權力，進入他們心目中的「羌民」或「羌族」地區。他們的「羌民」或「羌族」概念，以及相關的歷史與民族誌知識，對於他們的本地報告人、助手、翻譯與提供協助的長老，都有一定的影響。如前面我曾提及的英籍傳教士陶倫士（T. Torrance），他對「羌民」族源、歷史、文化的看法，以及「羌民」與漢人、嘉絨的民族區分，都曾透過他的傳教活動以及受他影響的「羌族知識分子」，傳播到部分「羌民」之中。

　　汶川木上寨的苟平山，便是如此一位羌族知識分子。他是陶倫士的助手及好友，曾受過漢文教育，本身也曾是一位「端公」。他寫過一篇公開信宣揚基督教；以僅見的英文譯本來看，其名似乎為「告大羌族同胞書：獻羊子之始末」。這篇文告開頭的一段是[11]：

> 各地村寨的羌族同胞朋友們，我們住在中國人與藏族之間。西鄰戎人，東與中國領土接壤。我們欲和戎人溝通，有語言上的困難。我們不能讀藏文書，我們也不信喇嘛教。即使我們與中國人很有來往，也總有些困難……。如今，美國聖經教會的陶倫士先生遊遍汶川、理番、茂州，他發現各村寨獻羊子的習俗與聖經出埃及記中所記載的雷同……。

　　由此文看來，他自陶倫士或漢人知識分子處得到「羌族」（或羌民）

11　我沒有見過這篇文告的中文原文，但葛維漢曾將它譯為英文，引在他的書中。以下是我根據葛維漢的英文譯本，再轉譯為中文的版本。

這樣的民族概念。並且,這個民族不同於其它兩個民族範疇——中國人
(或漢族)與戎人(或藏族)。這篇文告似乎曾流傳在理縣、汶川一帶;當
然,主要是在陶倫士所稱的「羌民」之間。在我作田野調查的期間
(1995-2002),有些羌族知識分子仍耳聞過去曾有人寫過一篇「告羌族同
胞書」,來鼓吹羌族團結。然而卻沒有人知道,其實這是一篇宣揚基督
教,及宣稱羌族是以色列人後裔的文告。只有一位理縣蒲溪溝的老者曾
說,他小時候聽過「羌族是猶太人後代」的說法。

> 羌族有人說是猶太人吧!是讀過書的人擺的。羌族穿雲雲鞋,
> 上面繡的花,帶波浪式的,所以說羌族是外國過來的。這是茂
> 縣、汶川一帶的人說的。這是沒什麼根據的。

顯然,這個「猶太人族源」現在被當做是相當荒謬的說法。

中國共產黨建國以後,新的中國政府積極推動各種少數民族政策,
其基礎是民族識別與分類。民族識別、分類的基礎,則是民族史與民族
誌的研究成果。歷史與民族誌知識,透過國家教育深入村寨群眾之中,
如此也強化了民族識別與區分下之族群體系。從此,本地人的歷史與文
化不僅受漢人關懷,也受本土知識分子關懷。1980年代初開始,中國較
積極的推行少數民族地區地方自治。此時許多共產黨建國以來培養的羌
族知識分子,成了新一代的本土知識分子,並開始涉身本民族事務。在
貧下階級翻身的政策下,許多本土知識分子都出身於偏遠山間村寨。在
民族認同下,他們熱衷於學習並研究本民族歷史。這些羌族知識分子所
知道的「羌族史」,主要也就是我在第五章中提到的「典範羌族史」;
對此歷史所知多寡深淺,因各人教育背景與社會背景不同而有別。然
而,他們不只是學習代表社會主流之學者所寫的「羌族史」,他們也在本

土記憶如端公經文與地方傳說中，找尋可與典範歷史相銜接的軌跡。他們相互討論、辯駁，並在言談間，在文字上，表達他們對本民族歷史的看法。

村寨民眾，特別是老一輩的人，對「典範羌族史」的認知就相當貧乏了。然而，在中老年的村寨民眾間，常流傳另一些「過去」。這些「過去」常涉及中國的歷史或傳說人物，以及相關時間、空間與事件，混雜「典範羌族史」中的一些縮節、片斷內容。這些「過去」，以寬廣的角度而言，可以說也是一些「歷史記憶」。無論它們是神話、傳說還是歷史，不能否認的是，它們與「歷史」有相同的功能——以「過去」來解釋「這些山裡的人」或「羌族」的本質，以及當前的族群狀態與地位。再者，我們無法截然劃分羌族知識分子所知的「羌族史」，與村寨民眾對「過去」的記憶。無論如何，幾乎所有的當代羌族知識分子都出身村寨；過去聽來的神話、傳說，影響他們對本民族的看法，因此也影響他們的歷史建構。由這些歷史或神話的「過去」之中，他們建構「我族形象」。

在本章以下幾節中，我將以採訪所得之羌族口述記憶材料，說明本地群眾心目中的我族形象。這些透過各種歷史論述來表達的我族形象，主要便是：愚笨的蠻子、漢族的拯救者與守護者、最古老的華夏、被打敗的羌族等。無論那一種歷史論述，大都與漢人社會歷史記憶中的「英雄祖先」相關。此外，我也將介紹一些與漢人社會歷史記憶關連較少的本地「神話」、「傳說」，並探討它們在羌族認同之本土建構上的意義。

老實的蠻子：周倉與孟獲的子民

在羌族民眾間，包括所謂知識分子，最普遍的自我形象就是「我們比較老實」或「比較笨，容易被騙」。他們不只是認為「本民族比較笨，容易受騙」，而是認為，相較於漢族而言所有的「民族」（指少數民族）

都如此。在村寨民眾心中比較普遍存在此種本民族的劣勢意象,因此相關的「歷史故事」或傳說也在村寨中比較流行。在理縣、茂縣等地區,特別是茂縣雁門一帶,普遍流行一個「周倉揹石塞雁門」的故事。雁門關附近有一塊巨大岩石,上面有類似手印的紋路。據說是當年「周倉揹石塞雁門」留下的痕跡。以下是一則汶川龍溪人的口述:

> 征西時,一個關口,周倉塞雁門。周倉原來有意把雁門關塞了,不准漢人進來。他氣力大,如果把雁門塞了,漢人要來剝削羌族的經濟財產就困難了;你通不到。雁門是多大一個洞子,洞子用石頭一塞就過來不到。所以周倉看到外面的人對羌族人民剝削太厲害,他就想把洞子塞了,讓漢人過來不到。於是在周倉坪那有個大石包,好像有個房子大,現在還在;手摳到的、背揹的地方印子還在。他揹起的時候,統治階級察覺了。周倉在晚上塞雁門,怕別人知道。統治階級察覺了,就裝雞叫。這個雞叫,周倉就想今天塞不成了,乾脆把石頭摺了。

他所謂的「統治階級」,指的便是「漢人」。在許多人的說法中,欺騙周倉的是關羽,或觀音。對本地人來說,兩者都是漢人,沒有多大差別。一位理縣蒲溪溝的羌族對我說:

> 周倉揹石塞雁門,不是三國的周倉,不知是那裡的周倉。觀音聰明些,周倉氣力大,笨一些。周倉揹起石頭,打賭天亮揹上去。觀音菩薩就學雞叫,周倉就把石頭放下來了。

理縣薛城的一位村寨居民也說:

聽説周倉是羌族，塞龍門。他跟漢人爭，漢人文字行，周倉氣
力行。他用石頭塞雁門。你文字兇，我用石頭可以把雁門塞住，
你還兇不兇？這是爭地界的意思，爭羌族的名譽地位。

在北路羌族以及黑水藏族的傳說中，周倉成爲與觀音打賭而受欺騙
的神。如一位黑水維古的藏族說：

我們黑水這個民族多得很。維古人是全國都有。四川每一寸土
地都是黑水人多。有個周倉，有個觀音菩薩。四川地方以前沒
人住；周倉是民族的菩薩，觀音是全國的菩薩，四川人是他管
的。周倉是男的，觀音是女的。周倉老實得很。周倉說我得行，
觀音說她得行。根本是觀音菩薩得行。兩個人分地盤，觀音菩
薩用一個鑽子一個鎚鎚，晚上去、白天去，在石頭上刻字。周
倉在草上打疙瘩作記號。觀音說，我們走到那去看是我的還是
你的。結果燒了一把火，周倉的草疙瘩都被燒掉了。地都是觀
音的。所以民族就到山上來了，觀音就到四川。這些過去都有
人說，是不是眞的你們去翻書嘛，書上記得有。現在說那些的
人都沒得了。

黑水知木林的一位老人，也曾對我說：

周倉是西方的一個王子，青海、西康都是周倉管。他原和諸葛
亮在一起。他跟諸葛亮打賭，一個縣一個縣的打賭。灌縣。誰
能把麥草甩到河對面，誰就贏灌縣。周倉有點笨，用乾麥草甩，
就甩到河裡去了。諸葛亮用口水把麥草弄濕，就甩過去了。灌

縣就被他拿走了。又賭灌縣上的一個縣。打馬蠅子，諸葛亮用指頭按下去把馬蠅子按死，周倉用拳頭打，把馬蠅子沒打到，又輸了。又拿了一個縣走。又打賭，有一個崖子，射箭，打到崖子上贏沒打到算輸。諸葛亮派人去把自己的箭插上去，把周倉的箭拿走。就又輸了。這樣汶川以下都被拿走了。周倉塞雁門。不准下面的人上來。揹一個石頭要去塞雁門。雞叫了，他就把石頭放下來了，結果雁門也沒塞到。藏族話就像是王子。格薩爾王，就是西番的民族，就是漢族說的周倉。

在這位小黑水藏族心目中，周倉為本民族的神——這個「本民族」自然指的是藏族，或過去所稱的「西番」。他又將周倉說成是本地傳說中的「格薩爾王」。「格薩爾王傳」流傳於青海經川邊到雲南廣大非漢族群中，是一則描述英雄四方征伐的史詩故事。目前此故事流傳地區的各族群，大多被劃分、識別為「藏族」，因此這也被視為「藏族史詩」。無論是周倉揹石塞雁門，或他與觀音打賭的故事，周倉都被說成是有力氣、沒頭腦，以及十分老實的人物。他也因此失敗，而造成其後裔目前較劣勢的地位。相反的，漢族的代表或守護神(觀音或關羽)則被認為是聰明、有文化而又狡猾的人，因此其後裔現在佔了較好的地盤。人們以這些「過去」來詮釋當今的族群狀態，並解釋為何現在羌族地區有那麼多的漢人。

無論是在民間故事，或是在相關圖象上，周倉的形象都是面貌醜惡、肌肉結實的夯漢。這也是較漢化的羌族地區民眾所認知的周倉形象。因此，接受此一人物作為本民族祖先，也是接受漢族對少數民族的一種刻版的或醜化的「蠻子」意象。相對的，在漢化程度較低的黑水地區，許多村寨民眾心目中的周倉則是格薩爾王；這並非是被醜化的「蠻

子」，而是勇武善戰的我族英雄。

　　中國民間三國傳說中的孟獲，是另一個被視爲羌族祖先的人物。在有關孟獲的傳說中，同樣的，因爲他被漢人欺騙，而使得其後裔羌族住在山上。以下是一位茂縣三龍人的說法：

> 孟獲是羌族的首領。七擒七放之後，諸葛亮不肯跟他見面，他就自己慚愧了。諸葛亮就早有准備，就准備四支箭，合得起的。他就說，你讓我一箭之地好了。那時他在成都。結果這一箭是假的，箭被帶到理縣打劍爐崖高頭去插。這就都歸大朝了。孟獲看了說，我怎能這樣讓的呢？諸葛亮說，高官你儘管去作。他聽成「高山上你儘管去住」。所以房子儘修在高山上，所以灌縣就這樣變成大朝的。打箭爐以上就是羌族了，以前藏族、羌族原是一回事。

　　孟獲在中國民俗傳說中的形象，也是面貌猙獰、肌肉結實的「蠻子」。這一類受漢人欺騙的「歷史故事」或「神話」，在羌族中非常多而普遍。這說明長久以來他們對「漢人」的看法。然而，我們不能簡單的將之視爲「漢人」欺凌「非漢土著」所造成的結果。在前面我曾說明，在過去村寨居民心目中的「漢人」，鄉談話中所稱的「而」，是指下游的村寨或城鎮人群。因此歧視他們的「漢人」，自身也受到下游村寨人群的歧視。這些受漢人欺騙的故事，在過去曾表達他們孤立的村寨認同。在當前漢族、少數民族的區分概念下，它們又被用來解釋少數民族的現實處境——住在邊緣山區的一些人群。

漢族的拯救者：李冰與樊梨花的後代

周倉被羌族人視爲祖先或神，事實上還有其它意義。在中國民俗故事中，周倉與關羽有主從關係；周倉永遠手捧著關羽的刀，忠心耿耿的站在後者身邊。這個形象，符合許多羌族人民心目中，「我們是漢人的忠實幫手」此一自我意象。一位汶川龍溪羌族說：

> 周倉是三國時，東漢末期的人。那時威州雁門關有一個洞子。周倉這個人氣力大，有勇無謀，他跟關雲長在一起的。據說他是個本地人。西京，三國時代，孔明劉備征西的時候，周倉這個人溫厚、老實氣力又大。劉備征西蜀的時候，在我們西北征戰的時候，發現這麼一個人，氣力很大。關雲長是個文武得行的人，就把他收了，給他一些照顧。周倉就對關雲長怎說就怎麼聽，就怎麼幹。

羌族這個我族形象，也透過其他「英雄祖先」來表達；這些「英雄祖先」，與相關「歷史」，又都出於漢族歷史記憶中。這些作爲漢人的守護者或拯救者的羌族祖先，便是傳說中的大禹，秦代的李冰，以及民間故事中的唐代女將樊梨花等等。

大禹和李冰，都是以治水著稱的英雄。現在羌族普遍認爲，大禹和李冰是羌族祖先，因此也將羌族視爲漢族的拯救者。特別是汶川一帶的羌族知識分子，以當地的「大禹文化」爲榮；「治水」便是他們引以爲榮的禹文化之一。其緣由是：自古以來岷江上游山間居民便長於砌石築屋、築牆，過去他們常到川西平原打工，鑿井、築堤是他們常擔任的工

作。因此，現在羌族知識分子認爲「治水」是承襲自大禹、李冰的本民族文化之一。如一位汶川羌族知識分子，在對我介紹本地的引水灌漑文化後，說：

> 大禹走了，大禹的水文化仍然存在；羌族一直在疏導岷江。1933年疊溪海子形成，威、理、茂三縣羌民還完成了第一期的疏導工程。聽說李冰都是羌族。利用羌人的水利技術去修都江堰。

　　樊梨花的故事，流傳在松潘、鎮江關到茂縣太平、較場一帶。過去這一帶的楊柳羌、牛尾巴羌、大姓小姓羌等等，都是以「好作亂」著名的「番羌」。明清時期，中國在此建立許多軍堡，以維護由汶川到松潘之間岷江交通主線的暢通。因此，大道沿線成爲漢化較深的羌族地區。只有深入溝中的羌寨還流行「鄉談話」，其它地方「羌族」說的都是漢話。鎮江關、較場一帶的羌族說，樊梨花是古代羌族頭人，這兒的羌族人是樊梨花的後代。他們說，鎮江關就是樊江關，或寒江關；較場是樊梨花當年練兵、校兵的地方。當地一個突起的土台，本地人稱作「點將台」，被認爲是樊梨花受封爲將的地方。這些記憶，顯然是從漢人通俗演義小說《薛丁山征西》中得來。《薛丁山征西》主要內容是：唐代西番哈迷國造反，由薛仁貴率領的唐軍，推進到「寒江關」時受阻於番兵。後來寒江關守將之女樊梨花，愛上薛仁貴之子薛丁山，並表示希望與之成婚，而薛丁山卻幾度反悔賴婚。最後由於軍情緊急，在皇帝派遣的大臣調解下，兩人盡釋前嫌，締結連理。於是，幸賴武藝高強的樊梨花之助，唐軍終於擊敗西番。

　　這個故事的主題——異國土著女子愛上來自文明核心的男人——在族群關係中可代表一種典範類型，常出現在世界各種「核心」與「邊緣」的

文化接觸之中。在美國，這便是民俗傳說與電影「風中奇緣」（Poccahontas），以及電影「蘇絲黃的世界」的基模；在中國，這也表現在一首「願嫁漢家郎」民俗歌曲中。然而，同樣類型的故事，在羌族的本土理解中卻有不同意義。他們以這故事來說明或強化，「羌族是漢族的拯救者」此一自我意象，並以「平亂者」與「叛亂者」劃分羌族（樊梨花的後代）與藏族（西番之後）間的族群界線。鎮江關一帶是羌族分布的北界，在此羌族聚落常與藏族聚落相錯。鎮平、較場一帶村寨，過去更常受西方松坪溝人與黑水人的威脅。近年來在許多場合，附近羌族村寨群眾多少得知一些有關「藏獨」的訊息。在這樣的族群環境中，對羌族而言，與藏族劃清界線是必要的。

不僅是鎮江關、較場一帶的羌族如此，可以說所有羌族（主要是指男人），都認為本民族在歷史上一直為漢族的拯救者或支持者。因此除了上述大禹、李冰、樊梨花等古代人物與事跡外，他們也常說近代羌族人民如何助勦西藏、黑水，及出兵廣東打英法聯軍的事。一位出身汶川羌鋒的羌族知識分子，更明白的對我說：

> 羌族與藏族不同，他不願成為一個獨立的王國，對中央政府一直是很擁護的。羌不謀華娃。擁護皇帝，不搞分裂。國家有危險時，羌族就出來。現在在海南島還有一個羌族的寨子。我估計是在滿清時期，抗英嗎，還是鄭成功？調了羌兵去打荷蘭人。我們那流傳曾去打荷蘭人。弄不好就是那些羌兵在海南島定居的。後來我又聽說，羌族打過尼泊爾。在國家統一上，羌族是有貢獻的。

近代以來的中國民族主義教育與民族團結知識，是造成此種本民族意象的背景之一。然而就此解釋「羌不謀華娃」，也可能失之淺薄。在

前面我曾說明，「羌」自古以來便是華夏的一個西方「邊緣」，一個模糊的、移動的邊緣。近代被稱作「羌」的人群之所以能留駐在此模糊的族群邊界上，便因爲在歷史上他們重未組成如吐蕃、西夏、南詔那樣的王國。反過來說便是，組成吐蕃、西夏、南詔等王國的「羌」，後來都自華夏心目中「羌」的範疇裡被剔除。由於沒有文字，他們也無法運用文字政治將一些社會記憶傳播出去，成爲更大範圍人群的共同記憶，以及使之延續傳遞。也因此，羌族知識分子很自然的在中國歷史記憶中，得到「羌不謀華娃」此一自我形象。

古老的華夏：大禹子孫

對於羌族知識分子來說，大禹不只是一個對漢族有貢獻的羌族祖先，而有更多、更重要的意義。他們認爲，夏代是中國第一個朝代，而建立夏朝的大禹又是羌族，因此羌族必定是中國人或中華民族的核心民族，或說是最古老的華夏。也因此，在當前羌族認同中，「大禹」被羌族知識分子集體回憶得最多，也引起很多的爭議。

首先，我們必須回顧漢人歷史記憶中，「大禹」與「羌」之間的關聯。戰國至漢代，在部分華夏知識分子間，便有「禹西夷之人」或「禹生於西羌」的說法。戰國思想家們以這社會歷史記憶作爲一種極端的例子，以說明聖人之所以爲聖，在於其事功，而不在於其出生何處或出生社會背景。至於「禹生於西羌」是否爲歷史事實，對他們而言並不重要。但對於漢晉時期居於蜀的華夏知識分子，這便非常重要了。由於鄉土認同，他們開始認真的將大禹出生於蜀之「西羌」，建構爲一「歷史事實」。晉代常璩所著《華陽國志》中，對「禹生於西羌」有更詳細的描述。據此書記載：汶山郡廣柔地區有個地方稱「石紐」，「夷人營其地，方百里，

不敢居牧，有過逃其野中，不敢追，云畏禹神」[12]。這個地方，在更晚的文獻中就成了禹母生大禹的「剖兒坪」。我們不清楚，晉代蜀地的「夷人」是否真的祭祀大禹。然而，本世紀前半葉，至少在較漢化的北川地區，由於被稱爲「蠻子」的村寨人群都自稱「漢人」，所以他們也祭禹王廟。

晉代以來，大禹出生在汶山郡廣柔(或石紐)此一歷史記憶，不斷的被處於西方華夏邊緣的新華夏，蜀人，所強調；他們共同祭祀當地的禹廟、大禹遺跡，並將這些寫入地方誌之中。值得注意的是，他們並非強調大禹是當地「蠻夷」的祖先，而是藉著「大禹出生於此」，來洗刷本地的華夏邊陲或「蠻夷之邦」特質。也就是說，近代之前「禹興西羌」之華夏空間記憶，是邊地漢人宣稱「華夏認同」的符號，也是被視爲「蠻子」的人群藉以遺忘本身非漢祖源的符號。在如此的歷史記憶背景下，在本世紀初，整個漢代「汶山郡」可能包括的地方，如當今北川、汶川、茂縣、理縣等地，都有「剖兒坪」、「石紐」或大禹出生地之類的古蹟。而所有流傳大禹故事與大禹遺跡所在的地區，都是當地漢化程度較深的地區，也就是長久以來作爲中國政治與軍事殖民中心的各個舊縣城附近。如，汶川地區之「禹跡」在舊縣城綿篪附近；理縣之「石紐」在清代縣治通化附近；北川的「禹穴溝」，在清代舊縣城治城附近；茂縣的禹鄉村，在舊縣城鳳儀附近。這些舊縣城，也是傳統漢人在此邊陲施行教化的中心。這些都說明，「大禹之跡」與當地漢人殖民與教化活動有密切關係。

當「羌族」在民族識別與相關歷史建構中得其民族生命，而各地許多過去已漢化並宣稱是漢人的人群也被識別爲，或要求被識別爲「羌族」之後，他們仍宣稱自己是「大禹子孫」。只是此時在他們心目中，「大禹子孫」的含意已轉變爲「羌族」。一位北川小壩鄉民說：

12　《華陽國誌・蜀志》，顧廣圻校注引劉昭《續漢書・郡國志》注。

大禹，我實實在在說，前頭幾年我們的確不曉得，只知道有一
個禹里溝。這是早就知道的。大禹治水，也是很早就知道的。
現在通過宣傳，大禹是羌族祖先比較清楚。但是我們跟汶川還
有爭論。

造成羌族此種歷史記憶，除了上述歷史記憶與族群背景之外，更重
要的緣由是「羌族」被認為，因此也自認為是，與漢族有密切且悠久歷
史血緣關係的民族。「大禹子孫」最符合此本民族歷史形象。以下這一
則茂縣黑虎溝人的口述，表達此一看法：

夏禹王，就是夏朝發展的根根，恐怕還是羌族。從歷史看來，
大禹治水。當時有水患，歷史上有洪水朝天。暴雨一下，漲起
來，水沒有河道，最後夏禹王疏通河道。十三年中七次過家門
而不入，所以說我們羌族人民對於建設國家是有貢獻的。

對於大禹是羌族祖先，各地羌族知識分子都是同意的，但對於大禹
究竟出生在何處，卻有很多爭議。如前所言，「禹生於汶山郡」此一記
憶，使得所有此西方華夏邊緣的漢人據點都有「大禹出生於此」的社會
記憶。於是，在這些地方的居民普遍成為羌族後，大家便爭論究竟大禹
出生在何處。以下幾則口述，表達各地羌族知識分子不同的聲音。首先
是一位理縣蒲溪溝人的說法：

說大禹，是羌族人都感到自豪。通化的石紐山，那兒還叫汶山
寨，有些人說大禹是通化人。汶川人說大禹是汶川人；北川人
說他是北川人。

　　理縣通化的一位羌族知識分子指出，理縣通化、北川與茂縣都有「本地為大禹故理」的證據。他說：

　　　通化山上一個石碑上寫著，所以理縣也在爭。北川現在好像物
　　　證比較多；大禹紀念館花了八十多萬。茂縣也有，車站下來一
　　　點就是禹鄉村，他也有禹穴。

　　的確，目前在這爭論中，較佔上風的是北川。因此四川省府撥款興建的「大禹紀念館」，便建在北川治城。事實上，「大禹故里」之爭還不只是在川西北的羌族地區；出身北川小壩鄉的一位羌族知識分子告訴我，山西也有一石泉縣在爭「大禹故里」之名。

　　　這石泉縣有些爭論。山西那一個石泉縣，說是禹王生在山西石
　　　泉縣。我們這禹穴溝，禹是出生在我們這的。李太白還在這寫
　　　了一個「禹穴」；這就北川爭贏了。政府有些優待。以前江油
　　　是龍安府，考文武秀才北川要多錄取兩名，就是優待聖人生的
　　　地方。但是汶川現在還在爭。

　　在這位北川知識分子口中，我們可以知道「大禹故里」不止為本地人帶來足以自豪的鄉土認同，也帶來些實質利益。一位汶川羌族對此頗不以為然，他也深知「大禹故里」附帶的好處。他說：

　　　北川現在純粹是吹的，他那兒既沒有羌族，又沒有羌語，又沒
　　　有寨子。現在他吹起過後，綿陽專區就會給他錢。大禹是他們
　　　說起的，事實上，根本找不到像這邊禹文化的痕跡。我們這兒

除了大禹的痕跡外，端公所跳的舞步，經中央舞蹈專家鑑定是
禹步舞。北川也沒有。

由上引口述記憶，可以看出「大禹」在各地羌族中受重視的程度；
也可以看出，他們間對於「大禹出生地」的爭論。羌族為大禹子孫，那
麼「大禹出生地」的羌族自然是大禹嫡傳。因此這個爭議，也就是攸關
「誰是本民族核心」的爭議。目前關於「大禹故里」的爭論，主要在汶
川與北川兩地羌族知識分子之間。而這兩地，是所有羌族地區中民眾漢化
程度最深的地區。相反的，大禹傳說幾乎完全不見於過去被認為是「生番」
所居的地區，如茂縣疊溪以北的牛尾巴（羌族），以西的小姓溝、松坪溝等
地（羌族），或三龍以西的赤不蘇（羌族），及大、小黑水地區（藏族）。

北川與汶川羌族知識分子的「大禹故里」之爭，也表現一些我們所
深信的「歷史」之形成過程及其政治背景。這些年，北川縣積極組織「大
禹研究會」，招開全國性「大禹學術研討會」，邀集學者鑑定「大禹故
里」及有關地理古跡。如一位北川知識分子所說的：

大禹的遺跡在這兒有洗兒池、刳兒坪、採藥亭。刳兒坪那山包
包上一個人坐過的屁股的痕跡都有；這是禹母生大禹的地方。
下來到洗兒池洗兒，在一個瀑布下頭，石頭終年是紅的，所以
看來水是紅的。採藥亭是附近的山上，這是大禹小時候隨禹母
採藥歇息的地方。望崇山是鯀治水久久不歸，禹母每天登上去
望夫歸的地方。關於這問題，哈爾濱醫科大學的姒教授都來
了。他，大禹的一百四十二代後裔，他在這也做了學術報告。
另外浙江大禹死的地方，他們的專家也來這考察，也認為大禹
出生在這地方。至於禹母生禹時是否真的會留下這麼大一個屁

股印，姒教授説，大抵古代偉人的事蹟都不免帶些神話色彩。
於是就這樣被大家認可了。關於大禹，大禹是最早的羌族。史
書一直記載這是神禹故里，北川的人就是神禹的後代。全國的
大禹研討會都在北川開，每年一次。九一年開第一次全國性的
大禹研討會，學術界的。現在都認可了，沒得爭了。他生在這
裡，治水在中原，死在紹興那兒。他本身是古代的羌族。

　　凡此種種，爲北川爭得了「大禹故里」的正統地位。而北川之所以
能積極進行此事，一方面由於北川屬經濟較富裕的綿陽區，且爲綿陽唯
一有少數民族聚居的地區，因此可得到較多的經濟奧援。再者，北川地
區漢化得早且徹底，這意味著北川羌族知識分子，比起其它地區羌族知
識分子而言，更有能力掌握古漢文典籍資料的運用與詮釋。如以下一位
北川羌族知識分子的口述：

　　從古到今，歷代文人名士都認可了大禹生在石泉：四川省石泉
　　縣，九龍山下石紐禹穴溝。現在裡頭還留有很多遺址。清朝乾
　　隆年間，石泉的縣令叫姜炳章，他寫了一個〈禹穴考〉，就寫
　　了「石紐盤盤摩青天，刳兒坪上血石鮮，古傳神禹降生此，至
　　今溪水生紅煙。」這對那個禹穴溝是一個眞實的寫照。在這以前
　　呢，就是明代的文人楊升庵，楊愼，新都的，他的這個〈禹王廟
　　記〉。宋代石泉的大夫計有功寫的〈禹廟記〉。還有唐代大詩人
　　李白手書的「禹穴」二字。這在以前有顏眞卿篆刻的「禹穴」。

　　如此在言談中，將各種漢文資料信手拈來；有此能力的知識分子，
在北川之外的羌族中並不多見。有趣的是，清代石泉縣令姜炳章以其卓越

文采留下數篇歌頌大禹的詩文，其目的顯然是「願將花雨洗蠻風」[13]——
以描述華夏聖興之域，將北川塑造為文明教化之區。如今他留下的詩
文，卻成為強化「大禹為羌族祖先」的重要社會記憶之一。

北川羌族，尤其是北川新舊縣城曲山、治城的羌族，特別熱衷於以
「大禹」來強調他們的羌族認同。目前羌族主要分布在岷江流域，唯獨
北川羌族在湔江流域。這個族群分布的地理邊緣位置，加上深度漢化造
成本土語言、文化盡失，使得北川羌族時時覺得自身遠離本民族「核
心」。因此，「大禹故里之爭」不只是為了爭取觀光資源與文化建設經
費而已，更重要的是爭取本族群中的核心地位。北川在這場關於「過去」
的戰爭中之所以得勝，以及這有關大禹故里「歷史」的創造過程，是相
當清楚的。運用大量經濟與行政資源，組織學會，招開全國性大禹學術
研討會，出版支持北川為大禹故里的會議論文集，出版各種有關大禹的
史料、錄影帶，建大禹紀念館等等。我並非以此指責北川人。事實上，
如果我們注意近現代許多「歷史」的建構過程，及其背後的政治因素，
便知這並非是北川羌族的專擅，而是在國族主義或某種本土認同下人類
社會的普遍現象。

過去很強大後來被打敗的羌族

無論是在羌族知識分子或是村寨民眾之中，最普遍的羌族歷史記憶
便是，羌族原來是很強大的民族，被打敗後分散四方，一部分人就被趕
到這山裡來。以下是一位北川小壩鄉人的說法：

13　「願將花雨洗蠻風」為姜所作〈白草歌〉中之句。「花雨」一詞是以佛說法諸
　　天雨花讚嘆之典故來影射文明教化。該文被收錄於道光《石泉縣志》卷10，藝
　　文。

我看了一些資料後，九一年我在茂汶出差，我問他們這羌族究
竟是從那來的。他們説，羌族是從青海來的。遊牧、打仗，羌
族人好戰。打打打，就像忽必列、成吉思汗一樣，只顧打，不
鞏固陣地，於是打過的地方都被別人佔了，回不去。羌族就消
失得差不多了。所有少數民族，回、彝、藏、羌都是住在高山
上，高原地區；漢族住得較好。

以上的記憶，顯然得自於文字資料，以及本地人的口耳相傳。茂縣赤
不蘇出身的一位羌族知識分子也説，他從學校裡得到類似的歷史記憶：

以前西南民院的那老師講羌族的來歷，我們覺得藏族人也多，
漢族更多，為什麼要講羌族？他説，羌族以前很強、很好戰。
被打散了，就一部分到藏族地區，一部分到西南的彝族地區，都
是羌族流浪到那，才改變了族別。另一部分就流竄到阿壩州的茂
縣、理縣，就是現在的羌族。我們下課後，彝族的同學不安逸（註：
不服氣），藏族的同學也不安逸。羌族人那麼一點，還説我們是羌
族來的。我們還去問老師。老師説，書上就是這樣説的。

這個歷史記憶，顯然是典範羌族史的「普及版」。由以上口述資料
可知，透過學校教育，以及羌族知識分子間的言談，這種歷史記憶不斷
的被傳播、推廣。但傳播、推廣此歷史記憶的群體，更主要的是廣大的
羌族民眾。不是被授予、告知一個歷史記憶，本地民眾便一定會接受。
他們聽過許多關於本民族的過去，但對此「歷史」特別津津樂道。因為
在民族識別與劃分之後，一個事實便是：羌族人口只有二十萬，夾在人
口由五、六百萬到十二億的藏、彝、漢三大民族之間。在民族知識普及

之後，許多「羌族」經常感到困惑的問題是：為何這個民族住在山上？為何這民族只有這一些人，且分散在各個山溝溝裡？漢族學者從漢人歷史記憶中建構的「羌族史」，對本地人而言，可以解答這個問題。其中，所有的人物與史事枝節都不重要，重要的歷史記憶只是「羌族過去是個強大的民族」，藉此他們可以強化本民族的自信心。並且，「被打敗而離散的羌族」，可解釋目前羌族分散居住在各山、各溝此一現實。

更重要的是，「被打敗而離散的羌族」此一記憶，不但讓他們認為藏族、彝族與其他許多西南民族皆是羌人後裔，也讓他們在更廣大的世界中尋找、想像期望中的、足以為傲的羌族同胞。一位出身汶川龍溪的羌族知識分子，便曾在以下言談中表達如此的民族自傲：

> 羌族在中國歷史上的地位嘛，在炎黃以後形成華夏民族，羌族是重要的部分。形成許多部落後，爭地盤。又因為沒有統一的語言文字，沒有團結起來，在戰亂中引起其他民族的不滿。他們就結起來與羌族作戰。打了很多代，七、八代。打分散了，雲南、貴州、越南、緬甸、柬普寨，聽說都有羌族。

目前，在這樣廣泛的羌族想像中，他們常談論一些傳聞中逃到國外去的「羌族」；這些想像中的「羌族」在緬甸、菲律賓、歐洲或台灣等等地方。事實上，有些村寨民眾將所有「山上的人」都當作是「爾瑪」。因此當他們在一些書報上看到世界各地山區土著的介紹時，便認為那些人都是「爾瑪」──羌族。

另外，近年來他們最常談論的「逃到國外去的羌族」便是日本人。幾乎所有羌族鄉，所有深入山中的村寨中，都可以找到此種社會記憶。如一位北川青片的羌族民眾所言：

日本人也有來北川這作研究……。日本人認爲他們的祖先很可
能是羌族,所以對羌族有興趣。他們說,他們與彝族特別接近,
彝族的祖先就追溯到羌族。

茂縣赤不蘇的一位羌族,也曾提及日本人到赤不蘇作研究,以及日
本人與羌族間的關係。他說:

我們那最近也聽說過日本跟羌族的關係。他們說,日本有一個
地方的人跟我們赤不蘇的人說的是一樣的話。還有日本人到我
們那去調查,在找他們的祖先。現在學術界就斷定了日本人是
西南一支民族;彝族就認爲日本人是他們的後代。現在很多人
都說,我們的話像日本話一樣。

一位理縣蒲溪溝的民眾,認爲日本話與羌語很相似;他也提及日本
學者到蒲溪來研究羌族。他說:

頭幾年還有日本人來研究,專來研究這事。日本那女的,端公
老兒對那日本女人對話。很多話都很相像,都是一回事。他跟
我擺過;火鉗,日本說啥,我們說啥。日本對一些東西的喊法,
跟我們很像。日本人都來研究了幾次了。我們還有一種「阿得
華」,只有老年人會說。「阿得華」,古老羌語,跟日本話就
說得攏,現在的羌語說不攏。

松潘小姓溝的一位羌族民眾,甚至認爲所以有「羌族自治縣」,也
是羌族後裔日本人尋根而促成的。他對我說:

以前以前羌族最壞，見人就打見人就殺。每個國家，世界每個
國家見到羌族就打，見到羌族就殺。看到羌族的文字就丟在河
裡，所以現在我們沒有文字。日本人跑遠了。現在日本人講話
口音和我們羌族差不多。日本人來說：「現在中國還有沒有羌
族，羌族斷根了嗎？」羌族沒有斷根。所以四年前茂汶成立自
治縣，所有國家來參加會議，紀念羌族。

　　以上青片、蒲溪溝、赤不蘇、小姓溝，都是當前最偏遠的羌族地區。
這也顯示這種社會記憶無遠弗屆。無論從語言、歷史與文化來說，都沒
有充分證據可說明羌族與日本人有族源或文化上的密切關係。這樣的歷
史記憶之形成，由以上口述看來，部分因素可能是在與一些日本研究
者、訪客的接觸中，本地人獲得、解讀或誤讀到如此訊息。但更重要的
是，1980年代以來的某種社會情境，使得羌族民眾樂於接受此訊息。這
個社會情境便是：在改革開放後，中國各省區、各單位都在努力爭取日
資與中日合作，以開發各種經濟與文化資源。各種經濟、文化性質的日
本訪問團，常成為中國媒體與官方貴客。另外，在資本主義傾向的消費
市場上，日本產品在中國成為現代科技神話的化身；日益依賴各種電器
產品，並極力追求現代化的羌族民眾，也深受此影響。在這樣的社會情
境下，自然羌族民眾很樂於找到如此的「逃散的羌族」[14]。
　　在過去一篇有關「太伯奔吳」的論著中，我曾說明在族群中心主義
（ethnocentrism）、不對等的族群文化互動關係，與現實利益考慮下，春
秋時的華夏如何經由「尋回失落的祖先後裔」，來接納江南句吳的人；

14　此社會歷史記憶不只是傳布在羌族之中；據許多中國西南民族田野研究者告訴
　　我，「與日本人同一根根」之說，也流傳在畲、苗、傜、彝、景頗、納西等民
　　族之中。

以及，句吳的領導家族如何經由「尋回被遺忘的祖先」，而改變其土著認同[15]。在羌族的例子裡，他們努力「尋找失散的羌族後裔」，同樣是在某種族群中心主義心態之下。但這並不是一種優勢族群的擴張性我族歷史想像。相反的，這是一種住在山中的少數民族對於自身的孤立與人口劣勢感到不安與自慚，而期以「世界到處都有我們羌族」來自我滿足[16]。

流傳羌族中的兩種神話傳說

以上羌族的口述記憶，其中多少皆夾雜著中國歷史或野史中的人物與事件，也穿插許多中國的時間、地理名稱。這些記憶的主軸，都在於說明羌族與漢族的本質或兩者間的關係。羌族中也普遍流傳另一些「過去」，它們與漢文化關係不深或根本沒有關係。在本地，它們被全然視為「神話傳說」——以本地漢話來說，便是「條」或「殼子」；述說這些，便是「擺條」或「吹殼子」。以下我將介紹兩則這樣的神話傳說。

伏犧仔妹製人煙

第一則是「兩仔妹成婚」或「伏犧仔妹製人煙」故事。以下是松潘

---

15 王明珂，《華夏邊緣》，頁255-287。
16 另一方面，本世紀以來，部分日本學者在滿洲、蒙古、新疆、東南亞及中國西南地區到處「尋根」，此種找尋失散祖先後裔的學術探求，似乎也反映一種日本文化心理根源，一種欲掙脫島國封閉空間資源的現實慾望下之「擴張性我族想像」。此種文化心理根源，曾或多或少的影響其語言學、體質學、考古學、民族學與歷史學之建構，助長「大東亞共榮圈」之概念，以及，造成近代日本軍國主義之政治軍事擴張行動。因此當前在中國畬、苗、條、彝、羌等西南少數民族中，普遍流傳的「我們與日本人同一條根根」之記憶，是一個值得中國、日本與本地知識分子共同反思的現象，也是心理學、政治學、歷史學與人類學上值得深入研究探討的問題。

小姓溝一位羌族老人說的故事：

> 「東巴協日」一個菩薩，他管人間。我們活在他的地球上。伏
> 犧仔妹（按：仔妹即兄妹）製人煙，是這樣產生人。這故事漢族有
> 漢族的說法，民族有民族的說法。民族說，伏犧仔妹製人煙。
> 鐵腐朽了，海子從地下浮上來。兩仔妹在耕地；姐姐會聽鴉鵲。
> 一個鴉鵲在叫：「你趕快把牛殺了，人躦到牛皮子口袋裡去。」
> 鴉鵲這樣說：「動作快一點。」一下子，洪水朝天，牛皮子口
> 袋浮來浮去，浮在高山上。地上人一個都沒有。今天晚上放九
> 個月亮，不得行。明天放九個太陽，水就消下去了。兩仔妹就
> 在山上，一看，人都沒了。姐姐出了點子：「就只有我們兩個
> 人了。就拿一個手磨子。男放左、女放右，如果活得成人，你
> 放你的，我放我的，如果牢起，我們就做人種；如果沒有就算
> 了。」後來牢起了。就生了一個血團團。這下子，哥哥就剁了
> 到處甩。第二天到處都是人煙。

北川青片鄉的一位老人也曾告訴我，這兩仔妹成婚的「造人」故事。
他說：

> 關於造人的故事，我們那說曾經有兩仔妹，結為夫妻。兩人商
> 議用手磨子，從山上放下去，合在一起就結合。後來他們生了
> 一個血團團。把它剁碎到處撒，於是到處都有人了。天上一個
> 女子下凡，我們這喊「母姐」，茂縣喊「木姐珠」。這是我小
> 時候聽說的。她跟一個人不像人、猴不像猴的結合在一起。這
> 兒就有人了。

　　對於人類的來源，或本地各溝人群的來源，茂縣永和溝的一個老人也說：

> 人是偺個來的？他們說是伏犧仔妹製人煙。相當有技術的製下來的。人又要說話，又要罵人、打捶(按：打架)，是製得好。推豆腐的手磨子，揹到山上滾下來。如果兩個磨子合起來，就可以成親。後來真的合在一起了。就成婚，生了一個肉團團。他們用刀子把它劃開，爬到高山上，對每個溝溝，這甩一團，那甩一團。第二天這也冒煙煙，那也冒煙煙。這是我聽到說，人根是這樣來的。

　　我認為這個「造人」的故事，其重點不在以共同來源凝聚一群人；相反的，它詮釋為何有散居各地的村寨人群。這個故事流傳得相當廣。所有的羌族地區，由相當漢化的北川，到深度藏化的松潘，都流傳著；內容也大同小異。然而，到了黑水地區，這個傳說便少有人知了。嘉絨藏族與草地藏族中，似乎也不流行說這一類的故事。雖然我還未作過全面調查，根據我看過的資料，及一些少數民族與田野調查者的說法，這個故事廣泛流傳在許多中國西南民族之中[17]。在當前中國民族分類下，羌族是「西南民族」最西北邊緣的一群人，而這個傳說似乎也流傳到此為止。或許可以說，「伏犧仔妹製人煙」傳說是較漢化的中國西南各族群的一個共同記憶。

木姐珠與斗安珠

　　第二則故事是「木姐珠與斗安珠」。這是述說一個天上的仙女，如

17　在較南方的各族群中，故事大多是說兩兄妹躲在「葫蘆」裡逃過大洪水。

何與一個地上的猴子成婚，並為人類帶來五穀與牲畜的故事。以下是一位汶川棉箎羌族所述：

> 關於人的來源，最早的主要是在端公唱詞中，它其中有一段木姐唱詞。這唱詞就是，還願、祭天、打太平包袱都要唱這一段。它的內容是說，天上的仙女到人間來洗麻布，以前的神仙跟我們羌族一樣穿麻布衣服。凡間一個猴子躲在旁邊看。她們把手腕上的金銀箍箍拿下來，擱在旁邊。猴子就把首飾掛在楊柳樹高頭。仙女洗完了衣服，找不到首飾，後來發現在水裡頭，就過（按：過即用）手去撈。看得見，撈不到。猴子躲在一邊笑，說：我知道首飾在那裡。仙女怕掉了首飾回去受責罰，就說，你拿給我吧。猴子說可以，但有些條件。第一，你要帶我到天上去耍（按：耍即玩樂），第二妳要許配給我。仙女答應了……。這是最重要的唱詞。他們生下的小孩就是羌族。

經文說道，這人猴通過種種試煉後，終於與這位仙女，天神木比塔的小女兒成婚。婚後，兩人來到凡間生兒育女，同時也帶來了作物與家畜。木比塔，在許多村寨居民的觀念裡，也就是玉皇。那個凡間的猴子，有些人說就是「孫悟空」。但有些人說，他是半人半猴，或者只說是一個凡人。這個故事原來流傳有多廣，並不太清楚。目前在理縣、汶川一帶村寨之中，還有不少村民知道這故事。茂縣西路（岷江西岸各支流）各溝的村寨民眾，則大多沒聽過這故事。松潘一帶村寨中的羌族，也沒聽過這故事。1980年代以來，在羌族文化的本土研究風潮下，「木姐珠與斗安珠」被採集、翻譯，並以漢文出現在各種「羌族民間故事集」與「羌族文學」等出版物之中。於是，反倒是各縣城中的羌族知識分子，透過

閱讀漢文書籍與彼此的談論,對這故事皆耳熟能詳。對羌族知識分子而言,這故事詮釋「羌族」的由來,以及本地農牧資源(五穀、牲畜)的由來——這是它受到重視的主要原因。

雖然茂縣、松潘等地羌族很少聽過「木姐珠與斗安珠」故事,但「人是猴子變來的」,卻在村寨民眾間是個普遍的看法。有人也說,人是猴子和一位仙女所生的。我們很難肯定,這是現代「人類進化」知識所造成的印象。因爲愈往西、往北去,如在黑水藏族與熱務藏族中,這樣的說法就愈普遍;然而以漢文與中國國家教育所傳播的現代知識,卻是由東向西遞減。我們知道,中國文獻《北史》中便稱黨項羌、宕昌、白狼等爲獼猴種。藏族文書《西藏王統記》、《賢者喜宴》等書中,也有祖先爲獼猴與岩魔女所生的傳說。直到當代,藏族知識分子在藏族起源的爭論上,仍經常以「獼猴種」之說,來對抗漢人學者所主張的「羌族說」。由「人是猴子變來的」這說法愈往西去愈流行,以及前面我曾說明,羌族地區之「藏文化」成分由東往西漸增,我認爲羌族「木姐珠與斗安珠」故事代表由西方藏區傳來的一種「我族起源傳說」;這也是此種「獼猴生人」傳說流布的東方邊緣。

無論如何,在現代羌族認同中,「木姐珠與斗安珠」故事主軸並不是「猴子變人」,而是羌族天神「木比塔」。這位「天神」,如前所言,在許多村寨百姓心目中一直是「玉皇」。然而在20世紀前20年,英籍傳教士陶倫士曾告訴本地人,「木比塔」便是聖經中的「上帝」;以色列人(或猶太人)的一支後裔,也就是羌民的祖先,將「上帝」信仰帶來東方[18]。目前,在羌族知識分子心目中,「木比塔」已完完全全是整個羌

---

18 請參閱本書第五章與第九章;陶倫士對羌民歷史與文化的見解,在此兩章中有詳細的介紹。

族的神，但東南部村寨民眾仍普遍認爲這便是「玉皇」，而西北部如松潘小姓溝、茂縣牛尾巴等地村寨民眾則對此一無所知。當然，早已沒有人認爲「木比塔」是基督教的上帝了。

「伏犧仔妹製人煙」與「木姐珠與斗安珠」，這兩種傳說爲「人類起源」神話的一部分。「伏犧仔妹製人煙」中的「兄妹成親做人」主題，流傳在大西南地區，岷江上游是其分布之北界。「木姐珠與斗安珠」中的「猴子變人」主題，則流傳在青藏高原及其邊緣地區，岷江上游是其東界。在這兩則傳說中，又有伏犧、玉皇等漢人古聖神明概念，顯示這也是漢文化西方邊緣產物。因而由「伏犧仔妹製人煙」與「木姐珠與斗安珠」這兩則流傳本地的故事，可見著岷江上游村寨人群文化的混雜性，及其所居之多重邊緣位置——他們處在藏文化圈邊緣，漢文化圈邊緣，以及混揉多種文化之西南土著文化邊緣。

羌族認同及其本土歷史記憶

在本章中，我先嘗試說明羌族認同的形成過程。關於這一點，我們很難說本土羌族認同自何時開始出現。這是一個過程；在此過程中，愈來愈多的人知道本族群叫「羌族」，愈來愈多的人知道當前羌族的範圍，以及愈來愈多的人願將自己登記爲羌族。此過程或有更早的淵源，但主要的變化大約從20世紀初，直到1980年代。以上的口述記錄，都是我在1995-2002年之間蒐集的；它們表現羌族認同形成後之社會記憶。然而有些老年人說，他們小時候就知道「我們這個民族」。雖然他們也說，當時沒聽過「羌族」這名稱。我們可以仔細體會以下這一位茂縣三龍溝老人的說法：

　　大禹，我們房子尖尖上，一個缺缺上面一個白石頭，就是祭大

禹的。以前那石頭上是有魚尾的形狀。那說，羌族落難，是在
那裡？那時候要被滅掉時，天神下了一個冰山，就把大朝（按：
指中國）隔到了。垮了些白石頭，就把大朝隔了。垮了一個白石
山。祭大禹跟白石頭就是這樣……。這是老年人講的，用漢話
講。那些老人講，是有一個秩序的；說大禹在茂汶縣石鼓、南
興這出生的。以前羌族要攏（按：攏，達到之意）灌縣地頭，灌縣以
上就是羌族的故鄉。那時不知道羌族。羌族是解放後才說羌
族、藏族。大禹說是「日麥」的能人。

　　這一段口述記憶，可說是周倉揹石塞雁門、大禹、天神、白石與「英
雄征歷傳說」等主題的混合記憶。它也顯示，在「羌族」尚未成為我族
稱號前，已出現一個超越村寨與溝中「爾瑪」認同的「大爾瑪」概念（一
般所稱的「爾瑪」，在三龍土語中作「日麥」）。許多講述「羌戈大戰
故事」的老人們都說，打敗戈人的「借」、「熱」或「智拿」，在戰勝
後便成了「爾瑪」。在這位三龍溝老人的「大爾瑪」歷史意識中，大禹
已成了本族的偉大祖先，灌縣則是本族最強大時的地理極限。這些也就
是我在本章分析端公經文所見的，岷江上游「羌民」地區早期的「我族」
意識，一個在地理空間與文化上都傾向於「漢」的我族意識。由此亦可
見羅世澤版本的《羌戈大戰》及其民族地理注釋，以及「羌族為大禹子
孫」等社會記憶，並非只是1980年代羌族認同下的我族想像。由端公唱
詞以及這一段三龍老人的口述記憶中，我們都可以知道，這樣的我族想
像在20世紀前半葉或更早便已在形成之中。

　　1980年代以來，羌族知識分子透過歷史、文化論述的羌族本質建
構，似乎沿著兩條道路進行。一是，強調大禹子孫與大禹文化的「古老
華夏」羌族建構；一是，強調天神木比塔、祭山神、白石崇拜、「木姐

珠與斗安珠」等非漢本土特色的「少數民族」羌族建構。在前一條路線
上，熱心的知識分子主要是較漢化地區或城鎮的老一輩羌族退休公教職
工。在後一條路線上，熱心推動者主要是來自村寨的中年輩現職民族幹
部或教師。前一路線，便是我在本章開始時所提及，20世紀上半葉，本
地以「灌縣」為我族空間邊緣，以「爾」或「熱」為族群自稱的我族想像
之延續。推動者，退休的老公教幹部，也與過去的「端公」一樣，具有閱
讀漢文古籍的能力；事實上，漢文古籍知識是他們建構本族認同的主要素
材。後一路線則是，1980年代以來在國家少數民族自治行政空間下，以「爾
瑪」為本族自稱，並強調有別於漢的少數民族歷史文化建構。推動者之現
職民族幹部或教師，大多來自偏遠山區村寨。他們約在1960-70年代受國家
培育，因而獲得一些語言學、民族學、歷史學的典範化、普及化知識。他
們由外來民族調查者的羌族語言、歷史、文化描述中認識「羌族」，他們
也在偏遠山區村寨中找尋有別於漢、藏的特有羌族文化。因而，從某一角
度來說，他們延續20世紀上半葉以來「少數民族化」之羌族建構。此兩條
路線，「古老的華夏」與「少數民族」，或並行或交疊但並不相斥。此兩
種羌族知識分子，也非截然劃分；在同一人身上常有此兩種特質。

　　這兩條路線的本土歷史文化建構，塑造了當今羌族及其族群本質。
雖居於漢藏邊緣，他們不只是消極接受由各種文化核心傳來的「歷史」，
他們也選擇、修飾這些外來知識，以與自身原有的記憶相結合。以上羌
族社會歷史記憶中所呈現的，愚笨的蠻子、漢族的拯救者與守護者、最
古老的華夏（大禹子孫）、過去很強大後來被打敗的羌族等本族歷史形
象，表現他們作為邊緣少數民族的許多無奈、卑屈，以及期望與驕傲。
藉此他們接受自身邊緣弱勢者的形象，同時塑造一些值得自負的我族形
象；他們將自身建構為少數民族，同時強調此「少數」為「多數」的一
部分，且比後者更古老。以上這些現象，不只是見於羌族，也見與彝族、

納西族等中國西南民族之中[19]。

羌族不僅是本土歷史的創造者，他們也是歷史的創造物。在本書第六章中，我曾說明這個華夏邊緣的歷史。在這個歷史中，「羌人」一直是華夏與其西方邊緣人群間動態關係之產物。因而當華夏主體成爲近現代之「漢民族」時，新的華夏邊緣「羌族」也隨之產生。歷史上的「羌」是一個漢與非漢之間，或漢與藏之間模糊的華夏邊緣。在此歷史中被創造的羌族，特別是其中的「知識分子」，也因此孕含了多元的歷史與文化建構力。

許多熟悉典範歷史的讀者，習知「歷史」與「神話傳說」區分的讀者，或認爲本章所提及的羌族「本土歷史」只是一些地方傳說與神話，它們中歷史事實的成分很少。的確如此。然而在羌族認同下「本土歷史」之虛構性，也見於其它國族或民族認同下的「典範歷史」之中。此羌族「本土歷史」建構過程中所涉及的內外群體權力關係，也一如我們在當代較「學術性的」歷史建構中所見。因而與其分辨何者較真實，何者較具「學術性」，我們不如認真思考人類各種社會認同的本質，以及認同與社會記憶間的關係；特別是社會記憶中與群體認同關係最密切的「歷史」——人們對「過去」的記憶與敘事。對「歷史」採廣義的理解，可以有助於我們了解「歷史」如何在一個社會特有的「歷史心性」下被建構。以及，歷史與社會現實如何強化或改變人們的歷史心性與歷史記憶。

---

19 如彝族劉堯漢等人有關彝族文化的研究，可與羌族之大禹文化研究相比擬，代表「古老華夏」或「比華夏更古老」之我族建構路線。我們也見到一些彝族知識分子，在另一路線上，尋找、建構與強調彝族「非漢少數民族文化」之努力。這也見證中國西南少數民族的一普遍特質；「漢」與「非漢」在此難以作截然畫分。

文化篇

導言

　　羌族文化也是歷史學者、考古學者與民族學者感興趣的主題。歷史學者與考古學者由文獻與遺物中，探索古代羌族文化面貌。民族學者則在田野調查中，觀察與描述當代羌族文化。部分學者更結合歷史、考古與當前民族學資料，說明羌族文化的歷史延續性，以此證明此民族實體在歷史上的存在。在其間，「文化」對於許多學者而言有多重意義。「文化」呈現一群人的社會發展階段；這是演化論觀點。「文化」流露一群人的遷徙，或某種精神或物質性人為創作的空間傳播；這是傳播論觀點。「文化」又顯示一個人類社會的內部秩序；這是結構功能主義觀點。在國族主義下，透過這些不同觀點之論述，近代學者有關羌族文化的研究建構了一個在社會發展上劣於華夏的，在歷史上不斷被擊敗而遷徙的，當前仍藉其「民族文化傳統」以維繫其社會特殊性的羌族。在另一方面，「民族文化傳統」不僅是學者探索、爭辯的對象，也是當前羌族（特別是知識分子）所信賴與自豪，以及不斷被他們修飾與創新的文化符號。

　　上述這些「學術的」、外來者的以及本土的文化建構，在近二十年來受到新一代學者的重視。在後現代主義學術潮流中，「民族文化傳統」被認為是新的建構與發明。學者在世界眾多例子中發現，許多「傳統」並非真的很古老，而是在近代國族主義下，被人們集體建構以凝聚國族的「創新發明」（invention）。如此論述，與「想像的國族群體」論述是一體兩面。當代國族或國族之下的民族，是近代國族主義者的集體想像產物；強化此群體想像及凝聚其成員認

同的，則是共同的「傳統文化」與「歷史」。這一方面的研究，讓長期惑於「國族主義」與民族情感的歷史與文化研究有了新的面貌，更讓學者們對於「歷史」與「文化」有了新看法。然而，此國族（或民族）形成之「想像創造論」亦有其不足之處。在歷史方面，這是一種「近代主義」，強調近代變遷而忽略「近代」在長期歷史上的意義，也因此忽略了歷史的延續性。在文化方面，「傳統創造論」著重於分析、呈現人們所宣稱的「傳統文化」之近代創構，而忽略近代文化建構實乃一長程文化過程的一部分，因此也忽略了推動此文化建構過程的歷史與社會情境。

　　在本書歷史篇中，我已說明「羌」在歷史上的延續與變遷，以及相關的歷史記憶與歷史事實。在文化篇這一部分，我將探討一些與歷史或「歷史」有關的羌族文化問題；我認為，「歷史」與「文化」都是一些歷史與社會本相（reality）的表徵（representations）。在本書中，此種歷史與社會本相，便是在歷史上延續與變遷的華夏邊緣，及其所孕含的各層次族群、階級、性別與地域人群關係。

　　首先，在第九章中，我將說明中國文獻與考古所見之古代「羌人」文化面貌，以及，20世紀前半葉民族學者所描述的岷江上游羌民文化。我們不一定能「重建」古代羌人的文化面貌，然而卻可能在學者對「羌文化」的描述與探索中，分析「描述者」（如范曄、姜炳章、陶倫士、胡鑑民等人）在描述「他者」時的特殊興趣與偏見，以了解這些描述者自身的族群與文化認同。我們也可以觀察，在描述者與被描述者間的經濟、政治與文化權力差距下，人們（描述者）對他者（被描述者）「文化」之貶抑、污化，及對自身文化的誇耀，如何造成他者之文化模仿與攀附。這些文化過程，曾造成以「羌」表述的華夏邊緣之變遷，也造成近代此華夏邊緣的再造。

　　近代華夏邊緣再造下的羌族文化，不只是由文化權力核心之「描述者」對「他者」之文化描述來界定，更經由本地人自身的文化建構來完成。在第十章中，我將介紹當代羌族傳統文化的本土建構背景與過程。這不只是涉及一個「民族」如何建構他們自己的文化，更涉及各層次的族群、階級、城鄉、地域人群間之區分，以及在造成並強化這些區分的不對等權力關係下，人們對「我族文化」的誇耀、選擇、爭論與界定。

　　無論是古代華夏對「羌」文化的描述，或是被稱為「羌」的人群之文化表徵，或當代羌族的文化建構，「文化」都不只是一些客觀的、結構性的或在歷史時間中綿延不變的生活習俗。它們是透過文字、口述、身體、與各種物象的「展演」，被人們踐行、觀看、批評、模仿、誇耀與修飾，以強化或改變各種社會認同與區分。游移在各種社會認同與區分之利害抉擇中的個人，也經常因此改變其文化表徵、展演，並改變文化表徵對自身與他者而言之指涉意義。所有這些過程，並非經常發生在文化、族群、地理與社會距離遙遠的群體間，而是發生在較親近或常有接觸的群體之間。人群間相互的文化歧視、誇耀與攀附，在這些地區形成一個模糊的華夏邊緣——在此，誰是「漢」，誰是「蠻夷」或「少數民族」？以及何者是「漢文化」或「土著文化」，都是模糊與經常被爭辯的。就是這些發生在小地域間、親近人群間的微觀文化過程，造成我所稱的華夏邊緣變遷。因此當代羌族文化形成的近代過程，只是一個更長遠歷史過程的一部分；在此長遠歷史過程中，延續的是一個多層次的核心與邊緣人群關係。

第九章

古羌人文化：事實、敘事與展演

在田野研究中，一位社會人類學者如何觀察、解讀他所研究的人群社會，也就說明了他對「文化」的理解態度。相同的，對於研究古代人群社會的歷史學者而言，如何閱讀歷史文獻與考古資料，表現學者對於人類社會「文化」的看法。因此在這一章，分析有關羌族的一些考古與文獻材料之前，我先說明自己將如何看待這些藉以探索「過去」的素材，同時也表達我對「民族文化」的見解。

中國文獻中有許多對「四方蠻夷」之奇風異俗描述，我們可以從三個不同的角度來閱讀、分析這些文獻記錄。首先，事實（facts）：它們反映被描述者（非華夏）客觀的生活習俗與文化表徵。其次，敘事（narratives）：它們反映描述者（華夏）因自身的文化與認同特質，而產生的對異文化之主觀描述與偏見。第三，展演（performance）：此種敘事（無論是否真實）被個人或社會刻意展示、演出，被華夏與非華夏閱讀、評論，而成為一種動態的社會記憶，因而在文化的污化（對於異族文化）、誇耀（對於我族文化）與模仿（弱勢者對於優勢者）等展演行動下，進行華夏化過程（非華夏成為華夏的過程）。這三種對文獻的閱讀與分析角度，也反映人類學文化研究的幾種不同旨趣——客觀文化描述及溯源；文化描述所反映之土著（包括人類學者）觀點及其社會意義；以及，權力關係

下的文化展演與相關文化過程。

　　在考古遺存方面，同樣的，首先它們可能反映古代某人群客觀的生活習俗與文化表徵。在此「事實」層面，我們可以藉考古遺存，了解當時人的物質文化與生活習俗。或者，新一代考古學者將「遺存」視爲在某種文化認同與行爲過程下的殘遺物（residues）或刻意存留物。因此藉考古遺存所得知的是，古人的行爲過程，及其主觀的文化偏好。其次，在「敘事」層面，一古代「民族文化」的考古遺存及其詮釋，是當代考古學者在某種歷史記憶與文化認同下的刻意設計發掘與建構。由此「民族文化」的考古發現與詮釋中，除了「過去的事實」之外，我們得以分析考古學者個人與其所屬社會的文化認同。最後在「展演」層面，考古遺存被發掘、詮釋與展示，它們被社會認同與區分體系中不同的社會人群觀看，並得到各種新詮釋與爭論；我們可藉此了解人們如何透過「物」及其所指涉的「過去」，來建構我群（或他群）的本質，與各種核心與邊緣區分。

社會記憶中的古羌人文化

　　在典範的羌族史研究中，學者將「羌族」視爲一在歷史中綿延的民族實體。因此某些「文化特徵」，特別是能貫聯古今的文化特徵，如火葬、白石崇拜、邛籠（石碉樓）、牧羊以及與羊相關的宗教信仰等等，都被視爲典型的羌族文化。學者們認爲，這些文化特徵在歷史中的綿延，顯示一個民族在歷史上的綿延。其空間分布及變遷，也代表一個民族的空間分布及其遷徙、變遷。

　　由文字的構成來說，無疑，「羌」這個字由「羊」與「人」兩部分構成。東漢許慎《說文解字》中稱：「羌，西戎羊種。」同時代應劭所著《風俗通義》中也稱：「羌本西戎卑賤者也，主牧羊，故羌字從羊、

人，因以爲號。」我們知道，在商代「羌」這個字就被用來稱一些西方晉、陝、豫之交的人群。戰國思想家也以「氐羌」來稱隴西或更其西方的人群。因此，漢代學者以西方「牧羊人」來理解「羌」，只是延續一個自商代以來的西方異族概念。在經濟生態、宗教信仰或族源傳說上可能與羊有關的西方人群，在東方商人眼中是異類，因而造出這個「羌」字來稱呼他們。然而這並不表示所有西方牧羊的，或其信仰、族源傳說與羊有關的人群，便都是同一民族。無論如何，「羌」是商人與後來的華夏對異人群的稱號。

　　由考古資料來看，齊家文化之後，在青海東部及鄰近陝、甘一帶，一種依賴牧羊的經濟方式迅速傳播。西元前1700至西元前600年的辛店與卡約文化遺存中，大量羊骨取代了豬骨，顯示此種人類經濟生態上的變遷。漢代河湟西羌的牧羊業，是他們遊牧經濟的一部分。在中國文獻上有很多相關記載。許多學者將寺洼文化、辛店文化、卡約文化、火燒溝類型文化等遺存，甚至更早的齊家文化遺存，都當作是古羌人遺存。但值得注意的是，漢代河湟西羌的遺存在考古學上幾乎是一片空白。我們知道，遊牧經濟中的人類活動，常在地表只留下少而淺的遺痕；這可以解釋爲何漢代河湟西羌的遺存沒有被發現。同時這也說明，漢代西羌的遊牧經濟，與有農具、居址的齊家、辛店與寺洼文化先民之經濟生活有相當差距。以經濟生活來說，辛店、寺洼先民與漢代西羌之間不但缺乏延續性，相反的辛店、寺洼文化的結束，以及漢代西羌考古上的空白，顯示約在西元前600年前後甘青地區古人群在經濟生活上有重大變遷。農具、豬骨與居址皆罕見的卡約文化，其民的經濟生產方式可能與漢代西羌類似。卡約文化只有墓葬遺存；也就是說，只要此墓葬習俗改變，卡約文化人群後裔的文化遺存便很容易在考古學上消失。

　　學者常強調當代羌族的牧羊業，以及羊在他們日常生活中的重要性，來說明羌族是古代「西戎牧羊人」的後裔。當前岷江上游的羌族雖

然也普遍養羊，但一般而言，羊在其經濟生業中並不十分重要。他們不是遊牧人群；他們的主要經濟生產方式爲農業。主要的家庭人力，以及最好的土地資源，都用在農業上。在農餘，青壯男子出外打工、採藥也是經濟來源之一。以牧業來說，放養在高山上的馬與犛牛，才是一個家庭牧業收入的主要來源。是否養羊，或養多少羊，在於一個家庭中是否有多餘的人力，特別是小孩與老人（詳見本書第二章）。

有些學者以與「羊」有關的宗教信仰，來強調古今羌族之民族延續性[1]。此說認爲周代的姜姓族——羌族的一支——有「大嶽」崇拜，這是一種羊神信仰。今日羌族宗教中，也有許多與羊有關的用具與活動；如端公作法用的「羊皮鼓」，以及殺羊獻祭等習俗。然而在羌族中，羊只是向山神或天神還願的祭品，「羊」本身在當地文化中並沒有任何神性象徵。總而言之，羊普遍存在於各種人類經濟生態中，也被普遍用於各種宗教活動與日常生活裡；如果不論「表徵」（羊）所依附的「情境」，而只以「表徵」間的相似性來說明一文化人群的範圍及其歷史延續性是不恰當的。

關於火葬習俗，早在戰國時期中國人便注意到西方有些人群是行火葬的。《呂氏春秋》與《荀子》中記載西方有「氐羌」；據載，這種人被擄獲時，他們不擔憂自己成爲俘虜，只擔心死去無法行火葬。《列子》中則稱此行火葬之人群爲秦之西的儀渠之國。以上這些「氐羌」或「儀渠」，以戰國時期的地理及異族概念來說，大約是在隴西至洮河流域，或至寧夏固原一帶。在考古學上，學者也在寺洼文化遺存中發現有火葬習俗，因而認爲此發現「增強了寺洼文化與氐羌民族的關係」[2]。但火葬並不是寺洼文化先民唯一的葬俗，在另一方面，青海東部被認爲是羌人

---

1 白川靜，《羌族考》（甲骨金文學論叢九集，昭和33年）。
2 夏鼐，〈臨洮寺洼山發掘記〉，《中國考古學報》4(1949)：71-133。

遺存的辛店、卡約文化中，都沒有發現火葬習俗。

　　對於行土葬並崇尚慎終追遠的華夏來說，火焚親人遺體是大逆人倫的事。在他們眼中，此也印證了「蠻夷」之蠻夷性。因此如果某些非漢土著普遍有火葬的習俗，華夏應不會忽略對此「異類文化」的描述。漢代活躍在河湟地區的西羌，《後漢書‧西羌傳》對他們的社會與習俗有許多記載，然而並沒有提到「火葬」。魏晉南北朝時，活動在隴西至洮河一帶的宕昌羌，是否有火葬之俗也相當可疑。中國文獻描述宕昌羌的習俗，也未提及「火葬」。《舊唐書‧党項傳》稱，党項「死則焚屍，名為火葬。」後來重修的《新唐書》，對於党項文化習俗的描述沿襲前書，但將此句刪除；這有可能是《新唐書》作者們基於其認知所作的修改。無論如何，所謂「党項羌」實包括党項此一政治勢力下的許多族群部落。此廣大人群之地方族群間、各社會階層間，都可能有不同的葬法，包括土葬、火葬、水葬與天葬[3]。

　　在岷江上游地區，漢晉時期便有土著行火葬的記載。《後漢書‧南蠻西南夷列傳》中稱當時的冉駹夷：「貴婦人、党母族，死則燒其屍。」半個世紀之前或更早，岷江上游「羌民」及北川「青片、白草番」也普遍流行火葬。每個村寨都有本村寨的火墳；在較漢化地區，則各漢姓家族分別有本家族的火墳[4]。我們很難斷定，此羌族火葬習俗與戰國時氐羌之火葬是否有直接關聯。至少，學者普遍認為代表春秋戰國時期南遷之古羌人遺存，也就是岷江上游的「石棺葬文化」，此一當地古文化人群主要是葬於石棺的。被認為是南遷「氐羌系民族」之一的「嘉良夷」，也是今日羌族近鄰嘉絨藏族(舊稱西番)之前身；《隋書》對其葬俗的描述

3　湯開建，〈党項風俗述略〉，《西北民族研究》試刊號(1986)：285-287。
4　道光《茂州志》1，風俗。道光《石泉縣志》2，風俗。

顯示，至少嘉良夷社會上層流行的是土葬。無論如何，近代岷江上游與北
川村寨民眾的火葬習俗，有可能直接沿承漢晉時期同一地區「冉駹」的舊
習，也可能受唐代以來逐漸東進的吐蕃及其佛教文化影響。信奉藏傳佛教
並與今之羌族比鄰或錯居的嘉絨藏族，近代以來行火葬、天葬或水葬，火
葬是幾種葬法中最普遍的；近代羌族之火葬習俗可能與此有關。

　　在羌族的「白石崇拜」方面，近代以前中國文獻從未提及羌人有此
宗教習俗。學者將之視為一種羌族文化傳統是由於，近現代羌族在屋頂
上放置白石以象徵各種神，流傳的「羌戈大戰故事」中又有羌族藉著白
石打敗敵人之情節。基於此，相關的文化特徵在考古遺存上被學者尋找
出來。岷江上游的石棺葬遺存中，學者發現當時人有在墓葬中放置白石
的習俗。此習俗更被上溯至臨洮寺洼文化墓葬中的「礫石」[5]。因而「白
石崇拜」被建構成一種羌族文化傳統，印證羌族南遷此一「歷史事實」。
在這些研究與論述中，學者常忽略了，首先，當代有在屋上置白石習俗
的人群與羌族並不完全重疊；部分嘉絨藏族與黑水藏族也有此習俗，而
在部分羌族中卻無此習俗。其次，在寺洼文化與石棺葬文化中，均只有
部分墓葬有「白石」或「礫石」。第三，當代羌族將代表各種神的白石
置於住家牆上或屋頂上，這與古代寺洼文化及石棺葬人群在墓葬中置石
頭是不一樣的；更何況我們不知道，上述考古墓葬遺存中的石頭，對行
此葬俗的人來說有何種意義。

　　無論如何，雖然由西周至近代，在新疆、青海、甘肅、四川等地曾
出現火葬，以及與羊有關的經濟與宗教活動，或與白石或礫石有關的宗
教或墓葬習俗，表現在文獻、考古遺存與口述記憶之中。然而這些只說

5　沈仲常，〈從考古資料看羌族的白石崇拜遺俗〉，《考古與文物》6(1982)：59-61。
　　李、冉、周，《羌族史》，頁206。

明，被華夏或漢人視為「羌」的人群或曾有過這些文化與習俗，但我們無法以這些客觀文化現象，來證明歷史上「羌族」的存在與延續。更何況，這些客觀文化現象在時間、空間分布上常有斷裂；也就是說，並非所有地區、任何時代的「羌人」都有這些習俗。即使在中國文獻記載中，有些關於「羌人」的文化習俗較普遍，它們所反映的是一種生態性的或文化生態性的人群文化共性及其延續。譬如，「牧羊」在整個青藏高原及其東緣地區的人類經濟生態上都有其重要性，也因此產生許多與羊有關的宗教習俗。又如，中國文獻常稱羌人各部落無法統合，或無法產生一統各部的君王 [6]。這顯示在特定環境與經濟生態下，青藏高原東緣各農業與遊牧人群的「分散式社會結構」（segmentary structure）。這是歷史上被華夏稱作「羌」的西方人群的一種政治與社會文化共同特質，然而此「共性」並不足以證明他們有統一的、延續性的我族認同。

　　關於岷江上游高山縱谷地區，早在西元 5 世紀的《後漢書·南蠻西南夷列傳》中，作者描述當地「冉駹夷」之生活及文化習俗有下列要點。族群部落繁多；社會上層人物通漢文；土著冬則入蜀為傭；行火葬；住石砌的房子並有石碉樓（邛籠）；種麥，養旄牛、馬與羊，出產藥材等等。這些都與近現代羌族沒有多大差別。是否這個文獻證明一個歷史事實：至少由岷江上游的「冉駹夷」到今日當地羌族，是一個在歷史上延續的民族？我認為此古代文獻與近現代民族誌資料所顯示的「歷史事實」與「歷史延續性」，仍在於一種人群經濟生態、社會結構，與相關漢與非漢關係的延續。此種歷史延續性，經由一複雜的近代過程後，才造成今日建立在主觀認同上的羌族。

6　如《後漢書》西羌傳，稱其「無相長一」；《新唐書》党項傳，稱党項各部「不能相統」；或如《隋書》附國傳，稱當地人群中「無大君長」。

古華夏對羌文化的描述

我們可以由另一個角度——漢人對異文化的觀察、描述與展演——來看漢人文獻對於「羌人」社會與文化的記載。我曾說明，以「羌」這個異族概念爲代表的華夏西方族群邊緣，到了東漢魏晉時期向西擴張至華夏的生態邊緣。這也解釋了爲何青藏高原東緣的人群，當時都被漢人稱作「羌」。由此角度看來，這些人群之所以成爲「羌」，一方面因他們生存於特殊的環境生態中，而有一些經濟與社會特質；另一方面漢人觀察到這些特質，刻意描繪這些特質，而將這些「異類」人群歸納爲「羌」，以強調華夏的族群邊緣。

描繪邊緣異族的異類性，也就是由刻劃「邊緣」來描塑自我。華夏對西方「羌人」文化最早的描述，見於《後漢書・西羌傳》；這可代表後漢至魏晉時期中國人對這些「西方異族」的看法。此文獻對於當時羌人的代表，河湟之羌，有如下描述：

> 所居無常，依隨水草。地少五穀，以產牧為業。其俗氏族無定，或以父名母姓為種號，十二世後相與婚姻。父沒則妻後母，兄亡則納釐嫂。故國無鰥寡，種類繁幟。不立君長，無相長一；強則分種為酋豪，弱則為人附落。更相抄暴，以力為雄。殺人償死，無它禁令……。堪耐寒苦，同之禽獸[7]。

如此對羌人的文化描述，如「所居無常」、「以產牧爲業」、「氏

---

7 《後漢書》，87/77，西羌傳。

族無定」、「不立君長」、「妻後母釐嫂」、「以力爲雄」等等，也是漢人對我族邊緣的描塑——漢人藉此宣稱自身是定居務農，重家族關係及親屬倫理，有君臣長幼之序，舉止行爲繫於禮法。在我族文化中心主義下，這些對「異族及其異類文化」的文字描述，以及此等描述透過文字、口述、圖像與行爲等之「展演」，強化華夏或漢人的文化認同。相反的，對被稱作羌的土著而言，在與漢人的接觸中認識到自身被污化的「蠻夷」身分，如此常造成他們對漢人「血緣」（族源歷史）與「文化」的攀附模仿。

對於「展演」，在此須作進一步的詮釋。文化展演不一定是透過文字，華夏賦予「異族」的污化形象也透過日常對話、圖像，以及華夏對「蠻夷」的肢體行爲來展演。一句污衊輕視的言語，一幅面貌猙獰的蠻夷圖像，一個輕侮「蠻夷」的舉止行爲，對許多華夏而言，都成爲描繪他們心目中蠻夷之刻版印象的文化展演。不僅如此，藉由華夏對異族身體的觀察、描述與詮釋，異文化展演亦透過「蠻夷」的身體來表達。如一位衣著襤褸、面目黧黑的土著，或幾個以本土語言交談的土著，對於華夏觀察者而言，此景象也是一種透過「他者」身體的文化展演，強化他們心目中之「蠻夷」刻版印象。對於「蠻夷」而言，特別是那些常與漢人接觸而處於劣勢社會、政治環境中的「蠻夷」[8]，在漢人的文化展演影響下，他們避免展露自身的文化習俗以免受到侮辱，並學習、模倣漢人的文化展演。終於他們成爲污衊「蠻夷」的漢人，或其他漢人眼中的「熟番」。

漢人對異族文化的污衊性描述，以及誇耀自身的漢文化，透過文化展演效果使得許多非漢土著學習、模仿漢文化而終漸成爲漢人。在此文

---

8 在此特別指漢晉時期中國陝、甘邊境地區的羌人，或因強制移民而遷入中國關中地區的羌人。這些羌人與漢人的接觸較多，因而較感受自身的劣勢社會地位。他們中的領袖，因常代表其族人與漢人接觸，尤其易感受本族群的文化與社會劣勢。

化過程下，東漢以來進入關中的羌人，到了魏晉隋唐時，基本上在宗教
信仰與日常生活上已與一般北方漢人無異[9]。居於政治社會上層的羌
人，在此文化與族群認同變遷中扮演重要角色。陝西南安羌人領袖，建
立後秦的姚姓家族，據中國文獻稱是「有虞氏之苗裔」，也就是舜帝的
後代。在文化展演上，姚萇在位之時，立太學，禮遇先賢後裔及年高德
劭的百姓。其子姚興更以獎掖儒學、提倡佛法、尊崇孝道等方式來攀附、
誇耀漢文化。經由這些文化展演，姚氏家族期望洗脫他們的戎狄身分。

　　到了南北朝後期及隋唐時期，中國文獻中所描述的「羌人文化」，
主要是以洮河之東、渭水之南的宕昌與党項等羌人爲對象。此時宕昌「羌
人」之文化與生活習俗，據中國文獻《北史》記載：

> 俗皆土著，居有屋宇。其屋，織旄牛尾及羖羊毛覆之。國無法
> 令，又無賦役。唯戰伐之時，乃相屯聚。不然則各事生產，不
> 相往來。皆衣裘褐，牧養旄牛、羊、以供其食。父子、伯叔、
> 兄弟死者，即以繼母、世叔母及嫂、弟婦等為妻。俗無文字，
> 但候草木榮落，記其歲時。三年一相聚，殺牛羊以祭天[10]。

　　《北史》中關於党項羌的生活習俗描述與此類似，只是添加了，在
當地人年八十以上死者，親戚不悲哭，年少的死者親人才爲他悲哭。《新
唐書》的相關記載也大致如此。《北史》與《新唐書》所描述的「羌人」，
與較早見於《後漢書》的羌人，事實上是不同地理區域的非漢人群；前
者在甘南之洮河至白龍江一帶，後者在青海河湟一帶。但漢人所記載的

9　馬長壽，《碑銘所見前秦至隋初的關中部族》(北京：中華書局，1985)，頁 69-88。
10　《北史》，96/84，党項傳。

土著風俗，如國無法令、妻繼母寡嫂、不能相統等等，仍是不變的。

宋、元以來，「羌」這個異族稱號所指稱的人群範圍逐漸縮小、模糊，因此漢人對青海東部及甘肅南部之「羌」文化描述，也相對的減少或完全消失。在本書歷史篇中我曾說明，這是漢人觀點的異族「藏化」（番化）或「漢化」的結果。在近代之前的明、清時期，只有北川地區與岷江上游的部分土著人群，在中國文獻中被稱爲「羌」，他們也同時被記載爲「番」或「蠻」。到了二十世紀初，北川的「羌」也大都成了「漢人」，或自稱是「漢人」了。

文化誇耀與模仿：北川羌人的例子

基於豐富的地方史料，我們對於明、清時期北川「羌人」的漢化過程，以及此過程中漢人對「異族文化」的描述與展示，有較清楚的了解。北川青片河與白草河流域的羌人，在16世紀時以強悍著稱，中國文獻多次記載「青片羌」、「白草羌」四出劫掠之事。嘉靖二十六年(1547)中國總兵何卿與張時徹等，率軍征伐白草、青片。中國軍隊一路毀碉拆寨，並在走馬嶺一役澈底消滅了白草羌的主力。在戰爭過程中，青片、白草各村寨受到很大的創傷。從此，他們失去了反抗明代中國統治的意念[11]。

關於本地非漢族群的文化習俗，道光《石泉縣志》中記錄了一些白草居民「番俗」，如立石插小幡當作家神，使用鐵三腳，以及，當時已廢去的火葬等等；這些都與岷江上游「羌族」的習俗相似。該志也記載了當地民眾的「漢化」──「邇來通漢語者幾半。白草之番日染華風，延師課讀，間有知書識字者。」無論如何，此時(清道光年間)，白草河

11　北川羌人與明代中國間的戰爭過程，見本書第六章。

流域之民還被縣志編撰者稱為「番」。道光《石泉縣志》記載,當時在白草河東有番民1647戶,河西1,577戶,男女共有18,384口。到了1932年,在新編的民國《北川縣志》中,已無對青片、白草「番民」與「番俗」的描述。而且在人口統計中,該志提到嘉慶十七年北川承糧戶有94,398口,另有河東、河西、青片等「番民」有19,522口。但提及宣統年的承糧戶時,只總稱共有58,462口,並未將青片、白草與其它地區分別開來。由此亦可見,清末民初時青片、白草地區之漢與非漢區分逐漸模糊。

造成此「漢化」過程的因素是多樣性的;我們可以從「文化」的角度來切入此問題。目前許多中、西學者,皆批評「漢化」概念中的漢文化中心主義,而不願使用這一詞。的確,過去許多研究過於簡化了族群文化現象,並以客觀文化變遷來論述「漢化」問題,因此也讓文化與認同偏見影響學者自身對此現象的觀察與了解。然而,反對「漢化」此一用詞的學者,也並未深入探討與「漢化」有關的文化、歷史與認同問題。我認為,如此並無助於了解相關的文化與認同現象。我所稱的「文化角度」,此「文化」並非指客觀的文化特徵,亦非全然指主觀建構與認知的文化,而是在展演中被誇耀、欣賞、爭論、修飾與模仿的文化。在此文化過程中,所有本地人與外來者皆參與文化展演;然而,由於社會權力與記憶媒介的掌握與運用,最有影響力的文化展演還是透過「知識分子」。在華夏邊緣,這樣的知識分子包括中國派駐地方的「父母官」,也包括本土社會頭領們。

中國派駐北川的歷任地方官吏,留下社會記憶最豐富的便是清乾隆時的姜炳章。在姜炳章及其他北川縣令眼中,北川羌人本土文化是鄙陋或違反人倫的,因此他們努力使本地民眾脫離一些野蠻陋習。譬如,姜炳章曾勸本地人放棄火葬習俗。道光時的北川地方官,也曾下令禁止民眾卜禱山水之神及殺牛治病的習俗。姜炳章對於非漢土著文化的鄙視,以及此種鄙視透過語言、文字所造成的展演、誇耀,表現在他留下的一

首〈白草歌〉中。在此文中，他描寫自己下鄉探訪的情形：

> 咿嚶雜嘈難為聽，喚譯譯來為予說。東鄰父喪焚父骨，西鄰殺
> 牛療痼疾，南鄰持籌兒為奴，北鄰負債女離室。願將花雨洗蠻
> 風，忍將吾民千三尺。紛紛父老皆點頭，赭汗津津額頭流。人
> 類雖殊人性侔，何但朝鮮風俗化箕疇[12]。

　　這篇詩歌，表達一位漢人士大夫邊疆官員對「非我族類」之語言、文化的輕視與嫌惡，與其對漢文化的自負與誇耀，也表達他希望在此成就如「箕子教化朝鮮」般的功業。雖然由各方面記載看來，姜炳章是一位文章、政事均佳的學者官員，也是一位愛民的好地方官，但顯然他無法擺脫自身的文化偏見。以漢文化教化土著，「願將花雨洗蠻風」，是他以及歷史上許多中國邊疆官吏的共同使命。而在不對等的政治、經濟與社會關係下，他們對異文化的敘事成為流動與被展示的社會記憶，因而使得許多非漢土著逐漸以自身文化為恥。

　　姜炳章以漢文化所作的文化誇耀，主要表現在他對本地「大禹」歷史文化記憶的表彰上。他重修本地的「禹王廟」，建「神禹故里坊」，又作〈重建夏禹王廟記〉、〈禹穴考〉、〈石紐歌〉等文章，以宣揚大禹之功，及強調石泉（北川舊稱）為聖人大禹所生之地。顯然，他是以大禹記憶來強化一種以「聖興之域」為榮的「北川人認同」。後來，這些

---

12 道光《石泉縣志》10，藝文志。本段大意為：「土著嘰喳嘈雜的話很難懂，翻譯者為我道來，才知是有人火燒父親遺體，有人殺牛治病，有人將兒女賣了……。我為這些很煩惱憂心，希望能以文明教化洗掉這些野蠻風俗。父老們聽了我的話，都慚愧得額頭冒汗，也紛紛點頭贊同。人之種類雖不同人性卻是一樣的，那一天這兒也可以變成如箕子教化下的朝鮮一樣。」

姜氏的詩文都被收錄在歷代石泉及北川地方志中流傳。另外值得注意的
是,在〈石紐歌〉與前述〈白草歌〉中,姜炳章都提及,他在白草鄉間
欣然見到讀書習文的學子,他並對這些學子親自指點一二。在事實層
面,我們不清楚在清乾隆年間,北川白草河流域延師教子讀漢文經書之
風有多興盛,我們更不知道大禹是否真的生在北川。然而在敘事層面,
這顯示在一位漢人士大夫心目中,「神禹故里」及「讀聖賢書」、「讀
書應考」是本地作為文明教化之域的重要象徵[13]。最後,這樣的文化價
值觀,在展演層面,透過各種文化媒介(包括姜氏的詩文)的展示、誇耀
與模仿演示,影響並造成一些社會現實——在20世紀上半葉,本地人普
遍自稱漢人,讀漢文書,並以北川為大禹故里為榮。

　　此種漢人對非漢土著的鄙視,以及對漢文化的誇耀,也表現在一則
有關土著羌人得姓由來的文獻敘事上。這個記載,最早見於明代《萬曆
武功錄》,後又見於清代各相關文獻,特別是地方志中。這故事大意是
說,原來本地土著沒有漢姓,也沒有戴帽子的習俗。一位中國地方官,
李茂元,召集各家代表前來。事先將許多漢姓寫在一些帽子上,然後將
這些帽子一一賜給這些羌人代表。羌人因此便有了漢姓。道光《石泉縣
志》對此記載為:

> 俗囚首無冠,茂元具漢官易其姓名書冠間。屆日啓軍門,鐃吹
> 數部撼樹鼓、大鉦,令諸番魚鱗入。羌聞鼓鉦,望見漢冠及朱
> 杆彩斿,皆大喜。舉足盤跳舞歡呼震天。茂元出漢冠冠諸羌。

13　在清季本地人觀念中,是否得讀書應科舉成為漢與蠻之間的族群邊界指標。這
　　樣的文化價值觀,與相關的蠻、漢區分概念,也表現在《民國北川縣志》中一
　　則故老遺聞「劉自元移碑」之中。關於此故事及其隱喻,見本書第六章。

諸羌跪起，各互視其首。踴躍東西走，既而又跪捧其首以謝[14]。

　　這戲劇性的故事是否真實並不重要。即使「諸番」因此得著漢姓，也無法使他們成為毫無疑問的漢人。使得非漢土著或其後人宣稱自己是「漢人」的，是這故事中所顯示的「情境」——在本地漢與「蠻子」間的社會階序差距，及因此差距而產生的文化誇耀與模仿。在此故事之敘事中，漢人對土著展示與誇耀自身的文化（如對土著展示漢官威儀），以及土著對漢文化的模仿、攀附，躍然文字之間。這正說明了為何，在清末民國時期，當地有漢姓的家族都相信他們是外來漢人移民的後裔；沒有人願意承認祖先是上述故事中被賜姓的「蠻子」。

　　另一種文化展演，也是一種歷史記憶展演，為北川人的「白馬將軍」之祀。在何卿平定白草羌之亂後，他成為被本地漢人崇拜的英雄。走馬嶺一役後，何卿調離其久任之川西防務。嘉靖十七年（1538），何卿的部屬及當地漢人士紳，為了感謝何平亂之功，在壩底堡附近建「何公生祠」，以便大家朝夕瞻仰。此後北川各地陸續建造「何公祠」，又稱為「走馬廟」或「白馬將軍廟」；何卿也就是走馬將軍或白馬將軍。在道光《石泉縣志》中，不但在紀軍事之志文中詳細記載何卿的功業，在〈藝文志〉中更保留多篇歌頌其功業的詩文，及何卿本人的書奏。這只是一種透過文字的「誇耀」；更重要的是將之神聖化、民俗化，而透過民間祭祀的文化誇耀。走馬將軍或白馬將軍之祀，成為北川一種特殊的民俗文化信仰，此信仰甚至深入流行於白草河流域過去「羌番」所居的地方。直到民國時，位於白草河走馬嶺的「走馬廟」裡面仍供奉著何卿像[15]。

14　道光《石泉縣志》5，武備志三。

15　到了1980年代，羌族認同抬頭，許多白草河流域原來自稱漢人的民眾，皆更改族屬並自稱「羌族」。這時此地羌族村民間才有了爭論——究竟走馬廟祭的是

祭祀何卿,也是一種宣稱漢人認同的方式;此時白草河一帶,感戴何卿
拯民於羌番劫難之中村民,當然是自稱「漢人」的村民。

地方志中姜炳章等人留下的詩文,對於番民文化的描述,對漢、番
關係之紀事,以及有關何卿功業之記載,都成為一些不斷被重述的社會
記憶,進一步邊緣化本地非漢族群與其文化。使得透過各種媒介接觸到
此類社會記憶的北川「番民」,逐漸學習、攀附漢人文化。到了道光時
期,據道光《石泉縣志》稱,「乃兩百年間馴服王化,漸染華風,已大
更其陋習。吏斯土者,隨時訓迪之,婚姻喪禮將與漢民一體。」到了國
民政府時期,如本書第三章所述,雖然仍被下游的人稱作「蠻子」,幾
乎所有北川的山間村落人群都自稱是「漢人」了。

近代羌文化探索與書寫

在歷史篇中我曾說明,漢晉時期的「羌人帶」如何在中國與吐蕃兩
個政治力量的交逼下逐漸萎縮。「羌人帶」上各地人群之「吐蕃化」或
「漢化」,到了清末民國時期,終於只有岷江上游部分非漢土著仍被中
國人稱作「羌民」。由當時的「羌民」文化,我們可以見到這歷史過程
殘痕──漢與吐蕃間的一個模糊文化邊緣。「吐蕃化」或「漢化」,不
只是指藉由吐蕃之政治、軍事擴張與藏傳佛教傳播,或中國之政治軍事
擴張與文化影響,所造成的客觀風俗文化變遷;更指的是此種客觀風俗
文化變遷,在「漢人」與「非漢土著」心目中所造成的族群意象區分。
這也解釋了為何當時「羌民」只存在於岷江上游地區──在漢人心目中,

(續)────────────────────────

何卿?還是羌族起義英雄?有些人認為,「走馬將軍」是受何卿屠戮的羌族頭領,
「白馬將軍」則是何卿;本地的「走馬廟」祭拜的自然是「走馬」而非「白馬」。

這些人群未完全成為「西番」或「藏族」，但又不像是「漢人」[16]。

在「歷史篇」中我也曾說明，清末中國知識分子，如何在舊記憶基礎上，建構包含漢族也包含傳統華夏邊緣的中國國族。因此在民國肇造之初，探究這些國族邊緣地區究竟有那些「民族」，以及，釐清這些民族與漢族之間的緊密關係，成為當時中國知識分子刻不容緩的使命。此時羌族史之研究，已說明這是了解漢、藏、彝，以及許多西南民族之間族源關係的橋樑。因此岷江上游「羌族」文化探索有特殊意義；它不只是有助於識別一「少數民族」，更可藉此民族「活化石」見證一凝結漢與廣大西方、西南少數民族的「歷史」。

此種學術研究，在今日看來多少皆有在「我族想像」下建構國族的含意。然而在這時代，透過新學術的我族想像與建構，並非是中國知識分子的專擅。同樣的，基於國族主義或西方文明中心主義下另一種我群想像，以及對世界各「原始民族」(primitive peoples)的研究興趣，也曾使得許多西方學者與探險者深入中國邊緣高山叢林中探訪「原始民族」；有時，他們也建構、想像這些「高貴的野蠻人」與西方人種、文明之間的關聯[17]。因此在20世紀上半葉，深入中國西南地區探訪、描述各族群的不止是中國民族學者，也有為數不少的西方民族學者、傳教士與探險者。

相較於過去華夏對於羌人文化的簡單描述，20世紀上半葉之學者們對於「羌民」文化的記錄與研究則豐富得多。主要原因為：這是一個國族主義與「民族」概念，以及相關新學術逐漸普遍的時代。由於「民族」

---

16 請參閱本書第六章，「羌人帶的萎縮：漢化、番化與夷化」一節。

17 「高貴的野蠻人」(noble savages)一詞，是當代西方學者用以形容早期民族學者、探險者對「原始民族」的一種膚淺想像；想像他們的「原始」代表當代人已失去的「純真」。在此處，我用這個詞，指當時部分西方學者認為，東方某些「原始人群」為上帝的信徒，他們是古代遷徙來此的「古以色列人後裔」。事實上，在部分歐美人士及群體中，此種想像一直延續至今。

被視爲一群有共同血統、語言與文化的人群，因此中西學者對「民族」
的研究，經常由這些「特徵」著手。在各種文化特徵中，最受他們矚目
的便是土著的服飾、飲食和語言。

如此思考民族文化特徵，恐怕不只是近代國族主義下的產物，而來
自於更基本、普遍的人類社會分群法則──人們常藉由「身體」及「語
言」來體察並強調個人的社會存在與特性，以及我群與他群間的認同與
區分。與人們的認同與區分有關的「身體」，不只是指我們生物性體質
外觀（皮膚、頭髮等）；由於族群認同區分常存在於體質外觀沒有差別的
人群之間，因此人類常以「文化」來修飾、想像我族或異族的「身體」。
此文化認知、實踐與想像中的「身體」，包括「外在身體」，如修飾的
身體外觀（刺青、鑿齒等習俗）與延伸的身體特質（服飾與肢體動作語言
等等），以及「內在的身體」，也就是由食物與其它因素造成的身體特
質。「外在身體」是一種文化認知與實踐之產物。「內在的身體」，特
別是由「食物」造成之身體，除了認知與實踐之外，常常只是一種想像。
中國古文獻《禮記》中，敘述四方之民與中國人間的區分：

> 中國戎夷五方之民皆有性也，不可推移。東方曰夷被髮紋身，
> 有不火食者矣。南方曰蠻，雕題交趾，有不火食者矣。西方曰
> 戎，被髮衣皮，有不粒食者矣。北方曰狄，衣羽毛，穴居，有
> 不粒食者矣[18]。

這個記載顯示，《禮記》作者認爲中國人與「夷戎蠻狄」之區分，
表現在由髮式、服飾、紋身等所造成的「外在身體」，以及由食物所造

---

18 《禮記》，13，王制篇。

成的「內在身體」之上。又如《周書》記載，一位派駐邊疆的中國官員劉璠與其妻，順應當地羌人習俗；作者也是以「食麥、衣皮」，來描述他們所從的異族習俗[19]。

　　語言，在人類的社會認同與區分體系中扮演重要角色。這可以由語言的兩項功能——溝通（communication）與掩蔽（concealment）來說明。一方面，語言是人與人之間溝通的工具。同一族群的人經常往來溝通，使得可溝通彼此意念的共同語言能持續存在此一人群之中，也因此強化彼此之我群認同。在另一方面，語言也是一種區分與掩蔽的工具。不經常往來溝通，或雙方有意避免往來的族群，刻意發展對彼此而言可遮隱意念、隔阻溝通的語言，因而造成並維持彼此在認同上的區分。或者，在語言的溝通與掩蔽雙重意義下，對話者以最狹範圍的共同語，來強調、凝聚彼此親近的一體感[20]。兩種語言究竟是「可溝通的」或是「相互閉塞、難以溝通的」，並非只受語言客觀的結構同異影響，也經常受人們主觀認同影響。因此，人類普遍以此客觀與主觀之「語言」同異，來認知並區分「我群」與「他群」。

　　1920至1940年代，少數學者進入岷江上游嘗試探索「羌民」文化。在他們的調查與描述中，本土服飾、飲食習慣和語言是重要的文化項目。然而，他們留下的資料顯示，當時這種羌民文化的探尋工作似乎充滿了挫折、模糊、爭論與想像。

19　《周書》，42/34，劉璠傳。

20　譬如在台灣，60歲以上曾受日式教育的老年人同在一起時，常以日語交談。其意義是：這種語言可作為他們間的溝通工具，又能對最多的外人掩蔽語意，因而可將此群體凝聚在最小的認同圈中，以強調彼此的親近性。在此「掩蔽」並非排斥外人，而只是排斥不在場的外人；如有一位不識日文的台灣中年人在場時，他們可能會講閩南語或國語，以便利與其溝通，並重新界定此「講同樣語言」的人群範圍。

　　1920年代初，英籍傳教士陶倫士（T. Torrance）在岷江中、上游「羌民」地區宣教。他深愛他的教民們，也對他們的文化習俗及其來源深感興趣。在第五章中我曾提及，由於將「羌民」宗教視爲一種「一神教」，因此他認爲這民族是古以色列人的後裔。「羌民」的各種文化特徵，被他引來證明這個觀點——今之「羌民文化」，對他而言，是一種古代傳統的延續，藉此他證實羌民爲「古以色列人後裔」。

　　在對羌民服飾的描述中，他特別強調當地人所穿的白色長衫。他說，大部分的羌民「仍」穿白色麻製衣服，而且他推測過去「曾經全都如此」[21]。他認爲尚白、潔淨，以及以白爲善，這都是以色列人的習俗。因此衣尚白的羌民也應是以色列人的後代。還有，關於當時羌民普遍穿著的羊毛織物，**毪織褂褂**，他稱：「一種古代的編織工藝，仍用於製作床毯、氈帽、腰帶與粗絨帶，此種絨帶被用於綁腿與做成衣服。」[22] 顯然他將之視爲古代西亞服飾傳統的殘餘。又如，陶倫士指出有些地區羌民婦女配銀環爲頭飾、耳飾，而在巴勒斯坦地區Ramallah婦女頭上也有配戴銀幣飾的習俗[23]。在食物方面，他稱羌民吃燕麥、大麥與玉米製的烤餅，以及飲「咂酒」。他引《聖經》中的記載，說明古猶太人也吃這種餅，以及飲類似的「酸酒」。在語言方面，他無法證明當時羌民的語言與猶太語有何關聯，但他說，羌民「已遺忘了他們的語言，失去了原始卷稿，他們目前說的是雙語：漢語，和一種與藏語、嘉絨語同源的語言。」[24] 顯然，陶倫士所說的「羌民文化和其原有語言」，實爲根據他

21　Thomas Torrance, *China's First Missionaries: Ancient Israelites*（London: Thynne & Co. LTD,1937）, 39.

22　應是指**毪織品**。

23　Torrance, *China's First Missionaries: Ancient Israelites*, 36-40.

24　Torrance, *China's First Missionaries: Ancient Israelites*, 17.

自己選擇性的觀察加上一些歷史想像而成。他遙想，過去有一典範的羌民文化、語言，一種出於以色列原鄉的典型語言和文化；目前所見是此典型文化變遷後的殘餘。這樣的想像與建構，在其著作中透過敘事之用字遣詞（narratives），強烈表露與展現出來[25]。

我在本書中多次提及的一位美國學者葛維漢（D.C. Graham），約在1925-1948年間，也來到岷江上游地區蒐集民族學、考古學與生物標本。他對當時羌民的服飾有更詳細的描述：

> 羌民一般穿著未染的麻布衣服，白色的或接近白色的，因為那是自然的顏色……。男女都纏綁腿……。男女都包頭巾……。暗羊毛較暖的衣物在冷天穿著。第三種，通常是無袖的，由動物皮製成，毛留在皮衣上。有些羌民穿由漢人那買來的棉衣……。在有些地區，最好的男女麻衫由頸到腰有藍布邊，在這些簡單的藍布邊上，繡上白色簡單的星星、花朵及幾何圖案。男人與女人都繫衣帶。一般都是白色麻布，但在汶川與理番則有彩色精緻圖案的腰帶。證據顯示，汶川的羌民採借此種腰帶自瓦寺，而理番的羌民採借自鄰近的嘉絨。因為其它地區的羌民都沒有做或佩這樣的帶子，但在瓦寺或嘉絨中卻被普遍佩帶……。羌民婦女有時學漢人的繡花圖案，繡在她們的衣袖或圍裙上[26]。

25　如前面所引的，他稱羌民「仍」穿白色麻製衣服，稱他們「目前」說的是雙語，都是使用敘事（narrative）手法，來建構、強化其對「過去」之想像。

26　David C. Graham, *The Customs and Religion of the Ch'iang*(City of Washington: The Smithsonian Institution, 1958), 20-21. 上引文中的「瓦寺」是指汶川附近瓦寺土司之屬民。

　　由葛維漢對羌民服飾的描述看來，他相信有一個羌民服飾文化——
原料與色澤均質樸是其特色；在這一點上他與陶倫士所見略同。不同的
是，他認為這個文化是本土的，而非移自中東。他們所見更大的不同是，
陶倫士有意忽略各地羌民之間的文化差異，以建構一個純粹的以色列文
化之東方遺存。葛維漢則注意到此文化有相當區域性差異，如原來質樸
的羌民服飾在特定地區或有各種「加工」（刺繡與花腰帶）。他將此種文
化差異歸因於漢與嘉絨兩方面的文化影響。在飲食方面，他以羌民日常
食物來自種植、採集、狩獵，來強調其「原始性」。另一方面，他又以
使用筷子，及部分羌民不吃牛肉的習俗，來強調羌民的漢化。

　　在羌民的語言方面，同樣的，他指出不同地區的羌語有很大區別。
他說，羌民是他曾接觸過的族群（ethnic groups）中語言分歧最大的一個。
雖然體驗到羌民語言有很大的分歧，但他仍認為這是「一種語言」；他
接受當時中國語言學家聞宥的意見，認為「羌語」是一種古老的藏緬語，
因此羌民是黃種人的藏緬語支民族之一[27]。他也提及，由於「漢化」影
響，許多地方的羌語正在消失之中。

　　早在1928年，任職於剛成立之中央研究院歷史語言研究所的黎光
明，與其友人王元輝結伴到岷江上游地區作民俗考察。他們對羌民的風
俗習慣，有如下的綜合描述：

　　　　羌民和土民也有很多互為同化的痕跡，有好些風俗習慣是羌、
　　　　土通有的，究竟不知是誰同化於誰。就衣、食、住三方面的大
　　　　體言之，羌、土都是差不多的。

27　David C. Graham, *The Customs and Religion of the Ch'iang*, 9.

也就是說，他們找不到「客觀文化特徵」，來區分羌民與土民（由藏族地區移來之瓦寺土司屬民）。甚至，對於目前被認爲是「羌族」文化標誌的纏頭帕習俗，黎光明等人在報告中特別指出：「以布纏頭代帽，是川西漢人的習慣，並不是羌民或土民的特俗。」[28] 在他們看來，羌民、土民與漢人至少在服飾文化上差別不大。1930年代，曾到川康邊疆遊歷的莊學本也有類似的看法。他記載：「此地的漢、羌與山外的川人同樣纏著素淨的白頭帕。」他進一步解釋：「這還是紀念孔明死時的喪服。」[29] 被陶倫士視爲有近東特色的羌民毡織褐褂，事實上在當時也不是羌民所獨有的。1940年代初編輯出版的《汶川縣志》中稱：「以地產羊毛，人多以編毛爲生，故多織毛爲衣，三族皆同，僅羌、土較普遍而已。」[30] 這裡所謂的三族是指漢、羌與瓦寺土司屬民。

在1940年代初，一個名爲「大學生暑期邊疆服務團」的考察隊伍，也在川西地區作調查。前述美國學者葛維漢身任副團長。該團之工作成果後來集爲《川西調查記》一書。同樣的，調查者也認爲羌人的服飾樸素，並無特色。該書稱：

> 羌人服飾，無論男女，並無特別之形式可言。故由服飾觀，無從知其爲羌人。惟其衣料多用自種自織之胡麻布爲之，工作時及無典禮時均服麻織布，訪客及盛典始穿綿織及綢衣。男衣長衫，女衫較短，只及膝。男女腰間喜束帶，理番縣境多麻織帶，汶川多毛織花帶，此條顯係學自汶川瓦寺土司之俗，因瓦寺土

---

28 黎光明、王元輝，《猼猓子，汶川的土民，汶川的羌民》，川康民俗調查之四（台北：中央研究院歷史語言研究所藏，未出版，1929），頁44。

29 莊學本，《羌戎考察記》，頁37。

30 祝世德等修，《汶川縣志》（台北：成文出版社影印出版，1944），頁304。

司係於明代遷來之藏人也。衣飾之素淺，與其娛樂之少，同為
不解之心理象徵，羌人女子之衣服除綿布及綢衣，用半寸寬之
藍布鑲邊外，別無任何裝飾，凡色彩均屬暗色。麻布衣褲即屬
素白，亦不沿邊，男子衣飾之素淺，更無論矣。男女更有一無
面山羊皮背心，棕色羊毛長背心，以禦寒避雨之衣……。女子
無論老幼，均穿耳環，形式同內地，亦有懸大圈銀耳環者，此
顯受藏人之風[31]。

　　以上調查者對於羌人服飾的描述，顯示他們心目中的「羌人文化」
十分模糊。他們可以分辨其中那些因素是受「藏人」影響，那些是受「內
地」（漢人）影響，但對於羌人服飾，則描述為「素淺」、「無特別形式
可言」。關於羌民的音樂歌舞，他們的描述為：「其固有音樂僅山歌，
而歌調頗少特具風格，非傳自戎人西番，即來自內地。」至於羌人的語
言，調查者也查覺他們的語言複雜、分歧，含有許多外來語；他們稱，
有時差別之大，甚至可當作另一系統的語言[32]。
　　早期進入岷江上游作調查的中國學者中，胡鑑民可能是最具「學術
性」的調查者。他努力發掘羌民「固有的」或「傳統的」文化。在服飾
方面，他認為以羊毛與麻為原料所製的衣服，是羌民傳統工藝。至於較
精緻的繡花鞋與織花帶，他懷疑此是受漢文化或藏文化影響的產物。在
飲食方面，他認為「作饅饅」是羌民的傳統方法，並指出「饅饅入火烤
當然是原始的辦法」；由篾籠蒸饅頭，則被他視為土著漢化的結果[33]。
顯然，胡鑑民心目中有相當明顯的「民族文化進化觀」；羌民在此進化

---

31 教育部蒙藏教育司，《川西調查記》（教育部蒙藏教育司出版，1943），頁23。
32 同上，頁25。
33 胡鑑民，〈羌民的經濟活動形式〉，《民族學研究集刊》4(1944)：39-40。

階梯上是較低下的民族。因此所有質樸、原始的文化因素，都成爲羌民的傳統。這見解也表現在他對羌民飲酒習俗的看法上。他說，羌民「像許多淺演民族一樣，嗜酒之癖甚深」。淺演民族，也就是演化較淺的民族。無論如何，對胡鑑民來說，羌人文化探索中充滿了挫折。他承認，「在現在羌民所有的許多工藝與發明之中，要分辨出何者爲羌人固有文化，何者由漢化或番化嘉戎化而來，已頗不容易。」[34]

關於20世紀前半葉羌民的文化，特別是服飾，我們有另一種史料——前述陶倫士、葛維漢以及黎光明等人，都在他們的著作中留下一些當時羌民的照片。稍晚，中央研究院歷史語言研究所的芮逸夫等人，進入羌民地區作調查期間也留下一些照片影像資料。根據以上中西學者對於羌民文化之描述，並參照當時照片來看（參見本書圖片），20世紀上半葉的羌民服飾的確非常素樸，且呈現由東面漢文化到西面嘉絨文化間的多元過渡變化。雖然所見之文化、語言現象略同[35]，學者們對於所見何者爲「羌人語言、文化」卻有不同的看法。陶倫士信心十足的描述一羌民文化，因爲他相信「羌民」爲一特殊的種族（race），東遷的以色列人後裔。他又認爲，羌人原應有來自近東的語言及文字，但在歷史遷徙過程中丟失了。葛維漢除描繪羌民文化外，更試圖分辨其中何者爲受漢及

---

34 胡鑑民，〈羌民的經濟活動形式〉，頁39。
35 此處關係著田野選擇的問題；也就是，20世紀前半葉的調查者選擇那些地區的人群作調查來呈現「羌民」或「羌人」的文化？陶倫士與葛維漢的調查主要都集中在今汶川、理縣附近，特別是龍溪溝與雜谷腦河沿線各村寨「羌民」。《川西調查記》的調查者，雖然走過茂縣及黑水河沿線諸地，但他們所報導的主要也是雜谷腦河沿線村寨，與汶川蘿蔔寨（羅卜寨）等地的「羌人」。另外，1940年代胡鑑民在描述羌民的經濟與工藝時，偶提及茂縣東路與西路等寨，但詳盡的描述都集中在雜谷腦河沿線各村寨。顯然，本世紀前半葉學者所描述的典型「羌人」或「羌民」，都是雜谷腦河流域以及汶川附近各村寨的居民。這應是他們對土著服飾的描述基本類似的原因之一。

嘉絨文化影響之產物。無論如何,他認爲羌民是一族群(ethnic group)。也就是說,陶倫士期望以「民族遷徙」來說明一「種族」的來源;葛維漢則期望以「傳統文化」來描繪一個「族群」的原型。

當時漢人學者們也期望找到傳統的或典型的「羌民文化」,然而他們對於文化上的「羌民」卻感到非常困惑。《川西調查記》的作者們認爲,「羌人」之文化現象均與內地漢人相若,即使有差別也只是枝節而已。在體認到界定羌人文化的困難後,他們的結論是:「羌人之辯(辨)別除由語言外,殆無它途可準。」[36] 困惑於羌民混雜文化特性的胡鑑民,也從「羌語」的語言類屬中,得到他對「羌族文化」分類屬性的信心。他指出:

> 到了現在體質、語言與文化已成為人類學上並重的三大研究。中國西南民族中,氐羌與西藏民族在體質方面的關係尚未聞有何試探。在語言學方面,則已有專家證明,羌語確為藏語之一支別(華西大學聞在宥教授數年前執鞭國立四川大學時,即開始作是項比較的研究)。這一點學術上的收獲,可以給研究民族文化者極大的幫忙。因為由文化區的觀點觀察,現在的羌族文化亦可歸入西藏文化區,與語言學上的收穫互相發明。

顯然,語言學家終不負這些民族文化研究者所望。聞宥的羌語研究成果——羌語是漢藏語族中之藏緬語支(Tibeto-Burman)的一部分——廣爲民族研究者引用。對許多學者來說,此民族語言知識不僅提供一個界定羌族的科學方法,而且由「漢藏語系」至「藏緬語族」到「羌語支」的由廣至狹階序包涵關係,亦暗示了羌族與更大範圍民族間的關係——

---

36 教育部蒙藏教育司,《川西調查記》,頁25。

說「羌語」的羌族，為使用「羌語支」語言的「氐羌系民族」之一部分；「氐羌系民族」又是「藏緬語族」的一部分；「藏緬語族」則是「漢藏語系」中華民族下的一部分。

近代羌民文化探索：宗教信仰

20世紀上半葉的羌民或羌族研究中，宗教信仰是一個重要主題。這個研究興趣，部分來自於兩種動機。一是，對於有傳教士身分的西方研究者而言，他們原本對人類「宗教」便很感興趣。他們探索、描述本地的「原始宗教」，比較這些「非理性的」宗教在人類宗教信仰演化發展上的位階，或嘗試追溯其來源。其二是，在各種探索邊緣的文化中心主義下，邊緣少數民族或「原始土著」被居於政治文化優勢的學者想像為落伍的、演化程度較淺的族群——文化落後的重要跡象之一，便是其日常生活「仍」深受宗教力量掌控。許多漢人與西方學者，因此特別關注這些「原始民族」的宗教。也因此，在陶倫士、葛維漢與胡鑑民等人有關羌民的著作中，土著宗教都是描述重點，「宗教」也都標示在這些著作的書名或篇名上。

陶倫士所注意的或其所描述的「羌民宗教」，幾乎都與聖經記載或在西亞地區仍然可見的一些宗教習俗相關。他相信在此「蠻荒」之地，土著信仰唯一的最高天神，木比色或阿爸色；他認為這就是對上帝耶和華的信仰。他又稱，因為羌民多住在高山上，這最高的上帝天父還有一個名字，「山神」。為了支持這樣的看法，他舉出一些宗教文化上的證據。譬如，羌民尚白；他認為白代表宗教與道德上的潔淨，這與古猶太人的信仰習俗相同。又如，他提及羌民不拜偶像，如同遵守十誡的猶太人，只以白紙與白石來代表神。又如，羌民在高山上進行的祭儀，相關的「神樹林」信仰，山上以石頭堆成的「祭壇」，都被他視為與古猶太

宗教傳統有關，或是有其《聖經》記載根源的習俗。他又認爲，羌民相信上帝是毫無瑕疵的，而人則是帶罪的。人要接近上帝必須先除去罪，因此上帝派遣帶罪的使者到世間幫助人們除罪。在他的著作中，陶倫士費心描述羌民「端公」，及他們所主持祭山殺羊子的「還願」活動；「端公」也就是他所稱的除罪使者，「還願」是除罪救贖之習俗[37]。在上一章中，我曾提及，當時一位陶倫士的當地好友兼傳教助手，汶川木上寨的苟平山。他在接受基督教信仰後，也幫著陶倫士宣揚「羌民原本是上帝子民，以色列人後裔」之說。在他所寫的「告大羌族同胞書：獻羊子始末」中，他稱，聽了陶倫士的解釋及讀了《舊約聖經》後才恍然大悟，原來羌民對天神獻羊子與古代以色列人的獻祭同出一源[38]。

　　十餘年後，約在1930-40年代，當葛維漢到岷江上游考察時，他發現許多羌民都自稱是「以色列人的後裔」，並說他們所信的天神就是「上帝耶和華」。葛維漢在他有關羌族的著作中駁斥這種說法，並指出羌民是多神信仰者，以色列後裔之說是受陶倫士及其羌民助手的誤導。對於羌民的宗教，葛維漢明白指出，羌民並非一神教信徒；除了信他們自己的神外，羌民還信鄰近其他民族的神。他指出，當地天神「木巴舍」（Mu-bya-sei）在幾個受基督教影響較深的村寨，又稱作「阿爸齊」；暗示著這是羌民接受陶倫士等傳教士「天父」之說的結果。他也注意到，由於受漢人道教影響，羌民更普遍的將「木巴舍」等同於「玉皇」。葛維漢自己則認爲，「木巴舍」的意思相當於「天」。「天」是古代周人

37　Torrance, *China's First Missionaries: Ancient Israelites*, 78-94.
38　此信之中文版已不見，然葛維漢曾將之譯為英文載於其書中。本文所引，為由葛維漢書中之英文版轉譯而來。見David C. Graham, *The Customs and Religion of the Ch'iang*, 98-100.

的神；在歷史上羌族（姜姓之族）又是周人的盟友[39]。顯然在此詮釋中，葛維漢視當代羌民爲商周之羌或姜姓之族的後裔；對他而言，羌民對「天」的信仰，證實此民族的歷史延續性。

　　爲了反駁陶倫士的「羌民爲一神教信徒」之說，他指出，羌民家中大多祭五種主神。供奉那些神，以及各個神的名字，各地皆有不同。另外，羌民家中一般還祭十二個次級的小神，同樣也是各地有異。除了各家中所祭的神外，每個村寨與地區都有當地的神。因此他認爲，由理論上來說，羌民有多少地名與寨名，就有多少的神。當然，他也不認爲白石代表唯一的天神。他指出，白石在許多地方都被當作各種地方神祇的代表。甚至在汶川的克枯寨，白石被部分人視爲穀神，卻被另一些人視爲倉頡神。他又指稱，漢人的神如川主、玉皇、關聖人、觀音、武昌、梅山、土地等等，被羌民視爲自己的神。他特別提及在蒲溪溝，羌民祭司「端公」以服裝分爲紅、白兩種。紅端公拜孫悟空、沙和尚，擅長於驅魔除病、消災還願；白端公拜西天佛祖，長於求子、祈雨，祭山求五穀豐收[40]。

　　因此陶倫士所謂「上帝派遣來除罪的使徒」，羌民宗教的核心人物端公，似乎也深受漢、藏文化影響而缺乏其「本土」特性。或者，所謂「羌民宗教」與「羌民」一樣，只是漢、藏兩大文化體系間一個模糊的、混雜的邊緣。葛維漢在其著作中曾提到理番（今理縣）的白空寺；他描述這廟中祭三尊「白石神」（以三塊大白石爲代表），守廟的是三個漢人道士，前來奉祭的有羌民、漢人與其他族群的人[41]——這也顯示所謂「羌族宗教」的多元混雜性。

　　早期注意羌民宗教的中國學者有胡鑑民。他認爲，羌族文化在物質

39　David C. Graham, *The Customs and Religion of the Ch'iang*, 45-46.

40　同上，頁46-53。

41　同上，頁50。

生活與社會制度方面漢化較深；鄰近「西番」與「嘉戎」者，也有番化或嘉戎化的情形。因此他特別著重羌族的宗教信仰。他說：「羌族的一切文化寶藏——巫術，儀式，歷史，傳說，民族神話與歌舞等等，猶常在巫師與長老領導之下，熱烈的一次一次的表演著。」[42] 因此他將之視為羌族文化中最可寶貴的一部分。

關於羌族宗教，首先，他認為「羌族」是個信鬼神的民族，「其信仰還在靈氣崇拜與拜物的階段」。因此他駁斥羌族信仰為一神教之說。其次，他指出白石崇拜源於一則羌族傳說，也就是羌人由外地遷來與本地葛人（戈基人）打仗的故事。他認為，羌族所信仰的並非白石本身，而是天地、樹林、火神等等。他也提及，羌族事實上信許多的神；有供奉在屋頂上以數塊白石為代表的神，有供在室內大致為十二尊的神。他舉例說明，這些神在各地都有不同。這些大大小小的神祇中，多少都夾雜著漢人佛道或民間信仰中的神，如關老爺、姜子牙、土地、灶神、財神等等。漢化更深的，家中只有天地君親師之神位。同時，他注意到各個地方的羌族都有其地方神，每個寨也有其地方神[43]。胡鑑民所描述的羌族宗教信仰，一方面清楚顯示羌族宗教不是一神教，一方面也顯示各地的諸神信仰有相當大的差異。在此，他的看法與葛維漢是相同的。

他又指出，羌族有巫師與巫術，這「與世界上許多原始民族一樣」。他特別強調羌族巫師「端公」是其精神領袖。他描述傳說中端公的種種神通，最後稱「這樣的魔術在原始宗教學上稱為摹擬魔術」，是「根據一種初民心理而成立的」。最後，他以圖騰主義來解釋羌族傳說與宗教習為。他認為羌族是以羊為圖騰的民族。羌族自稱rmee，發音如「咩」；他指出，

42　胡鑑民，〈羌族的信仰與習為〉，《邊疆研究論叢》（1941）；採自李紹明、程賢敏編，《西南民族研究論文選》（成都：四川大學出版社，1991），頁194。

43　同上，頁195-200。

這是羊圖騰民族以模仿羊叫的聲音爲族名。此外，所有羌族儀式與日常行爲中用到羊或羊毛之處，也被他引爲羌族以羊爲圖騰的證據[44]。這顯然由於在他的文史知識中，「羌」字是以羊、人兩部分構成，中國文獻又稱羌爲「牧羊人」。總之，對胡鑑民來說，在夾雜許多漢、番因素的羌族文化中，宗教信仰一方面能證實羌族文化的「特殊性」，一方面又說明羌族文化的「落後性」或「原始性」。如其所言：「氐羌之名早見於殷商之際，以如此悠久歷史之民族，而其信仰尙停滯在如此原始的階段，這是很令人懷疑的。」事實上是，當時流行的社會進化論、文明進步觀，以及國族主義下的核心與邊緣族群區分，使得胡氏「發現」羌族宗教的原始性。

　　以上三位中西學者，皆因自身時代與社會文化背景，而對被觀察的人群有些偏見。他們所見的是同一個宗教文化現象，但在主觀文化偏見下，各人之「經驗」認知不同。在基督教文化中心主義偏見下，陶倫士所認知的羌民是高貴的一神教信徒，他們的信仰與習俗中保存了許多古以色列人的宗教文化。在漢族中心主義偏見下，胡鑑民所認知的羌族是落後的、原始的靈氣崇拜與拜物者——雖然歷史悠久，但演化程度遠不如漢人。葛維漢接受中國學者所建構的「羌族史」（姜姓族與周人對天的信仰），因而將羌民對「天」的信仰，視爲此一民族長期受漢化與藏化影響下的古老文化殘餘。

在差異體系中尋找相似

　　排除各個學者之文化偏見，20世紀上半葉岷江上游村寨居民的宗教信仰究竟是如何呢？近代岷江上游各地的諸神體系與相關信仰，有部分

44　胡鑑民，〈羌族的信仰與習爲〉，頁211-16。

一直被保存、實踐著，有些保存於老一輩村寨民眾記憶中，或保存於文獻與殘存的廟宇建築之中。無論如何，透過各種記憶媒介，我們可以得知當時的情況。簡單的說，在岷江上游地區「山神」是最普遍的一種宗教信仰。一般而言，每個寨子都有自己的山神。幾個鄰近的寨子又有共同的山神。在更大範圍內，幾條溝的人則有更大的共同山神。在資源競爭與分享中，由下而上一級級的山神，佑護由內而外一圈圈的村寨人群及其資源。我在第三章說明人群之認同與區分時，曾介紹這個信仰體系。

愈靠西方、北方的村寨，受藏傳佛教文化影響愈深，各村寨的山神被納入藏傳佛教諸神體系之中。最北方的羌族村寨，松潘小姓溝埃期村，可代表這種較藏化的村寨。如前所言，當地幾個寨子各有山神菩薩，部分二組的「家族」與一組的人也有共同的山神，三個寨子又共同祭拜山神「格日囊措」。龍頭寺廟會（藏傳佛教）凝聚所有小姓溝中的羌族、藏族。最後，松潘的「雪寶頂」山神菩薩（藏傳佛教與山神的混合），又凝聚小姓溝與附近各溝的羌、藏族。更藏化的地區，小姓溝西南方的黑水，當地村寨人群在開酒罈敬菩薩的時候，從西藏最大的菩薩唸下來，釋巴迦莫、色氣獨歷格瓦、究我倫木切，然後唸黑水最大的山神，歐塔基、歐塔迷、歐塔拉，最後唸本寨山神及本家族神的名字。這些說「羌語」的黑水人，如前所言，在民族分類識別中目前為藏族。

在靠東方、南方的汶川、理縣一帶，各級山神逐漸被各種漢人「廟子」取代。廟子中供奉的是玉皇、觀音、東嶽、川主、牛王、二郎等漢人信仰中的神祇。一層層由小而大、由近而遠的山神體系消失，人們只祭本社群的山神，山神之上則是各級「廟子」。如我在第三章所舉的例子：茂縣永和溝甘木若村的大寨子與小寨子，這兩寨中李、謝、徐、白四個漢姓家族各祭的山神。兩個寨子的人共同祭的則是川主廟、地母娘娘廟與牛王廟。他們與永和溝其他村寨的人共同祭拜白虎山觀音廟

（佛教），或涓門雲頂山因果祖師廟（道教）。

在較漢化的理縣、汶川兩縣村寨人群中，除了山神與各種道教、佛教神祇外，還曾流行天神木比塔信仰。前面曾提及的「羌戈大戰」故事，幫助羌人打敗戈人的便是這位天神。在「木姐珠與斗安珠」故事中，他便是木姐珠的天神父親。這些故事都記載在本地巫師「端公」的經文中，在許多場合誦唱出來。巫師「端公」本身相當受漢人道教文化影響。他們的法術有燒紅鍋、走鏵頭、打太平包袱等，他們所唸的咒語有雪山咒、化水咒，這些都顯示他們與道教有密切關係。因此在說這故事時，端公們常把木比塔解釋作「玉皇大帝」。村寨民眾與端公受同樣的道教文化影響，因此他們也常把天神木比塔等同於「玉皇」。木比塔故事中的那隻人猴，則被認為是「孫悟空」。這故事中也有藏文化因素。以「獼猴變人」為主題的人類起源神話，不但出現在許多藏傳佛教經典中，也流傳在當今或歷史上受藏傳佛教影響的人群之中。緊鄰羌族的嘉絨藏族與黑水藏族中，便流行著猴子變人的人類起源故事。部分受漢、藏兩種宗教文化影響的村寨居民認為，「木比塔」是管天上的「西方佛爺」，「玉皇」則是管地上的天神。

由此可知，葛維漢與胡鑑民都曾觀察到，並正確的描述了一個事實：各地「羌民」或「羌族」的語言、生活習俗與宗教信仰，都有很大的地方性差異。這個差異，一個簡單的敘述方式便是：愈靠東方、南方的人群愈受漢文化影響，愈西方、北方的人群愈受藏文化影響，而各個鄰近的村寨或溝之間，都保持些微的文化「區分」。對於這樣一個混雜的文化現象，葛維漢、陶倫士與胡鑑民的共同努力，是期望將「羌民文化」由漢、藏文化影響中剝離出來。在「民族」概念下，在學者們各自所相信的「羌人歷史」導引下，他們努力找尋各地「羌民」的文化相似性，或由遙遠的時間（歷史）與空間（偏遠山寨）資料中建構「羌民文化」的原型。藉此，他們恢復與重建「羌族」。此種研究之學術合理性值得

懷疑。畢竟,當時並不存在一個建立在主觀認同上的「羌民」或「羌族」,而每一村寨、溝或地區的人群,都認爲本族群是夾雜在「蠻子」與「漢人」間的「爾瑪」。因此,這些具差異性的地方文化,在族群關係上所代表的是以各個「爾瑪」認同爲主體的「區分」體系,而非代表一個受漢化、藏化影響的羌族「認同」體系。

　　20世紀上半葉的中西學者們,無論是強調羌民文化的獨特性,或困惑於它的混雜與模糊,他們的學術探索都基於一個概念:「民族」是一群有共同體質、語言與文化的人群。他們認爲,這些體質、語言與文化特質,隨著民族在歷史中的延續而傳承;在此傳承過程中,一文化受外來文化影響而發生假借、變遷。因此,這些田野調查者都希望找到羌民文化的體質、語言與文化「原型」——無論是在遙遠的過去,或在遙遠的群山之間——來界定「羌族」的範圍及其本質。事實上,在歷史上並沒有一個羌人文化「原型」。在清末至民國初年時期,岷江上游的漢、藏之間,只存在一個在主觀認同與客觀文化上的模糊邊緣。在這個模糊的族群邊緣上,不只是「羌族」或「羌民」之範疇仍渾沌不清,「藏族文化」與「藏族認同」的東部邊緣仍待被界定,事實上,此時「漢族」的西部邊緣也在調整之中。因此使得這些探索充滿了挫折與不確定。

異文化書寫中的華夏邊緣建構與再建構

　　在這一章中,我介紹了一些「古羌人文化」或近代之前的「傳統羌人文化」。以歷史事實來說,無疑它們中有部分是過去曾被一些「羌人」實踐的文化習俗。但這些文化習俗,無論它們在時、空分布中是延續、相似的,或是斷裂、歧異的,都不能說明「羌族」族群範疇的存在與延續。也就是說,在本章所述的「羌人文化史」中,並沒有一個在此歷史

中延續的「民族」主體。然而，這並非是說，前面所記的只是些彼此毫無關係的片斷文化描述。事實上，由本章的分析可知，羌人文化史的延續性可以由社會記憶的敘事與展演兩方面來理解。

由「敘事」的層面來說，由於我們所知的羌文化幾乎都賴漢文史料，因此，可以說這是一部漢人描述他們心目中某西方異族文化的歷史，這也是漢人描繪其文化性西方族群邊緣的歷史。在此歷史中延續、變遷的，是華夏或漢人的西方族群文化邊緣。《後漢書·西羌傳》中有關羌人歷史與文化習俗的描述，顯示此文獻的成章與出現時代，也就是華夏（或漢人）西部族群邊緣初步成型的時代。唐末之後，中國人對於「羌人文化」的描述鮮少，反映了在吐蕃興起及其文化影響東漸之後，以「羌」為代表的華夏西方族群邊緣的萎縮。而在20世紀上半葉，中國學者探索岷江上游羌民文化的學術活動，亦應視為華夏重新描繪、建構其族群（或民族）邊緣的嘗試。而西方學者如陶倫士等的「羌民文化以色列根源說」，也可被視為基督教文化與西方殖民主義擴張下的「我族」東方邊緣建構活動之一。於是在20世紀的上半葉，漢晉時期以來一個華夏的西方邊緣──「羌人地帶」在岷江上游的殘餘──在各種文化勢力交逼下，同時成為漢、藏與西方基督教文化的「邊緣」。也因此，「天神」木比塔被詮釋為玉皇大帝、西方佛祖以及上帝耶和華。

相對於漢晉時期華夏對於「羌人」的文化描述，近代學者對於「羌族」之文化描述不只是內容繁複，而且與前者有本質上的差別。傳統中國知識分子的邊疆異族文化描述，主要是塑造華夏的「異化邊緣」。因此諸如「三年一相聚，殺牛羊以祭天」、「隨水草放牧，居無常處」或「妻寡母釐嫂」等語辭，常重複用於描述不同時空之異族。近代受「民族主義」與「民族學」影響之中國學者，他們對中國「邊疆民族」的描述則有不同旨趣。首先，在1920至1940年代間，從前西南「蠻荒瘴癘」之

地,此時已成爲國族不可分的西南邊疆。然而在當時中國邊疆研究者的邊疆描述中,當地「非漢族群」仍被學者視爲「異化邊緣」,只是這「異化的華夏邊緣」如今有語言學、體質學、民族學等工具來強化。其次,爲了呈現中華民族的多民族構成,以及爲民族政策的規劃與實踐,識別西南邊疆究竟有那些「民族」實屬必要。也就是說,此時的邊疆民族描述,不只是刻劃漢與非漢之間的邊界,也須識別、刻劃各個少數民族間的邊界。

由文化「展演」的層面來說,在本章所述「文化史」中延續的,是一個核心與邊緣的族群關係。核心指的是華夏,邊緣指被華夏稱爲「羌」的族群;族群關係則是指二者之間透過文化貶抑、誇耀,與模仿、附和,所進行的文化互動。華夏貶抑、污衊性的描述羌人文化;此文化描述透過文字、口述、圖像與行動的展演,強化華夏心目中「羌人」的卑劣地位。在地方層次,或在華夏邊緣,此異族意象讓常與華夏接觸的「羌人」感到自身的卑劣。在日常生活中,這些「羌人」通常被稱作「蠻子」。而相對的,自稱「漢人」的華夏,在此華夏認同邊緣也常須誇耀、展示自身的文化習俗。在同時接觸此種文化誇耀與污化下,許多「羌人」學習、模仿華夏文化,而終於採借華夏家族歷史記憶而自稱「漢人」。然後,這些被他人視爲「蠻子」但自稱「漢人」的邊緣人群,也藉著文字、口述、圖像與行動的展演,表現他們對西方或上游「蠻子」的鄙視。這樣的文化過程,曾使得華夏的西方族群邊緣持續向西遷移。漢晉時期隴西、關中一帶被稱作「羌」的人群,其後裔在隋唐之際都成了華夏。唐宋時期甘南一帶土著還被華夏稱作「羌人」,到了明清時期這兒也成了漢人之域。明代北川白草、青片河流域的「羌人」,到了清末民國初年時也都消失了。

除了因「漢化」而被排除於華夏心目中的「羌人」範疇外,某些地區的「羌人」也因「吐蕃化」而脫離此範疇。宋代以後,許多原被華夏稱作「羌」的區域人群,都被華夏視爲「番」或「蠻」。吐蕃政治、宗

教力量所造成的文化誇耀，以及相對的，他們對青藏高原東緣山岳地帶部落人群的文化歧視，也曾使許多「羌人地帶」上的人群因模仿、接受藏傳佛教與吐蕃文化，而成為華夏心目中的「番」。如北川的白草「羌」，在部分中國明、清時期文獻上也被稱作白草「番」，並稱他們是「吐蕃贊普之遺種」，他們的風俗也被稱為「番俗」[45]。唐宋之後，原「羌人地帶」的土著在華夏心目中成為「番」，同時漢人對「番俗」的描述，在許多地區漸取代了「羌俗」描述。在本書第六章中我曾提及，在華夏的歷史記憶中，「番」代表比「羌」更嚴格劃分的漢與非漢族群邊界。因此在文化描述上以「番」代「羌」，也顯示中古之後華夏西部族群邊緣的變化。

以此看來，近代中國民族學者探索岷江上游「羌民文化」，並將其中一些因素理解為更大範圍的「氐羌系民族」共同文化遺產[46]，以及這些學術探求及其成果所造成的文化展演，是另一次華夏邊緣變遷的重要轉折點。首先，這些探索活動，以及學者們對羌民文化的描述（包括漢、羌、藏間的區分），強化了「羌族」這概念——羌族是一個有共同體質、語言和文化的民族，逐漸成為漢人知識分子的民族常識。透過文化描述，特別是透過對宗教活動的描述，羌族也被建構成一個迷信而文化落後的少數民族。在胡鑑民的著作中，我們看見作者經常以淺演、原始等詞，來形容羌民宗教與其他文化特徵[47]。他對羌族宗教及生活習俗「原始性」

45　由於我對藏學沒有研究，也未嘗深入藏區作田野調查，因此這一波由西而來的文
　　化展演及其過程，只是基於我的「華夏邊緣」之說，以及我在黑水、理縣、茂縣、
　　松潘、北川等藏、羌族地區所見而得。北川的青片番與白草番便是一個案例。
46　這是指，如「白石崇拜」、「與羊有關的信仰」、「石碉樓」、「鐵三角」等
　　等。近數十年來，這些分布較廣的文化因素，常被學者視為「氐羌系民族」的
　　共同文化特徵。
47　如此對於中國邊疆少數民族「原始性」的描述，在當時漢人的論述中非常流行。
　　邊疆非漢民族的文化「原始性」，又被認為是一些「古老的」文化殘餘。如1930
　　年代曾在岷江上游地區遊歷的莊學本，曾描述他所見的「戎人」（嘉絨）習俗如下：

的描述，透過文字傳播，成為一種被展示的社會記憶。此社會記憶被當時的漢人知識分子閱讀、獲知，逐漸形成他們心目中的「羌族」意象。雖然如此，相較於過去華夏對「蠻夷」的文化描述，新學術下的「羌族」文化書寫少了許多貶損、污衊之詞；它們只是被描述成有特色的、鮮明的，或傳統的(落後的)少數民族文化。為此，以及其它因素，不再有過去受污化者模仿與展示漢文化。相反的，如今許多「羌族」皆樂於展演他們的少數民族文化。在下一章中，對此將有詳細說明。

其次，一個由漢代到明清逐漸萎縮的華夏邊緣，或在華夏心目中漸被「番」取代的西方族群邊界，在近代被重新發掘、描述；其意義是，華夏透過羌族歷史與文化記憶的再現與重組，模糊化其西方或西南族群邊緣，特別是其與「藏族」間的族群邊緣，如此漢與各族群共聚為一中華民族。沒有任何人——無論是民族學者胡鑑民或語言學者聞宥——在建構中華民族的意圖下，刻意發掘、再現「羌族文化」。而是，我們由華夏邊緣的長程歷史變遷來看，「羌人文化」透過「漢人」與「羌人」的文化展演，成為一種不斷被改變的社會記憶；此社會記憶被選擇、利用或遺忘，而不斷改變華夏的西方族群邊緣。

胡鑑民與聞宥等人，雖然受近代西方學術(如民族學、體質學、語言學等)與「民族」概念影響，但他們仍是中國歷史文化下的產物。他們，與《後漢書‧西羌傳》的作者一樣，不自覺的投身於一個塑造中國邊緣的長程工作之中。

(續)

> 他們男子的衣服還是古式的大領衣……。古語說「披髮左衽，夷狄之服」，這樣衣冠不正的右袒，也許是古時西戎遺傳的服制吧？……在他們謁望我的時候，多用古禮，雙膝一屈，打一個扦……。「禮失而求諸野」，在此地發現西戎是古禮之邦。
> 見，莊學本，《羌戎考察記》，頁84-85。

第十章

當代羌族認同下的文化再造

近代羌民或羌族文化探索與由此產生的文化描述，作爲一種被誇耀、展示的社會記憶，它們不只是對漢人知識分子展示，也對少數民族知識分子展示，因此影響這些少數民族知識分子的自我認知。葛維漢曾解釋，爲何羌民會讓陶倫士相信他們是「上帝的子民」；他指出，「他們爲了討好外來訪客，而常答以虛構不實之事」。的確，無論在人類學或是口述歷史的田野採訪中，報告人皆常揣摩調查訪問者的角色、態度及其意圖，以選擇適當的陳述來回應[1]。但是，當本土知識分子苟平山宣稱「羌民是以色列人的後代及上帝信徒時」，他不一定是在虛構不實的陳述以取悅陶倫士；很可能，他被陶倫士的「知識展演」說服，而真的相信如此。

學者，或其所代表的政治或文化主體，挾其知識與政治、經濟優勢與「土著」(natives)接觸時[2]，他們所帶來的外來知識，對於「土著知

---

1 王明珂，〈誰的歷史：自傳、傳記與口述歷史的社會記憶本質〉，《思與言》34.3(1996)：155。

2 在本書中，我不願以「土著」來稱呼我所研究的羌族。因為「土著」在中文裡，已孕含落後、原始、野蠻人群之種種喻意。而羌族對漢語文之熟悉，也使得他們不樂意被如此稱呼。然而在此，我用「土著知識分子」而非「本土知識分子」，是為了突顯他們相對於強勢外來者(西方傳教士與漢人學者)的劣勢地位；究竟「本土知識分子」，如台灣的「本土知識分子」，並無此劣勢者含意。

識分子」而言有相當的說服力。這與「土著知識分子」的本質，以及其所處的社會環境有關。在此，「土著」自然指的是相對於優勢外來族群而言的本地人；「土著知識分子」則是指，他們中由文化接觸獲得新知而被眾人認爲有知識的本地人。這些本地人也因此常成爲外來學者的報告人、助手與好友，或成爲外來政治文化機構的本地代表。無論如何，他們是與外在世界常有接觸的本地人。與外在世界的接觸，所帶入的外來「物」與「知識」，增進他們的社會地位，也因此使他們對本土事物有優越的詮釋權；這使他們成爲「土著知識分子」。然而也因爲與外界的接觸，讓他們比其他本地人更深切的感受到本族群的弱勢與邊緣性。在此情境下，苟平山接受了一個「西方」祖源，並讓部分羌民也深信他們是古以色列人的後裔。無論如何，這只是近代羌族民族化過程中的一段小插曲。

　　無論如何，在清末民初的中國國族建構中，「羌族歷史」已成爲聯結漢、藏與廣大西南氐羌系民族的橋樑，「羌族文化及語言」的探索，也嘗試描述此民族「活化石」的範圍。因此在民族識別下，羌族成爲一個中國少數民族。在各種有關羌民或羌族歷史文化論述的交競展演中，岷江上游民眾也學習、選擇或被教導，而建構起他們心目中的羌族歷史與文化。在這過程中，他們也在內部各種社會認同與區分下，彼此爭辯，競相展示「典型的」我族歷史與文化。在第七章與第八章中，我曾介紹當今羌族的本土歷史記憶。在這一章，我將介紹這主要發生在20世紀後半葉的羌族本土文化建構。

羌族本土文化建構的背景

　　羌族本土文化建構與展示的主體爲「羌族」，因此我們先得注意20世紀下半葉許多民眾成爲「羌族」的背景。上一章我談到胡鑑民與葛維

漢曾致力於探索「典型的」羌民文化；但他們可能不會知道，在他們對
「典範的」羌民文化探索中，他們也強化了這個典範的「羌民」概念。
在此概念下，他們對羌民的記錄、描述，都被後之學者選擇性的用來使
這個民族概念更明晰。這個早期在岷江上游人群間探索「典範羌族」的
努力，便是將該人群「民族化」或「少數民族化」過程的一部分。可以
說，胡鑑民以及許多同時代學者的工作，爲後來半世紀的羌族本土文化
建構提供兩種背景：一是「羌族」此一民族實體概念，及典範化的羌族
文化、語言概念，使得在1950年代的民族識別與分類中「羌族」得以成
爲一個被國家認可的少數民族。另一則是，他們所蒐集、描述與探討的
「羌民文化」，成爲被「羌族」選擇、修飾與展演的本民族文化素材。
1920至1940年代只是「民族化」的起始，在1949年之後這個工作未因國
民政府退守台灣而中斷。相反的，在中華人民共和國政權下更積極的進
行下去。相關工作包括民族調查、研究、識別、分類，與民族政策的推
行等等。在民族識別與民族分類中，「羌族」成爲一個少數民族。羌族
的範圍，藉著民族文化、語言、宗教的描述而大致有了明確的邊界。這
些描述，透過文字與口傳的刊行流傳，也成爲有關羌族的社會記憶。

　　然而，許多「羌族」並非由於國家的民族劃分、識別而成爲「羌族」。
事實上，岷江上游與北川地區居民大多有豐富的父系漢人家族記憶，足
以讓他們採借以成爲「漢人」。他們之所以選擇部分記憶，多爲母系祖
源記憶，以將自己登記爲「羌族」，自有當時的政治、社會與經濟背景。
中華人民共和國建國以來，屬行民族平等與消除民族歧視政策，的確讓
許多非漢族群，或被視爲「蠻子」的「漢人」，不再那麼易受「漢人」
的羞辱、欺侮。稍後漸進實施的少數民族優惠政策，在岷江上游與北川等
資源匱乏的華夏邊緣地區，更使得本地人——包括許多從前自稱漢人而稱
上游村寨人群爲蠻子的人群——有意願承認自身的少數民族身分，或攀附

少數民族身分。中國的少數民族政策，受各種政治運動影響時進時退，在1980年代經濟改革後才逐漸落實民族自治。民族自治，在某種角度而言，意味著大量的地方公職將由當地少數民族來競爭、分享。同時進行的個體化經濟，與國家的邊區經濟開發，都使得原來經濟落後的岷江上游地區充滿新的資源。從這時開始，本地的少數民族認同得到鼓勵與舒張。

　　1950年代以來受國家培養的當地少數民族或漢族知識分子，此時成為建立羌族認同的尖兵。這些作為文化橋樑的「羌族知識分子」值得我們注意。他們中相當一部分也是共產黨員與國家幹部。更重要的是，他們或多或少都能掌握各種以漢文傳遞的知識，因此他們成為「知識分子」。相對於羌族村寨民眾而言，這些知識分子所以能掌握詮釋本民族歷史、文化的權力，乃由於他們能掌握漢文的典籍與知識，能從中習得由國家認可的民族認同與區分體系。也由於他們熟悉國家與黨的政策與運作，能兼顧國家、中華民族與本民族之整體利益，因而國家授予他們特殊的政治社會地位。在另一方面，他們在國家或整體社會中的特殊地位，部分也來自於他們的本土民族文化詮釋者與代言者角色。

　　這些新羌族知識分子，取代了20世紀上半葉本地的端公、土官、地方頭領，及基督徒領袖等之舊「知識分子」。然而在某種意義上，當地新、舊知識分子之間並沒有差別。他們都靠著與外在世界接觸所得的外來「物」與「知識」，來增進他們的社會地位，以及他們對本土事物的詮釋權。也因為與外界的接觸，讓他們比其他民眾更深切感受本族群的弱勢與邊緣性，因而致力於選擇或建構一個榮耀的起源（歷史），與足可誇耀的本民族文化。與當年的苟平山一樣，當代「羌族知識分子」並沒有刻意虛構他們的歷史文化；他們只是被說服，或選擇性的接受一些足以自傲的歷史文化。

　　就在如此的知識與權力背景下，漢人對於「羌人」或「羌族」歷史

文化的記錄與描述，成爲羌族知識分子建構與認識自身歷史與文化的重要泉源。同時，爲了在內部劃分核心與邊緣，帶著地域認同的各縣、各鄉羌族知識分子，也彼此爭奪對本民族「傳統歷史文化」的詮釋權[3]。如此約從1980年代中期開始，羌族知識分子便積極加入羌族文化的採訪、研究與宣示、推廣之中。這個變化，一方面是由於1980年代之後愈來愈多的少數民族知識分子，進入當地自治政府體系與當地文教事業單位，另一方面由於經濟改革開放，與相應的政治意識型態上的逐步寬鬆，使得地方自治政府有更多的資源與信心來強化、推廣本地少數民族文化與認同。就在此少數民族意識普遍抬頭的潮流之下[4]，許多羌族「傳統文化」被恢復、建構與推廣。以下我就語言與文字、端公與祭山會、羌曆年與歌庄舞、飲食文化與服飾等方面，介紹當前所見所聞的羌族文化。

羌族文化再造：語言、文字

對於羌族民眾而言，在認同羌族上最大的困惑可能是語言上的問題——他們難以用「羌語」（鄉談話）和其它地區使用「羌語」的人群溝

3　這主要表現在北川與汶川知識分子對於「大禹故里」的爭執上；在大家皆認爲羌族是大禹子孫的認知下，兩地知識分子都認爲本地爲大禹的出生地。關於這場族群內部的歷史記憶之爭，請參考本書第八章。

4　許多中國少數民族研究者都注意到這個1980年代以來的變化；請參考 Dru C. Gladney, *Muslim Chinese: Ethnic Nationalism in the People's Republic*（Cambridge: Harvard University Press, 1991）. 造成此變化的社會經濟因素應是多重的，而且在不同的少數民族地區可能有不同的情況。以羌族地區來說，除了我在本文中所提及的少數民族知識分子結爲一社會群體（由於民族自治的落實），以及因國家政權注重經濟而輕意識型態之外，一個更重要因素應是：在改革開放所造成的資源競爭中，強調民族認同也就是強調可分享資源的人群範圍。相對於漢族地區（沿海地區除外）而言，許多少數民族地區都有更開闊的開發空間，因此這或許是造成民族意識抬頭的因素之一。

通。尤其是,關於「民族」的刻板知識已告訴他們,「民族」是一群有共同語言、文化等等的人群。過去他們對「爾瑪」的定義,也常是「說我們同樣這一口話的人」。如今「爾瑪」被擴大理解爲「羌族」,然而卻包括了許多彼此不能通話的人群。羌族民眾對此有不同的對應與解釋方法。通常的解釋是,人住得分隔(因爲被打散了),語言就慢慢變了。這意味著,原來有一種共同的「羌語」;因此他們也常努力嘗試,以了解其它地區羌族所說的「鄉談話」。

但羌族知識分子並不滿足於此。1989年起,在四川省民族委員會的羌族幹部主持下,一項羌族語文創制計劃開始進行。北川、理縣、茂縣、汶川、松潘等地羌族知識分子代表被推薦出來,集中在汶川、茂縣等地接受語言學的基礎訓練。往後幾年間,他們分組下鄉調查蒐集羌族各地方言、土語,經過開會討論與研究之後,最後決定以「曲谷方言」爲標準羌語。「曲谷」是民族劃分下羌族的最西方邊緣,也是一般而言「漢化」較淺的地區[5]。選定「曲谷方言」爲標準羌語後,以此制定拉丁拼音的羌族文字,並編輯相關的《羌語詞典》。爲了推廣標準化的羌語文,汶川的威州師範學校建立「羌文班」,培訓標準羌語文師資。同時在羌語文的創制過程中,這些羌族知識分子也致力於羌族文化的蒐集、研究與推廣。

雖然如此,推行標準化的羌語顯然不易。近年威州師範學校的羌文班已停止招生。主要原因應是,在本地普遍以「漢話」(川西方言)作爲各地人群間的「共同語」至少已有百年歷史,而由於各村寨、各個溝的

---

5 更西方的黑水,其居民說的仍是語言學者所稱的「羌語」;1950年代初的調查中,他們也被視爲「羌族」。然而後來可能是爲了尊重民族意願,在民族劃分上他們成爲「藏族」。

認同與區分機制，也讓他們不易改變原有的「鄉談話」[6]。況且各溝各寨羌族與外界接觸日多之後，使用「漢話」的機會更普遍，因而「鄉談話」仍在繼續流失之中。無論如何，共同本土語言文字的推廣、使用雖然缺乏成效，但這些活動作為一種「展演」，推廣了「共同羌語」此一觀念，在凝聚羌族認同上仍有相當意義。雖然，以鄉談話溝通還是有困難，但羌族知識分子普遍認為，各地鄉談話是一種共同的羌族母語。

羌曆年與歌庄舞

目前羌族年節「羌曆年」，以及在各種公私慶祝場合常見的歌庄舞，都被認為是羌族文化的重要標記。「羌曆年」是否為羌族傳統新年，在當今羌族中都有爭議。在陶倫士與胡鑑民的著作中，都曾提及羌民的新年是在陰曆十月初一；主要活動是殺牛羊還願[7]。然而在葛維漢的書中，他以汶川、理縣之間的和平寨、木上寨等地習俗為例指出，「還願」或在六月初一，或八月初一，或十月初一，各寨間沒有統一的日期。而且，他並未將此節日視為羌民的年節。「大學生暑期邊疆服務團」在《川西調查記》一書中所記載的羌民歲時節日，有過年、清明、端午、中秋等；本地人「過年」與漢人習俗相同，是在陰曆正月。

陶倫士與胡鑑民所記載，在十月一日「過年」的是汶川與理縣東部的「羌民」。事實上，根據我的採訪及相關文獻，所謂羌曆年在這些地區原稱作「牛王會」，或與漢人年節的「冬至」相混因此也稱作「過小

6　許多羌族中老年人，目前對於「漢話」與「鄉談話」的看法是：「漢話」不用學就會，但「鄉談話」倒需要學才會。這可以讓我們思考，究竟什麼是「母語」？

7　Thomas Torrance, *The History, Customs and Religion of the Ch'iang*, 29; 胡鑑民，〈羌民的經濟活動型式〉《民族學研究集刊》4(1944)：58-59。

年」。「牛王會」或拜牛王菩薩的習俗,在各地有不同的舉行時間,有
不同的儀式,甚至有不同的節慶意義。在農業較重的汶川和理縣東部地
區,這相當於一種答謝神恩(還願)的秋收節。然而在茂縣西路牧業遠較
汶、理地區爲重的赤不蘇,只有養牛羊較多的家庭祭牛王菩薩。也就是
說,愈往北路與西路去,「牛王會」的節日意義就愈淡化,或根本沒有。
無論是冬至過小年,或是牛王會,顯然都是與漢人民間信仰相關的習
俗,它們的流行也與土著漢化程度相對應。陶倫士曾在其著作中提醒讀
者,勿受漢化土著誤導而將羌民年節認作是漢人的「牛王會」[8]。這顯示,
他也曾聽得當地民眾說,十月初一是「牛王會」。無論如何,他與胡鑑
民心目中都認定有一純粹的羌族文化,因此將十月初一這日視爲羌民最
重要的節日,並排除其與漢人習俗「牛王會」的關聯。事實上,無論在
20世紀上半葉或是今日,在所有當前羌族地區,一年中最重要的節日便是
「過大年」──與漢族一樣的過陰曆年。過年時,吃年夜飯、祭祖、舞
龍舞獅等等,也與漢族大體相同。更重要的是,在「羌語」中根本沒有
「月分」與「年」的概念,自然也沒有所謂的「羌曆年」了[9]。

　　無論如何,「過大年」被認爲是漢人習俗,因此在羌族文化建構中
「牛王會」逐漸成了「羌曆年」。地方自治政府在推行「羌曆年」上扮
演主要角色。1988年茂縣舉辦全羌族的「羌曆年」慶祝活動。次年,在
汶川縣舉辦慶典,1990年由理縣舉辦,1991年由北川縣接著舉辦。「羌
曆年」成爲羌族新年的詳細過程,我們並不清楚。胡鑑民等人對羌民「過
年」習俗的描述,可能有一定的影響。各地羌族民眾大多明白,過去並
沒有「羌曆年」的習俗。他們常將之歸於某一重要「羌族」的鼓吹或推

8　Thomas Torrance, *The History, Customs and Religion of the Ch'iang*, 35.

9　在羌語中,一年只分為兩個階段;一為暖的日子,約當春夏,一為冷的日子,
　　約當秋冬。

動。如一位北川青片鄉的羌族老人所言：

> 現在這十月初一，在理縣那幾個寨子調查的，而且他們也叫過
> 小年，不知為何弄成羌曆年。現在茂縣的人還問，怎麼把個十
> 月初一變成羌曆年。我說，我還要問你們呢。八七年在成都的
> 那些羌族，何玉龍，一個老紅軍，每一縣派一些人去跟他們過
> 羌年十月初一，後來就成了傳統了。八八年在茂縣，八九年在
> 汶川，九十年在理縣，九一年在北川；就這樣形成了。現在老
> 百姓對這也反感，他們認為不是十月初一。

松潘小姓溝的一位羌族，對此有另一種詮釋，他說：

> 解放後，還有日本人的頭頭來，他說羌族是日本人的舅舅，說
> 羌族怎麼沒見了。所以後來茂汶就弄一個羌族自治州說，就有
> 了羌曆年；就是日本人問的。羌曆年是好多號？這是後來才成
> 立的，成立了三年、四年了吧。跳舞、唱歌、咂黃酒。

　　在許多羌族的記憶中，羌曆年不僅不是一項舊傳統，相反的，在他
們的言談中常出現「開始過羌曆年的時候」這一時間座標。這個時間起
點座標，代表一個新的開始──較好的經濟生活，較多的觀光客，經常
舉辦的羌族歌舞表演。
　　羌曆年慶典中最重要的活動便是「跳鍋庄」表演。「跳鍋庄」，又
稱「沙朗」，是一種團體歌舞，目前被認為是阿壩州藏、羌族共有的一
種地方文化。但許多地方的民眾都說，當地過去沒有這傳統，這是近年
來年輕人由外面學回來的。在茂縣牛尾巴寨的新年慶典中，我也曾觀察

到當年輕人跳著「鍋庄」時，老年人聚在一起跳「尼薩」——據稱，這
是本地過去的傳統歌舞。一位當地老年人說：

> 鍋庄有。以前我們跳的是尼薩，尼薩日北，就是不跳腳，只是
> 轉圈圈。你唱一段，我唱一段，像對詩一樣，跳舞根據跳那個。
> 解放過後，他們參加工作的帶回來的(鍋庄)；以前不興跳，不
> 會。沙朗的歌詞，歌庄的意思不曉得，尼薩的意思知道。沙朗
> 原來不是羌族舞，只是現在進化了，一些文人吧，編出來的。
> 尼薩有，過年有過年的內容，全部是羌族語言來對的(按：來唱
> 出的)。

值得注意的是，在其它地區幾乎也沒有任何羌族民眾知道「鍋庄」
的歌詞內容。「鍋庄」似乎是由西方(目前的嘉絨地區與黑水地區)傳來
的歌舞；過去愈往東邊，此種傳統愈弱或根本沒有。在20世紀上半葉，
葛維漢與《川西調查記》的作者們，已觀察到這個文化現象。當時羌民
的鍋庄歌舞並不普遍，有此習俗的只是緊靠著「西番」或嘉絨藏族的羌
民。因此他們指出，羌民的鍋庄歌舞學自「西番」或嘉絨藏族[10]。在有
此傳統的羌族地區，據老年人說，過去一地有一地的鍋庄，皆有不同之
處。自稱「爾勒瑪」的黑水藏族，有些老人也說，過去他們跳兩種沙朗——
「赤部沙朗」與「爾勒瑪沙朗」；前者指的是由上游地區傳來的沙朗，
後者是「我們的沙朗」。如我在前面所分析的，過去「爾瑪」或「爾勒
瑪」只代表一小區域人群的認同，而「赤部」與「爾瑪」間的邊界是相

---

10 David C. Graham, *The Customs and Religion of the Ch'iang*, 32; 教育部蒙藏教育
司，《川西調查記》，頁24。

對而非絕對的。因此「鍋庄」歌舞的確是由西東傳，但葛維漢與《川西調查記》的作者們稱此爲嘉絨或西番文化，並不十分正確。

　　自1989年以來，在阿壩州政府與其下各縣政府的倡導下，典型的羌族鍋庄與藏族鍋庄分別被編成幾套，並推廣到各地民眾之間。各縣城的少數民族知識分子是熱心的推廣者。如今鍋庄歌舞經常在羌族地區各種公私慶宴如婚禮、運動會或羌曆年中表演，成爲當地旅遊活動的重要展演項目，也成爲羌族年輕男女日常農閒時的娛樂。如今對羌族而言，它不僅是本民族文化象徵，也是阿壩州包括藏、羌少數民族文化與團結的象徵。

羌族婦女服飾

　　在羌曆年慶典或旅遊活動中，一群年輕羌族女孩穿著色彩豔麗的民族服飾跳鍋庄，總是眾人圍觀的焦點。不僅在公共演出場合羌族少女穿著此種色彩豐富、圖案繁複的服飾，在村寨的日常生活中婦女們也經常穿著「民族服飾」。此羌族婦女服飾的共同特色，主要表現在年輕婦女色澤豔麗的長衫上。顏色多爲紅、綠、桃紅或天藍，在領與袖邊上加上一段繡花布邊。羌族婦女多有包頭帕的習俗，但各地有不同的包纏法。最大的差別是「搭帕子」與「包帕子」的區分；前者流行在鄰近嘉絨或黑水藏族的羌區，如赤不蘇與理縣，後者流行在其它羌族地區。包帕子的方式，在三龍溝、黑虎溝、蒲溪溝、永和溝等地都有相當差別（請參考本書圖片）。甚至在一個溝中，相鄰村寨間都有細微的區分。鞋子、領袂與圍腰上的繡花，也被視爲當前羌族的傳統服飾重要特色之一。西路與北路羌族的繡花，以幾何圖案的「十字繡」爲多，東路則流行以花朵圖案爲主的「刺繡」。汶川一帶村寨由於刺繡精緻，還被國家命名爲

「中國民間藝術羌繡之鄉」[11]。

羌族自治州縣文化單位中的羌、藏與漢族知識分子，曾編輯出版名為《中國四川羌族裝飾圖案集》的圖冊。在這書中，透過圖象與文字的安排與詮釋，他們強調羌族服飾在多樣分歧中的同一性。事實上，從村寨民眾的觀點，在婦女的頭帕、圍腰、腰帶、花邊等方面，一個村有一個村的特點，一個溝有一個溝的特點；有時一匹山的上、下寨之間，一條溝的陰山與陽山面村寨之間，在婦女服飾上都有些微的差別。這些微小差別可能不會引起他人注意，但在當地民眾間卻有非常重要的區分意義[12]。無論如何，目前穿著這色彩豔麗而又多變化的「傳統羌族服飾」的幾乎都是高山、深溝村寨中的婦女。

因此，這些服飾特徵中有那些是「傳統的」──至少是從20世紀上半葉延續而來──值得探究。在上一章中我提及，20世紀前半葉，陶倫士、葛維漢、胡鑑民與《川西調查記》的作者們所描述的「羌民」服飾，經常是形式素樸、色彩單調。葛維漢與胡鑑民都曾注意到，在衣鞋上繡花的習俗在較漢化或藏化（嘉絨化）的地區更流行，因此他們懷疑羌民由鄰近的漢族或嘉絨藏族那兒習得繡花的習俗。此外，我也在上一章中提及，在1929年，黎光明記載道：「以纏頭代帽是川西漢人的習慣，並不是羌民或土民的特俗。」以及，1934年中國旅行家莊學本也認為「此地的漢羌和山外的川人同樣纏著素淨的白頭帕」。當時包頭帕的本地人也包括男子；20世紀上半葉的調查者曾提及，羌人無論男女皆戴頭巾、紮

11　編輯委員會，《大熊貓的故鄉：中國汶川》（汶川：汶川縣人民政府出版，1997）。

12　如近年來茂縣渭門一帶村寨年青婦女，開始用較長的頭巾布層層盤繞成餅狀頭帕；這種風俗直影響到鄰近永和的道材主村。然而永和其他村寨則譏之為「鍋魁」（一種烤大餅）。這種村寨間婦女服飾上細微的差異永遠存在，也不斷的被創造。

綁腿。

顯然，不同於過去的素樸，現代羌族村寨婦女服飾在色彩上非常炫麗，衣裙上的圖案多而複雜。其次，當近幾十年來婦女服飾逐步特殊化而表現民族與地域特色時，相反的，無論在村寨或在城鎮中羌族男人服飾卻朝中性化、一般化與現代化發展。由服飾上我們看不出各地羌族男子有何不同，也看不出羌族男子與漢人有何差別。至於羌族婦女服飾上的地域性差異，這倒是由葛維漢、胡鑑民的描述中，直到今日各地羌族婦女的穿著上，始終如一的現象。

我曾在一篇論文中，討論近現代「民族化過程」中羌族婦女服飾的變化[13]。在這篇文章中，我不由典範模式的文化定義（normative mode of culture）來理解「民族服飾」，而強調此「文化」形成的過程（process）與情境（context）。簡單的說，在現代「民族」與「民族國家」（nation-state）概念中有兩大因素：團結（民族化）與進步（現代化）[14]。除了以共同「起源」團結、凝聚民族成員之外，還強調或追求該民族的「進步」與「現代化」。此種二元特性，使得人們對「民族傳統文化」有兩種相矛盾的態度；一方面「傳統文化」促成民族團結因此值得強調、推廣，另一方面「傳統文化」又代表落後而須被改革或迴避。由於對「傳統文化的」愛憎，以及民族內部的核心與邊緣區分，於是，以中華民族而言，漢族不願穿著「傳統民族服飾」，而自豪於少數民族皆穿著「傳統民族服飾」。此隱喻著漢族的現代化，與少數民族的落後。在羌族之中，城鎮羌族知

---

13 王明珂，〈羌族婦女服飾：一個「民族化」過程的例子〉，《歷史語言研究所集刊》69.4（1998）：841-85。

14 這便是 Prasenjit Duara 在其有關中國民族主義的著作中所提出的：民族主義下的線性歷史一方面強調自古以來歷史的延續性，一面強調傳統與現代間的斷裂。見 Prasenjit Duara, *Rescuing History from the Nation: Questioning Narratives of Modern China*（Chicago: The University of Chicago Press, 1995）, 25-29.

識分子本身不穿「傳統民族服飾」，但他們自豪於村寨中的羌族仍穿著本民族服飾。同時，羌族城鎮居民也認為自身較現代化、較進步，而鄉下人要保守、落伍些。在羌族村寨中，男性也不穿本民族傳統服飾，但他們自傲於「本地女人都還穿本民族傳統服飾」。村寨中的男人也認為，男人見的世面較多、較進步，女人較封閉、保守。於是，羌族村寨女性在強化各種社會區分的核心與邊緣權力關係下，成為「傳統」的承載者[15]。

然而這並不是說，當前羌族的「傳統民族服飾」現象全然是近代國族主義下的創造發明。造成此文化現象的一些關鍵因素──漢與非漢間的區分、男性與女性間的區分、城市居民與鄉民間的區分──在中國歷史中已有長期的延續。在本地溝與溝間的區分，寨與寨間的區分，也根植於當地特有的地理資源環境與相應的人群生態中。因此為了與外面的漢人世界接觸，男人常穿著漢裝；為了維持本地各寨、各溝間的必要區分，不常出門的或居於邊緣弱勢地位的婦女們，則須穿著有本地特色的服飾。這些都不必然是國族主義流行之後才興起的文化現象。由更基本的方面來說，人類群體常以文化建構之「身體」作為我群與他群間的區分，古今中外皆然。服飾作為個人身體的延伸，可能是最普遍的一種文化建構的群體「身體」；此也不必然是國族主義下的建構。因此，學者

---

15 印度學者 Partha Chatterjee 對印度民族主義的研究中，也曾指出nationalism的二元特性及其與女性的關係──在國族主義下，人們區別以物質、進步、西方、男性為代表的「世界」，與以精神、傳統、本土與女性為符號的「家」。因此，中產階級新女性在國族主義新父權之下，被期望穿著特定的服飾及保持其它傳統，以揹負代表本土的精神與民族主體性。也就是說，在民族主義的二元特性下，當男人走向「世界」時，他們要求女人留在「家」中。見Partha Chatterjee, *The Nation and Its Fragments: Colonial and Postcolonial Histories*（Princeton: Princeton University Press, 1993）, 120-130.

將當代「傳統民族服飾」視爲近代國族主義下的發明創造時[16]，顯然忽略了此種文化現象更長遠的歷史背景，忽略了當地的人群生態背景，並忽略了人類結群與區分下的一種普世性心理特質。

飲食文化：北川的例子

在前面我曾提及，人們常藉由身體——「內在身體」與「外在身體」——來體察並強調個人的社會存在與特性，以及其與他人或他人群間的區分。內在身體，主要指實質的或想像的內在身體特質，特別是想像中由我群或他群的「食物」所造成的身體特質。

作爲族群內在身體象徵的我群食物，不只是被人們主觀的認知、建構，更被人們在飲食行爲上實踐、展演。當我第一次到北川訪問時，一位受訪羌族知識分子提到羌族最有特色的食物——蕎麵饃饃。第二天清晨，他特別做了些送到我住的地方來；對此我印象深刻。後來，在一本北川縣出版有關「大禹」的論文集中，我讀到，一位參加北川舉辦的「大禹研討會」的學者，回憶主人對與會學者的熱情招待情景。他稱：「治城區政府爲我們安排了一頓豐盛的午餐，席上最受歡迎的卻是蕎涼麵、蕎麵、蕨根麵、豆腐等山區產品。」[17]在北川小壩鄉的田野採訪中，我也聽到以下的說法：

山後面的人是「下巴子」。這就是民族中，無形當中，就是一

---

16 Eric Hobsbawm & Terence Ranger ed, *The Invention of Tradition*(Cambridge: Cambridge University Press, 1983).

17 四川省大禹研究會編，《大禹研究文集》(北川：四川省大禹研究會，1991)，頁158。

個民族的鴻溝；一個民族，另一個民族，就是那種。這個，從
生活習俗上來講，與外頭這壩區也有些不同。這個生活，吃的
受自然條件限制，吃蕎麵、玉米；那麼下面，就吃的是白米、
小麥。

　　然而在過去，當大多數北川人都自稱漢人時，「吃蕎麥的人」也就
是「蠻子」的代名詞。在前面第三章中，我曾提及20世紀上半葉北川地
區的族群體系——大家都自稱「漢人」，卻認爲住在上游的都是「蠻子」。
事實上，由於地形、氣候及植物特性等因素，由下游而上游，蕎麥、玉
米在各地村民農產中的比例是逐漸增高，其間並沒有截然的劃分點。道
光《石泉縣志》也記載，當時的番民「種春秋二蕎，與漢民同」。也就
是說，相鄰兩地區其居民主食並沒有明顯區別。因此以「食物」作爲漢
與非漢的區分，只是人們主觀的異己想像與建構。此種主觀的異己想
像，使得嘲笑上游居民是「吃蕎麥的蠻子」的人，自己也被下游的人認
作是「吃蕎麥的蠻子」。由於大家都多少吃些蕎麥，於是在青片河、白草
河流域所有的「漢人」都有族群認同上的危機感。此種藉由「食物」來表
達的族群區分，及其所蘊含的族群歧視，也表現在北川的一則民間故事上。

　　〈蕎子與麥子〉：麥子很瞧不起蕎子，理由是它的麵粉太黑。
　　而蕎子卻說，我雖黑一點，但一年收兩季，還在屋頭過年哩，
　　而你麥子一年只收一季，還在坡上過年。把麥子氣得肚皮上裂
　　了一道口子[18]。

_____

18　北川縣政協文史資料委員會編，《北川羌族資料選集》(北川：北川縣政協文史
　　資料委員會，1991)，頁170。

　　上述〈蕎子與麥子〉故事，可被視爲一種被流傳的「文本」（text）或文化「表徵」（representation）；其背後的社會情境（context）或本相（reality）便是：在過去，被認爲是吃蕎子的「蠻子」，深受自稱是吃麥子的「漢人」歧視。這故事被收錄在《北川羌族資料選集》之中。在故事之後，編者（北川羌族知識分子）稱：「這也從另一個側面，看出羌族視蕎麥爲本民族穀神，從而存有對其偏愛的心理。」事實上，我們從這故事中無法得到此結論。編者對此故事作如此詮釋，反而突顯此詮釋文本背後之情境──許多北川人由過去被侮辱的「蠻子」成爲今日驕傲的「羌族」後，「蕎麥」成爲本民族的文化符號。

　　由1980年代中期起，愈來愈多的北川人恢復了「羌族」認同。由於北川的土著文化早已喪失殆盡，因此在強烈的羌族認同與認同危機下，當地知識分子特別熱心於選擇與展演他們的「羌族文化」。在這一波本土文化運動中，過去「蠻子的食物」蕎麵，成了羌民族食物之表徵。這個故事被出版、詮釋，以及在地方政府的餐宴中蕎涼麵、蕎麵受到特別介紹與矚目，以及羌族朋友向我推介蕎麵饃饃等等，都可視作一種文化展演。透過此種展演，客觀的物質文化強化或表達主觀的族群認同；族群認同也因此影響他們主觀上對特定食物的喜好。

天神、白石信仰、端公與祭山會

　　前面我曾提及，20世紀上半葉羌民文化調查者的研究焦點主要爲羌民宗教。在羌民宗教中，天神、白石信仰、端公與祭山會又是他們描述的重點。我也曾提及，此時「天神」的性質在學者間有許多爭論，土著對祂也有不同的看法──將之視爲上帝耶和華、玉皇、木比塔，或全然不知。相對應的，陶倫士認爲白石代表唯一的天神，葛維漢與胡鑑民則

指出，白石代表許多不同的神。巫師端公的經典與施法，在絕大多數學者的描述中都大量攙雜著道教文化。端公經文有些以漢語唸，有些以「鄉談話」唸。以「鄉談話」唸的經文，有些部分只有端公自己能解，或有些連端公自己也不能理解了。這些都說明，在20世紀上半葉，有些「本土文化」已逐漸在消逝或改變之中。

1950年代以後，特別是在文化大革命時期，「宗教」在社會主義無神論之下逐漸沒落；廟子被搗毀，端公施法被禁止。到了1980年代，能夠說唱經文的端公所剩無幾。在此以口述記憶傳遞文化的社會中，端公便是本土文化的記憶者與傳述者。因此端公的消失，也就代表本土文化的逐漸消逝。更有甚者，「無神論」在社會教育的推廣下，普及於民眾之間。及至今日，老一輩的羌族受訪者在談起過去本地的宗教習俗時，經常說「那些都是過去的封建迷信了」。只在部分村寨中，特別是在偏遠山區的村寨中，祭神樹林或祭山神活動還是每年進行。

到了1980年代中期，部分羌族宗教文化有逐漸恢復的趨勢。在羌族知識分子的努力下，兩、三位年長端公的「唱詞」被錄音保存，並部分譯成漢文流傳出版。其中最重要的，以及流傳較廣的，便是與天神、白石信仰有密切關聯的「羌戈大戰」故事，以及述說人類起源的「木姐珠與斗安珠」故事[19]。「羌戈大戰」故事，由於歷史學者指出它反映古羌人由北方南遷此一「歷史事實」，詮釋了羌族的由來，因此使得這故事得到羌族知識分子的廣泛注意。天神木比塔之女木姐珠與一凡間人猴斗安珠成婚的故事，解釋更普遍的人類起源。透過各種《羌族民間故事集》的出版，這兩則故事，以及天神木比塔，逐漸廣爲羌族人所知。如今木

19　這故事述說天神的小女兒，木姐珠，與地上一個半人半猴的男子斗安珠成婚的故事；見本書第八章，頁291。

比塔不是玉皇大帝，也不是上帝耶和華，而是所有羌族的天神──護佑
羌人戰勝敵人的天神；白石則是這位天神的象徵。然而在廣大的茂縣與
松潘地區村寨中，人們仍然很少聽過木比塔。對他們而言，白石仍代表
多種的神，天上最大的神仍是玉皇或西方佛祖。反而是城鎮中的羌族，
或能讀漢文的羌族知識分子，才熟知羌族天神的故事。

　　在另一種本土羌族文化建構下，「端公」別有意義。近年來，一些
羌族知識分子熱衷於「禹文化」研究[20]。他們認為，大禹文化表現在端
公的法事上。端公作法時所跳的就是「禹步舞」；端公作「索卦」，就
是根據大禹所作的「連山易」。但畢竟，能建構與傳述此種「大禹文化」
的只是少數老年羌族知識分子。因此，這樣的「大禹文化」在民間流傳並
不廣泛。但「大禹」是古老的羌族祖先，這一記憶卻普遍流傳在羌族之間。
在本書第九章中，我曾說明，姜炳章等北川地方官員，曾以大禹記憶來強
化一種以「聖興之域」為榮的「北川人認同」；此「北川人認同」，也是
一種漢人認同。在第八章中，我也說明了「大禹子孫」在當代羌族認同上
的意義──大禹及其子孫，在北川，如何由「漢人」成為「羌族」；以及，
北川與汶川羌族知識分子對於「大禹出生地」的爭論。在此不再贅述。

　　祭山會活動，在許多羌族村寨中都是一種中斷而難恢復的傳統，只
有少數村寨一直維持此宗教活動。一般來說，愈遠離城鎮與交通幹線的
村寨，愈容易或愈有必要維持此傳統祭山活動[21]。因此以整個羌族地區

20　此種熱潮由各種羌族知識分子的出版物中可見；幾乎所有的羌族歷史文化刊物
　　中，都有關於大禹的文章。北川羌族還出版了《大禹研究文集》，及《大禹史
　　料彙編》等專書。在北川與汶川縣城，大禹也常成為許多店招與廣告牌上的主
　　題。

21　這是由於，愈遠離城鎮與交通幹線的村寨，居民愈依賴本地溝中的資源，因此
　　愈有必要藉山神祭祀來維持各溝各寨間的「山界」。有關山神與人類資源分配
　　之關係，見本書第三章。

而言,西方、北方的深山村寨民眾較重視祭山會活動。祭山神的傳統是,即使在同一溝中各寨都是各祭各的山神,各寨祭山日期與儀式過程也不同。鄰近的嘉絨與黑水藏族亦如此。這也反映,「祭山神菩薩」是一種本地村寨傳統,而不只是一種羌族傳統。近年來,在本土與外來羌族文化研究者的鼓勵與安排下,以及在恢復羌族文化及發展觀光的動機下,某些村寨曾盛大舉行祭山活動。在這些活動中,常吸引大量的觀光客、記者、學者與鄰近居民參與。介紹這些羌族祭山活動的文字與圖象,透過各種媒體傳播;尤其出現在羌族知識分子編輯出版的有關羌族文化的書刊中,更增強了祭山神(或祭神樹林)為羌族代表性宗教活動此一意象。

在過去,絕大多數羌族地區都曾流行「廟會」活動;前面我曾說明,在許多羌族地區「廟子」替代山神,也承繼了「山神」維持各村寨資源界線的象徵意義。因此,1980年代中期以來,許多村寨也嘗試重建文革時期被打爛的「廟子」,恢復廟會活動。但這些東嶽廟、觀音廟、川主廟卻無「少數民族宗教文化」此一護身符,因此難免被視為「封建宗教迷信」而遭受部分民眾的質疑,也受當地政府的壓抑。

文化展演

以上我在描述鍋庄歌舞、飲食、服飾與宗教活動等羌族文化時,都提到「文化展演」此一概念;對此我必須多作說明。過去研究民族的學者們,在一種範準模式的文化(normative mode of culture)理解下,常將「民族文化」視為一人群間的客觀文化表徵。由一群人之「共同文化」所呈現的相似性,來強調該人群的「一體性」。同時,此當前人群之文化,與歷史上某人群文化之間的相似性,又使此文化被視為一種「文化傳統」,學者以此強調該人群的歷史「延續性」。人群的文化一體性,

與該群體文化在時間上的延續性，則被認為是構成一個「民族」的要件之一。這樣的看法，無法解釋所謂「一體」文化下的差異，以及文化傳統的變遷。也就是忽略了「文化」在空間、時間，以及社會各次群體間的變化。另一個研究傳統，社會人類學者的研究，曾注意「文化」的功能與結構；這是功能—結構模式的文化理解（functional-structural mode of culture）。在此理解模式下，學者並不在意一「民族」的範圍、邊緣或其歷史淵源，而致力於了解某制度文化在一社群中的功能，它與其他社會制度、經濟生態之間的關係，及其所反映的整體社會與文化結構（或普世性的人類社會與文化結構法則）。這樣的研究取向，被當代學者批評為忽略了文化或制度的本土意涵，以及其背後的「歷史」（history）與「權力關係」（politics）。

在現象學與相應的「土著觀點」下，學者們開始注意「文化」如何被土著主觀的認知、詮釋與建構；這是現象學模式的文化理解（phenomenological mode of culture）。與此相應的是強調群體成員主觀認同的「族群本質」（ethnicity）研究。在此類研究中，「文化」或被視為無助於界定族群邊界的「客觀文化特徵」集結而被忽略[22]，或被視為強化族群「根基性情感」（primordial attachments）的社會稟賦（givens）而強調其在群體中的主觀象徵意義[23]，或被視為可被想像、操弄與創造的「傳統」，而注意與此種文化創造背後的群體認同或認同變遷（如國族主義

---

22 Michael Moerman, "Ethnic Identification in a Complex Civilization: Who are the Lue?" in *American Anthropologist* 67(1965): 1215-30; Fredrik Barth, "Introduction," in *Ethnic Groups and Boundaries*.

23 Clifford Geertz, "The Integrative Revelution: Primordial Sentiments and Civil Politics in the New States," in *Old Societies and New States: The Quest for Modernity in Asia and Africa.*, ed. by Clifford Geertz(New York: Free Press, 1963); also, Chap. in *The Interpretation of Cultures*(New York: Basic Books, 1973).

下的國族與民族認同）[24]。這樣的理解模式，忽略了在一社會中文化的多
元、動態與主體性，也忽略了個人生活實踐中的文化，與整體社會文化，
兩者間的差異與關連。一個簡單的事實是，「本地人」常不同意彼此的
觀點；對於同一種文化習俗，「本地人」的演示、理解與詮釋常不一致。
所謂「共同文化」，無論如何皆難免涉及該社會中的兩性、世代與階級
等社會階序性權力關係。因此將這些羌族文化視作一種「文化展演」，
或可彌補將之視爲「客觀文化現象」與「主觀文化建構」之不足。

　　將「文化」視爲一種文化展演，我們才能見著「文化」動態的一面，
以及「文化」如何在本土與外在世界的互動中不斷呈現與變遷。文化展
演在兩種動態中進行。一是，現實社會中的動態——它在各社會群體與
個人，以及群體內外人群，對社會歷史記憶的選擇、詮釋與爭論中形成
與展現。其二是，歷史動態——文化展演在歷史變遷中產生，同時它又
強化或改變群體內外人群的社會歷史記憶，因此造成文化與社會的歷史
變遷。我所謂的「展演」，略同於人類學家所稱的 performance。然而，
雖然許多人類學者在概念上以此指稱相當廣泛的人類集體文化行爲，但
實際研究大多集中在社會與宗教儀式、戲劇音樂、社會劇、運動競技等
等有特定舞台、演出者、觀眾的社會活動上[25]。當我將羌族文化視爲一
種「文化展演」時，「展演」有更廣泛的意義。它的舞台可能是各種社
會生活場域；演出者與觀眾的角色是變動的、可互調的；它可以是當事
者有意識的或無意識的行爲。也就是，我們每一個人日常生活中的各種社

24　Eric Hobsbawm, "Introduction: inventing tradition," in *The Invention of Tradition*, ed.
　　by E. Hobsbawm and T. Ranger（Cambridge: Cambridge University Press, 1983）.

25　Richard Schechner and Willa Appel, *By Means of Performance: Intercultural studies
　　of theatre and ritual*（Cambridge: Cambridge Press, 1990）; Victor Turner, *The
　　Anthropology of Performance*（New York: PAJ Publications, 1987）.

會化言行（如某種語言腔調、餐桌禮儀、打招呼的方式等）都是在做各種的「展演」。因此，「展演」又略等於法國社會學家博爾都（Pierre Bourdieu）所稱的「習行」（practice）。展演、行為展現所賴，及其所支持的「認同與區分體系」，也與博爾都所稱的「習性結構」（habitus）的意涵有相當重疊[26]。

　　文化展演，必然涉及展演主題、展演者、觀眾、場域與展演媒介。更重要的，這些展演被個人或群體觀看、詮釋、獲知，並產生意義。以當前羌族文化為例，簡單的說，展示物是服飾、飲食、白石崇拜、羌語、端公文化等等。展示者是村寨婦女、羌族知識分子、老端公，或所有的羌族民眾。觀眾則是各種背景的羌族、漢族、藏族、回族與其他中國少數民族，以及外國人。展演的場域或在村寨與城鎮的日常生活之中，或在茂縣、馬爾康或北京的表演舞台上，或在汶川、北川舉行的有關羌族文化的研討會及相關活動上，或在羌族地方自治政府及文化團體出版的刊物上。展演的媒介則是自然或人為的創造物，人們的身體，或由身體產生的語言、文字與肢體動作等等。以社會權力關係來說，展演，不只是「誰在展演」，還涉及「誰刻意將誰作為展示品來演出」；不只是「在何種場域舞台」，還在於「誰創造的場域舞台」；不只是「誰是觀眾」，更重要的是「誰招引觀眾」。最後，透過展演，「文化」對展演者與觀眾產生意義；重點不只在於產生什麼樣的意義，更在於誰在詮釋及爭論意義。在此，造成文化展演的及由文化展演產生的意義，主要是一種社會現實本相，一種情境，也是一種多層次的社會認同與區分體系。透過人們的展演、觀看與詮釋，文化反映、強化與改變一社會的認同與區分

26　Pierre Bourdieu, *Distinction: A Social Critique of the Judgement of Taste*, trans. by Richard Nice（1979; London: Routledge & Kegan Paul, 1984）; *Outline of a Theory of Practice*, trans. by Richard Nice（Cambridge: Cambridge University Press, 1997）.

體系，或反映、強化與改變相關的社會情境與歷史記憶。所謂多層次的
認同與區分體系，我是指，譬如，區別於漢族的少數民族認同，區別於
城鎮人的農村人認同，區別於男人的女人認同，區別於老年人的年輕世
代認同，以及相對於其它地區羌族的北川、茂縣等羌族認同，等等。

　　以中華民族認同與相關區分來說，在近代民族化過程之後，在漢民
族成爲中華民族的核心而過去的「蠻夷」成爲邊緣少數民族之後，少數
民族有信心並受鼓勵展現他們的民族特色。羌族的服飾、飲食、鍋庄民
族舞蹈，山神、天神與白石崇拜等等，也在此潮流下透過身體、文字與
圖象展演出來──藉此展現羌族認同，及羌族與其他民族間的區分。對
漢族來說，鼓勵羌族文化展演有其它意義。這也就是，過去華夏曾以描
述邊緣之奇風異俗、奇山異水與其人之凶桀不馴，來刻劃「華夏邊緣」；
而今之漢族，則以古老的、迷信的、有特色的、擅於歌舞的「少數民族
文化」，來描述此國族一體性下的新「華夏邊緣」。

　　在所有這些文化展演中，「服飾」具有特殊意義；作爲個人身體延
伸，它被轉化爲「民族身體」以表達其民族特色。穿著具民族特色服飾
的少數民族，也是對漢族而言的「異質化邊緣」。這種以「服飾」來鮮
明化民族特色，以及，藉著有鮮明文化特色的少數民族以刻劃漢族邊緣
的展示、演出，常表現在各個國家級大型會議與慶典場合中；如在各少
數民族代表穿著本民族服飾的團體照像上，藉著身體與服飾，一個多元
的中華民族圖象被展示出來。同時藉民族服飾展演，少數民族（著傳統
民族服飾者）與漢族（著現代化的西裝或便服者）間之區分，或各少數民
族彼此間的區分，也得到彰顯。1980年代以來，由於各種媒體傳播工具
逐漸普及，這種民族舞蹈或服飾展演所表現的民族認同與區分，透過各
種競賽演出、民族畫冊與民族知識書刊的發行，以及1990年代以來的電
視轉播，成爲塑造各族人民（特別是城鎮居民與知識分子）我族認同的重

要集體記憶。

羌族不只居於中國或中華民族的邊緣，他們在四川省與阿壩州中也居於邊緣地位。各種政治、社會的優勢群體都創造羌族文化的展演舞台，以刻劃不同的邊緣。僅以汶川縣而言，從1957-1985，代表羌民族特色的文藝表演團體，共受邀參加了99次在馬爾康（州政府所在）、成都（四川省府所在）、北京（中國國家首都）舉行的各種競賽演出[27]。在這些展演中，特別是在這些展演地點所蘊含的政治權力空間意含中，羌族文化的獨特性刻劃其各種邊緣地位——在阿壩州中相對於嘉絨藏族的州內人邊緣地位[28]，在四川省中相對於平原四川人的山間四川人邊緣地位，在全國範疇中相對於漢族的少數民族邊緣地位。對羌族人民來說，雖然他們皆有感於本民族的邊緣性，但透過「文化展演」他們表達對自身傳統文化的驕傲，並與其他民族的文化展演相互競爭、誇耀。

羌族文化不只是在馬爾康、成都、北京等優勢群體所創造的場域中展演；在羌族地區，羌族知識分子透過地方政府機構，也創造各種羌族文化的展演場域。各縣之文化館、史志辦公室與學校，或舉辦各種的節慶歌舞表演、競賽，或編輯出版各種有關羌族文化的刊物，或修建文化展覽館或文化古蹟點。在這些場域中，各縣、各區羌族的文化展演形成一種競爭。他們爭論，何處的端公文化保存得最好，何處的羌族傳統服飾最道地，何處的村寨建築最有本民族特色，以及何處是大禹文化的發跡地——種種展演與爭論，都為了界定本民族中孰為核心、孰為邊緣。文化展演者，也是觀賞者，同時也是文化詮釋者。

---

27 汶川縣地方志編撰委員會，《汶川縣志》（汶川，1992），頁695。

28 阿壩州中以藏族（特別是嘉絨藏族）為主體，在1989年之前該州的全名還是阿壩藏族自治州，其後才改為阿壩藏族羌族自治州。馬爾康是該州州政府所在，也是嘉絨藏族的一個經濟文化中心。

　　近年來，由於九寨溝成爲熱門的觀光景點，而往九寨溝的主要公路
又穿過羌族地區。於是在發展經濟與民族認同雙重動機下，地方政府與
商人共同創造展示場域，將村寨民眾(特別是婦女)、頂上有白石的建築
與以端公爲主角的宗教活動等作爲展示物，吸引各種的觀眾——國外觀
光客、國內觀光客與本地漢、藏、回與羌族。而羌族文化之所以能成爲
一種「觀光資源」，乃由於在「少數民族文化」的展演與觀賞中，各種
社會權力關係中的認同與區分得以強化。對漢族觀賞者而言，觀賞古
老、落後、鄉間、迷信、少數獨特的「羌族文化」，強化他們概念中漢
族的現代、進步、都市、理性、與多數主流地位。對羌族觀賞者而言，
觀賞傳統、燦爛的本民族文化展演，以及觀察到外人對本民族文化的興
趣，強化他們心目中羌族古老、神秘、堅守傳統不隨波逐流的我族意象。
因此，藉著文化展演，主觀的認同與區分化爲客觀的文化符號，展現在
各個被歷史與文化知識典範化，而又被各種利益與個別經驗孤立疏離化
的人群與個人之前，成爲提醒、強化或修正他們各種認同與區分體系的
現實經驗。此被強化或修正的認同與區分體系，又導引他們透過日常生
活言行所實踐的「展演」。

　　羌族知識分子也引領外來專家、學者、觀光客進入村寨之中，在此
創造另一種文化展演場域。在此，展演者是村寨的人，特別是穿著本地
傳統服飾的婦女。對村寨居民來說，文化展演強化他們對本地文化的信
心：本地婦女服飾最傳統，本地的碉樓與村寨建築最有特色，本地的羌
語最道地，本地的白石信仰保存最好——因此能吸引外人遠道而來。同
時，這些「外人」(包括居城的羌族知識分子)也進行另一種文化展演；
他們先進的照像機、攝像機，現代化的穿著與手錶、皮鞋等配飾，以及
「有文化的」談吐，以及「具學術性的」羌族文化討論與詮釋，都對本
地人形成一種誇耀性的展演。因此在文化展演與觀察中，村寨與城鎮的

羌族一方面在「保持傳統」與「隨波逐流」上，一方面在「落後」與「進步」上，區分本地人與外地人。於是，文化的誇耀、區別與模仿、附和同時進行。城鎮知識分子以鄉民來展現本民族文化，自身卻模仿、追求現代風尚；鄉民中的男人，以本村寨與村寨中的婦女來展現本地民族文化，自身也模仿城鎮中或大都會的文化風尚。

在村寨的日常生活中，「文化展演」透過各寨、各村羌族民眾的衣食起居、季節性生產活動、宗教祭儀等不斷進行。譬如，在茂縣牛尾巴寨正月初七「人過年」的儀式中，文化展演表現於年輕女子盪鞦韆、年輕男子舞龍、村中長老開酒罈請神、男女環繞跳鍋庄舞（此時部分老婦人跳「尼薩」），以及，男人儀式性的演示出征、戰爭過程與勝利歸來，婦女倒酒敬戰士等等場景上。在整個儀式過程中，文化展演也表現在不同性別、世代村民的服飾上。在這樣的文化展演中，展演者本身也是觀眾；在展演與觀看中，各層次的社會認同與區分——少數民族與漢族、本寨與他寨、男性與女性，以及各個世代人群之間——得到強化或得到新的意義。

許多羌族文化展演，除了透過日常生活與各種儀式性場合外，也展現在文字與言談之中。在本土文化早已喪失的北川尤其如此。如一位北川知識分子告訴我：

> 我們曲山的羌族幹部，家裡羌族的服飾都是全的。現在中華民族都在穿外國時興的服裝，我們羌族自古以來在服飾上就不追風趕浪，其他少數民族也是一樣……。現在在民族服飾上我們有恢復的趨勢；西方的技術可以學，我們中華民族的根不能改。

如此在日常言談中，對本地或本民族文化的誇耀與展演，以及相對的，對外地或他族文化習俗的批評與譏諷，不斷的在親近人群間進行。

在這些日常言談中，兩組相對的心理因素——「競爭、誇耀」與「摹仿、附和」——使得「文化典範」不斷的被定義、凝聚，也不斷的被創新。如在日常生活裡，羌族男子或女子，城鎮的人或農村的人，常聚集閒話家常；話題隨著人、事、時、地之情景而有不同。他們或討論什麼是好看而又恰當的穿著，什麼是道地的鍋庄舞，描述鄰近的羌族或藏族婦女服飾如何，或批評藏族或漢族的婚姻習俗、家庭倫理，或嘲弄藏族及外地觀光客的漢話口音。在這些包含討論、批評、嘲笑的閒話中，各種社會群體（世代、兩性、區域、民族、城鄉）的文化特色得以建立、延續或修正，而與其它對應群體間的「區分」也被強化。

1990年代出刊的《羌族研究》與《西羌文化》兩種刊物，爲本土羌族文化展演提供了文字場域。然而，這兩種刊物均難以正常的持續出刊。在這期間，北川縣政府及其所屬文教單位，卻連續出版許多有關羌族與大禹文化的專著、論文集與資料選集。這反映了在文字場域的文化展演上，北川羌族知識分子較專擅而領先於其它地區羌族。在這些文字場域中，展演者（作者與編者）不限於羌族或某地的羌族，更包括漢族、藏族與日本學者。被展示、誇耀的羌族文化，主要包括山神、神林、端公與白石信仰，以及碉樓與砌石文化，飲食服飾、婚喪習俗和大禹文化等等。觀賞者（讀者）主要是城鎮中的羌族知識分子；他們仔細的閱讀，熱切的討論。如此，典範的羌族文化不斷被強化，也不斷得到新的內涵。「競爭、誇耀」與「摹仿、附和」仍是此社會過程的主要動力。譬如，以北川羌族知識分子來說，他們一方面摹仿、附和漢族學者與茂縣羌族知識分子所展示的羌族文化，另一方面，他們也以「北川爲大禹出生地」及本地的「大禹文化」來自我誇耀，並與汶川羌族知識分子競爭大禹文化的核心地位。在此爭議與展演中，事實上，兩地羌族知識分子都透過「大禹」來攀附他們心目中的「古老華夏文化」。

結語

歷史的創作物與創作者

在本書中，我介紹一個居於漢藏之間的民族——人口約只有20萬人的羌族。這是一個古老的民族，也是一個新的民族。他之所以古老，是因爲三千多年來一直有些西方「異族」，被商人或歷代華夏（中國人）稱爲「羌」；無疑他們的血液與文化，或多或少的，曾流入當今許多被稱爲羌族或氐羌系民族的中國邊緣人群之中。從另一角度來說，這卻是一個新的民族。因爲凝聚當今「羌族」的歷史記憶，包括對「羌族」這個民族稱號的記憶，都在近數十年來才成爲川西北一些人群的本土知識。

然而，羌族卻不是一個奇特的民族。在前言中我曾提及，舍佛曼（Marilyn Silverman）與古立佛（P.H. Gulliver）所言歷史人類學的兩大主題：「過去如何造成現在」，以及，「過去之建構如何被用以詮釋現在」。這兩大主題，在關注「歷史」與「民族」等主題的人類學或歷史學研究中，幾乎是說明「民族由來」的兩個沒有交集的詮釋模式。在有關中國民族或中國少數民族研究中，這便是「歷史實體論」與「近代建構論」之爭。由「羌族」研究所得，我對此的看法是：與這世界上所有的「民族」一樣，羌族是歷史的創作物，也是歷史的創作者。

作爲歷史的創作物，無論是漢代的河湟西羌、唐代的西山諸羌、20世紀前半葉的羌民，或是當今的羌族，都是歷史與「歷史」的產物。這

歷史，也就是我所稱的華夏邊緣的歷史；「歷史」，則是在此歷史中，人們（漢與羌）所建構、認知的「歷史」。作爲歷史的創作者，他們也創作歷史與「歷史」。被漢人視爲「羌人」或「羌族」的人群，以各種表徵與行動，來回應其相對於漢、吐蕃或藏的邊緣地位，因此締造種種歷史事實（如，或聚集諸部與中國、吐蕃對抗，或成爲漢、西番或藏）。同時他們也創作「歷史」，以詮釋、建構其內部各群體間的或相對於漢人的族群本質。也就是在這樣的歷史與「歷史」中，「羌」成爲漢、藏間一個漂移的、模糊的邊緣。

華夏邊緣的歷史與「歷史」

古今華夏心目中的羌人與羌族歷史，事實上並非某一民族實體的歷史，而是一個「華夏邊緣」的歷史。這個華夏邊緣的歷史，是當前羌族的歷史，也是華夏歷史的一部分。近代羌族成爲一個中國少數民族，並非只是近代中國知識精英的發明或建構。因此，我難以認同「歷史實體論」與「近代建構論」之說。

以華夏邊緣歷史來理解羌族，我們可以說，由「羌人」到「羌族」至少經歷了三個過程。一是，「羌」爲中國人觀念中西方異族與族群邊緣。由商到東漢，這個族群邊緣隨華夏的擴張逐步西移，終於在東漢魏晉時在青藏高原的東緣形成一個「羌人地帶」。後來在隋唐時吐蕃政治與文化勢力東移的影響下，以及中國與吐蕃在此進退相持之下，這個羌人地帶大部分的人群逐漸漢化或「番化」（在漢人的觀念中），因此「羌人」的範圍逐漸縮小。到了民國初年時期，只有岷江上游一帶較漢化的土著，仍在中國文獻中被稱作「羌民」。

二是，受西方「國族主義」影響，近代中國知識分子在歷史與文化

記憶遺存中重新調整華夏邊緣（此時亦是中國邊緣），以建構新國族。漢人成為此國族的核心，「四裔蠻夷」則成為邊疆少數民族。清末民國以來的中國民族誌與民族史研究與書寫，一方面說明這些少數民族的落後與邊緣性，一方面說明他們與漢族間長久以來的弟兄民族關係。就在這樣的背景下，有關「羌」的歷史記憶被建構成「民族史」的一部分；岷江上游人群的文化與習俗，也被探索、描述為「羌族文化」或「氐羌民族文化」。第三個過程是，近代以來岷江上游本土知識分子的我族建構過程。在各種外來觀念與歷史文化記憶影響下，以及在新的經濟與政治環境下，岷江上游與北川的部分民眾逐漸接受或爭取成為羌族。本地知識分子也在漢與本土社會記憶中，以及在「英雄祖先」與「弟兄祖先」兩種歷史心性下，學習、選擇與建構他們心目中的羌族歷史，以及選擇、建構與誇耀他們的羌族文化。透過一層層的歷史與文化之學習與誇耀，羌族成為一建立在本土認同上的民族。

由華夏邊緣觀點來了解「華夏」或「中華民族」，我們也可以將此「華夏邊緣歷史」分為三期。

首先，由商至漢晉時期，以「羌」為表徵的華夏西部族群邊緣，隨著華夏的西向擴張而西遷，終於移至青藏高原東緣；這是「華夏西部族群邊緣的形成與漂移期」。其次，由唐代至清，在漢人心目中西方可稱為「羌」的人群愈來愈少，而相對的「番」愈來愈多，顯示華夏西方族群邊界逐漸深化與鮮明化；此為「華夏西部族群邊緣的深化期」。最後，晚清到1980年代，可說是「華夏西部族群邊緣的質變期」。在此時期，透過語言學、歷史學、民族學等所建立的「羌族」、「羌族史」、「氐羌系民族」、「藏緬語族羌語支」等知識，使得舊羌人地帶上的非漢族群成為各個少數民族，聯結在中國國族網絡之內。此也便是在民族主義下，中國知識分子喚回漢晉「羌人地帶」記憶，並透過新學術書寫重新

柔化、模糊化此華夏西方族群邊緣，藉此將藏、羌、彝等「少數民族」納入「中華民族」邊緣內。這個變化，以及當代羌族、彝族等的自我歷史與文化建構，共同創造了新華夏邊緣，或更正確的說，應是中華民族邊緣。

在歷史上，華夏不斷的想像、界定與描述西方異己「羌人」。這些描述，作為一種活化的社會記憶，也影響華夏與「羌人」間的互動。「歷史」影響、締造歷史，並造成新的「歷史」（記憶與敘事）。雖然華夏不斷的描述、記錄他們心目中的「羌人」，然而完整的並成為社會典範記憶的「羌人歷史」，在中國歷史上似乎只出現兩次。漢晉時期，第一部華夏觀點的「典範羌族史」被編定，那便是《後漢書·西羌傳》。此後直到清末，各部中國正史中都沒有介紹「羌人」及其歷史的專章；也就是，沒有「典範羌族歷史」再被華夏書寫、保存與流傳。再來便是，由20世紀初始，在「中國民族史」研究、書寫中的羌族歷史建構；基於這些片斷的研究，終於在1980年代，幾種典範的「羌族史」被完成。這不只是一種新的典範羌族史書寫，相較於《後漢書·西羌傳》來說，也是一種新的文類（genre）創作。

上述兩種「典範羌人歷史」書寫之間，相隔了近1700年之久。這顯示，以「羌人」來表述的「華夏」或「中國人」西方族群邊界，經歷了兩大階段變化。第一階段，此華夏西部族群邊緣形成於後漢魏晉之間；〈西羌傳〉描述、表達此族群邊界。在此文獻中，華夏想像、描述這些西方異族是被中國聖王「舜」驅逐到邊區的「三苗」後裔，也是姜姓的一個支族；其豪酋家族又是中國去的一個逃奴「無弋爰劍」的後裔。第二階段，在近現代的「羌族史」敘事中，羌族是炎帝、共工的後代；其後裔除了羌族之外，目前還廣布於漢、藏、彝與所有西南氐羌系民族之中。經由語言、考古、體質與民族學知識之助，各民族間的緊密歷史關

係被建立起來。由這些古之華夏，與今日中國人，對於「羌」的歷史敘
事來看，相同的，他們認爲無論羌人與羌族都是「被打敗、被驅逐者」
的後裔。不同的是，三苗之後的羌人，是華夏心目中的「夷狄」；炎帝
之後的羌族，則是中國人心目中的「少數民族」。對古之華夏來說，「夷
狄」是應被驅逐或拘縻在邊界外的異族。對今之漢族來說，「少數民族」
是國家主權、疆界內的邊緣族群與兄弟民族。

　　如學者所言，「文類」反映與建構「情境」[1]。在此，「文類」的轉
變，也反映與造成新的「情境」。

另類「歷史」

　　無論是三苗的後代、炎帝的後代，都是一位「英雄祖先」的後裔；
在華夏心目中，這些邊緣人群的祖先是被華夏打敗、驅逐的失敗悲劇英
雄。無論如何，至少由漢代以來，華夏知識分子所熟悉的「我們的歷史」
或「他們的歷史」，都起始於一位英雄祖先。

　　中古時期，吐蕃的政治、文化力量東向發展，擴及青藏高原的東緣
地區。在吐蕃及後來的藏人學者眼中，這一帶的部落人群也是相當野蠻
的異族。古藏文書中記載青藏高原東緣各古代部族起源；許多文獻作者
皆認爲，這些邊緣部族與吐蕃諸部，都是最早的「四個或六個弟兄」之
後裔；其中，一個「小弟或壞家族」被驅逐到東北邊境地區，成爲一些

1　Terence Turner, "Ethno-Ethnohistory: Myth and History in Native South American
Representations of Contact with Western Society," in Jonathan D. Hill ed., *Rethinking
History and Myth: Indigenous South American Perspectives on the Past*(Chicago:
University of Illinois Press, 1988), 272-74.

「原始部落」的先祖[2]。值得我們注意的是,對於古藏人與華夏來說,
青藏高原東緣的部落人群都是其「邊緣族群或異族」。然而,古藏人學
者與中國學者卻分別以「弟兄祖先」與「英雄祖先」兩種不同的歷史敘
事模式,來建構有關這「異人群」來源的歷史。這便是在本書中我所稱
的「歷史心性」之別。

在特定「歷史心性」下,人們以同一模式建構「根基歷史」,以規
範理想中的族群關係,與相關的資源分享、分配體系。羌族,在這方面
提供了一個讓我們認識「歷史」的絕佳案例。流行在羌族村寨間的「弟
兄祖先故事」,說明在人類資源競爭背景下,「歷史」與族群認同之間
的關係。同時「弟兄祖先故事」也告訴我們,「英雄祖先歷史」並非是
唯一的「歷史」。它也告訴我們,不一定所有的人群都以「歷史」來分
別征服者與被征服者,以及老居民與新移民的後裔。在北川、理縣等漢
文化影響較深的地區,「弟兄祖先故事」中或出現這些弟兄的父親,或
提及弟兄們在漢人地理空間中的遷徙,或有了中國歷史中的線性時間。
更重要的是,它只是「家族」的歷史,是一個大歷史(中國歷史)的小分
支。於是,本地各「家族」的弟兄祖先來此有先後,並來自不同的地理
空間;「歷史」中的時間、空間區分,也強化了人群(家族)間的核心與
邊緣區分。這些微觀研究案例,也鮮明表現「漢化」如何藉歷史記憶(敘
事),與相關文類、心性的改變來進行。

近代羌族的形成,在本土歷史建構上主要還是「英雄祖先歷史」的
產物。20世紀上半葉端公經文中的英雄故事,一些「英雄遊歷記」或「英
雄征程記」,似乎暗示我們一個由「弟兄祖先故事」,或其它「歷史」,

---

2 石泰安著,耿昇譯,《川甘青藏走廊古部落》(成都:四川民族出版社,1992),
頁29。

轉變爲「英雄祖先歷史」的過渡階段歷史敘事。它可能是古華夏的《穆天子傳》、蒙古的《江格爾傳》與康藏各族群的《格薩爾傳》等英雄史詩的前身。藉著由「英雄征程記」逐漸發展爲「英雄祖先歷史」，人類社會由孤立、平等的小區域社群，逐漸演變爲中央化、階序化的大型族群與政治體。無論如何，這些近代早期岷江上游本土知識分子以「英雄征程記」建構的「我族」想像，在並未完成之前，便爲另一些「英雄祖先歷史」的流傳所阻斷。在本地人心目中，大禹、周倉、樊梨花等「祖先」都可以作爲一種「起源」，以說明本地人的族群本質。漢文字記憶的力量，以及漢文化的優勢地位，都使得他們認爲大禹、周倉、樊梨花等英雄祖先真實可信。更具力量的是「典範羌族史」的完成與流傳。從此，端公經文中的故事成爲「宗教神話」，周倉、樊梨花等英雄祖先故事成爲「鄉野傳說」。在「典範歷史」中的羌族，是炎帝之後，是一個被華夏英雄聖王「黃帝」打敗的英雄之後裔。

然而，若以炎帝和大禹相比，1980年代以來羌族知識分子較熱衷於從事以大禹爲羌族祖先的歷史文化建構。如同魏晉南北朝時期入居關中的羌人，攀附黃帝後裔爲其祖源，而忽略中國史籍記載「羌爲姜姓炎帝後」一樣，古今「羌人」、「羌族」知識分子都不願意承認自身是「失敗者」的後裔。即使承認本族是炎帝後裔，當今羌族知識分子強調的也只是一個古老華夏記憶──《國語》中稱炎、黃爲弟兄。所以他們認爲，羌族與漢族是兄弟；因炎帝在前，所以羌族還是大哥。在有關「大禹」出生地的歷史爭論中，本書的例子也說明「歷史」如何在本族群中被爭論，並成爲爭奪孰爲本族群核心、孰爲本族群邊緣的符號資源（symbolic capitals）。在岷江上游與北川地區，大禹遺跡存在於作爲本地漢人政治文化中心的各個舊縣城附近；顯示「大禹」曾是推動華夏邊緣西移的歷史符記。在近代羌族的民族化過程中，或者說，在本地較漢化的人群成

爲羌族的過程中，「大禹」被他們攀附爲羌族祖先。由「大禹」之符號意義在此華夏邊緣的變遷，也顯示兩千餘年來此華夏邊緣的變遷及其近代質變。

另一個本土歷史建構，便是1980年代羌族知識分子對端公經文「羌戈大戰」的再書寫與詮釋。首發其端的，是漢人歷史學者將「羌戈大戰」視爲一個真實歷史的本土記憶殘餘——這便是羌人在西北被漢帝國打敗而南遷的「歷史」。羌族知識分子接受了這個「歷史」。但他們更有意義的建構是：認爲戰勝戈人的英雄「阿爸白苟」有九子，這九兄弟被分派到各地區立寨，而成爲當今以及想像中的羌族之由來。這個我族血緣與地理人群想像，也就是九弟兄及其所占居之地，包含了早期端公「英雄征歷記」中的歷史空間想像，當代語言學知識所提供的人群語言空間想像，以及當前民族知識與行政區劃中的我族政治空間想像。這個例子一方面說明，這個版本的羌戈大戰故事是「弟兄故事」與「英雄祖先」兩種歷史心性的混合產物。另一方面，它也說明了當前羌族知識分子心目中之羌族本質，與理想中的羌族範圍。更具意義的是，這樣的我族建構，具體而微的反映近代「民族建構」的一重要特色——語言學、歷史學與民族學(以及考古學、體質學)，使得我族建構有了更多可資「想像」的工具。

歷史與「歷史」下的近代產物

西進的華夏族群與文化邊緣，與東進的吐蕃或藏傳佛教文化邊緣，中古時期在青藏高原的東緣交會；這個歷史，以及在此歷史影響下華夏對異族的族群分類，以及所產生的各種「歷史」與「文化」建構、展示與論述，造就了清末以來岷江上游與北川地區的族群認同體系。這便是

在本書中我所介紹的「一截罵一截」的族群體系。

在此，我們接觸到「漢化」或「族群認同與變遷過程」的問題。羌族社會的歷史民族誌研究，以及對相關「歷史」與「文化」的人類學探索，對於「漢化」或「漢民族起源」問題提供了具體、細緻的例證。「漢化」並非是如許多學者所言，華夏如大海能容，「夷狄入於華夏則華夏之」的結果；「漢化」也不是百夷愛慕華夏文化所致。「漢化」的符記或過程，也不是藉著習漢語、服中原衣冠或與華夏婚媾，等等語言、文化與血緣的改變來完成。在另一方面，部分學者將「漢化」概念視為漢族沙文主義下的產物，但未提出更具意義的詮釋模式，如此也無助於我們了解此現象。由華夏邊緣的歷史，以及近代岷江上游與北川土著的歷史民族誌看來，我認為「漢化」應被視為華夏（或中國人）起源與形成的一種重要方式。或者，描述此一現象較有涵容性的名詞應是「華夏化」。

「一截罵一截」的族群體系告訴我們，首先，華夏化非但不是華夏認同的寬容性所致，相反的，是「華夏」對「蠻夷」的歧視與侮辱推動整個「華夏化」過程。其次，更重要的是，「華夏化」過程並非發生在文化、社會身分可截然區分的「華夏」與「蠻夷」之間，而是發生在文化、生活習俗與社會身分皆十分近似的人群之間。在華夏化過程進行的地區，究竟誰是「漢人」、誰是非漢的「蠻子」，事實上是相當模糊的。第三，除了中國官府力量的涉入外，鄰近人群間、社會階級間以及兩性間的本地資源分配、分享體系，是「華夏化」認同變遷產生的主要背景。以下，我更深入的解釋這些現象。

我們略回顧本書中曾提及的，近代北川之白草、青片住民如何成為漢人或華夏的過程。明代本地居民受中國征服統治後，漢人移民以及他們帶來的漢文化與歷史記憶逐漸深入白草、青片河上游村寨間。在清末與民國時期，在此形成一個模糊的漢與非漢邊緣；大家都認為自己是漢

人，卻認爲上游村寨人群都是蠻子。透過一端（自稱漢人者）文化符號與
歷史記憶的展示與誇耀，以及另一端（被視爲蠻子者）的模仿與攀附，明
清以來愈來愈多的北川人自稱爲「漢人」。他們除了強調本家族爲來自
「湖廣」之某姓家族外，都以祭拜大禹來攀附漢人認同。然而，自稱「漢
人」並辱罵上游「蠻子」者，仍被下游或城鎮的人視爲「蠻子」。在此
值得注意的是，整個認同與文化變遷過程，藉著鄰近人群間的「模仿、
攀附」與相對的「區別、誇耀」進行。

　　攀附，產生於一種模仿欲望；攀附者希望藉由模仿而獲得某種身
分、利益與安全保障。此有如生物界的擬態（mimesis）；許多動物以模
仿他者或它物，以逃避侵害。攀附動機又相當於吉哈德（René Girard）
所稱的模仿欲望（mimetic desire）；在親近且敵對之個人或群體之間，由
於追求較優越的存在地位（being），而產生之一方對另一方之模仿[3]。文
化與族群身分的攀附欲望，產生於攀附者與被攀附者間被創造、想像
或建構的社會與文化差距。或由於中國在政治上對「蠻夷」地區的征
服、統治，或由於漢人對邊緣「蠻夷」之身體、文化習俗與歷史的歧
視、污化，皆可能造成劣勢者之攀附動機。與模仿、攀附相對的是，
因恐懼對方的「模仿、攀附」而產生的「反模仿、攀附」——也就是，
自稱「漢人」者以自身文化向「蠻夷」所作的展演與誇耀，藉此造成
「我群」與「異己」間的「區分」。這類似於博爾都（Pierre Bourdieu）
所稱的，在社會階級人群間以定義、誇耀與操弄「品味」，以造成社
會區分（distinction）的策略[4]。在族群現象中，受品評的不只是生活習

3　見René Girard, *Violence and the Sacred*, trans. by Patrick Gregory（Baltimore: The
　　Johns Hopkins University Press, 1977）, 143-68. 在本文的例子中，比較優越的「存
　　在」便是一種認同，一種由社會所公認之優越血緣所帶來的身分認同。

4　Pierre Bourdieu, *Distinction: A Social Critique of the Judgment of Taste*, trans. by

俗中的「品味」，也包括「起源歷史」、倫理道德等等。在20世紀上半葉的岷江上游與北川，許多「漢人」誇耀自身的優越祖源、規矩的生活習俗與典範的人倫道德，並嘲弄或想像「蠻子」低劣的祖源及一些奇風異俗。如此區分孰爲核心、孰爲邊緣，孰爲征服統治者後裔、孰爲被征服者或受統治者之後裔。

以上所提及的「漢人」與「蠻夷」，並非是社會空間距離很遠的人群；他們可能住在鄰近的上、下游村落中，甚至可能生活在同一村落中。博爾都所稱，以評價品味所造成的社會區分，以及吉哈德所稱的模仿欲望，也都發生在社會中彼此親近或常有接觸的群體之間。在此邊緣地區，「漢人」與「蠻子」間的社會文化差距不一定是客觀事實，也不一定是非常鮮明。的確，透過「文化」與「歷史」論述進行的人群間相互歧視、誇耀與攀附，也並非經常發生在文化、族群、地理與社會距離遙遠的群體(如華夏與非華夏、士族與鄉民)之間。相反的，它們常發生在較親近的群體之間，而形成一連串相互歧視、誇耀與模仿、攀附的鍊狀反應。這些親近群體間的界線相當模糊；界線模糊，使得一方有認同危機，因而以誇耀來造成區分，或強調區分。另一方則因不堪受歧視，或在文化誇耀的薰染下，接受一種文化與歷史價值觀(什麼是高尚的文化，什麼是高貴的祖先源流)而愛慕、欣賞誇耀者之文化，因而以模仿、攀附來改變族群認同，以逃避歧視與迫害。此種由一截截相互模仿、歧視所造成的「模糊的華夏邊緣」，在漢人知識分子的觀察描述中，經常便是有「熟番、生番」之分的地區。這些地區，是「華夏起源」之一關鍵地區；這些過程，也是「華夏形成」之一重要過程。

回到20世紀上半葉的岷江上游村寨社會。在一村寨人群內，人們主

(續)──────────────

    Richard Nice(London: Routledge & Kegan Paul, 1979).

觀意識上的「族群」之別，常存在於頭人與其子民之間、男性與女性之間、鄰近家族之間。土官、頭人們強調其「漢人」祖源，展演其漢人士紳文化習俗，並歧視、污化其子民的血源與文化習俗。男人則懷疑由外嫁入之女子的「根根」不潔，擔憂其可能帶來的「蠻子」習俗污染本地規範。在本書第四章，我說明在岷江上游與北川地區，過去女人常被認爲有「蠻子」血統，或有「毒藥貓」及其它魔性遺傳。如此，村寨中的女人，或某一個女人，成爲人們心目中或潛意識中「蠻子」的化身。因而村寨民眾心目中的「蠻子」，是遠方的「異己」，是鄰近上游村寨的「異己」，也可能是本寨中其血緣遭蠻子污染的「異己」。最後，在一個以男性成員爲核心的家庭中，一個男性最親近的「異己」便是家中的女人。雖然在岷江上游的羌、藏族中，人們普遍相信女人有「魔性」或是有「污染力」，但他們一般不會怪罪或歧視家中女性。於是少數村寨中的婦女被眾人（包括其他女性）視爲「毒藥貓」，成爲村民們對一層層外在「異己」之恐懼與敵意的代罪羔羊。

與村民們對一層層「外人」的恐懼與敵意相反，村民們心目中的「我族」概念，又由「家族」向外一層層延伸，及於包括一個溝或數個溝人群的「爾瑪」；近數十年來，此「我族」範疇更擴及於「羌族」與「中華民族」。這樣由內而外一層層的我族概念，也表現在凝聚一層層人群的各種弟兄祖先故事之上。因而，「同胞」與「異類」並非是兩個截然劃分的群體；同胞也是異類，異類也可以成爲同胞。因著彼此的親近與相似關係，「弟兄」隱喻著基於同胞情感的友好合作；另一方面，由於同胞過於相似與親近，「弟兄」也隱喻著彼此間的敵意與威脅。

以上這些論述，也說明了爲何在本書中，我將「族群」擴大指稱各層次的血緣與擬血緣之認同群體，並著重於分析其各層次「邊界」（boundaries）的性質，以及強調一層層內外「邊界」間的互映、互動關係。

在西方社會人類學研究中，學者指出，近十餘年來有些研究者之研究重點轉向於「認同」或「國族主義」，而離棄原來的「族群本質」（ethnicity）概念，其原因也在於他們認爲「族群本質」未能涵括多樣性的群體間互動關係[5]。的確，但不僅如此。在對一特定社會的研究中，學者們常將「親屬」、「族群」或「民族」這些名詞概念化，以指稱特定的人類血緣或擬血源群體。然而岷江上游的例子卻說明，學者所認知的「親屬」、「族群」與「民族」等概念，對許多村寨居民而言卻沒有明顯的區別，而「我族」與「異類」也沒有絕對區分。是否岷江上游村寨居民特殊的社會背景，與歷史心性，造成此現象？從某種程度而言的確如此。但在其他人類社會中，人們也常無法在意識或潛意識中截然分辨「我族」與「異類」，分辨我們對親人、同胞、敵人的愛與恨。因此與親近人群間的仇恨，可能轉嫁到遠方「異族」身上；從遠方「異族」得到的挫折與恐懼，也可能遷怒於親近人群身上。這便是爲何，「代罪羔羊現象」或「毒藥貓現象」，在這世界上是如此的普遍。

華夏邊緣的省思：人類生態觀點

以上無論是典範歷史（羌族史）與民族（羌族、中華民族），或是「弟兄故事」另類歷史與各溝居民之「爾瑪」認同，這些「歷史」與「人類社會分群」的存在與變遷，都有一個最基本的人類生態背景——人類的資源分配、分享與競爭。住在溝中世界裡的羌族，在這一點上，也給了我們珍貴的啓示。

---

5 Marcus Banks, *Ethnicity: anthropological constructions* (London: Routledge Press, 1996), 134-143.

在一條溝中，爲了分享與競爭生存資源，他們以弟兄祖先之「歷史」，來凝聚並區分溝內的各層次「族群」。「弟兄關係」隱喻著人群間的合作、區分與對抗；但無論如何，在此歷史記憶下，本地人群沒有征服者與被征服者後裔之別，也沒有老居民與新移民之區分──大家都分別是幾個同時到來的弟兄祖先之後代。沒有任何個人或群體，能因「歷史」而擁有或宣稱有資源分配上較優越的地位。

相對於此的，便是我們所熟悉的、被我們認爲是真實的「英雄祖先歷史」，這也是一種「典範歷史」。這種「歷史」，在中國大陸造成「黃帝後裔」之漢族（征服者），與「炎帝、三苗、蚩尤以及各單于、贊普後裔」的少數民族（被征服或受逐於邊境者）。在台灣，此「歷史」則造成「吳沙、鄭成功等人所率墾民軍丁後裔」之漢人（征服者），與「逃入山間的番民後代」之原住民（被征服者）。以及在漢系台灣人中，區分「老閩越移民後裔」之福佬、客家（老本地人），與「1949年前後遷台軍民後裔」之新住民（外來者）。因此，「歷史」使得中國之漢族「合理」占居資源豐富的東部與東南部領土，少數民族則居於資源相對匱乏的北方、西南與西方。在台灣，「典範歷史」也使得福佬人或閩越漢系居民，在當前之主流社會意識上成爲台灣的主人，原住民爲被征服者，而「新住民」則爲後來移入的外來者。

我們以此人類生態觀點，回顧華夏邊緣歷史。以「弟兄故事」爲表述的歷史，似乎曾普遍存在中國及其邊緣部分區域人群間。中國古史記載中，「弟兄故事」之遺痕隨處可見。如，我們在《國語》中可發現黃帝、炎帝爲兩弟兄的說法[6]。可見當時（東周時期）仍有些知識菁英希望

6　《國語・晉語》：「昔少典娶於有蟜氏，生黃帝、炎帝。黃帝以姬水成，炎帝以姜水成，成而異德，故黃帝爲姬，炎帝爲姜。」

以「弟兄關係」,而非征服者與被征服者關係,來聯結黃帝與炎帝後裔諸國。然而也在此時及稍晚,各種「英雄祖先」論述流行於華夏諸國之間,黃帝逐漸得到特殊的「始祖」地位;比他更早的炎帝,則在大多數先秦文獻中被視爲被黃帝擊敗之古帝王。到了漢晉時期,當華夏邊緣擴及於青藏高原邊緣時,被納入此邊緣而成爲華夏的巴蜀人,曾經仍以一「九弟兄故事」將本地統治家族與中原華夏凝聚在一起[7]。

無論如何,西漢初司馬遷所書的《史記》,爲中國歷史書寫立下了典範;這典範歷史便是「英雄祖先歷史」——《史記》中之本紀、世家諸篇中,一國一族之統治階層皆各源於其「英雄祖先」。也就是說,《史記》不僅總結戰國末至漢初以來多元並陳的黃帝論述,使黃帝成爲華夏(嚴格的說只是華夏統治階層)之共祖,它也創造了一個以「英雄祖先」爲骨幹的「文類」(genre),所謂「正史」。從此,「歷史」與司馬遷所稱「其言不雅馴」之神話傳說分離[8]。從此,「弟兄故事」在歷史中失去其位置,而成爲鄉野傳說。線性或循環的歷史,以英雄聖王爲起始的歷史,以記錄、回憶社會中部分人之活動爲主的歷史,成爲「正史」。如前述漢晉時期華夏邊緣的巴蜀之人,他們更信賴的「歷史」,從此便爲以「黃帝娶於蜀山氏之女,生子高陽,是爲帝嚳,封其支庶於蜀⋯⋯」爲起始的「歷史」[9]。因而「歷史」不僅區分華夏與非華夏(人

7　《華陽國志・蜀志》:「洛書曰,人皇始出繼地皇之後,兄弟九人分理九州為九囿。人皇居中州,制八輔。華陽之壤、梁岷之域是其一囿,囿中之國則巴蜀矣。」

8　王明珂,〈論攀附:近代炎黃子孫國族建構的古代基礎〉,《中央研究院歷史語言研究所集刊》73.3(2002):583-624。

9　《華陽國志》記載:「黃帝娶於蜀山氏之女,生子高陽,是爲帝嚳。封其支庶於蜀,世爲侯伯。」有關《華陽國志》中兩種歷史心性下的「巴蜀統治君王家族起源」敘事之分析,見拙著,〈歷史事實、歷史記憶與歷史心性〉,《歷史研究》5(2001):136-147。

與域），更在華夏之域間區分何爲黃帝嫡傳所轄，何地爲黃帝支庶所封，何地爲黃帝及其後裔所征服；在華夏之人中區分，誰（統治家族）由其黃帝血胤而成爲華夏，誰（黎民）又因「教化」而成爲華夏。藉此種種區分，華夏成爲一階序化的資源分享、分配與競爭體系。雖然如此，以「弟兄關係」凝聚人群的歷史心性，仍存在於各種「少數民族傳說」，以及漢人鄉民社會口傳家族譜系之中。

在華夏邊緣人群間，首先接受或攀附華夏「英雄祖先」的常是其上層統治者。藉此，他們仍能享有在本地資源分配上的優越地位。春秋時，吳、越、楚、秦等華夏邊緣諸國統治者，皆得到黃帝後裔之「華夏祖先」而成爲華夏。魏晉南北朝時關中的羌人世族大姓，也常自稱爲黃帝後裔「有虞氏」、「夏后氏」的後代，因而也成爲華夏。明、清以來許多中國西南地區土司，常自稱其祖籍爲「南京」或「湖廣」，並通過其漢姓家族譜系中的「姓氏源流」，直接或間接成爲「黃帝子孫」；因而也以此祖先「歷史」，將其子民變爲華夏征服者的後裔。而其子民，也經常由於採用漢姓，而由漢人之「萬姓源流」記憶中獲得其華夏祖先。可以說，在「華夏邊緣」的發展中，由於採納華夏之「英雄祖先歷史」，使得越來越多的邊緣人群與空間，被納入「華夏」此一資源分享、分配體系裡。在此體系內，「英雄祖先歷史」與其它歷史論述，又進一步階序化內部（性別、地域、階級、職業）人群之資源分享、分配。

「華夏邊緣」的西向擴張，在東漢、魏晉時基本上已達到華夏經濟生態與社會結構所能存在的地理極限。從此，華夏不只是以武力維護、封閉此邊緣，也經由描述邊緣空間（蠻荒瘴癘之地）、邊緣人群（蠻夷貪戾之人）之異類性（the sense of otherness）來強化此邊緣。中古以來中國的邊防策略，大致便是在「羌人地帶」置下一連串軍堡與重兵，防禦「吐蕃」或「西番」的侵擾。由岷江上游而下至雅安地區，或更下及雲南北

部，此一線經常便是華夏帝國的西疆防衛線。由於華夏強力維護、壟斷華夏資源，青藏高原東緣（大致爲康藏地區）之山間各部落、村寨人群，便只能在內部爭奪有限的山谷、草地資源，或在華夏的封貢制度下以順服來換得華夏之賜予。除了吐蕃時期外，在歷史上青藏高原東緣人群較難結爲大型政治軍事體，以脅迫、進犯手段向華夏爭奪資源。此與北疆各遊牧部族常聚爲大型遊牧帝國以威脅、掠奪中國，有相當的不同。相對應的是，「英雄祖先歷史」也流行在北方遊牧地區；在青藏高原之東緣，「弟兄祖先故事」歷史心性才是各族群歷史記憶的藍本。

「英雄祖先歷史」代表一種以向外擴張、對內階級分化，來解決資源問題的歷史心性之產物。「弟兄祖先故事」則代表一種以對內分配、爭奪，來解決資源問題的歷史心性產品。因此「弟兄關係」並非本地各族群和諧相處的符記。相反的，由於資源極端匱乏，宣稱有弟兄祖源關係的各個族群，以及他們與鄰近的「蠻子」和「漢人」，經常在無止境的相互掠奪與仇殺之中。青藏高原東緣的康藏人群，也處在「藏文化」與「藏人」的東緣。雖然由衛藏東進的政治、宗教與文化力量，早已及於此地。然而在近代之前，並沒有一個政治上的「西藏」，能將康區各部族納入一資源分享、分配體系之中。只有藏傳佛教之寺院及其僧侶制度，能發揮一部分調節資源的功能。

處在兩種強勢文化與認同之間，在政治、經濟與宗教資源之分享與競爭下，清末民國初年時期，許多青藏高原東緣岷江上游人群，或自稱「漢」，或自稱「爾瑪」，或自稱「鴉如」（嘉絨）或「藏人」。但在漢人心目中，他們大多是「西番」。「西番」代表蠻橫、無文化、不講倫理道德的「非我族類」，也代表一個華夏意識中嚴格劃分的我族邊緣。只在岷江上游理縣、汶川一帶，一小群人仍被認爲是「羌民」——他們是漢與「西番」間最後一個模糊邊緣。

近代華夏邊緣再造：由「蠻夷」到「少數民族」

　　了解以上華夏西部族群邊緣歷史的人類生態意義後，我們對近代此華夏邊緣之「少數民族化」也可以有新的理解。首先，當代包括漢與非漢的「中華民族」，在清末中國國族建構中並非是唯一被考慮的方案；革命黨的精英們，曾主張建立一純漢族的國族國家。而後，因近代西方列強對中國封貢制度下之「藩屬」，或受中國直接、間接管轄之邊區土地與資源，表現其侵奪野心與覬覦行動。在此刺激與競爭下，中國知識分子建構起包括傳統「華夏」與其「邊緣」的中華民族。在新的「中國」與「中華民族」概念下，如今傳統「中國」與其「邊緣」合而為一；過去界線模糊的「邊疆」（frontiers）及其上的異族，成為界線明確之國家「邊界」（borders）內的少數民族。

　　在中國西疆，近代「氐羌系民族」論述與典範「羌族史」，以及羌族成為中國少數民族之一，都可視作此華夏邊緣再造的表徵，也是一長程華夏邊緣歷史之近代產物。在近代國族主義下，中古以來由於吐蕃崛起而逐漸消逝的華夏邊緣，漢晉時的「羌人地帶」，以及更早的，商至漢代以羌為異族符記的「漂移的華夏邊緣」，被中國知識分子重新發掘、建構。語言學、體質學、考古學、民族學與近代史學，都被用來補綴縫合此一民族及其歷史。於是，中古以來被「番」之異族概念嚴峻化的華夏西部族群邊緣，如今又被「羌族」、「氐羌系民族」等概念與「歷史」柔化、模糊化。雖然在民族識別、劃分後，有藏族、羌族、彝族等等之別。但透過「羌族」與「氐羌系民族」之歷史、語言與血緣（體質）建構，藏、彝與西南各氐羌系民族間，及其與漢族之間，可以說是「你泥中有我，我泥中有你」。

華夏心目中的「蠻夷」，從此成為中國的「少數民族」。這個轉變，在人類資源生態上有相當意義；可以說是傳統華夏與華夏邊緣之資源分配、分享體系的一次再調整。以本書所述之華夏西部邊緣來說，近兩千年來由於華夏強力維護其西方資源邊界，以及本地特有的地理生態，曾造成青藏高原東緣地帶人群間普遍的衝突與暴力；這些現象，在「民族化」後都顯著減少。當地老人們常對我描述過去的血腥暴力，與人們對此的恐懼。他們說：「那是因為過去的人沒知識，不知道我們是一個民族。」在當代羌族認同下，「民族感情」化解了各溝各寨人群間，或過去「蠻子」、「爾瑪」與「漢人」間的暴力衝突。今日岷江上游村寨人群，不再是狡猾的「漢人」、貪狠的「蠻子」或一小撮孤立的「爾瑪」，而成為驕傲的羌族。國家對少數民族的各種優惠與補助，也部分彌補了核心與邊緣間的經濟差距。

然而，少數民族無論在資源分享上，或在意識形態上，仍是中國之邊緣。在資源分享上，以羌族地區而言，分產到戶與經濟改革開放政策，曾使得擁有山林資源的村寨農民經濟生活有相當改善。然而在沿海地區及內陸城鎮快速發展後，以及在新的消費行為與市場經濟中，羌族在中國整體經濟中的「邊緣化」有逐漸增強的趨勢。特別是實施「退耕還林」政策，並即將在暫行休耕補貼結束後，新的農村經濟體制尚不知如何建立。這些問題，都期待著中國之「西部大開發」來解決。而「西部大開發」之政策與實踐，若只顧及「經濟開發」而忽視華夏邊緣觀點下的「民族問題」，若只是在典範民族史觀點下「照顧、協助貧弱之少數民族」，那麼少數民族仍無法脫離其邊緣化命運。

在意識形態上，我們先回顧20世紀上半葉的情況。當時許多西南「蠻夷」在得知本地與鄰近人群的「民族」歸屬後，他們仍以「弟兄祖先故事」來規劃此新族群關係（見本書第七章）。無論如何，在建構新華夏邊

緣的「少數民族史」中，他們成爲華夏「英雄祖先歷史」中「被征服者
的後裔」──他們被認爲是炎帝、三苗、蚩尤、盤瓠等之後代。過去，
在各種中國之「苗蠻圖冊」、「百蠻圖」中，漢人繪者常以面目猙獰、
身體粗壯的男性「蠻子」爲「異類」之代表形象。在近代民族主義下，
被想像或被創造的同樣是一個以「身體」爲隱喻的異族；如今在中國各
種民族風情刊物與形象藝術創作中，體態妙曼之少女常爲「少數民族」
代表[10]。此古今漢人眼中「他者」形象之轉變，可以被理解爲：前者因
其爲「異類」，所以其形象有如野獸；後者因其爲「同胞」，故以「我
群」中的邊緣弱勢者，女性，爲其象徵符號。無論如何，兩者分別表現
傳統華夏與今之漢族對其邊緣人群的偏見，與不同程度的污化。

中國民族的再思考

在本書前言中，我曾提及有關「中國民族」與「中國少數民族」的
兩種當代歷史論述──「歷史實體論」與「近代建構論」。在此，基於
本書對「中國民族」的看法，我們可以對這兩種學說提出一些綜合評述，
以及再思考有關「中國民族」的過去與現在，學術與現實等問題。

我們可以由兩方面來思考這問題。一是在學術上，學者們所主張的
「民族」與「歷史」，在知識上是否正確或充分？二是，在倫理上，他
們所建構的「民族」與「歷史」知識，是否有助於造成或促進資源平等、
共享與社會和諧。在學術方面，「歷史實體論」所主張的「民族」定義
是值得懷疑的。近三十年來的人類學族群研究，說明無論「族群」或「民

10　Dru C. Gladney, "Representing Nationality in China: Refiguring Majority/ Minority
　　Identities," *The Journal of Asian Studies* 53.1(1994): 92-123.

族」皆非客觀的體質、語言與文化所能界定。基於此民族定義所建立的
「民族史」，一個民族實體在時間中延續的歷史，也因此常受到質疑[11]。
一個人群的血緣、文化、語言與「認同」有內部差異，而且，在歷史時
間中，有血緣、文化、語言與「認同」的移出，也有新的血緣、文化、
語言與「認同」的移入；究竟，是什麼「民族實體」在歷史中延續？「歷
史實體論」在學術上的缺失，主要在於將「文本」（text）與「表徵」
（representation）當作「歷史事實」（historical facts）與「民族誌事實」
（ethnographical truth），忽略了「歷史文本」的社會記憶本質，以及「文
化表徵」的展演本質——也就是忽略了兩者之產生與存在的歷史情境與
社會情境。最後，由於對人類族群現象缺乏批判性認知，因此在相關的
「歷史」與「文化」學術建構中，新知識也難以反映族群現象本質，以
及無法映照研究者自身的文化與認同偏見。由於研究者無法認識自身的
政治、文化主體性偏見，因而其民族史與民族文化建構，進一步邊緣化
「他者」。也因此，在倫理方面，「歷史實體論」下的典範「中國民族
史」及「中國少數民族史」，缺乏對現實的反思與糾誤能力。相反的，
英雄祖先歷史心性下的「黃帝」及其「英雄征歷」之漢族「歷史」，與
「蚩尤、三苗、盤瓠與炎帝之後」及其被打敗而受逐於邊疆的少數民族
「歷史」，強化了國族核心與邊緣間的差距。這樣的「歷史」，無法進
一步改變「少數民族」的邊緣命運，也無法防範在邊疆開發中更深化人
群間的資源不平等。

後現代主義下的「近代建構論」，在對「民族」或「國族」的看法

---

11 Malcolm Chapman, *The Celts: the construction of a myth* (New York: Macmillan Press, 1992); Edwin Ardener, "The Construction of History: 'vestiges of creation'," in Elizabeth Tonkin, Maryon McDonald and Malcolm Chapman eds, *History and Ethnicity* (London: Routledge, 1989).

上,強調它們與「族群」(ethnic group)之區分;認為後者是自然形成的,前者是近代國族主義下之產物,是近代國族知識菁英們的想像與建構。這樣的看法,則未見無論是族群、民族、國族,都是廣義人類「族群」現象的一部分;由人類生態觀點,家族、族群、民族、國族,都涉及資源分配與競爭,以及相關權力關係下的「歷史」建構。也因此,在對歷史的看法上,「近代建構論」者只注意近代國族建構之歷史與「歷史」,而忽略近代建構之古代基礎,以及此長程歷史變遷中「近代建構」之人類生態意義。其次,與「歷史實體論」相同,「近代建構論」也忽略了歷史演變中發生在各種「邊緣」的細微過程,以及此過程造成的「邊緣」變遷歷史。

在倫理與人文價值上,無可否認的,「近代建構論」者在解構「國族神話」,對抗「大漢族沙文主義」,突顯當前少數民族之邊緣地位等方面,的確有其貢獻。但只見其近,不見其遠,也使得此種論述只有解構而缺乏長程、全面的歷史省思。譬如,「近代建構論」者只指出近代「中國國族」中的核心與邊緣族群間的不平等,而未見在「中國國族」成立之前,由於華夏堅守其資源邊界而造成沿此邊緣發生的長期戰爭與衝突。亦未見及,被排斥在華夏邊緣之外的各人群,由於資源匱乏而經常發生族群間的相互仇殺與掠奪,以及人群社會內部因資源爭奪而產生的階級、性別間之剝削與暴力。

在本書中,我由華夏邊緣歷史來了解羌族,以及由羌人與羌族來了解華夏邊緣歷史。一方面,當代羌族的確是國族主義下的近代建構。在另一方面,羌族之存在,自有其近代以前之歷史基礎或延續性。但在此歷史中延續的不是一個「民族」,而是發生在華夏邊緣人群間,多層次社會區分(性別、地域、階級、政治與文化)與相關權力關係下的族群過程。更重要的是,長程人類生態觀點的華夏邊緣歷史,可以讓我們反思中國近代國族建構之人類生態意義,了解當前中國少數民族的處境,以

及疇謀改進或規劃更理想的人類資源共享環境。

以此觀點來說，周代以來至漢晉時期華夏之域與華夏之人的擴張與發展，以及此後至清末華夏邊界的維持，都以被排除在此邊界外的「異族」為犧牲。因此，在近代中國國族之建構中，華夏與傳統華夏邊緣合一而成為「中華民族」，可說是此地區長程人類資源競爭歷史中的一種新嘗試——將廣大東亞大陸生態體系中相依存的區域人群，結合在一資源共享之國家與國族內。以此而言，晚清部分革命黨精英欲建立一純漢國族國家之藍圖，以及當代鼓吹中國少數民族獨立的言論，並不一定是最好的選擇。同樣的，歐亞大陸之東、西兩半部有如下差別——西方為沿大西洋岸之少數富強而講求人權、自由的國家，內陸則為常捲入宗教、種族與經濟資源戰爭，及內部性別、階級與族群迫害頻傳的各國、各族；東岸則為一「多元一體」的中國，以經濟補助來減緩內陸地區之貧困與匱乏，並以國家力量來維持族群間的秩序。我們也很難說，歐亞大陸西半部的體制，優於東半部中國國族下的體制。

但這並非是說，當前中國國族下的資源分配、分享體系是完美的。相反的，它遠非完美。首先，對少數民族之「補助制度」，在物質上無法彌補少數民族地區資源匱乏問題；更不用說，在意識型態上，「補助制度」更強化受補助者之邊緣弱勢地位。其次，中國對少數民族的經濟補助，以及由「少數民族」衍生的其它資源（如公職、文化與觀光等等），在少數民族間常依地域、城鄉、族群等區分層層差別分配；最後，一般鄉民受惠相當有限。第三，在中國實施經濟改革開放政策後，許多原來的社會主義福利被取銷，此也使得許多少數民族與漢族貧下階層一樣，在教育、醫療等各方面更落入整體社會的邊緣。沿海地區城市居民的資本主義化消費，透過各種媒體傳播，更深化少數民族在物質生活上的挫折。第四，在一個完整的資源分享體系中，「資源」不只是指「物質」，

也包括語言、文化、宗教等「象徵符號」。以此而言，1980年代以來，「少數民族文化」成爲一種象徵符號資源（symbolic capital），被各種人群挪用、操弄，一方面強化華夏與其邊緣間的區分，另一方面，也強化少數民族中城鄉居民間、男性與女性間的區分；如此也使得少數民族，特別是少數民族之鄉民與婦女，成爲邊緣的邊緣。最後，在國族國家的人類生態體系中，由於「國家」的存在與權力超乎一切，國家疆界與國家認可的「民族自治區」疆界得到法制化確認，如此雖然避免許多紛爭，但也減損了在「族群」認同中人們調整、跨越「邊界」以避災趨吉的生態機能。

因而，強調一個長程生態觀點下的華夏邊緣歷史，強調當前之「羌族」與「中華民族」皆爲此歷史之產物，並不表示此「中國民族」將永久存在。當前華夏與其邊緣結爲一體之國族體系，只是此歷史發展中的一個近代嘗試。其恆定與延續性，在於其內部各人群是否能真切認知此「國族」形成之歷史過程，此歷史過程在人類生態上的意義，以及歷史過程中所蘊含的微觀社會過程，因而有思調整此體系以消泯各種核心與邊緣人群間的差距。我相信，新的民族知識與歷史知識，一種可透視客觀現象與映照主體偏見的知識體系，可以幫助人們作此思考。

至此，我希望讀者們能夠了解，本書不只是一個「少數民族」的歷史與民族誌，更重要的，它也是一部華夏或華夏邊緣的歷史與民族誌。華夏或中國人此一群體，因其邊緣的推移、變遷而成長變化；而華夏邊緣的推移、變遷，也孕含了人類資源分享與競爭體系的變化。可以說，「中華民族」的確是近代的創造，但此創造有其歷史與「歷史」基礎。無論是當前的羌族、漢族或中華民族，都是歷史的創造物，同時這些人群也是「歷史」的創造者。

參考書目

一、中文古籍書目

《三國志》，（晉）陳壽，點校本（北京：中華書局，1959）。

《山海經》，畢氏巖靈山館校本（台北：啓業書局，1977）。

《元和姓纂》，（唐）林寶（北京：中華書局，1994）。

《世本》，叢書集成（北京：中華書局，1985）。

《北史》，（唐）李延壽，點校本（北京：中華書局，1974）。

《史記》，（漢）司馬遷，點校本（北京：中華書局，1959）。

《左傳》，十三經注疏（台北：藝文印書館，1970）。

《石泉縣志》（清·道光），趙德林修（1834）。

《宋史》，（元）脫脫等，點校本（北京：中華書局，1977）。

《周書》，（唐）令狐德棻等，點校本（北京：中華書局，1971）。

《明史》，（清）張廷玉等，點校本（北京：中華書局，1974）。

《明實錄》，黃彰健校勘（台北：中央研究院歷史語言研究所，1984）。

《直隸理番廳志》（清·同治），吳羹梅、周祚嶧修纂（1866）。

《帝王世紀》，（晉）皇甫謐（北京：中華書局，1985）。

《後漢書》，（劉宋）范曄，點校本（北京：中華書局，1965）。

《茂州志》，（清・道光），楊迦襌等編（1831）。

《茂邊記事》，（明）朱紈，叢書集成續編（上海：上海書店，1994）。

《晉書》，（唐）房玄齡等，點校本（北京：中華書局，1974）。

《國語》，四部備要（台北：中華書局，1981）。

《華陽國誌》，（晉）常璩（台北：台灣商務印書館，1979）。

《隋書》，（唐）魏徵，點校本（北京：中華書局，1973）。

《新唐書》，（宋）歐陽修、宋祁，點校本（北京：中華書局，1975）。

《萬歷武功錄》，（明）瞿九思（成都：巴蜀書社，1993）。

《蜀王本紀》，（漢）揚雄，全上古三代秦漢三國六朝文，卷53（北京：中華書局，1958）。

《漢書》，（漢）班固，點校本（北京：中華書局，1962）。

《禮記》，十三經注疏本（台北：藝文印書館，1955）。

《舊唐書》，（後晉）劉昫，點校本（北京：中華書局，1975）。

二、一般中文書目

文物編輯委員會

1979 　《文物考古工作三十年》（北京：文物出版社）。

王明珂

1996 　〈誰的歷史：自傳、傳記與口述歷史的社會記憶本質〉，《思與言》34.3：155。

1997 　《華夏邊緣：歷史記憶與族群認同》（台北：允晨文化公司）。

1998 　〈羌族婦女服飾：一個「民族化」過程的例子〉，《歷史語言研究所集刊》69.4：841-85。

2001　〈歷史事實、歷史記憶與歷史心性〉，《歷史研究》5：136-147。

2001　〈起源的魔力及相關探討〉，《語言暨語言學》（台北：中央研究院語言學研究所籌備處)2.1：261-267。

2002　〈論攀附：近代炎黃子孫國族建構的古代基礎〉，《歷史語言研究所集刊》73.3：583-624。

王桐齡

1943　《中國民族史》（台北：華世出版社，1977重印）。

冉光榮、李紹明、周錫銀

1984　《羌族史》（成都：四川人民出版社）。

北川縣志編纂委員會

1996　《北川縣志》（北京：方志出版社）。

北川縣政協文史資料委員會編

1991　《北川羌族資料選集》（北川：北川縣政協文史資料委員會）。

四川松理懋茂汶屯殖督辦署

nd　　《松、理、懋、茂、汶五縣三屯情況調查》（出版資料不詳）。

四川省大禹研究會編

1991　《大禹研究文集》（北川：四川省大禹研究會）。

四川省阿壩藏族羌族自治州文化局編

1989　《羌族故事集》（馬爾康：四川省阿壩藏族羌族自治州文化局）。

四川省編輯組

1986　《羌族社會歷史調查》（北京：四川省社會科學院出版社）。

白川靜

1958　《羌族考》甲骨金文學論叢第九冊。

石泰安著，耿升譯

1992　《川甘青藏走廊古部落》（成都：四川民族出版社）。

印順法師

1975 《中國古代民族神話與文化之研究》（台北：華岡出版公司）。

安應民

1989 《吐蕃史》（銀川：寧夏人民出版社）。

呂思勉

1934 《中國民族史》（北京：東方出版社，1996重印）。

李亦園

1997 〈漢化、土著化或社會演化：從婚姻、居住與婦女看漢人與少數民族之關係〉，《從周邊看漢人的社會與文化》，黃應貴、葉春榮編（台北：中研院民族所），頁35-62。

李海鷹等

1985 《四川省苗族、傈僳族、傣族、白族、滿族社會歷史調查》（成都：四川省社會科學院出版）。

李紹明

1995 〈論岷江上游石棺葬的分期與族屬〉，《李紹明民族學文選》（1986），頁738-56。

李學勤

1959 《殷代地理簡論》（北京：科學出版社）。

沈仲常

1982 〈從考古資料看羌族的白石崇拜遺俗〉《考古與文物》6：59-61。

沈松僑

1997 〈我以我血薦軒轅：黃帝神話與晚清的國族建構〉，《台灣社會研究季刊》28：1-77。

周發賢、王長益

1996 〈「爍羅古國」初解〉，《西羌文化》創刊號：26-28。

松岡正子

2000　《チェン族と四川チベットチ族》（東京：ゆまに書房）。

林向

1983　〈羌戈大戰的歷史分析〉，《四川大學學報叢刊》20：8-16。

林惠祥

1936　《中國民族史》（上海：商務印書館）。

阿壩藏族羌族自治阿壩州志編纂委員會編

1994　《阿壩州志》（成都：民族出版社）。

姚薇元

1944　〈藏族考源〉，《邊政公論》3.1。

胡鑑民

1941　〈羌族的信仰與習爲〉，《邊疆研究論叢》；採自李紹明、程賢
敏編，《西南民族研究論文選》（成都：四川大學出版社，1991）。

1944　〈羌民的經濟活動形式〉，《民族學研究集刊》4：34-60。

夏鼐

1949　〈臨洮寺洼山發掘記〉，《中國考古學報》4：71-133。

孫宏開

1983　〈川西民族走廊地區的語言〉，《西南民族研究》（成都：四川民
族出版社）。

1986　〈試論「邛籠」文化與羌語支語言〉，《民族研究》2：53-61。。

孫曉芬

1997　《清代前期的移民填四川》（成都：四川大學出版社）。

島邦男

1975　《殷虛卜辭研究》，溫天河、李壽林譯（台北：鼎文書局）。

徐中舒

1991 〈夏商之際夏民族的遷徙〉,《西南民族研究論文選》,李紹明、
程賢敏編(成都:四川大學出版社)。

徐旭生

1962 《中國古史的傳說時代》(北京:科學出版社)。

祝世德等修

1944 《汶川縣志》(台北:成文出版社影印出版)。

馬長壽

1984 《氐與羌》(上海:人民出版社)。

1985 《碑銘所見前秦至隋初的關中部族》(北京:中華書局)。

陝西周原考古隊

1984 〈扶風劉家姜戎墓葬發掘簡報〉,《文物》7:16-29。

張茂桂

1993 《族群關係與國家認同》(台北:業強出版社)。

教育部蒙藏教育司

1943 《川西調查記》(教育部蒙藏教育司出版)。

莊學本

1937 《羌戎考察記》(上海:上海良友圖書公司)。

1941 《夷族調查報告》,國立北京大學中國民族學會民俗叢書專號2,
民族篇26(西康省政府印行)。

陳志良

1943 〈禹與四川的關係〉,《說文月刊》3.9:33-42。

陳夢家

1992 《殷虛卜辭綜述》(北京:中華書局)。

章炳麟

1919　《檢論・序種姓》（上海市：右文社）。

梁啓超

1924　《中國歷史研究法》（上海：上海商務印書館）。

傅崇矩、徐湘等修纂

1924　《松潘縣志》。

傅斯年

1930　〈姜原〉，《國立中央研究院歷史語言所集刊》2.1：130-135。

森安太郎

1979　《中國古代神話研究》，王孝廉譯（台北：地平線出版社）。

湯開建

1986　〈党項風俗述略〉，《西北民族研究》試刊號：285-287。

華企雲

1932　《中國邊疆》，新亞細亞叢書邊疆研究之二（上海：新亞細亞月刊社）。

費孝通

1989　〈中華民族的多元一體格局〉，《北京大學學報—哲學社會科學版》4：1-25。

楊鈞衡、黃尚毅等修纂

1992　《民國北川縣志》（成都：巴蜀書社）。

鄒衡

1980　〈論先周文化〉，《夏商周考古學論文集》（北京: 文物出版社）。

聞宥

1941　〈川西羌語的初步分析〉，《華西大學中國文化研究所集刊》*Studia Serica* 2：58-90。

蒙文通

1958　《周秦少數民族研究》（上海：龍門聯合書局）。

劉師培

1905　《中國民族志》（台北：中國民族學會，1962重印）。

盧丁、工藤元男主編

2000　《羌族歷史文化研究》，中國西部南北游牧文化走廊研究報告之
　　　一（成都：四川人民出版社）。

黎光明、王元輝

1929　《猼猓子，汶川的土民，汶川的羌民》，川康民俗調查報告之三（台
　　　北：中央研究院歷史語言研究所，未刊手稿）。

錢穆

1931　〈周初地理考〉，《燕京學報》10：1-54。

羅香林

1943　〈夏民族發祥於岷江流域說〉，《說文月刊》3.9：43-63。

饒宗頤

1974　〈西南文化〉，《中央研究院歷史語言所集刊》46.1：180-82。

顧頡剛

1962　《史林雜識初編》（北京：中華書局）。

1980　〈從古籍中探索我國的西部民族──羌族〉，《科學戰線》1：
　　　117-152。

三、西文參考書目

Ahern, Emily M.

1975　"The Power and Pollution of Chinese Women," in Margery Wolf and

Roxane Witke ed., *Women in Chinese Society*(Stanford: Stanford University Press).

Anderson, Benedict

1991 *Imagined Communities*, rev. edition(London: Verso).

Appadurai, Arjun

1986 *The Social Life of Things: Commodities in cultural perspective* (Cambridge: Cambridge University Press).

Banks, Marcus

1996 *Ethnicity: anthropological constructions*(London: Routledge Press).

Barkan, Elazar & Marie-Denise Shelton, ed.

1998 *Borders, Exiles, Diasporas*(Stanford: Stanford University Press).

Barth, Fredrik, ed.

1969 *Ethnic Groups and Boundaries*(London: George Allen & Unwin).

Bartlett, F.C.

1932 *Remembering: A Study in Experimental and Social Psychology* (Cambridge: Cambridge University Press).

Bayly, C.A.

1986 "The origins of swadeshi (home industry): cloth and Indian society, 1700-1930," chap. in Arjun Appadurai ed. *The social life of things: Commodities in cultural perspective*(Cambridge: Cambridge University Press).

Blackburn, Stuart H.

1988 *Singing of Birth and Death: Texts in Performance*(Philadelphia: University of Pennsylvania Press).

Bloch, M.

1977 "The past and the present in the present," *Man* 12: 278-292.

Boserup, E.

1970 *Women's Role in Economic Development*(London: Allen and Unwin Press).

Bourdieu, Pierre

1984 *Distinction: A Social Critique of the Judgement of Taste*, trans. by Richard Nice(London: Routledge & Kegan Paul, 1979).

1997 *Outline of a Theory of Practice*, trans. by Richard Nice(Cambridge: Cambridge University Press).

Briggs, Robin

1996 *Witches & Neighbors*(New York: Penguin Books).

Chapman, Malcolm

1992 *The Celts: the construction of a myth*(New York: Macmillan Press).

Chartier, Roger

1988 *Cultural History: Between Practices and Representations*, trans. by Lydia G. Cochrane(Cambridge: Polity Press).

Chatterjee, Partha

1993 *The Nation and Its Fragments: Colonial and Postcolonial Histories* (Princeton: Princeton University Press).

Cook, T.

1936 "The Independent Lolo of southwest Szechwan," *Journal of the West China Border Research Society* 8: 70-81.

Crossley, Pamela

1990 "Thinking about Ethnicity in Early Modern China," *Late Imperial China* 11.1: 1-35.

Darnton, Robert
   1984   *The Great Cat Massacre And Other Episodes in French Cultural History*(New York: Basic Books).

Despres, Leo A.
   1975   *Ethnicity and Resource Competition in Plural Societies*(Paris: Mouton Publishers).

Diamond, N.
   1995   "Defining the Miao," in Stevan Harrell ed., *Cultural Encounters on China's Ethnic Frontiers*(Seattle: University of Washington Press).

Douglas, Mary
   1966   *Purity and Danger: An Analysis of Concepts of Pollution and Taboo* (London: Routledge & Kegan Paul).

Duara, Prasenjit
   1995   *Rescuing History from the Nation: Questioning Narratives of Modern China*(Chicago: The University of Chicago Press).

Dumont, Louis
   1980   *Homo Hierarchicus: The Caste System and Its Implications*, complete revised English edition(Chicago: The University of Chicago Press).

Elias, Norbert
   1994   *The Established and the Outsiders: A Sociological Enquiry into Community Problems*(London: SAGE Publications, 1965).

Ginzburg, Carlo
   1983   *The Night Battles: Witchcraft and Agrarian Cults in the Sixteenth and Seventeenth Centuries*, trans. by John and Anne Tedeschi(Baltimore: The Johns Hopkins University Press, 1966).

Girard, René

　1977　*Violence and the Sacred*, trans. by Patrick Gregory(Baltimore: The Johns Hopkins University Press).

　1986　*The Scapegoat*, trans. by Yvonne Freccero(Baltimore: The Johns Hopkins University Press).

　1987　"Generative Scapegoating," and "Discussion," in Robert G. Hamerton-Kelly ed. *Violent Origins*(Stanford: Stanford University Press), pp. 73-105, 106-148.

Gladney, Dru C.

　1991　*Muslim Chinese: Ethnic Nationalism in the People's Republic* (Cambridge: Council of East Asian Studies, Harvard University Press).

　1994　"Representing Nationality in China: Refiguring Majority/Minority Identities," *The Journal of Asian Studies* 53.1: 92-123.

Godelier, Maurice & Marilyn Strathern ed.

　1991　*Big Men and Great Men: Personifications of Power in Melanesia* (Cambridge: Cambridge University Press).

Goody, Jack

　1976　*Production and Reproduction: A Comparative Study of the Domestic Domain*(Cambridge: Cambridge University Press).

Gould, R.A.

　1980　*Living archaeology*(Cambridge: Cambridge University Press).

Graham, David C.

　1958　*The Customs and Religions of the Ch'iang*(City of Washington: Smithsonian Institution).

Harrell, Stevan ed.

1995　*Cultural Encounters on China's Ethnic Frontiers*（Seattle: University of Washington Press）.

Harrell, Stevan

1995　"The History of the History of the Yi," in Stevan Harrell ed., *Cultural Encounters on China's Ethnic Frontiers*（Seattle: University of Washington Press）.

Hill, Jonathan D. ed.

1988　*Rethinking History and Myth: Indigenous South American Perspectives on the Past*（Chicago: University of Illinois Press）.

Hobsbawm, Eric & Terence Ranger ed.

1983　*The Invention of Tradition*（Cambridge: Cambridge University Press）.

Hoskins, Janet

1993　*The Play of Time: Kodi Perspectives on Calendars, History, and Exchange*（Berkeley: University of California Press）.

Hsu, Cho-yun & Katheryn M. Linduff

1988　*Western Chou Civilization*（New Haven: Yale University Press）.

Irwin, Paul

1981　*Liptako Speaks: History from Oral Tradition in Africa*（Princeton: Princeton University Press）.

Isaacs, Harold R.

1989　*Idols of the Tribe: Group Identity and Political Change*（Cambridge, Mass.: Harvard University Press）.

Keyes, Charles ed.

1976　"Towards a New Formulation of the Concept of Ethnic Group,"

Ethnicity 3:202-213.

Le Goff, Jacques

1980 *Time, Work, & Culture in the Middle Ages*, trans. by Arthur Goldhammer(Chicago: The University of Chicago Press).

1992 *History and Memory*, trans. by Steven Rendall & Elizabeth Claman (New York: Columbia University Press, 1977).

Litzinger, Ralph A.

1995 "Contending Conceptions of the Yao Past," in Stevan Harrell ed., *Cultural Encounters on China's Ethnic Frontiers*(Seattle: University of Washington Press).

McAll, Christopher

1990 *Class, Ethnicity, and Social Inequality*(London: McGill-Queen's University Press).

Mackerras, Colin

1994 *China's Minorities: Integration and Modernization in the Twentieth Century*(Hong Kong: Oxford University Press).

Maine, Henry S.

1986 *Ancient Law: Its Connection with the Early History of Society and its Relation to Modern Ideas*(USA: Dorset Press, 1861).

Michaelsen, Scott & David E. Johnson ed.

1997 *Border Theory: The Limits of Cultural Politics*(Minneapolis: University of Minnesota Press).

Miller, Joseph ed.

1980 *The African Past Speaks*(Hamden, CT: Archon).

Moerman, Michael

    1965   "Ethnic Identification in a Complex Civilization: Who are the Lue?" *American Anthropologist* 67: 1215-1230.

Nagata, J.

    1974   "What is a Malay? Situational Selection of Ethnic Identity in a Plural Society," *American Ethnologist* 1.2: 331-350.

Obeyesekere, Gananath

    1992   *The Apotheosis of Captain Cook: European Mythmaking in the Pacific* (Princeton: Princeton University Press).

Popular Memory Group

    1982   "Popular memory: theory, politics, method," chap. in Richard Johnson *et al* ed. *Making Histories*(Minneapolis: University of Minnesota Press).

Pulleyblank, E. G.

    1983   "The Chinese and their Neighbors in Prehistoric and Early Historic Times," in David N. Keightley ed. *The Origins of Chinese Civilization* (Berkeley: University of California Press).

Rappaport, Joanne

    1990   *The Politics of Memory: Native historical interpretation in the Colombian Andes*(Cambridge: Cambridge University Press).

Reynolds, Dwight Fletcher

    1995   *Heroic Poets, Poetic Heroes: The Ethnography of Performance in an Arabic Oral Epic Tradition*(Ithaca: Cornell University Press).

Rex, John

    1983   *Race Relations in Sociological Theory*, second edition(London:

Routledge & Kegan Paul).

Robinson, Roy

    1984   "Cat," in Ian L. Mason ed., *Evolution of Domesticated Animals* (London: Longman Group Limited).

Roosens, Eugene E.

    1989   *Creating Ethnicity: The Process of Ethnogenesis*(London: Sage Publications).

Rosaldo, Renato

    1980   *Ilongot Headhunting 1883-1974: A Study in Society and History* (Stanford: Stanford University Press).

    1993   *Culture and Truth: The Remaking of Social Analysis*(Boston: Beacon Press).

    1987   "Anthropological Commentary," in Robert G. Hamerton-Kelly ed. *Violent Origins*(Stanford: Stanford University Press).

Royce, Anya Peterson

    1982   *Ethnic Identity: Strategies of Diversity*(Bloomington: Indiana University Press).

Sahlins, Marshall D.

    1972   *Stone Age Economics*(New York: Aldine Publishing Company).

    1981   *Historical Metaphors and Mythical Realities*(Ann Arbor: The University of Michigan Press).

    1985   *Islands of History*(Chicago: The University of Chicago Press).

Schechner, Richard and Willa Appel

    1990   *By Means of Performance: Intercultural studies of theatre and ritual* (Cambridge: Cambridge Press).

Scott, James C.

1976　*The Moral Economy of the Peasant: Rebellion and Subsistence in Southeast Asia*(New Haven: Yale University Press).

Silverman, Marilyn & P.H. Gulliver

1992　*Approaching the Past: Historical Anthropology through Irish Case Studies*(New York: Columbia University Press).

Smith, Anthony D.

1987　*The Ethnic Origins of Nations*(New York: Basil Blackwell).

Stevenson, P.H.

1927　"The Chinese-Tibetan Borderland and Its People," *China Journal* 6.4-6: 180-188, 234-242, 297-312.

Thompson, Paul

1988　*The Voice of the Past*, second edition(New York: Oxford University Press).

Thompson, Richard H.

1989　*Theories of Ethnicity: A Critical Appraisal*(New York: Greenwood Press).

Tonkin, Elizabeth, Maryon McDonald and Malcolm Chapman ed.

1989　*History and Ethnicity*(London: Routledge).

Torrance, Thomas

1920　*The History, Customs and Religion of the Ch'iang*(Shanghai: Shanghai Mercury, Ltd.)

1937　*China's First Missionaries: Ancient Israelites*(London: Thynne & Co. Ltd.)

Turner, Terence

1988 "Ethno-ethnohistory: Myth and History in Native South American Representations of Contact with Western Society," in Jonathan D. Hill ed., *Rethinking History and Myth: Indigenous South American Perspectives on the Past*(Chicago: University of Illinois Press).

Turner, Victor

1987 *The Anthropology of Performance*(New York: PAJ Publications).

Weller, Robert P.

1985 "Bandits, Beggars, and Ghosts: The Failure of State Control Over Religious Interpretation in Taiwan," *American Ethnologist* 112: 46-61.

White, Geoffrey M.

1991 *Identity Through History: Living stories in a Solomon Islands society* (Cambridge: Cambridge University Press).

Willis, Roy

1981 *A State in the Making: Myth, History and Social Transformation in Pre-colonial Ufipa*(Bloomington: Indiana University Press).

Wolf, Eric

1982 *Europe and the People Without History*(Berkeley: Univ. of California Press).

Yalman, Nur

1963 "On the Purity of Women in the Castes of Ceylon and Malabar," *Journal of the Royal Anthropological Institute* 93.1: 25-58.

索引

九劃

十劃

羌在漢藏之間：一個華夏歷史邊緣的歷史人類學研究

2021年3月二版　　　　　　　　　　　　　　　定價：新臺幣650元
有著作權・翻印必究
Printed in Taiwan.

著　　　者	王　明　珂
責任編輯	沙　淑　芬
封面設計	羅　秀　吉

出　版　者	聯經出版事業股份有限公司	副總編輯	陳　逸　華
地　　　址	新北市汐止區大同路一段369號1樓	總編輯	涂　豐　恩
叢書主編電話	(02)86925588轉5310	總經理	陳　芝　宇
台北聯經書房	台北市新生南路三段94號	社　長	羅　國　俊
電　　　話	(02)23620308	發行人	林　載　爵
台中分公司	台中市北區崇德路一段198號		
暨門市電話	(04)22312023		
郵政劃撥帳戶	第0100559-3號		
郵撥電話	(02)23620308		
印　刷　者	世和印製企業有限公司		
總　經　銷	聯合發行股份有限公司		
發　行　所	新北市新店區寶橋路235巷6弄6號2F		
電　　　話	(02)29178022		

行政院新聞局出版事業登記證局版臺業字第0130號

國家圖書館出版品預行編目資料

羌在漢藏之間：一個華夏歷史邊緣的歷史

人類學研究 / 王明珂著 . 二版 . 新北市 . 聯經 . 2021.03 .
464面 . 17×23公分 .
ISBN　978-957-08-5740-5（精裝）
[2021年3月二版]

1.羌族　2.民族史

536.2834　　　　　　　　　　　　　　110003208